Über dieses Buch

Die westlichen Industriegesellschaften haben sich paradoxerweise mit ihren technischen und wirtschaftlichen Erfolgen an den Rand einer Existenzkrise gebracht. Das ist in verkürzter und vereinfachter Formulierung die zentrale These, die Daniel Bell, der gegenwärtig am meisten diskutierte Kultur- und Gesellschaftskritiker liberaler Prägung, in seinem neuen Buch aufstellt und begründet. In einer originellen und glänzend geschriebenen Analyse kommt der belesene Autor zu dem Schluß, daß die westliche Welt in immer bedrohlichere Widersprüche gerät, Widersprüche, die sich aus den zum Teil einander ausschließenden Einstellungen, Denkweisen und Werthaltungen ergeben. Auf der einen Seite erfordere das kapitalistisch orientierte ökonomische System immer mehr Rationalität bei der Bewältigung von Organisations- und Effizienzproblemen, auf der anderen Seite propagiere das kulturelle System in immer stärkerem Maße emotional aufgeladene Werte wie »Gefühl«, »Spontaneität« und so weiter. Wenn beide Tendenzen sich noch weiter verstärken sollten, so ist nach Auffassung von Bell ein immer stärkeres und damit den gesellschaftlichen Zusammenhalt gefährdendes Auseinanderklaffen technologischer Rationalität und kulturell erwarteter Emotionalität unvermeidbar.

Der Autor

Daniel Bell, Professor für Sozialwissenschaften an der Harvard Universität, ist Vorsitzender der von der »American Academy of Arts and Sciences« gegründeten »Kommission für das Jahr 2000«.

Daniel Bell

Die Zukunft
der westlichen Welt

Kultur und Technologie
im Widerstreit

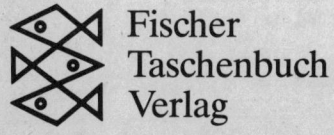

Fischer
Taschenbuch
Verlag

Fischer Taschenbuch Verlag
Januar 1979

Umschlagentwurf: Jan Buchholz / Reni Hinsch
unter Verwendung eines Fotos (Foto: til ZEFA)

Titel der amerikanischen Originalausgabe:
»The Cultural Contradictions of Capitalism«
Erschienen 1976 by Basic Books, Inc., Publishers, New York
© 1976 by Daniel Bell
Fischer Taschenbuch Verlag GmbH, Frankfurt am Main
Lizenzausgabe mit freundlicher Genehmigung des
S. Fischer Verlag, Frankfurt am Main
© der deutschen Ausgabe: S. Fischer Verlag, Frankfurt am Main, 1976
Druck und Einband: Clausen & Bosse, Leck/Schleswig
Printed in Germany
780-ISBN-3-596-23411-5

Für Pearl in Liebe

Inhalt

Vorwort

Das vorliegende Buch steht zu meiner früheren Arbeit *Die nachindustrielle Gesellschaft* in dialektischer Beziehung. In dem früheren Band versuchte ich aufzuzeigen, wie Technologie (die intellektuelle Technologie inbegriffen) und die Kodifizierung des theoretischen Wissens – als neues Prinzip von Innovation und politischer Ordnung – die techno-ökonomische Ordnung und mit ihr die gesellschaftliche Schichtungsstruktur umgestalten. In dem Buch befasse ich mich mit der Kultur, vor allem mit dem Begriff Modernität, sowie mit der problematischen Frage, wie eine komplexe politische Ordnung bestehen kann, wenn die Wertvorstellungen der Gesellschaft ungehemmten Genuß fordern und erwarten. Die Widersprüche im zeitgenössischen Kapitalismus haben nach meiner Ansicht ihren Ursprung im Auftrennen jener Fäden, die einst Kultur und Gesellschaft zusammenhielten, und im Einfluß des Hedonismus, der zum maßgeblichen Wert in unserer Gesellschaft geworden ist.
Wie schon im früheren Band verfolge ich zudem auch eine eher theoretische Absicht. Fast die gesamte zeitgenössische Sozialwissenschaft stellt sich die Gesellschaft als eine Art einheitliches »System« vor, das um ein bestimmtes einzelnes Hauptprinzip (für Marx sind es die Besitzverhältnisse; für Talcott Parsons ein dominanter Wert wie die Leistung) organisiert ist, ein Hauptprinzip, das sich seinerseits durch die herrschenden Institutionen zu »reproduzieren« sucht. Ich glaube hingegen, daß man die moderne Gesellschaft am besten analysieren kann, wenn man sie als unbeständiges Gemisch oder Amalgam dreier deutlich unterschiedener Bereiche begreift –: als Amalgam aus Sozialstruktur (vorrangig der techno-ökonomischen Ordnung), politischen Ordnung und Kultur. Der Begriff nachindustriell, so hatte ich behauptet, bezieht sich vor allem auf Innovationen im Bereich der techno-ökonomischen Ordnung. Veränderungen in der Sozialstruktur *determinieren* jedoch weder die politische Ordnung noch die Kultur. Wenn überhaupt, dann ist es in den meisten Fällen die politische Ordnung, die sich in

der zeitgenössischen Welt zum eigentlichen Kontrollsystem der Gesellschaft herausgebildet hat.

Die in diesem Buch ausgeführte These lautet, daß die drei Bereiche – Wirtschaft, politische Ordnung und Kultur – von einander widersprechenden, axialen Prinzipien beherrscht werden: die Wirtschaft vom Prinzip der Effizienz, die politische Ordnung vom Gleichheitsprinzip und die Kultur von der Idee der Selbstverwirklichung (oder Selbstbefriedigung). Die daraus resultierenden Aufspaltungen haben in den vergangenen 150 Jahren Spannungen und soziale Konflikte der westlichen Gesellschaft geprägt.

Die Kapitel dieses Buches beruhen auf einem ursprünglich breit angelegten Manuskript; allein sein Umfang und seine Detailfülle ließen die behandelte These sperrig und schwerfällig erscheinen. Die einzelnen Kapitel, wenngleich zu verschiedenen Zeiten veröffentlicht, schöpfen dennoch aus gleicher Quelle und wurden dann zum Zwecke einer kohärenten Darstellung der miteinander in Beziehung stehenden Wirtschafts- und Kulturkrisen der bürgerlichen Gesellschaft und des Niedergangs im kulturellen Modernismus überarbeitet.

Dieser Band liefert nur die allgemeine Grundlage der genannten These. Ich hoffe, in den kommenden Jahren eine Reihe anderer Bücher zu veröffentlichen, welche die angeschnittenen Themen weiterentwickeln und eine methodisch strengere Theoriestruktur skizzieren.

Jedes Buch – jedenfalls das vorliegende – beruht auf einem Dialog, mitunter auch Disput, von Freunden. Das trifft in besonderem Maße auf dieses Buch zu. Meine Beschäftigung mit dem Modernismus, dem Hauptmerkmal des Kulturlebens, gewann durch einen anhaltenden, gelegentlich unterbrochenen, dennoch kontinuierlichen Dialog und Disput mit Steven Marcus Form und Gestalt. Mehrere Jahre hindurch hielten wir gemeinsam Seminare über Literatur und Gesellschaft an der Columbia-Universität ab, und Jahr für Jahr erforschten wir einen weiteren Aspekt der Modernität. In jenen Seminaren und aus den sich in Fülle daraus ergebenden Diskussionen lernte ich von Steven Marcus eine große Menge. Daß er vermutlich meine Formulierungen über die Kultur und die eher konservativen Schlußfolgerungen, die sich daraus ziehen lassen, ablehnen würde, verringert keineswegs die geistige und persönliche Dankesschuld ihm gegenüber. Die Themen, die im letzten Kapitel »Der öffentliche Haushalt« ausgeführt werden, ein Kapitel, das den Versuch darstellt, den Liberalismus als politische Philosophie zu bestärken, entstammen ebenfalls einem ständigen

Dialog und Disput, in diesem Falle mit meinem Freund Irving Kristol. Daß er, wenn nicht gerade meine Formulierungen, so doch meine liberalen Schlußfolgerungen über Sozialpolitik nicht billigen dürfte, verringert keineswegs den Dank, den ich ihm schulde.

Man verdankt auch manches dem Milieu, das einen umgibt. Ich war durch die freundliche Aufnahme einiger Fragestellungen bei Freunden von Glück begünstigt: So danke ich Diana Trilling für ihre Beobachtungen zur liberalen Kultur; Irving Howe für viele Anregungen über den Modernismus; S.M.Lipset für seine Überlegungen zum Thema Intellektuelle; Robert Heilbronner für unsere sommerlichen Gespräche über Technologie; Robert M.Solow für seine klaren Erläuterungen in Wirtschaftsfragen. Es versteht sich von selbst, daß keiner von ihnen dafür verantwortlich zu machen ist, in welcher Weise ich seine Anregungen verarbeitet habe.

Ich schulde Midge Dector, meiner Lektorin bei dem Verlag Basic Books Dank dafür, daß sie in genauem Durchgehen des Textes die von mir aufgestellte These stärker verdeutlichte.

Institutionell stehe ich zunächst in der Schuld der *Russel Sage Foundation*. Während meines Jahres dort als Gastprofessor konnte ich – in der Zeit von 1969 bis 1970 – mit dem umfangreichen Manuskript beginnen, aus dem große Teile des vorliegenden Materials stammen. Dieses wie mein früheres Buch stellt daher auch eine Art Ableisten von Schuld dar. Außerdem möchte ich dem *Aspen Institute for Humanistic Studies* für die Gastfreundschaft danken, die es mir im Juli 1974 gewährte. Bei meinem Lehraufenthalt in Aspen war es mir möglich, das Kapitel »Der öffentliche Haushalt« zu schreiben. Der *National Endowment for Humanities* hat S.M.Lipset und mir Forschungsmittel für eine vergleichende Studie über Intellektuelle in vier Ländern zur Verfügung gestellt. Auf die Arbeitsunterlagen für jene Studie habe ich mich gestützt, um einige der Konzeptionen in den Kapiteln im ersten Teil dieses Buches zu überarbeiten. An dieser Stelle möchte ich auch Frau Sara Hazel danken, die unter starkem Zeitdruck große Teile dieses Manuskripts ins reine geschrieben hat.

Am meisten freut es mich, daß ich dieses Buch – dessen Themen nicht nur geisteswissenschaftlicher, sondern auch persönlicher Art, nicht nur soziologisch, sondern auch humanistisch orientiert sind – meiner Frau Pearl widmen kann. Ihre fundierte Literaturkritik schlägt einen vernünftigen Ton in einer Welt voller Mißtöne an und stellte mich vor eine Anforderung, der ich gerecht zu werden suchte.

Anmerkungen

Die Kapitel dieses Buches sind Umarbeitungen früherer Studien zum Zwecke thematischer und argumentativer Kontinuität.

Das erste Kapitel, »Die kulturellen Widersprüche des Kapitalismus«, entnahm ich einem im Winter 1969/1970 geschriebenen umfangreichen Manuskript. Ein Abschnitt dieses Auszugs erschien unter dem gleichen Titel in *The Public Interest* im Herbst 1970. Ein weiterer, in das vorliegende Kapitel aufgenommener Abschnitt wurde auf einer Konferenz vorgetragen, die von der Fakultät für Unternehmensführung und dem Institut für Lebensversicherung der Columbia-Universität organisiert worden war. Er wurde unter dem Titel »American Culture and the Concept of Change« teilweise in dem schmalen Büchlein *Change or Revolution* (1971) von Edward Sullivan veröffentlicht.

Das zweite Kapitel, »Der Zerfall der kulturellen Gesprächswelt«, stützt sich ziemlich frei auf drei miteinander in Beziehung stehenden Aufsätzen, unter Verwendung von zusätzlichem Material: »The Eclipse of Distance« in *Encounter* vom Mai 1963; »Modernity and Mass Society« in *Studies in Public Communication, University of Chicago,* Sommer 1961; und »The Disjunction of Culture and Social Structure« in *Daedalus,* Winter 1965.

Das dritte Kapitel, »Die Sensibilität der sechziger Jahre«, fußt auf einem umfangreicheren Manuskript, das im Zeitraum von 1969 bis 1970 geschrieben wurde und unter dem Titel »Sensibility in the Sixties« in *Commentary* vom Juni 1971 erschienen ist.

Das Kapitel »Die große Erneuerung; Religion und Kultur im nachindustriellen Zeitalter« wurde als Hauptvortrag auf einem Symposium über Ethik und Technologie zur Feier des 5. Jahrestages des *Haifa Technicon* im Dezember 1974 in Haifa, Israel, gehalten. Er wurde im Herbst 1975 in *Social Research* veröffentlicht. Das vorliegende Kapitel ist eine überarbeitete Fassung dieses Vortrags.

Der erste Abschnitt des fünften Kapitels, »Transitorische und permanente Faktoren einer Krise« wurde unter dem Titel »Unstable America« im Juni 1970 im *Encounter* veröffentlicht; der zweite Teil stammt aus einem umfangreicheren Aufsatz, »The Next Twenty-five Years«, der im Frühling 1974 für eine Konferenz der CIBA *Foundation* in London geschrieben wurde.

Das Kapitel »Der öffentliche Haushalt« ist im Herbst 1974 in einer ursprünglich etwas kürzeren Fassung in *The Public Interest* erschienen.

Einleitung:
Das Auseinanderfallen der Bereiche:
die Thematik

Im Frühling des Jahres 1888 skizzierte Friedrich Nietzsche in der Vorrede zu seinem letzten Buch *Der Wille zur Macht,* das als sein Hauptwerk geplant war, folgenden Gedanken:

»Was ich erzähle, ist die Geschichte der nächsten zwei Jahrhunderte. Ich beschreibe, was kommt, was nicht mehr anders kommen kann: *die Heraufkunft des Nihilismus.* Diese Geschichte kann jetzt schon erzählt werden: denn die Notwendigkeit selbst ist hier am Werke. Die Zukunft redet schon in hundert Zeichen . . . Unsere ganze europäische Kultur bewegt sich seit langem schon mit einer Tortur der Spannung, die von Jahrzehnt zu Jahrzehnt wächst, wie auf eine Katastrophe los: unruhig, gewaltsam, überstürzt: einem Strom ähnlich, der *an's Ende* will, der sich nicht mehr besinnt, der Furcht davor hat, sich zu besinnen.«[1]*

Für Nietzsche war die Ursache dieses Nihilismus der Rationalismus und die »Perspektive der Nützlichkeit«, ein Lebensgefühl, dessen Intention es war, »unreflektierte Spontaneität« zu zerstören. Wenn es ein einziges Symbol für ihn gab, das die treibende Kraft des Nihilismus prägnant ausdrückte, dann war dies die moderne Wissenschaft.[2]

Nietzsche zufolge war die Tradition, der unveräußerliche Grundbesitz, das »Mittel, *gleichartige,* dauernde Wesen durch lange Geschlechter zu erzielen«, zerstört worden. Statt dessen »haben wir (jetzt) den entgegengesetzten Punkt erreicht, ja, wir haben ihn erreichen *gewollt* – die extremste Bewußtheit, die Selbstdurchschauung des Menschen und der Geschichte . . .« Die organischen Bindungen an den Boden, der »unveräußerliche Grundbesitz« seien zerstört worden, und an ihren Platz sei eine kommerzielle Zivilisation getreten. Nietzsche spricht von den desorganisierenden Prinzipien unseres Zeitalters folgendermaßen: »Eine *Zeitung* an

---

* Die Anmerkungen stehen jeweils am Schluß der Kapitel.

Stelle der täglichen *Gebete*. Eisenbahn, Telegraph. Zentralisation einer ungeheuren Menge verschiedener Interessen in Einer Seele: die *dazu* stark und wandlungsfähig sein muß.«[3]

Dieses Thema zeichnete sich schon in Nietzsches erstem Buch *Die Geburt der Tragödie* ab, das er zwischen den Jahren 1870 und 1871 im Alter von 26 Jahren schrieb. Sein großer Dämon, dieses Monstrum an Bewußtsein, ist Sokrates, der »despotische Logiker«, in dessen »große(m) Zyklopenauge« »nie der holde Wahnsinn künstlerischer Begeisterung geglüht hat«, dessen Wort immer »Zeichen einer Bedenklichkeit« war. Mit Sokrates beginnt die Lebensverachtung der Kultur, denn er habe zu Abstandnehmen und Infragestellen aufgerufen, zum Skeptizismus des Wissens, das aus Rausch und Traum gewonnen werde. Sokrates ist der »Typus des *theoretischen Menschen*«, der ein »unstillbares Verlangen nach Wissen« hat und der »sein höchstes Lustziel in dem Prozeß einer immer glücklichen, durch eigene Kraft gelingenden Enthüllung findet.[4]

Der Nihilismus ist, so gesehen, das Endprodukt des Rationalismus. Er ist des Menschen bewußter Wille, seine Vergangenheit zu zerstören und seine Zukunft zu kontrollieren. Er ist Modernität im *Extrem*. Wenn er auch zutiefst metaphysisch begründet ist, so durchdringt der Nihilismus doch die ganze Gesellschaft und muß sich schließlich selbst zerstören.[5]

Es gibt eine zweite, davon beträchtlich abweichende Auffassung vom Nihilismus, die man in der Vergangenheit in der westlichen Religion antrifft und die in der zeitgenössischen Literatur von Joseph Conrad formuliert wurde, der zu einem Zeitpunkt zu schreiben begann, als Nietzsche in geistige Umnachtung fiel. Es handelt sich um die Vorstellung, daß die Zivilisation nur eine dünne Schutzschicht gegen anarchistische Impulse und atavistische Wurzeln des Lebens darstellt, gegen Kräfte, die unmittelbar unter der Oberfläche der Existenz lauern und beständig zum Ausbruch drängen. Für Nietzsche ist es der Wille zur Macht, der den Weg der Rettung bezeichnet; für Conrad ist es der Wille zur Macht, der die Zivilisation bedroht.

Hillis Miller schrieb dazu: »Conrad zufolge ist die Zivilisation die Metamorphose von Dunkelheit in Licht. Es ist ein Umwandlungsprozeß, der alles Unbekannte, Irrationale oder Unbestimmte in klare Formen verwandelt, die benannt, in eine Ordnung gestellt werden, durch den Menschen einen Sinn erhalten und Verwendung finden.« Die Zivilisation hat zwei Dimensionen: »Um sich zu schützen, muß der zivilisierte Mensch zu blinder Hingebung an unmittelbar praktische Aufgaben fähig sein, zu einer Devotion, die an den Viktorianischen Kult der Arbeit erinnert.« Zweitens die

Vorstellung von Treue, ein notwendiges Vertrauen in andere. Für Conrad ist die Zivilisation »ein soziales und persönliches Ideal zugleich. Die ideale Gesellschaft stellt man sich als Beziehung unter Menschen auf einem gut geführten Schiff vor: als hierarchische Struktur, bei der die da unten denen da oben Gehorsam schuldig sind, und alles zusammen einen perfekten Organismus bildet.«[6]

Für Conrad ist es jedoch eine entscheidende Tatsache, daß die Gesellschaft nicht natürlich gewachsen ist, sondern ein Konstrukt mit einem willkürlichen Regelaufgebot darstellt, dazu bestimmt, daß die sozialen Beziehungen geordnet bleiben und die dünne Kruste der Zivilisation nicht bricht. Nach dieser Vorstellung verbindet sich die Gesellschaft zur Aufrechterhaltung dieser Regeln von ihrer Spitze bis zur Basis, von der politischen Rechten bis hin zur Linken in geheimer, unausgesprochener Komplizenschaft, damit all ihre Mitglieder von den »führenden Persönlichkeiten« und den Polizeibeamten bis hin zu den Radikalen, die das System stürzen wollen, ihren Auftrag erfüllen und ihre Rollen im Spiel der Konventionen vortragen können. Die Gesellschaft ist, so gesehen, eine Art Mystifikation.

Dies ist das Thema des eindrucksvollen Conradschen Romans über den Nihilismus, *Der Geheimagent,* der durch die anarchistischen Aktivitäten um die Jahrhundertwende – Sprengstoffanschläge und willkürliche Morde an »bürgerlich aussehenden« Menschen auf den Straßen – angeregt worden ist; eines Romans, der den weitere Kreise ziehenden Terrorismus der Radikalen in den sechziger Jahren dieses Jahrhunderts vorausahnt.

Gerade weil die Gesellschaft so brüchig ist, kann ein einziger Akt, eine Bombe, die explodiert, das Gewölbe in Fetzen reißen, alle Regeln außer Kraft setzen und die Menschen hilflos ihren Impulsen überlassen. Das war schon immer das Prinzip der anarchistischen Konzeption der *Tat,* des romantischen Aktes, der die Gesellschaft blitzartig verändern könne. Die feineren Nuancen dieser Vorstellung spricht in Conrads Roman jedoch der Erste Sekretär der russischen Gesandtschaft aus, der die Aktion initiiert, welche die Verschwörung in Gang setzt. Es müsse, so sagt er zu Verloc, eine zerstörerische Tat sein, die niemanden darüber im Zweifel lasse, daß man beabsichtige, »das gesamte soziale Gebäude einzureißen«. Um dies erreichen zu können, müsse man aber seine Schläge »gegen etwas richten, das außerhalb der bekannten menschlichen Leidenschaften liegt.« Einen gewöhnlichen Bombenanschlag könne man abtun: »Ach, das ist bloß Klassenhaß.« Und er fährt fort: »Was aber soll man von einem Akt halten, der in seiner

blanken Zerstörungswut unverständlich, unerklärbar, beinahe unausdenkbar ist – also schlechtweg irrsinnig? Einzig der Irrsinn ist wirklich furchterregend, da er sich weder durch Drohung, Überredung noch Bestechung beschwichtigen läßt.« Folglich entwickelt sich daraus *die Tat.* »Überdies«, so fährt der Erste Sekretär fort, »bin ich ein gesitteter Mensch. Ich würde Sie niemals auffordern, ein Blutbad anzurichten, selbst wenn ich mir die besten Resultate davon erwartete. Aber von einer Metzelei kann ich mir eben das gewünschte Resultat nicht versprechen. Morde geschehen immerzu, sie sind etwas Alltägliches. Der Anschlag muß sich gegen die Bildung richten, gegen die Wissenschaft. Aber nicht jede Wissenschaft ist dazu geeignet. Das Attentat muß den Anstrich empörender Sinnlosigkeit, willkürlicher Gotteslästerung haben.« Und die Tat besteht denn auch darin, das Greenwich-Oberservatorium in die Luft zu jagen, den Nullmeridian, die Demarkation der Zeitzonen – sie ist die Zerstörung der Zeit und symbolisch gleichermaßen der Geschichte.
Natürlich geschieht dann folgendes: Der junge Mann, der die Bombe trägt, der ahnungslose Ausführer der Tat, spielt mit ihr herum und vernichtet sich bei der Explosion selbst. Mit Conrad können wir so auf persönlicher und symbolischer Ebene den essentiellen Terror des Nihilismus erkennen: den *acte gratuit,* die sinnlose Wahnsinns-Tat.[7] Das ist seine Befürchtung, wenn nicht gar Prophezeiung für die Zukunft.

Soll das unser Schicksal sein – ein Nihilismus als Logik, die der technologischen Rationalität innewohnt, oder ein Nihilismus als Endprodukt der kulturellen Impulse, der alle Konventionen zerschmettert? Mit solchen Visionen sind wir konfrontiert, desgleichen mit vielen Anzeichen, die vorhergesagt worden sind. Trotzdem möchte ich diese verführerischen – und simplen – Formulierungen zurückweisen und statt dessen eine komplexere und empirisch nachprüfbare These vorlegen.
Ich glaube, daß wir in der westlichen Gesellschaft an einem Scheideweg angelangt sind: Wir sind Zeugen vom Ende des bürgerlichen Denkens – jener Auffassung von menschlicher Handlung und sozialen Beziehungen, insbesondere vom Tauschverkehr –, das die Moderne während der letzten 200 Jahre geformt hat. Und ich glaube auch, daß wir den Niedergang des schöpferischen Impulses und der ideologischen Überzeugungskraft des Modernismus erleben, der als kulturelle Bewegung unsere symbolischen Ausdrucksformen während der letzten 125 Jahre geprägt hat. Wenn man diese These weiterentwickelt, ist die Versuchung groß, bei all den

eindrucksvollen literarischen Konzeptionen – eindrucksvoll deshalb, weil sie die Grundfragen dramatisch darstellen – zu beginnen, oder bei anderen Werken gleicher Grundstimmung, etwa bei denen von Burckhardt und Spengler, die man als Propheten der Neuen Zeit gepriesen hatte. Ich versage mir dies jedoch, nicht weil solche Vorstellungen falsch, sondern weil sie irreführend sind.

Nietzsche und Conrad, ein jeder von ihnen hat auf seine Weise – wie die beiden Seiten eines Doppelspiegels – die immer wieder auftauchenden Möglichkeiten der Desintegration in jeder Gesellschaft beleuchtet, besonders weil sie ihre Gedanken und Vorstellungen aus dem kulturellen Bereich beziehen. Im Bereich der Geschichte und der Soziologie sind solche Gedanken jedoch irreführend. Ihre Auffassung von der Welt und dem sozialen Wandel ist apokalyptisch, eine Tradition, die zurückführt bis zur Offenbarung des Johannes, der Vorstellung vom »Ende aller Tage«, und die durch die Betrachtungen Augustins über den Untergang Roms Nahrung erhielten.

Trotz unserer eingehenden gedanklichen Beschäftigung mit der Offenbarung und später der Revolution ist doch festzustellen, daß sich die Strukturen einer Gesellschaft – Lebensweisen, soziale Beziehungen, Normen und Werte – nicht über Nacht umkehren. Machtstrukturen mögen sich schnell ändern: Neue Männer tauchen auf, neue Chancen gesellschaftlichen Aufstiegs werden eröffnet, neue Befehlsgrundlagen werden geschaffen. Solche dramatischen Wenden sind jedoch weithin lediglich ein Auswechseln von Eliten. Soziale Strukturen verändern sich langsamer, besonders Gewohnheiten, Bräuche und eingefahrene, traditionelle Lebensweisen. Unsere Faszination für die Apokalypse macht uns für das Weltliche blind: für die Austauschbeziehungen ökonomischer und sozialer Art, für den Charakter der Arbeit und des Berufes, für die Art des Familienlebens und für die traditionellen Verhaltensmuster, die das Alltagsleben beherrschen. Auch wenn ein politisches System durch Krieg oder Revolution gestürzt wird, nimmt die Aufgabe, eine neue gesellschaftliche Struktur zu errichten, viel Zeit in Anspruch; sie gestaltet sich schwierig, und notgedrungen muß man sich der Bausteine der alten Gesellschaftsordnung bedienen. Wenn es die Intention jedweder Wissenschaft ist, die realen Strukturen aufzuzeigen, die den Erscheinungen zugrunde liegen, dann müssen wir auch begreifen, daß der soziale Wandel viel langsamer vonstatten geht und der Prozeß viel komplexer ist, als uns die apokalyptische, religiöse oder revolutionäre Vision glauben machen will.

Die erste Schwierigkeit stellte die Verzerrung der historischen Zeit, die zweite die monolithische Auffassung von der Gesellschaft dar.

Zentral für die Vorstellungswelt des 19. Jahrhunderts ist die Auffassung, die Gesellschaft sei ein Gewebe (und in der literarischen Einbildungswelt ein Spinnennetz), oder in einer eher abstrakt philosophischen Vorstellung, wie Hegel sie entwickelte, wird angenommen, daß jede Kultur, jede »Periode« der Geschichte und entsprechend jede Gesellschaft ein strukturell in sich verflochtenes Ganzes sei, das durch ein gewisses, ihm innewohnendes Prinzip zusammengehalten werde. Für Hegel war es der *Geist*. Für Marx die Produktionsweise, die alle anderen gesellschaftlichen Beziehungen bestimmte. Deshalb wurde der historische oder soziale Wandel als Aufeinanderfolge von fundamental voneinander verschiedenen, einheitlichen Kulturen definiert – die Griechische, Römische, Christliche Welt –, jede mit ihrem qualitativ verschiedenen »Moment« von Bewußtsein oder mit ihrer unterschiedlichen Produktionsweise – Sklaverei, Feudalismus und Kapitalismus – und jede von ihnen auf verschiedenen Formen sozialer Beziehungen und Produktivkräften beruhend. Bei dieser Auffassung ist Geschichte ein dialektischer Prozeß; die neue Erscheinungsform negiert die vorangehende und bereitet den Weg für die kommende vor – während allem das Schlepptau des *telos*, des Endzwecks der Rationalität zugrunde liegt.[8]

In jeder Geschichtsperiode werde jede Kulturphase, von der Moral und Kunst über ihre politische Form bis hin zu ihrer Philosophie, von diesem einzigen *Geist* geformt (das hat in der Kulturgeschichte zur Vorstellung vom »Stil« einer Epoche geführt–; oder aber jeder Aspekt einer Gesellschaft werde, direkt oder indirekt, durch die vorherrschende Produktionsweise festgelegt, sei es nun durch die hierarchische Beziehung des Feudalherrn zum Leibeigenen oder den formell freien Warentausch zwischen Individuen, deren Beziehungen allgemein durch den Verkauf gegen Geld, gleich ob Ware oder Kultur, vermittelt werde.

Diese Vorstellung einer allseitigen Verknüpfung, eines Gewebes, wird in der Prosadichtung des 19. Jahrhunderts zu einem beherrschenden Bild, vor allem in den großen Romanen des kritischen Realismus, der alle Schichten der Gesellschaft zu beschreiben suchte. In Dickens *Bleak House* ist, wie Richard Locke ausführt, die Sache entschieden, als »Inspektor Bucket von der Londoner Polizei die auf der Suche befindliche Heroine zum symbolischen Zentrum von England führt – einem dunklen Friedhof in einem Londoner Slum, von dem sich eine Pockenepedemie und ein Netz von abgewürgten Rechtsansprüchen und sexuellen Wünschen wie Wellen in einem schalen Brunnen ausbreiten, bis sie die ganze britische Gesellschaft erfassen«. Steven Marcus weist noch darauf hin, daß man das »Bild vom Gewebe fast überall antreffen kann. Es fällt auf beim späten Dickens, ist auf Schritt und Tritt bei George Eliot, vor allem im *Middlemarch*, zu finden und spielt bei Darwin im *Ursprung der Arten* eine zentrale Rolle. Es erweckt den Eindruck, als sei es die der Soziologie zugrunde liegende Konzeption, die die Gesellschaft als ein Gewebe von Beziehungen begreift.«[9] Wenn auch einiges an dieser Auffassung früher gestimmt haben mag, so meine ich doch, daß sie heute nicht mehr trägt. Es mag durchaus zutreffen, daß es in manchen Zeiten der westlichen Geschichte – im christlichen Mittelalter, zur Zeit des Entstehens der bürgerlichen Kultur – einheitliche soziale und kulturelle Erscheinungsformen gegeben hat. Die Religion und ihre Vorstellung von Hierarchie spiegelten sich in der feudalen Gesellschaftsstruktur wider, und die religiösen Leidenschaften durchtränkten die Symbolwelt dieser Zeit. Mit dem Aufstieg des Bürgertums mag eine einheitliche gesellschaftliche Erscheinungsform einhergegangen sein, die sich in allen Bereichen zeigte, angefangen von den Wirtschaftsbeziehungen bis zum moralischen Verhalten, von den kulturellen Vorstellungen bis hin zur Charakterstruktur. Zu dieser Zeit konnte man auch die Geschichte als fortschreitende Ausweitung der Macht des Menschen über die Natur und sich selbst begreifen.

Nichts von alledem ist heute gültig. Die Geschichte ist nicht dialektisch. Der Sozialismus hat nicht über den Kapitalismus gesiegt, und jene Staaten, die sich sozialistisch nennen, entstanden fast ausschließlich in vorkapitalistischen oder agrarischen Gesellschaften und nicht in entwickelten Industriegesellschaften. Außerdem ist die Gesellschaft, so möchte ich behaupten, kein integrales, sondern ein disjunktives Phänomen; den verschiedenen Bereichen entsprechen verschiedene Normen, ihr Wandel vollzieht sich in unterschiedlichem Rhythmus, und sie werden von unterschiedlichen, ja selbst entgegengesetzten axialen Prinzipien gesteuert. Wenn man meine These über den Wandel des bürgerlichen Lebens und der modernistischen Kultur, eines Wandels, der sich in den kulturellen Widersprüchen des Kapitalismus zuspitzt, wenn man diese These verstehen will, muß man zunächst meinen Vorschlägen folgen, auf welche Weise man die Gesellschaft betrachten soll.

Im Gegensatz zu der ganzheitlichen Auffassung von Gesellschaft halte ich es für angemessener (dabei lasse ich die Frage außer acht, ob dies allgemein für Gesellschaft und deren inhärenten Charakter gilt), die *zeitgenössische* Gesellschaft als ein Phänomen zu begreifen, das aus drei deutlich unterschiedenen Bereichen besteht, deren jeder einem anderen axialen Prinzip gehorcht. Ich unterteile die

Gesellschaft zum Zwecke der Analyse in die *techno-ökonomische* Struktur, die *politische Ordnung* und die *Kultur*. Diese Bereiche sind nicht kongruent; sie weisen verschiedene Rhythmen des Wandels auf und unterliegen verschiedenen, sich jeweils anders legitimierenden Normen und sogar gegensätzlichen Verhaltensweisen. Die Unstimmigkeiten zwischen diesen Bereichen sind für die mannigfaltigen Widersprüche innerhalb der Gesellschaft verantwortlich.[10]

Die techno-ökonomische Ordnung steuert die Organisation der Produktion und der Allokation von Gütern und Dienstleistungen. Sie legt den Rahmen für das Berufs- und Schichtungssystem der Gesellschaft fest und umfaßt die Anwendung von Technologie zu instrumentellen Zwecken. In der modernen Gesellschaft ist das axiale Prinzip die *funktionale Rationalität,* und die regulierende Verhaltensregel heißt *Wirtschaftlichkeit.* Wirtschaftlichkeit meint im wesentlichen: Effizienz, niedrigst mögliche Kosten, größter Ertrag, Maximierung, Optimierung und ähnliche Kriterien für den Einsatz und für die Verteilung von Ressourcen. Dabei werden Kosten und Gewinne, für gewöhnlich in Geld ausgedrückt, miteinander verglichen. Die axiale Struktur sind Bürokratie und Hierarchie, die sich aus der Spezialisierung und Segmentierung von Funktionen und der Notwendigkeit koordinierter Tätigkeiten herleiten. Es gibt hier einen einfachen Wertmaßstab, den der Nützlichkeit.

Und es gibt ein einfaches Prinzip des Wandels, nämlich die Fähigkeit, Produkte oder Prozesse durch andere zu ersetzen, die effizienter sind und bei geringeren Kosten höhere Gewinne bringen, die also dem Grundsatz der Produktivität gehorchen. Die Sozialstruktur ist eine verdinglichte Welt, da es sich dabei um eine Struktur von Rollen und nicht von Personen handelt; sie ist in den Organisationsschemata festgelegt, welche die hierarchischen und funktionalen Beziehungen bestimmen. Autorität haftet der Position und nicht der Person an, und der soziale Austausch (bei Aufgaben, die aufeinander abgestimmt sein müssen) ist eine Beziehung zwischen Rollen. Eine Person wird Objekt oder »Ding« nicht deshalb, weil ein Unternehmen unmenschlich ist, sondern weil die Durchführung einer Aufgabe den Zwecken der Organisation untergeordnet wird. Da die Aufgaben funktional und instrumental sind, trägt das Unternehmensmanagement vorrangig technokratischen Charakter.

Die politische Ordnung ist die Arena des sozialen Rechts und der sozialen Macht: sie kontrolliert die rechtmäßige Machtanwendung und regelt Konflikte (in libertären Gesellschaften im Rahmen von Gesetzen), um die jeweiligen Auffassungen von Gerechtigkeit durchzusetzen, die geschrieben oder ungeschrieben in den Traditionen oder der Verfassung einer Gesellschaft verkörpert sind. Das axiale Prinzip der politischen Ordnung ist die Rechtmäßigkeit, und in einer demokratischen Gesellschaft lautet das Prinzip: Macht und Herrschaft können nur mit Zustimmung der Beherrschten ausgeübt werden.

Voraussetzung ist hier implizit die Idee der Gleichheit, das heißt, daß alle Menschen bei diesem Konsens eine gleichberechtigte Stimme haben sollen. Die Idee des Bürgerrechts, in der sich diese Vorstellung niedergeschlagen hat, wurde jedoch in den letzten hundert Jahren erweitert. Gleichheit soll nun nicht nur im öffentlichen Bereich, sondern auch für alle anderen Dimensionen des sozialen Lebens gelten – Gleichheit vor dem Gesetz, Gleichheit der bürgerlichen Rechte, Chancengleichheit, ja selbst Ertragsgleichheit –, damit der einzelne in die Lage versetzt wird, als Bürger im umfassenden Sinne an der Gesellschaft zu partizipieren. Manches davon mag formal sein, aber insgesamt gesehen war dieser Gleichheitsgrundsatz stets der Hafen, in dem Gruppen, die sich benachteiligt fühlten, Zuflucht suchten, wenn sie in einer Gesellschaft nach Gerechtigkeit riefen. Die axiale Struktur ist hier die der Repräsentation oder Partizipation: die Existenz politischer Parteien und/oder sozialer Gruppen, die die Interessen bestimmter Teile der Gesellschaft zum Ausdruck bringen und damit zum Vehikel der Repräsentation oder zum Mittel der Partizipation bei Entscheidungen werden. Die administrativen Elemente der politischen Ordnung können technokratischer Natur sein, und da die Probleme immer technischer werden, besteht auch eine Tendenz zur Ausweitung technokratischer Verhaltensweisen. Da aber politisches Handeln von Grund auf nach Versöhnung widerstreitender und oft unvereinbarer Interessen oder nach der Autorität einer höchsten Satzung oder einer konstitutionellen Verfahrensweise als Urteilsgrundlage strebt, werden politische Entscheidungen entweder durch Aushandeln oder per Gesetz getroffen und nicht durch die technokratische Rationalität.

Unter Kultur, dem dritten Bereich, verstehe ich einerseits nicht ganz das, was ein Anthropologe darunter versteht, nämlich Artefakte und Lebensmuster einer Gruppe, und andererseits etwas mehr, als es die edle Vorstellung, sagen wir, eines Matthew Arnold nahelegt, für den Kultur darin besteht, daß der einzelne zur Perfektion gelangt. Unter Kultur verstehe ich – und hier folge ich Ernst Cassirer – den Bereich symbolischer Formen und, im Kontext der These dieses Buches, noch enger den Bereich des *expressiven Symbolismus:* all jenes Bemühen der Malerei, Poesie und Prosa oder religiöse Formen von Litanei, Liturgie und Ritual, das in irgendeiner imaginativen Form den Sinn der menschlichen Existenz zu erforschen und artikulieren sucht.[11] Es gibt nur wenige *Modalitäten* der Kultur; sie leiten sich von existentiellen Situationen her, die im Medium des Bewußtseins alle Menschen zu allen Zeiten herausfordern –: die Begegnung mit dem Tod, das Wesen der Tragödie und des Heroismus, die Bedeutungsgehalte von Treue und Pflicht, Erlösung der Seele, Liebe und Opfer, das Verstehen von Leidenschaften, Spannungen zwischen tierischer und menschlicher Natur, Triebregungen und Entsagungen. Historisch ging Kultur folglich Verbindungen mit Religion ein.

Man kann bereits erkennen, daß es verschiedene »Rhythmen« sozialen Wandels gibt und daß keine einfachen, abgesteckten Beziehungen zwischen den drei Bereichen bestehen.[12] Die Natur des Wandels ist in der techno-ökonomischen Ordnung linear insofern, als die Prinzipien der Nützlichkeit und der Effizienz klare Regeln für Innovation, Verschiebung und Substitution setzen. Eine Maschine oder ein Prozeß, der effizienter oder produktiver ist, ersetzt das weniger Effiziente. Darin liegt die Bedeutung von Fortschritt. In der Kultur gibt es jedoch immer ein *ricorso,* eine Rückwendung zu den Problemen und Fragen, die zu den existentiellen Agonien des Menschen gehören. Mögen sich die Antworten auch ändern, so können sich die Formen, die sie annehmen, doch von den anderen Änderungen in der Gesellschaft herleiten. Die Antworten können zu verschiedenen Zeiten variieren oder in neue ästhetische Formen umgegossen werden. Es gibt jedenfalls kein eindeutiges »Prinzip« des Wandels. Boulez ersetzt nicht Bach. Die neue Musik, Malerei oder Poesie werden Teil eines erweiterten Repertoires der Menschheit, einer beständigen Fundgrube, deren sich die Menschen immer wieder bedienen können, um ästhetische Erfahrungen neu zu formulieren.

In begrifflicher Hinsicht lassen sich divergierende Organisationsprinzipien des Wandels bestimmen. In der Sozialstruktur, besonders im Bereich der techno-ökonomischen Ordnung, vollzieht sich der Wandel auf eine Weise, die zuerst Emile Durkheim definiert hat. Die Erweiterung eines sozialen Feldes führt zu verstärkter Interaktion, und diese Interaktion wiederum führt zur Spezialisierung, zu komplementären Beziehungen und struktureller Differenzierung. Das anschaulichste Modell dafür ist das Wirtschaftsunternehmen, in dem Spezialisierung und strukturelle Differenzierung Antworten auf veränderte Größenordnungen sind. In der Kultur jedoch führt erweiterte Interaktion im Gefolge eines Zusammenbruchs segmentierter Gesellschaften oder konfessioneller Kulturen zum *Synkretismus* – zum Einbeziehen fremder Götter wie zur Zeit Konstantins oder zu einem Gewirr von Kulturerzeugnissen wie in der modernen Kunst (oder selbst im Wohnzimmer von Mittelschichtfamilien mit höherer Bildung). Synkretismus heißt Vermischung von Stilrichtungen in der modernen Kunst, einer Kunst, die sich afrikanischer Masken oder japanischer Drucke zur Darstellung räumlicher Wahrnehmung bedient; oder das Ineinanderfließen orientalischer und westlicher, von ihrem geschichtlichen Hintergrund losgelöster Religionen in der modernen Meditation.

Die moderne Kultur ist geprägt durch diese außerordentliche Freiheit, das »Warenlager« der Welt zu plündern und jedweden Stil, den sie antrifft, zu verschlingen. Solch eine Freiheit rührt von der Tatsache her, daß das axiale Prinzip der modernen Kultur das »Selbst« ist, eines Ausdruck suchenden, sich wandelnden Selbst, das Selbstverwirklichung und Selbsterfüllung anstrebt. Dieses Bestreben leugnet alle Erfahrungsgrenzen und -schranken. Es handelt sich um ein Streben nach jedweder Erfahrung; nichts ist dabei verboten, alles muß erforscht werden.

Innerhalb dieses Rahmens können wir nun die strukturellen Spannungsursachen in der Gesellschaft entdecken: zwischen einer Gesellschaftsstruktur (im wesentlichen der techno-ökonomischen), die bürokratisch und hierarchisch ist, und einer politischen Ordnung, die formal an Gleichheit und Partizipation glaubt; zwischen einer Gesellschaftsstruktur, die fundamental auf Rollen und Spezialisierung hin organisiert ist, und einer Kultur, die sich mit der Erfüllung und Überhöhung des Selbst und der »ganzen« Person befaßt. In diesen Widersprüchen kann man viele latente soziale Konflikte erkennen, die ideologisch als Entfremdung, Entpersönlichung, Angriff auf die Autorität usw. bezeichnet werden. In diesen konträren Beziehungen wird das Auseinanderfallen der Bereiche sichtbar.

Der Begriff des Auseinanderfallens der Bereiche liefert einen allgemeinen, theoretischen Ansatz zur Analyse der modernen Gesellschaft. In diesem Zusammenhang ist es sinnvoll, die besonderen Begriffe zu definieren, mit denen die sozio-ökonomischen, soziotechnischen und sozio-politischen Systeme voneinander unterschieden werden.

Industrialisierung ist die Anwendung von Energie und Maschinerie zur Massenproduktion von Gütern. Sowohl die Vereinigten Staaten als auch die Sowjetunion sind trotz anderer beträchtlicher Unterschiede beide technische und industrielle Gesellschaften. Die nachindustrielle Phase äußert sich in einer veränderten Arbeitsweise der Menschen, in einer Verlagerung von der Fabrikproduktion zur Dienstleistungswirtschaft (vor allem zu den karitativen und akademischen Dienstleistungen) und in einer Zentralisierung theoretischen Wissens im Bereich der Wirtschaftsinnovationen und in der Politik. Daher konnten sich aus ähnlichen Gründen sowohl die Vereinigten Staaten als auch die Sowjetunion zu nachindustriellen Gesellschaften entwickeln.

Kapitalismus ist ein ökonomisch-kulturelles System, ökonomisch um die Institution des Eigentums und die Warenproduktion organisiert, kulturell auf der Tatsache beruhend, daß die Austauschbeziehungen, die des Kaufs und Verkaufs, fast die ganze Gesellschaft erfaßt haben. Demokratie ist ein sozio-ökonomisches System, das seine Legitimität aus dem Konsens der Regierten bezieht, ein System, in dem die politische Arena verschiedenen, einander widerstreitenden Gruppen zur Verfügung steht und fundamentale Freiheiten geschützt werden.

Obwohl Kapitalismus und Demokratie historisch gemeinsam entstanden sind und beide gemeinhin durch den philosophischen Liberalismus gerechtfertigt wurden, läßt sich nichts angeben, das theoretisch wie praktisch zwingend dafür spricht, daß beide aneinander gebunden sein müssen. In der modernen Gesellschaft wird die politische Ordnung zunehmend autonom; das Management der techno-ökonomischen Ordnung, die demokratische Planung oder das Management der Wirtschaft werden immer stärker vom Kapitalismus abhängig.

Kommunismus sowjetischer Prägung, den man korrekterweise bürokratischen Kollektivismus nennen sollte, ist eine staatlich gelenkte Gesellschaft, die alle gesellschaftlichen Bereiche zu einem monolithischen Block zusammenzuschweißen und über eine einzige Institution, die Partei, der Wirtschaft, Politik und Kultur eine gemeinsame Richtung aufzuzwingen sucht. Ob die Partei solch eine monolithische Kontrollfunktion in einer sich zunehmend differenzierenden Gesellschaft weiter beibehalten kann, ohne die Partizipation von Eliten an den Entscheidungsprozessen auszubauen, wird zunehmend fraglicher.

Diese Begriffsunterscheidungen sind aus zwei Gründen notwendig. Einmal verweisen sie auf die Tatsache, daß die Frage, wie sich die industrielle zur nachindustriellen Gesellschaft entwickelt, und die Frage, wie sich der Kapitalismus zum Sozialismus oder bürokratischen Kollektivismus hin verändert, zwei völlig verschiedene Fragen sind, die sich auf Entwicklungen entlang zweier völlig verschiedener Achsen beziehen. Die nachindustrielle Gesellschaft zentriert sich um die Technologie, um die Art von *Arbeit,* welche die Menschen ausführen (obwohl der relative Zerfall der Arbeiterklasse auch politische Konsequenzen hat), und um die Organisation von *Wissen.* Ob ein System kapitalistisch oder sozialistisch, ob es kapitalistisch oder bürokratisch kollektivistisch ist, das sind Fragen einerseits nach dem Management der *Wirtschaft,* andererseits nach dem *Ethos* der Gesellschaft. Zweitens haben die Widersprüche des Kapitalismus, von denen ich an dieser Stelle spreche, etwas zu tun mit der Kluft zwischen der Organisationsform und den Normen, die im Wirtschaftsbereich gefordert werden, und den Normen der Selbstverwirklichung, die heute in der Kultur an zentraler Stelle stehen. Diese beiden Bereiche, die sich historisch zur Ausformung einer einzigartigen Charakterstruktur – der des Puritaners und seines Berufes – verbunden hatten, sind heute weitgehend auseinandergefallen. Die Prinzipien des ökonomischen Bereichs und die der Kultur lenken die Menschen heute in entgegengesetzte Richtungen. Diese Widersprüche haben sich vor allem in der amerikanischen und in anderen westlichen Gesellschaften aufgetan. Es steht keineswegs fest, daß die kommunistische Welt mit ihrem Streben nach Effizienz und ihrer Verheißung, den Menschen zur Selbstverwirklichung zu führen, gegen diese Widersprüche immun ist. Wir werden es abwarten müssen, bis (oder ob) in der Sowjetunion eine Konsumgesellschaft entstanden ist. Nach Auffassung des maoistischen China sind die Russen bereits zum Untergang verdammt.

Wenn wir uns von den analytischen Begriffsunterscheidungen nun der Sozialgeschichte zuwenden, werden wir diese Kluft zwischen Sozialstruktur und Kultur in einem außergewöhnlichen Kontrast wechselnder ethischer Stimmungslagen wiedererkennen.

Die Grundprämisse des Modernismus, der rote Faden, der sich durch die westliche Kultur seit dem 16. Jahrhundert zieht, läßt sich auf die Formel bringen: Die kleinste soziale Einheit der Gesellschaft ist nicht die Gruppe, die Zunft, der Stamm oder die Stadt, sondern der Mensch. Das westliche Ideal war der autonome Mensch, der, indem er über sich selbst bestimmt, Freiheit erlangen könne. Mit diesem »neuen Menschen« ging die Ablehnung von Institutionen einher (das eindrucksvolle Ergebnis der Reformation, die das individuelle Gewissen als letzte Instanz der Urteilskraft einsetzte); ferner die Eröffnung neuer geographischer und sozialer Bereiche, der Wunsch und die wachsende Fähigkeit, die Natur zu beherrschen und aus sich selbst das Bestmögliche zu machen, sich gar unter Mißachtung alter Traditionen selbst zu einem gänzlich neuen Menschen zu formen. Was zu zählen begann, war nicht die Vergangenheit, sondern die Zukunft.

Dies äußerte sich in einer zweifachen Entwicklung. In der Wirtschaft trat der bürgerliche Unternehmer hervor. Befreit von den

zugeschriebenen Bindungen der traditionellen Welt mit ihrem festgelegten Statussystem und den Erwerbskontrollen, sucht er sein
Glück, indem er die ökonomische Welt neu gestaltet. Der freie
Waren- und Geldverkehr und die individuelle ökonomische und
soziale Mobilität wurden zum Ideal erhoben. Im Extremfall wird
das Laisser-faire-Prinzip zum »zügellosen Individualismus«. Auf
der Kulturebene entsteht der unabhängige Künstler, der aus der
Herrschaft von Kirche und fürstlichem Patron entlassen, all das
schreiben und malen kann, was ihm selbst und nicht seinem Gönner gefällt; der freie Markt steht ihm offen.[13] In der kulturellen
Entwicklung hat dieses Streben nach Unabhängigkeit, der Wille,
frei zu sein – nicht nur vom Mäzen, sondern auch von allen
Konventionen –, seinen Ausdruck im Modernismus gefunden und,
in extremer Form, in der Vorstellung vom entfesselten Ich.
Der Impuls, der sowohl den Unternehmer als auch den Künstler
antreibt, ist Ruhelosigkeit, Neues zu entdecken, die Natur umzuge-
stalten und das Bewußtsein neu zu bilden. Marx beschrieb dies in
einem beinahe hyperbolischen Lobgesang auf die Bourgeoisie im
Kommunistischen Manifest so:

»Die Bourgeoisie hat in ihrer kaum hundertjährigen Klassenherr-
schaft massenhaftere und kolossalere Produktionskräfte geschaffen
als alle vergangenen Generationen zusammen. Unterjochung der
Naturkräfte, Maschinerie, Anwendung der Chemie auf Industrie
und Ackerbau, Dampfschiffahrt, Eisenbahnen, elektrische Tele-
graphen, Urbarmachung ganzer Weltteile, Schiffbarmachung der
Flüsse, ganze aus dem Boden hervorgestampfte Bevölkerungen –
welches frühere Jahrhundert ahnte, daß solche Produktionskräfte
im Schoß der gesellschaftlichen Arbeit schlummerten . . .
Die Bourgeoisie kann nicht existieren, ohne die Produktionsinstru-
mente, also die Produktionsverhältnisse, also sämtliche gesellschaftlichen Verhältnisse fortwährend zu revolutionieren . . . Alle
festen, eingerosteten Verhältnisse mit ihrem Gefolge von altehr-
würdigen Vorstellungen und Anschauungen werden aufgelöst, alle
neugebildeten veralten, ehe sie verknöchern können. Alles Ständi-
sche und Stehende verdampft, alles Heilige wird entweiht, und die
Menschen sind endlich gezwungen, ihre Lebensstellung, ihre gegenseitigen Beziehungen mit nüchternen Augen anzusehen.«[14]

Was den Künstler betrifft, so wird der ruhelose Dünkel des entfesselten Selbst am besten von Byron ausgedrückt, dessen ungestümer
Romantizismus ein Zeitalter prägte:

»Das große Ziel des Lebens ist Empfinden – zu fühlen, daß wir existieren – selbst unter Schmerzen – diese ›sehnsuchtsvolle Leere‹ ist es, die uns zur Jagd – zum Kampf – zum Reisen drängt – zu ungezügelten, brennend empfundenen Verfolgungsjagden nach jeder Schilderung, deren Hauptanziehungskraft die Erregung ist, die von ihrer Erfüllung nicht zu trennen ist.«[15]

Historisch gesehen waren beide Impulse nur verschiedene Elemente der Heraufkunft der Modernität. Gemeinsam brachen sie die westliche Welt in radikaler Weise auf. Doch das ungewöhnliche Paradox besteht darin, daß jeder Impuls anschließend des anderen empfindlich gewahr wurde, den anderen zu fürchten begann und ihn zu zerstören suchte. Die Bourgeoisie, radikal in Wirtschaftsdingen, wurde konservativ, was Moral und kulturellen Geschmack betraf. Der bürgerlich-ökonomische Impuls organisierte sich in einer höchst restriktiven Charakterstruktur, deren Energien in die Warenproduktion und in ein System von Einstellungen zur Arbeit, das von Furcht vor Trieben, Spontaneität und freischwebenden Regungen gekennzeichnet war, kanalisiert wurde. Zur Zeit des extremen Puritanismus in Amerika wurden Gesetze zur Eindämmung zügellosen Verhaltens erlassen, während gleichzeitig der bürgerliche Geschmack sich in der Malerei und Literatur Heroischem und Banalem zuwandte.
Der kulturelle Impuls – und hier führe ich Baudelaire als exemplarische Figur an – wandte sich folglich wutschnaubend gegen die bürgerlichen Wertvorstellungen. »Ein nützlicher Mensch zu sein, erschien mir immer als etwas extrem Gräßliches«, erklärte Baudelaire. Nützlichkeit, Rationalismus und Materialismus galten als steril; der Bourgeois, so hieß es, habe kein geistiges Leben und keine Exzesse vorzuweisen. Das moderne bürgerliche Geschäftshaus habe die »grausame, unerbittlich geregelte Ordnung« der Industrie geschaffen: »Die Mechanisierung ... wird uns bald amerikanisiert haben, der Fortschritt bald gänzlich verkümmern lassen, alles Geistige an uns ...«.[16]
Auffallend ist: Während die bürgerliche Gesellschaft in der Wirtschaft einen radikalen Individualismus und die Bereitschaft verfocht, in diesem Bereich alle traditionellen Gesellschaftsbeziehungen zu zerbrechen, fürchtete die bürgerliche Klasse im kulturellen Bereich gleichzeitig den radikalen experimentellen Individualismus des Modernismus. Umgekehrt waren die radikalen Experimentatoren in der Kultur, von Baudelaire über Rimbaud bis hin zu Alfred Jarry, bereit, alle Dimensionen der Erfahrung zu erkunden, haßten aber das bourgeoise Leben zutiefst. Die Geschichte dieses soziolo-

gischen Rätsels und des Zustandekommens dieses Antagonismus muß noch geschrieben werden.[17]

In der Geschichte der bürgerlichen Gesellschaft fanden mehrere »Weichenstellungen« statt, die sowohl den Kultur- als auch den Wirtschaftsbereich radikal veränderten. In der Kultur war es der radikale Wandel in der Auffassung vom Individuum, das fortan nicht mehr als ein Wesen, sondern als ein Selbst verstanden wurde. Von gleicher Bedeutung war die Umpolung von Triebunterdrückung hin zur Akzeptierung von Impulsen. In der Wirtschaft vollzog sich ein entscheidender Wandel hinsichtlich der Motivationen, die einen Menschen zur Arbeit treiben und seine Beziehung zur Arbeit positiv oder negativ gestalten.

Die klassische Philosophie hielt sich an eine metaphysische Theologie, die, wie Lovejoy ausführte, sich Wesen vorstellte, die eine Natur und deshalb gemeinsame Qualitäten besäßen. Plato schrieb schon im *Timaeus:* »Ein ›gutes‹ Wesen muß frei von ›Neid‹ sein, damit das, was vollkommener ist, gewiß in das eingeht, was weniger vollkommen ist und es hervorbringt. Es kann nicht ›in sich selbst verharren‹.« In einer Hierarchie von Tugenden leitete sich das Niedere vom Höheren ab. Im modernen Bewußtsein gibt es jedoch kein gemeinsames Wesen mehr, sondern nur ein *Selbst,* das sich mit seiner individuellen *Authentizität* befaßt, mit seinem einmaligen, unveränderlichen Charakter, der von den Kniffen und Konventionen, Masken und Heucheleien, das heißt von den Entstellungen durch die Gesellschaft befreit ist. Diese Beschäftigung mit dem authentischen Selbst macht das Motiv und nicht die Handlung – die innere Wirkung auf das Selbst und nicht die moralischen Konsequenzen für die Gesellschaft – zur Quelle der ethischen und ästhetischen Urteile.[18]

Den größeren Rahmen bildet jedoch das Verlagern von der Religion zur weltlichen Kultur im Bereich des Umgangs mit expressivem Verhalten in der modernen Gesellschaft. Die Geschichte, vor allem die der westlichen Gesellschaft, kannte immer eine Dialektik von Freizügigkeit und Enthaltsamkeit. In den großen historischen Religionen begegnet uns die Furcht vor dem Dämonischen, vor der unkontrollierten menschlichen Natur; diese Religionen waren Religionen der Enthaltsamkeit. Die Wende zur Freizügigkeit vollzieht sich mit dem Zerbrechen der religiösen Autorität in der Mitte des 19. Jahrhunderts. Die Kultur – vor allem die modernistische – übernahm zwar die alte Beziehung zum Dämonischen, doch anstatt es zu zähmen, wie die Religion dies versucht hatte, akzeptierte die weltliche Kultur (in der Literatur und der Kunst) dieses Dämonische immer mehr, begann es zu erforschen, darin zu schwelgen und es als Quelle der Schöpferkraft zu begreifen. Mit dem Schrei nach Autonomie des Ästhetischen kam auch die Vorstellung auf, daß die Erfahrung in sich und für sich höchstes Gut sei, daß man alles erforschen, daß alles erlaubt sein müsse – zumindest für die Einbildungskraft, wenn man schon nicht alles ausagieren konnte.[19]

Der Modernismus war damit gleichsam der Verführer. Seine Macht bezog er aus der Vergötzung des Selbst, und seine Anziehungskraft wurzelte in der Vorstellung, das Leben sei ein Kunstwerk und die Kunst könne sich nur gegen die Konventionen der Gesellschaft, vor allem der bürgerlichen Gesellschaft aussprechen. War der Modernismus mit der Politik verknüpft, wie das bisweilen vorkam, dann verhielt er sich gegenüber der modernen bürgerlichen Gesellschaft subversiv, sei es als Wüten von rechts wie bei Wyndham Lewis oder als Hohn von links wie bei Breton und den Surrealisten.

Heute hat sich der Modernismus erschöpft. Die Spannungen sind verflogen. Die kreativen Impulse sind erschlafft und der Modernismus ist zur leeren Hülle geworden.[20] Die rebellischen Impulse sind von der »Kulturmasse« institutionalisiert worden, seine experimentellen Formen sind zur Syntax und Semiotik von Werbung und Haute Couture verkommen. Als Kulturstil besteht der Modernismus als radikaler Chic weiter; er gestattet der Kulturmasse den Luxus eines »freieren« Lebens, während er gleichzeitig angenehme Jobs in einem Wirtschaftssystem bereitstellt, das sich in seinen Motivationen verändert hat.

Hinsichtlich des ökonomischen Impulses stellte sich das Problem der Tugend, aufgrund der doppelten, notwendigerweise widersprüchlichen Rolle des Individuums einmal als *Citoyen,* zum anderen als *Bourgois.* Ersterer hatte Pflichten gegenüber der politischen Ordnung, deren Teil es war; letzterer führte private Geschäfte, die er im Eigeninteresse verfolgte. Jeremy Bentham bestritt die Existenz eines in sich geschlossenen Gemeinwesens. Dies sei, so meinte er, eine fiktive Körperschaft. Doch zwischen einer sozialen Entscheidung und der Gesamtsumme aller Einzelentscheidungen besteht ein Unterschied: Eine Gesellschaft mag z. B. entscheiden, daß zur Verringerung des Zahlungsbilanzdefizits Öl gespart werden müsse, und trotzdem kann jeder einzelne, eigenen Bedürfnissen folgend, seine Käufe steigern. Genauso klar ist, daß das, was ein Individuum sich häufig wünscht (z. B. eine verkehrsarme Autobahn), auf die Gesamtheit bezogen ein Alptraum wäre. Daher ist der Ausgleich zwischen privaten Wünschen und öffentlicher Verantwortung durchaus eine reale Aufgabe. Wie wird er aufrechterhalten?

In der Frühphase der kapitalistischen Entwicklung wurde der ungezügelte ökonomische Impuls durch die puritanische Enthaltsamkeit und protestantische Ethik in Schach gehalten. Man arbeitete aus Pflicht gegenüber seinem Beruf, oder um dem Gemeinnutzen zu dienen. Die protestantische Ethik wurde jedoch nicht vom Modernismus, sondern vom Kapitalismus selbst untergraben. Die größte Triebkraft im Prozeß der Zerstörung der protestantischen Ethik war die Erfindung des Teilzahlungssystems oder Sofortkredits. Früher mußte man sparen, um zu kaufen. Mit der Kreditkarte konnte man jedoch unmittelbare Bedürfnisbefriedigung erlangen. Das System wurde durch Massenproduktion und Massenkonsumption, durch Weckung neuer Wünsche und Schaffung neuer Mittel zu ihrer Befriedigung grundlegend verändert.

Die protestantische Ethik hatte dazu gedient, die Luxusakkumulation – jedoch nicht die Akkumulation des Kapitals – zu begrenzen. Als die protestantische Ethik aus der bürgerlichen Gesellschaft verdrängt wurde, blieb nichts als der Hedonismus zurück, und so verlor das kapitalistische System seine transzendentale Ethik. Bleibt das Argument, der Kapitalismus diene als Basis der Freiheit sowie eines steigenden Lebensstandards und der Bekämpfung von Armut. Selbst wenn diese Behauptungen stichhaltig wären – Freiheit leitet sich, dies ist klar, eher von historischen Traditionen einer bestimmten Gesellschaft her als vom kapitalistischen System, und selbst die Fähigkeit dieses System, wirtschaftliches Wachstum zu gewährleisten, wird heute angezweifelt –, so dürfte dennoch das Fehlen einer transzendentalen Bindung, das Gefühl, eine Gesellschaft versage vor der Aufgabe, mit ihrer Charakterstruktur, Arbeit und Kultur ein Ensemble »grundlegender Sinngehalte« anzubieten, ein Gesellschaftssystem in Erschütterung versetzen.[22]

Der Hedonismus ist die kulturelle, wenn nicht gar moralische Rechtfertigung des Kapitalismus geworden – das Vergnügen als Lebensstil. Und bei dem heute herrschenden liberalen Ethos ist der modernistische Impuls mit dem ideologischen Grundprinzip des dynamischen Strebens als Verhaltensmuster zum kulturellen Leitbild geworden. Gerade darin liegt der kulturelle Widerspruch des Kapitalismus, und das hat zur Doppelbindung des Modernismus geführt.

Das Wort »Ökonomie« stammt vom griechischen Wort *oikos,* der Haushalt, ab. Doch die antike Welt kannte keine Ökonomie, kein System ineinandergreifender Märkte, die vom Preis reguliert werden, wie wir es kennen; noch dachten sie in »ökonomischen« Begriffen, also in Begriffen der Kalkulation. Die Produktion war für den Haushalt bestimmt und wurde von den Bedürfnissen gesteuert. Diese Bedürfnisse waren biologisch begründet – genügend

Nahrung, angemessene Behausung, wirksame Gesundheitspflege. Wie bereits Aristoteles erklärte: »Es gibt ein bestimmtes Maß [an Gütern, die für die Kunst der Haushaltsführung notwendig sind]«. Die bürgerliche Gesellschaft kennzeichnen jedoch nicht Bedürfnisse, sondern Wünsche. Wünsche sind psychologischer, nicht biologischer Natur und ihrem Wesen nach schrankenlos. Die Gesellschaft wird nicht als natürliche Vereinigung von Menschen – Polis oder Familie – begriffen, die von einer gemeinsamen Absicht regiert wird, sondern als Anhäufung atomisierter Individuen, die lediglich ihre eigene Befriedigung suchen. Die Psychologie des Menschen, wie Hobbes sie in seinem ersten Buch des *Leviathan* entwirft, ist von einem lüsternen Drang gekennzeichnet, der die platonische Rangordnung in sein Gegenteil verkehrt; diese Gelüste treiben den Menschen zur wilden Suche nach Befriedigung. In der modernen Gesellschaft ist der Motor solchen Dranges der wachsende Lebensstandard und die Vielfalt der Produkte, die weithin den ganzen Lebensglanz ausmachen. Die Fülle an Produkten ist aber auch in ihrer Betonung des Zurschaustellens eine rücksichtslose Vergeudung von Ressourcen. Der psychologische Ursprung der Ungleichheit, den Rousseau in seinem *Zweiten Discours* so glänzend skizziert hat, liegt in dem Umstand, daß der »einsame« Mensch, wenn er mit anderen zusammenkommt, feststellen muß, daß der kräftigste, hübscheste und beste Tänzer und Sänger eine ungebührliche Portion an Vorteilen zu ergattern vermag. Neid beginnt sich auf seinem Gesicht abzuzeichnen. Um es dem bestaussehenden und künstlerisch begabtesten Manne gleichzutun, entzweien sich die anderen; man trägt Schminke auf, um das Grobe und Häßliche zu verdecken. Der Schein beginnt mehr zu gelten als die Realität. Sofern die Konsumption den psychologischen Wettbewerb um Statusvorteile repräsentiert, kann man folgern, daß die bürgerliche Gesellschaft die Institutionalisierung des Neides darstellt.[23]

Wo Ressourcen reichlich vorhanden sind oder wo Menschen einen hohen Grad an Ungleichheit als normal oder gerecht akzeptieren, kann die Konsumption den Bedürfnissen angepaßt werden. Wenn sich aber jedes Mitglied der Gesellschaft der Forderung nach mehr Gütern anschließt und dies als eine Sache des Rechtsanspruchs ansieht, die Ressourcen aber beschränkt sind (eher aus Kostengründen als aufgrund der Menge), dann beginnt sich der Grund für die Spannungen zwischen der politischen Ordnung und den durch die Wirtschaft gesetzten Schranken abzuzeichnen. Wir können hier eine Umpolung beobachten, in deren Verlauf sich die »ungezügelte Begierde« vom ökonomischen Bereich hin zur politischen Ordnung bewegt. Wenn man die politische Ordnung des Westens in der zweiten Hälfte des 20. Jahrhunderts betrachtet, kann man fünf Elemente ausmachen, die gemeinsam im Begriff sind, das alte Marktsystem strukturell zu verändern.

Erstens entdecken wir institutionalisierte Erwartungen hinsichtlich des wirtschaftlichen Wachstums und eines wachsenden Lebenstandards. Diese Erwartungen sind im gegenwärtigen Wandel der Werte umgeformt worden in ein Gefühl der *Ansprüche*. Heute haben wir es nämlich mit einer Revolution der wachsenden Ansprüche zu tun.

Zweitens können wir die Unvereinbarkeit verschiedener Wünsche erkennen und, was noch bedeutender ist, verschiedener Wertvorstellungen. Die Philosophen der Aufklärung nahmen an, daß es auf eine einzelne Frage nur eine einzige Antwort gebe. Wenn man diese Antworten folgerichtig zusammensetzte, würde sich daraus, so glaubte man, eine rationale Lösung für soziale Probleme ergeben. Fundamental notwendig sei, in der Formulierung von Antworten »objektiv« zu sein, damit die aus religiöser Erziehung stammenden »Denkfehler« abgebaut, Vorurteil und Aberglaube eliminiert, von der Tradition und den Eigeninteressen Abstand genommen werden könne, und dergleichen. Um objektiv zu werden, müsse man die Vorstellungen »reinigen« (das war die ursprüngliche Bedeutung dieses abenteuerlichen Begriffs *Ideologie*), und um ethisch rational zu sein, müsse man sein Verhalten wie beim kategorischen Imperativ »universalisieren«. Wir haben jedoch inzwischen begriffen, daß es inhärente Unvereinbarkeiten zwischen solchen Wertvorstellungen wie Freiheit und Gleichheit, Effizienz und Spontaneität, Wissen und Glück gibt. Und wir haben empirisch erkannt, daß wir bei Addition der Kosten aller sozialen Ziele, die von einer Gesellschaft gesteckt werden (wie das Regierungsgremien zu tun versuchten, angefangen bei der »Eisenhower-Kommission für nationale Ziele« im Jahre 1959), feststellen müssen, daß wir nicht über ausreichende Ressourcen verfügen, um sie alle gleichzeitig zu erfüllen. Die Probleme, eine Auswahl treffen zu müssen, sind unausweichlich.

Drittens erkennen wir, daß beim wirtschaftlichen Wachstum enorme »Nebenerscheinungen« auftreten. Es steht fest, daß die wachsende Zahl von Autos einen erstickenden Smog über den Städten hervorruft; mit ihm kann man jedoch noch relativ leicht fertig werden. Bedrohlicher ist die Tatsache, daß die zunehmende Verwendung von Düngemitteln zur Erhöhung der Ernteerträge (die die amerikanische Landwirtschaft zur leistungsstärksten der Welt gemacht hat) Nitrate in Flüsse und Seen gelangen läßt und zur Verunreinigung dieser Gewässer führt. Wie soll man einen Ausgleich schaffen zwischen Nahrung einerseits und Verseuchung andererseits oder, in einem analogen Fall, zwischen dem Tageabbau von Kohlelagern und einer Landzerstörung großen Ausmaßes in den ländlichen Gebieten?

Das zeitliche Zusammentreffen von wachsender Nachfrage und fehlender Kapazität (besonders bei der Verarbeitungskapazität von Primärgütern wie Stahl) und die steigenden Kosten der Ressourcen (ganz zu schweigen von der politischen Manipulation der Ölpreise) führen, viertens, auch zur weltweiten Inflation. Die Inflation ist jedoch, wie wir heute zu erkennen beginnen, keine vorübergehende, sondern vielmehr eine strukturelle Komponente der modernen Wirtschaft, nämlich die nahezu unausweichliche Konsequenz des Strebens nach wirtschaftlichem Wachstum und Vollbeschäftigung. Die Frage ist jedoch, ob solch eine Inflation noch innerhalb einer tragbaren Rate »kontrolliert« werden kann.

Fünftens sind wir dabei, die wesentlichen Entscheidungen über Wirtschaft und Gesellschaft in den politischen Kontrollraum zu verlagern, statt sie im diffus miteinander verbundenen Markt zu belassen. Dies ist die Konsequenz nicht einer ideologischen Kehrtwendung (wenn überhaupt, dann hatte es selbst auf seiten jener Widerstand gegeben, die, trotz ihrer Ideologie, das System der politischen Kontrolle aufrechterhalten und ausgedehnt haben, wie Eisenhower und Nixon), sondern struktureller Veränderungen im politischen System des Westens.

Das grundlegende politische Faktum der zweiten Hälfte des 20. Jahrhunderts war die Erweiterung *staatlich kontrollierter Wirtschaftszweige*. Sie entstanden zunächst, weil es notwendig war, das System aus der Depression herauszuführen, später aufgrund der Erfordernisse der Kriegswirtschaft, der wachsenden militärischen Verpflichtungen, und schließlich aufgrund der strategischen Rolle, welche die Finanzpolitik bei der Regelung der Ausgabenpolitik und der Investitionen spielt. Im letzten Viertel des 20. Jahrhunderts bewegen wir uns auf *staatlich gelenkte Gesellschaften* zu, weil der Umfang der sozialen Forderungen (im Gesundheitswesen, in Erziehung, Wohlfahrt, bei den Sozialleistungen) ständig wächst, von Forderungen, die mittlerweile zu Rechtstiteln der Bevölkerung zählen.

Die neuen »Klassenkämpfe« der nachindustriellen Gesellschaft werden weniger zwischen Unternehmensleitung und Arbeitern in den jeweiligen Betrieben ausgetragen, als vielmehr zwischen verschiedenen, organisierten Teilbereichen, die Einfluß auf den Staatshaushalt nehmen wollen. Wo die Staatsausgaben durchschnittlich 40 Prozent des Bruttosozialprodukts ausmachen, wie das etwa in den Vereinigten Staaten der Fall ist, oder mehr als 50 Prozent betragen, wie in den skandinavischen Ländern, werden Fragen wie Allokation von Geldern und die Steuerbelastung zu vorrangigen politischen Problemen. Dies meine ich auch, wenn ich vom Entstehen einer »Finanzsoziologie« (der Begriff stammt von Schumpeter) als dem Hauptmerkmal der modernen politischen Ökonomie spreche.

Die Frage nach den Beziehungen »Staat – Gesellschaft«, zwischen öffentlichem Interesse und privaten Bedürfnissen, stellt sich für die politische Ordnung in den nächsten Jahrzehnten eindeutig als das Kernproblem dar. Die Rechts-, Wirtschafts- und politischen Institutionen der bürgerlichen Gesellschaft waren auf Individuen und den sozialen Austausch zwischen ihnen ausgerichtet gewesen – so in den Vorstellungen formaler Rationalität und Gesetzesherrschaft, die in erster Linie verfahrensbezogen und weniger substantiell aufgefaßt worden waren. Die Natur des »öffentlichen Rechts«, das sich mit den wesentlichen Forderungen der Gemeinschaft zu befassen hat, mit Forderungen, die Vorrang vor denen des Individuums haben, wird in Zukunft für die Rechtstheorie eines der Hauptprobleme darstellen.

Als Soziologe muß man noch nach der Bedeutung des staatlichen Einflusses fragen. Ein staatskapitalistisches System könnte mühelos in einen korporativen, einen »formierten Staat verwandelt werden, desgleichen ein System des Staatssozialismus in ein System, das derart mit konkurrierenden Forderungen gesellschaftlicher Gruppen belastet wäre, daß die Wachstumsfähigkeit der Wirtschaft eingeengt und das politische System durch eine Vielzahl von Ansprüchen überlastet würde. Doch ist es ebenso wahrscheinlich, daß eine staatlich gelenkte Wirtschaft und Gesellschaft, in den Vereinigten Staaten jedenfalls, niemandem gefallen könnte. Die Wirtschaftsverbände lehnen eine staatliche Lenkung ab, selbst wenn sie weiterhin Profite gewährleistet, denn dadurch würde die Autorität des Managements bis zu einem gewissen Grade tatsächlich untergraben. Radikale werden zunehmend mißtrauischer gegenüber Regierung und Planung (weil nach ihrer Meinung davon nur die Planer und Bürokraten profitieren), wenn sie zunächst auf jede Problematik auch damit reagierten, daß sie nach noch mehr »Regierung« rufen, als ob die Abstraktion selbst gleichbedeutend mit öffentlichem Wohle sei. Das staatliche Management, das entstehen würde, wäre überdies ein schwerfälliges bürokratisches Monstrum, hin und her gerissen von Subventionsforderungen und Rechtsansprüchen verschiedener Körperschaften und kommunaler Verbände, ein Monstrum freilich, das sich mit in zunehmendem Maße von der Regierung bewilligten Mitteln vollfressen und somit ein Leviathan aus eigenen Gnaden würde.

Das Hauptproblem weist zwei Seiten auf: Der Westlichen Gesellschaft gebricht es an *civitas,* an der spontanen Bereitschaft, Opfer für das Gemeinwohl zu bringen; außerdem fehlt ihr eine politische Philosophie, welche die normativen Regeln der Prioritätensetzung und Allokationen in der Gesellschaft rechtfertigt.

Die liberalen Ökonomen glaubten, daß der Markt ein ausreichend starker Schiedsrichter über das Gemeinwohl sei; auf dem Markt würden sich der unterschiedliche Bedarf der Individuen und die Knappheit der verschiedenen Güter in ein Gleichgewicht einpendeln, das die Intensität der Nachfrage und die Bereitschaft zur Zahlung des verlangten Preises in Einklang bringe. Der klassische Marxismus hatte zur Problematik der relativen Gerechtigkeit in der Gesellschaft eine gänzlich andere Antwort parat. Er nahm an, daß Wettbewerb, Neid, überhaupt alles Übel vom Gütermangel herrühre und daß Güterfülle solche Konflikte unnötig mache. Wir müssen aber, wenn wir die Frage nach den Ressourcen einmal beiseite lassen, heute feststellen, daß wir den Mangel niemals beseitigen werden. In der nachindustriellen Gesellschaft werden (wie ich in meinem früheren Buch ausführte) Mangelerscheinungen auftreten, von denen sich die Utopisten des 19. Jahrhunderts nie haben träumen lassen – Mängel der Information, zurückzuführen auf das Anschwellen technischen Wissens, das wachsende Bedürfnis nach Popularisierung und auf die steigenden Kosten der »Zeit«, Kosten, die sich aus der wachsenden Partizipation der Individuen und der Notwendigkeit zur Koordinierung solcher Aktivitäten im politischen Prozeß ergeben.

Die Nationalökonomie gilt als Kunst, knappe Güter unter konkurrierenden Nachfragern aufzuteilen. Der Trugschluß des Marxismus besteht darin, zu glauben, im Kommunismus werde die Nationalökonomie »abgeschafft«, und folglich müsse man auch nicht über Probleme relativer Privilegien und sozialer Gerechtigkeit nachdenken. Der springende Punkt ist jedoch der, daß wir immer noch in volkswirtschaftlichen Begriffen denken und wahrscheinlich auch immer denken müssen. Es bleibt also die Frage bestehen, wie wir zu einem System normativer Regeln gelangen können, die Freiheit schützen, Leistung belohnen und innerhalb der Schranken und Zwänge der »Wirtschaft« das Gemeinwohl erhöhen.

In den vorliegenden Kapiteln werde ich die Vorstellung eines *öffentlichen Haushalts* unterbreiten – nicht eines dritten Sektors neben dem Privathaushalt und der Marktwirtschaft, sondern eines Sektors, der beide umfaßt und die Marktmechanismen wo immer möglich zu nutzen sucht, allerdings ausdrücklich im Rahmen sozialer Ziele. Es ist eine liberale Konzeption, und zwar aufgrund der Überzeugung, daß das Individuum die Grundeinheit einer Bürgergesellschaft sein und daß individuelle Leistung ihren gerechten Lohn erhalten sollte. Ich suche aber den politischen Liberalismus von der bürgerlichen Gesellschaft zu lösen. Historisch gesehen bildeten beide ursprünglich eine Einheit, doch ist das eine vom anderen nicht notwendig abhängig. Tatsächlich hat der politische Liberalismus als eine Philosophie an Ansehen eingebüßt, weil er zur Rechtfertigung ungezügelter privatwirtschaftlicher Bestrebungen herangezogen wurde. Das Problem des öffentlichen Haushalts besteht daher in folgenden Fragen: Wie entscheidet man rechtlich über Forderungen des Charakters Gruppe versus Gruppe, wo das Problem doch eindeutig eines von Recht versus Recht und nicht eines von richtig und falsch ist? Wie wägt man die Ansprüche von Gruppenmitgliedern gegen individuelle Rechtsansprüche ab? Wie bringt man Gleichheit und Freiheit, wie Gerechtigkeit und Effizienz in Einklang? Der Ausgangspunkt muß, so glaube ich, eine Anerkennung des öffentlichen Charakters der Ressourcen und Bedürfnisse (nicht Wünsche) sein sowie die Anerkennung des Prinzips *relevanter Unterschiede* bei der Feststellung der Rechtmäßigkeit verschiedener Ansprüche. Diese Intentionen finden sich im Hauptbeitrag des Abschnitts über die politische Ordnung.

Das letzte Viertel des 20. Jahrhunderts wird entscheidende wirtschaftliche und politische Machtverlagerungen erleben; dabei wird es sich jedoch vorwiegend um Machtveränderungen der Nationalstaaten handeln und weniger um Veränderungen, die aus dem Wettstreit der sozialen Systeme wie etwa zwischen Kapitalismus und Sozialismus hervorgehen.[24] Die Wirtschaftsmacht der hochentwickelten Industriegesellschaft beruht auf ihrem hohen Stand der Technologie, auf ihrer Fähigkeit, Kapital zu mobilisieren, und auf der Stärke ihrer Management- und Lenkungsqualifikationen. Sie führte, was man beinahe schon vergißt, zu dem größten Boom in der Wirtschaftsgeschichte, einem Boom, der länger als ein Vierteljahrhundert dauerte. Zwischen den Jahren 1948 und 1973 wuchs die Industrieproduktion der Welt um das Dreieinhalbfache – ein außerordentlicher Zuwachs. Das ergibt eine durchschnittliche Zuwachsrate von jährlich fünf Prozent (Japans Wachstumsrate lag doppelt so hoch wie der Weltdurchschnitt, der von Großbritannien betrug nur die Hälfte – beides sind kapitalistische Gesellschaften). Eine Generation lang haben, wie der *Economist* schrieb, alle Industrieländer prosperiert.[25] Dieser Investitionsboom hat aber in der Tat die strukturelle Basis für die weltweite Inflation in den fortgeschrittenen kapitalistischen Gesellschaften der Jahre unmittelbar nach 1970 gelegt.

Die Energiefrage hat die Verwundbarkeit der westlichen Industriegesellschaften infolge ihrer Abhängigkeit vom Öl aufgezeigt, eine Situation, die ihrerseits infolge der Billigkeit von Öl entstanden war. (War die Sowjetunion davon ausgenommen, weil sie ein kommunistisches Land ist oder weil sie ihren Bedarf an Öl und Energie voll zu decken vermochte?) Und die Veränderungen im Kapitalverkehr aufgrund der erhöhten Ölrevenuen haben die Schwäche einer fast ausschließlich an den Dollar gebundenen Weltwirtschaft zutage treten lassen.

Noch ist es aber verfrüht, die westliche Wirtschaftsmacht abzuschreiben. Gegen Ende dieses Jahrzehnts wird sich die Abhängigkeit der westlichen Länder vom Öl aus dem Mittleren Osten weitgehend verringert haben; es werden neue und andere Quellen und Formen der Energie erschlossen werden. Eine Zeitlang dürften noch umfangreiche Kapitalströme in die Länder des Mittleren Ostens fließen; die grundlegende ökonomische Führungsmacht des Westens gründet sich jedoch auf der hochentwickelten Technologie und seinem Management, und dies wird weiterhin gelten. Die internationalen Wirtschaftsereignisse der siebziger Jahre zeigen aber die Schwäche des politischen Willens, drängenden Wirtschaftsproblemen zu begegnen, und darin zeigt sich ein anderer, noch beunruhigenderer Aspekt der Instabilität der internationalen Wirtschaftsordnung.

Doch ich schreibe nicht über die Ereignisse dieses Jahrzehnts, sondern über die tiefen kulturellen Krisen, welche die bürgerliche Gesellschaft bedrängen, Krisen, die auf längere Frist einem Land die Lebenskraft rauben, die Motivationen der Individuen verwirren, ein Gefühl des *carpe diem* aufkommen lassen und den Bürgerwillen untergraben werden. Die Probleme haben weniger mit der Inadäquatheit von Institutionen zu tun, als vielmehr mit der Frage, welche Art von Sinngebung eine Gesellschaft absichert.

Die bürgerliche Gesellschaft ist Irving Kristol zufolge auf Katastrophen moralisch und intellektuell nicht vorbereitet. Wir sehen zwar einerseits die liberale Neigung, alle existentiellen Fragen in »Probleme« umzudeuten und nach »Lösungen« für diese Probleme zu suchen (hier handelt es sich wieder um die rationalistische Vorstellung, auf jede Einzelfrage gebe es nur eine einzige Antwort); andererseits begegnet uns die utopische Annahme, daß durch die wunderbare Maschinerie der wirtschaftlichen, wenn nicht technologischen Effizienz Ziele ohne Grenzen zu bewältigen seien. Das

Unheil hat bereits zugeschlagen, und es wird immer wieder zuschlagen.

In der Vergangenheit war die menschliche Gemeinschaft auf Unheil und Elend vorbereitet; die in der Erfahrung verankerten Sicherungen hatten noch eine Art transtemporale, die Zeiten überdauernde Realitätsvorstellung verbürgt. Diese Sicherungen bildete traditionell die Religion, denn sie stimmt, wie Clifford Geertz bemerkte, »die menschlichen Handlungen auf eine im Geiste vorgestellte kosmische Ordnung ab und projiziert Bilder dieser kosmischen Ordnung auf die Ebene der menschlichen Erfahrung«.[26] Die modernen Gesellschaften haben die Religion durch die Utopie ersetzt – eine Utopie nicht als transzendentales Ideal, sondern als Ideal, das erst im Verlauf der Geschichte (Fortschritt, Rationalität, Wissenschaft) mit Hilfe der Technologie und der »Hebamme« Revolution verwirklicht werden soll.

Das wahre Problem des *Modernismus* ist das Glaubensproblem. Dabei geht es, wenn wir einen aus der Mode gekommenen Begriff verwenden wollen, um eine geistige Krise, die heraufgezogen ist, nachdem sich das neue Ankerwerk als illusorisch erwiesen hatte und das alte zugedeckt worden war. Es geht um eine Situation, die uns zum Nihilismus zurückführt; wo Vergangenheit und Zukunft fehlen, da kann sich nur noch Leere auftun. Der Nihilismus war einst, wie etwa für Bazarow, eine berauschende Philosophie, in einer Zeit, als es noch etwas zu zerstören und an seine Stelle zu setzen gab. Was gibt es an Vergangenem noch zu zerstören, und wer hat Hoffnung auf eine heraufziehende Zukunft?

Die Suche nach Anregung und Sinngebung in der Literatur und den Künsten als Religionsersatz führte zur kulturellen Erscheinung des Modernismus. Der Modernismus hat sich jedoch erschöpft, und die verschiedenen Post-Modernismen (im psychedelischen Bemühen um Erweiterung des Bewußtseins über seine Grenzen hinaus) sind nichts anderes als eine Dekompensation des Selbst, mit der das individuelle Ich ausgelöscht werden soll. Die Idee der Revolution ist für einige noch faszinierend,[27] aber die wahren Probleme tauchen erst am »Tage nach der Revolution« auf, wenn die Alltagswelt das Bewußtsein wieder mit Beschlag belegt und man entdeckt, daß die moralischen Vorstellungen im Vergleich zu dem unbändigen Wunsch nach materiellen Anreizen oder dem Wunsch nach Weitergabe von Privilegien an seine Kinder abstrakt sind. Daher wird eine revolutionäre Gesellschaft unter Umständen selbst bürokratisch oder verstrickt sich unablässig in den Aufruhr der permanenten Revolution.[28]

Was bindet einen Menschen an die Realität, wenn sich sein diesseitiges System von Sinngehalten als Illusion erweist? Ich will darauf eine altmodische Antwort wagen –: die Rückkehr der westlichen Gesellschaft zu einer religiösen Konzeption. In dem *Lettre du voyant* hat Rimbaud die Bemerkung getan: »Ja sais qu'il faut être voyant, se faire voyant.« *Voyant* sein heißt, am anderen Ende von Kunst und Geschichte Realitäten erkennen, welche die anderen zu erkennen versäumt haben, nämlich »inspecter l'invisible et entendre l'inouï.«[29]

Wenn es zutrifft, daß die Worte des Dichters die Zukunft abfragen, dann würde in jenem Land, in dem die zeitgenössische Poesie mit der vollsten Stimme gesprochen und die tiefsten menschlichen Ängste zum Ausdruck gebracht hat, nämlich in der Sowjetunion, die Religion die lebhaftesten kulturellen Blüten entfalten, sobald die politischen Fesseln des Regimes abgestreift sind. In tonlosen Worten zwischen unsichtbaren Zeilen ist immer wiederkehrendes Untergrundthema die Erlösung des Menschen durch die Wiedergeburt traditionellen Glaubens.[30]

Die Religion kann die Kontinuität der Generationen wiederherstellen; sie verweist auf die existentiellen Kategorien, welche die Grundlage der Bescheidenheit und Achtung für andere bilden. Doch eine solche Kontinuität kann weder künstlich hergestellt noch durch eine Kulturrevolution herbeigeführt werden. Der Leitfaden wird aus jenen Erfahrungen gesponnen, die uns einen tragischen Sinn des Lebens vermitteln, eines Lebens, das auf des Messers Schneide von Endlichkeit und Freiheit gelebt wird.

Anmerkungen

1 Friedrich Nietzsche, *Der Wille zur Macht,* Hanser Verlag, München, 1966, S. 634 (Hervorhebungen im Original).

2 Im positiven Sinne ist dies auch das Thema des Bazarow, der Figur Turgenjews, die sich selbst den ersten Nilhilisten nannte. Ursprung des Nihilismus war für ihn das »skeptische Gewissen der modernen Wissenschaft ... deren Parole *Realität,* nicht Negation ist«. Diese Charakterisierung stammt von Edward Garnett aus seiner Einleitung zu *Väter und Söhne* aus dem Jahre 1895. Hier schreibt er: »Wer ist also Bazarow? ... Da er den Glauben repräsentiert, der in jeder europäischen Hauptstadt den militanten Typus des Revolutionärs produziert hat, verkörpert er den *nackten Geist der Wissenschaft, der zum erstenmal auf die Politik angewandt wurde.* Sein eigener unmittelbarer Ursprung ist die deutsche Wissenschaft, gedeutet durch jenen Geist logischer Kraft, russischen Fanatismus oder Hingabe an die Idee, die wahrscheinlich die besondere Begabung der Slawen ausmacht ... Insofern als die erste Aufgabe des reinen wissenschaftlichen Geistes, der sich durch Aberglauben, Wirren und Gefühlsduseleien der

Vergangenheit gefesselt wußte, notwendigerweise zerstörerisch war, bestand auch für Bazarow die grundsätzliche Pflicht zur Zerstörung.« Zitat aus dem Vorwort der englischen Ausgabe *Fathers and Children*, Heinemann, London 1951, S. 10.

3 Friedrich Nietzsche, *Werke*, Bd. 9, Leipzig 1906, S. 59.

4 *Die Geburt der Tragödie*, Hanser Verlag, München 1967, S. 65–70 (alle Hervorhebungen im Original).

5 Man sollte jedoch den Stimmungswandel zwischen den beiden Werken hinsichtlich des ins Auge gefaßten Endes von Wissenschaft und Modernität beachten. In *Die Geburt der Tragödie* schreibt Nietzsche: »Wenn die alte Tragödie durch den Trieb zum Wissen und zum Optimismus der Wissenschaft aus ihrem Gleise gedrängt wurde, so wäre aus dieser Tatsache auf den ewigen Kampf zwischen *der theoretischen* und der *tragischen Weltbetrachtung* zu schließen; und erst nachdem der Geist der Wissenschaft bis an seine Grenzen geführt ist, und sein Anspruch auf universelle Gültigkeit durch den Nachweis jener Grenzen vernichtet ist, dürfte auf eine Wiedergeburt der Tragödie zu hoffen sein . . .« (op. cit., S. 79). Aber in einer 1884 geschriebenen Bemerkung in *Der Wille zur Macht* meint Nietzsche: »Ich *freue* mich der militärischen Entwicklung Europas, auch der inneren anarchistischen Zustände . . . Die blasse Duckmäuserei (mit Mandarinen an der Spitze, wie Comte es träumte) ist vorbei. Der Barbar ist in *jedem* von uns bejaht, auch das wilde Tier. *Gerade deshalb* wird es mehr werden mit den Philosophen. – Kant ist eine Vogelscheuche, irgend wann einmal!« Leipziger Ausgabe der *Werke*, S. 100).

6 J. Hillis Miller, *Poets of Reality*, Harvard University Press, Cambridge 1965, S. 14 u. 16. Es fällt auf, daß auch Saint-Simon das Bild des Schiffs wie das des Orchesters benutzte, um eine durch Funktionen harmonisch geordnete Gesellschaft zu beschreiben.

7 Joseph Conrad, *Der Geheimagent,* S. Fischer Verlag, Frankfurt am Main 1963, S. 38 f. u. 40.

8 Die hegelianisch-marxistische Konzeption unterlegt der Geschichte einen Sinn: ein fortschreitendes Bewußtsein oder die Kontrolle des Menschen über die Natur und sich selbst, um den Zwängen der Notwendigkeit zu entgehen. Kann man heute noch behaupten, daß die Geschichte solch ein *telos* aufweist?

Spenglers *Untergang des Abendlandes* gehört zu einer anderen Kategorie der Prophezeihung. Er benutzt eine biologische Metapher: »Haben die für alles Organische grundlegenden Begriffe Geburt, Tod, Jugend, Alter, Lebensdauer in diesem Kreise vielleicht einen strengen Sinn, den noch niemand erschlossen hat? Liegen, kurz gesagt, allen historischen allgemeine biographische Urformen zugrunde?« Und Kultur ist für ihn durch Morphologien gekennzeichnet: »(Besteht nicht) . . . zwischen der Differentialrechnung und dem dynastischen Staatsprinzip der Zeit Ludwigs XIV., zwischen der antiken Staatsform der Polis und der euklidischen Geometrie, zwischen der Raumperspektive der abendländischen Malerei und der Überwindung des Raumes durch Bahnen, Fernsprecher und Fernwaffen, zwischen der kontrapunktischen Instrumentalmusik und dem wirtschaftlichen Kreditsystem ein tiefer Zusammenhang der Form?« Auf diese Weise vermag Spengler die Vorstellung vom »Schicksal« oder der schicksalhaften Bahn einer Kultur zu beschwören.

Die Schwierigkeit bei dieser Argumentation besteht darin, daß offensichtlich unterschiedliche Bereiche wie Kontrapunktmusik und Kreditwirtschaft, wenn sie auch einen gemeinsamen *Ursprung* in einer Konzeption – sagen wir den der abstrakten Beziehungen – haben mögen, dennoch in ihrer weiteren Entwicklung nicht notwendigerweise miteinander verknüpft sein müssen. Ein sozialistisches Wirtschaftssystem mag das Kreditwesen aufgeben, die Kontrapunktmusik jedoch beibehalten; wie ich es im folgenden noch zu zeigen versuche, richten sich Elemente, die in ökonomische und kulturelle Systeme eingebettet sind, nach unterschiedlichen Entwicklungs- und Praxis-»Regeln«. Fragen der Wirtschaft sind in der Regel der *Nützlichkeit* unterworfen, und man entschließt sich zu ihrer Anwendung unter dem Gesichtspunkt der Effizienz – oder auch nicht. Die Innovationen in der Kultur hingegen werden Bestandteile des dauerhaften Repertoires der Menschheit, aus dem die Künstler verschiedener Kulturen schöpfen und die sie zur Umgestaltung von Formen verwenden können. Kurz gesagt, ich halte es für falsch, Kultur oder Gesellschaft als Organismen aufzufassen. Vgl. *Untergang des Abendlandes,* Bd. 1, München 1923, S. 3.

9 Steven Marcus, *Engels, Manchester and the Working Class,* Random House, New York 1974, S. 57 f. Die Bemerkung von Locke steht in seiner Besprechung von John le Carrés Buch *Tinker, Tailor, Soldier, Spy (New York Times Book Review,* v. 30. 6. 1974). Es ist wahrscheinlich kein Zufall, daß die »Gewebe«-Theorie von der Gesellschaft eine prominente Rolle in der zeitgenössischen Literatur spielt, so in Romanen über die Polizei oder Spionage: Man erwartet von der Polizei, daß sie jeden beobachtet und auf diese Weise eine Verbindung zwischen allen Ebenen der Gesellschaft herstellt, und die Spionage befaßt sich mit dem Geheimen oder den verborgenen Verbindungen des gesellschaftlichen Netzwerks.

10 Diese methodologische Prämisse steht im Widerspruch zu den zwei vorherrschenden Paradigmen der zeitgenössischen Soziologie, dem Marxismus und Strukturfunktionalismus. Obwohl sich die beiden Theorien in anderer Hinsicht beträchtlich unterscheiden, haben sie dennoch eine gemeinsame Prämisse in der die Auffassung, daß die Gesellschaft ein Struktursystem darstellt und daß man jedwede gesellschaftliche Handlung nur in Bezug zu diesem ganzheitlichen System verstehen kann. Für Marxisten sind Ökonomie und Kultur Teil einer »Totalität«, die durch den Prozeß der Warenproduktion und des Warentauschs definiert ist. Für Strukturfunktionalisten von Durkheim bis Parsons wird die Gesellschaft durch ein allgemeines Wertsystem zusammengehalten, das alle Verästelungen im Verhaltensmuster einer Gesellschaft legitimiert und damit auch kontrolliert. Meine davon abweichende Anschauung belege ich ausführlicher in einem Aufsatz des Buches *Theories of Social Change,* das ich für die *Russel Sage Foundation* herausgegeben habe (Basic Books, New York, erscheint demnächst).

11 Ich lasse hier die Erkenntnismodelle von Philosophie und Wissenschaft aus, die gewiß auch in den Bereich der Kultur gehören. Doch ich will hier keine vollständige soziologische Grammatik entwerfen; mit der einen oder anderen Erkenntnisfrage befasse ich mich in dem bereits genannten Aufsatz für die *Russel Sage Foundation.*

12 Es stellt sich eine weitere, noch komplexere Frage: Verändert sich die menschliche Natur im Lauf der Geschichte als Reaktion auf Veränderungen in der Produktionsweise oder auf andere historische Umschwünge oder ist

die menschliche Natur unveränderlich? Wenn die menschliche Natur nämlich immer gleich bleibt, wie können wir dann von einem wachsenden »Bewußtsein« sprechen? Wenn sich aber die menschliche Natur ändert, wie verstehen wir dann die Vergangenheit? Diesen Fragen gehe ich in meinem Essay »Technology, Nature, and Society« in dem Buch *The Frontiers of Knowledge* nach (The Frank Nelson Doubleday Lectures, Doubleday Garden City, N. Y. 1975).

13 Im 18. Jahrhundert hat das Anwachsen des Verlagswesens und die Bildung eines entsprechenden Marktes den Schriftsteller nicht nur unabhängig, sondern in manchen Fällen – wie bei Alexander Pope – sogar reich gemacht. Oliver Goldsmith schrieb bereits im Jahre 1762: »Gegenwärtig sind die wenigen Dichter Englands nicht mehr den großen Herrn für ihren Unterhalt verpflichtet, sie haben keinen anderen Mäzen als die Öffentlichkeit, und die Öffentlichkeit ist, insgesamt betrachtet, ein guter und sehr großzügiger Herr und Meister . . . Jedes höfliche Mitglied der Gemeinschaft trägt, indem es kauft, was der Schriftsteller schreibt, zu seiner Belohnung bei. Das Spotten darüber, daß man in einer Dachkammer wohnt, mag im vergangenen Jahrhundert seinen Sinn gehabt haben, heute jedoch nicht mehr, da es der Realität entbehrt.« Zitiert bei Alexander Beljame, *Men of Letters and the English Public in the XVIIth Century,* Paul Kegan, London 1948, S. 385. Die erste französische Ausgabe erschien im Jahre 1881. Angaben über den Reichtum von Pope aus dem Verkauf seiner Bücher findet man auf den Seiten 366–370.

14 Karl Marx, *Marx-Engels Studienausgabe,* III, S. Fischer, Frankfurt am Main 1966, S. 62 f.

15 *Byron's Letters and Journals,* hrg. v. Leslie A. Marchand, Harvard University Press, Belknap, Cambridge 1974, Bd. 3, S. 109.

16 Siehe César Graña, »Bourgeois Enterprise and Modern Life«, in: *Bohemian versus Bourgeois,* Basic Books, New York 1964, besonders die Seiten 95–98; und Joseph D. Bennet, *Baudelaire: A Criticism,* Princeton University Press, Princeton 1944, besonders die Kapitel 2 u. 3 über Baudelaires Konzeption des Bösen, auf die sich die anschließende Erörterung bezieht.

17 Gibt es da eine Parallele zur kommunistischen Welt? Die Russische Revolution hat einen noch nicht dagewesenen Ausbruch an Vitalität und Experimentierfreude in allen Künsten mit sich gebracht. Hunderte von Künstlern und Schriftstellern begrüßten die Revolution mit Enthusiasmus. »Kubismus und Futurismus waren die revolutionären Kunstformen, welche die Revolution im politischen und wirtschaftlichen Leben des Jahres 1917 vorausahnten«, erklärte Malewitsch. Der Konstruktivismus wurde als neue Ästhetik der kommunistischen Gesellschaft ausgerufen. In der Baukunst, in der Malerei und der Bildhauerei finden wir die Innovationen von Tatlin, Lissitsky, Gabo und Pewsner, wie in der abstrakten Malerei von Kandinsky und Malewitsch. Das Theater erlebte die stilistischen Experimente von Meyerhold, Tirow und Wachtangow. In der Dichtkunst treten Futuristen wie Majakowski (»die Straßen sind unsere Pinsel, die Plätze unsere Palette«) und Symbolisten wie Blok und Bely (der die Revolution als religiöse Epiphanie beschrieb) in den Vordergrund. In der Prosadichtung haben wir die Arbeiten von Babel und Pilnjak, Zamjatin und Bulgakow und auf dem Gebiet des Kinos die Filme von Eisenstein und Pudowkin.

Um 1930 herum war es damit zu Ende. Übrig blieb das langweilige Einerlei eines »sozialistischen Realismus«, der von der Partei definiert wurde. Jene Künstler, welche die glühenden Experimente geschaffen hatten, waren entweder ins Gefängnis geworfen worden, hatten Selbstmord begangen, hielten sich still oder waren außer Landes gegangen. Es stellte sich die Frage, ob in einer Gesellschaft, die sich so ausschließlich darauf konzentrierte, eine Bevölkerung für die Industrialisierung zu mobilisieren, die Unabhängigkeit oder die Phantasie von Künstlern und Schriftstellern von der Schaffung des »neuen Menschen« »ablenken« und eine Gefahr für die Kanalisierung von Wirtschaftsenergien, welche die Partei zu steuern suchte, darstellen würden.

18 Ein vollständiges Bild dieser Transformation liefern zwei Bücher: Arthur O. Lovejoy, *The Great Chain of Being,* Harvard University Press, Cambridge 1936 (besonders Kapitel 2 über die griechische Philosophie und Kapitel 10 über den Romantizismus; Zitate aus dem *Timaeus* im Text oben sind hier auf den Seiten 315 f.); sowie das Buch von Lionel Trilling, *Sincerity and Authenticity,* Harvard University Press, Cambridge 1972.

19 Dieses Thema wird in meinem Essay über Religion und Kultur, S. 178 abgehandelt. Für eine außergewöhnliche Erörterung der Rolle des Dämonischen in seiner Beziehung zur Theologie und Kunst siehe das Kapitel »Das Dämonische« in Paul Tillichs Buch, *The Interpretation of History,* Charles Scribener's Sons, New York 1936, S. 77–115.

20 Als älterer modernistischer Dichter hat Octavio Paz folgendes geschrieben: »Heute . . . verliert die moderne Kunst allmählich ihre Negationskraft. Schon seit einigen Jahren sind ihre Ablehnungen ritualisierte Wiederholungen geworden: die Rebellion ist in eine Verfahrensfrage umgeschlagen, die Kritik in Rhetorik, das Übertreten von Gesetzen ins Zeremoniell. Die Negation hat nichts Schöpferisches mehr. Damit sage ich nicht, daß wir das Ende der Kunst erleben, wir erleben vielmehr das Ende der *Idee der modernen Kunst.*« Paz hat eine sehr feinsinnige Erörterung über die Idee des Modernen geschrieben, insbesondere darüber, welche leicht abweichende Form sie in der spanischen Kultur annahm. Mein einziger Einwand würde sich nur gegen das Wort »heute« richten. Ich glaube, daß der Modernismus seine Kraft bereits vor 50 Jahren verloren hat. Vgl. Octavio Paz, *Children of the Mire: Modern Poetry from Romanticism to the Avant-Garde,* Harvard University Press, Cambridge 1974, S. 149.
Eine etwas früher vorgetragene Ansicht aus noch ablehnenderer Sicht findet sich bei Renato Poggioli in: *The Theory of the Avant-Garde,* Harvard University Press, Cambridge 1968, besonders auf den Seiten 209–231. Es handelt sich um eine überzeugende Diskussion über die Moderne und den Modernismus.

21 Unter »Kulturmasse« verstehe ich an erster Stelle ein Publikum, das groß genug ist, um einen ganzen Kulturproduktionsbereich selbständig zu unterhalten. In beruflicher Hinsicht bestünde die Kulturmasse vor allem aus jenen Personen in den Industrien des Wissens und der Kommunikation, die samt ihren Familien mehrere Millionen zählen.
Aus soziologischer Sicht hat die Kulturmasse drei Komponenten. Sie umfaßt nicht die Kulturschöpfer, wohl aber die *Übermittler,* jene Personen, die im höheren Bildungswesen, in Verlagen, für Illustrierte, Funk, Fernsehen, im Theater und in den Museen arbeiten und welche die Rezeption ernstzunehmender Kulturprodukte steuern und beeinflussen. Für sich genommen

ist diese Masse groß genug, um für Kulturgüter, Bücher, Drucke und Schallplatten mit ernster Musik einen *Markt* zu bilden. Die gleiche Gruppe produziert auch als Schriftsteller, Herausgeber von Illustrierten, als Filmemacher, Musiker usw. die populäreren Materialien für ein breiteres Publikum der Massenkultur.

Die obige Beschreibung deckt jedoch nur die Kulturmasse insgesamt ab. Zwangsläufig finden sich auch kleinere Kreise – jene, die Tom Wolfe die *culturati* nennt, die das Kulturelle stärker betonen, die »modisch«, »in«, »auf der richtigen Welle« sein wollen. Die, wie die Deutschen sagen, der richtigen »Tendenz« folgen, sich nach der Kulturfahne drehen, sei es in der Mode oder bei den Kinkerlitzchen einer Jugendkultur. *Tendenz* oder *Tendenzverhökern,* damit befassen sich die *culturati.*

22 Dieses Argument erörtert Irving Kristol in: »When Virtue Loses All Her Loveliness – Some Reflections on Capitalism« und »The Free Society«, abgedruckt in: *The Public Interest,* Nr. 21 (Herbst 1970), neuaufgelegt in *Capitalism Today* (hrsg. v. Daniel Bell und Irving Kristol, Basic Books, New York 1971).

23 Es überrascht, daß die soziologische Literatur den Neid bislang so wenig als Quelle des Statuswettbewerbs berücksichtigt hat. In dieser Hinsicht ist Adam Smith ein verkannter Autor. Er erklärt in seinem Buch *Theory of Moral Sentiments,* daß die Menschen, wenn sie allein von ökonomischen Motiven getrieben würden, nur einen geringen Ansporn verspürten, über das unmittelbar Notwendige und die Bedarfsdeckung hinaus zu produzieren. Gerade weil die Menschen auch durch das Streben nach höherem Status getrieben wurden, setzte die wirtschaftliche »Entwicklung« ein. Dieses Thema wird auch von Thorstein Veblen in seinem berühmten, heute verkannten Buch *Theory of the Leisure Class* behandelt.

24 In seinem apokalyptischen Buch *The Human Prospect* wirft Robert Heilbroner die Frage auf, ob Gesellschaften unterschiedlicher Nationalität oder verschiedene Gesellschaftssysteme wie Kapitalismus und Sozialismus mit den bevorstehenden großen Krisen hinsichtlich der ökologischen Ressourcen und der Bevölkerung fertig werden können, mit Krisen, die er für das Ende des zwanzigsten Jahrhunderts voraussagt. Er beschäftigt sich anschließend mit der Fähigkeit des »Kapitalismus« und »Sozialismus«, diese Krisen zu meistern. Diese *Fähigkeit* hat jedoch politischen Charakter; die effektiven Grundeinheiten der politischen Aktion sind, notwendigerweise, die verschiedenen Nationalstaaten, nicht aber abstrakte gesellschaftliche Systeme. Ich will damit den Einfluß eines sozialen Systems auf die Festlegung von Einkommen und Machtverteilung innerhalb einer Gesellschaft und damit auf die Schaffung wirksamer Einflußbereiche nicht gering einschätzen, doch ich glaube nicht, daß derartige Verteilungsmuster die Art und Weise darstellen – und maßgebliche Gründe liefern –, wie eine Gesellschaft auf Krisen reagiert. Schweden und die Vereinigten Staaten, die Sowjetunion und Jugoslawien können alle verschieden reagieren, und zwar weniger aufgrund ihrer unterschiedlichen »Gesellschaftssysteme«, sondern aufgrund ihres politischen Willens, der in die nationale Tradition und in ein Gefühl für *civitas* eingebettet ist. Um es formaler auszudrücken: Der gesellschaftliche »Akteur« ist nicht das »System«, sondern die politische Gesellschaft.

25 »Who Will Survive the Slump?« in: *Economist* vom 28. 12. 1974, S. 40 ff.

26 Clifford Geertz, *The Interpretation of Cultures,* Basic Books, New York 1973, S. 90.

27 Nadeschda Mandelstam hat über ihre russischen Erfahrungen geschrieben: »Mein Bruder Jewgenij Jakowlewitsch pflegte zu sagen, daß bei der Unterdrückung der Intellektuellen nicht Terror und Bestechung die entscheidene Rolle spielten (obwohl es weiß Gott von beidem genug gab), sondern das Wort ›Revolution‹, das aufzugeben keiner von ihnen ertragen konnte. Es ist ein Wort, dem ganze Nationen verfallen sind, und seine Macht war so groß, daß man sich wundern muß, warum unsere Herrschenden trotzdem Gefängnisse und die Todesstrafe benötigten« (*Generation ohne Tränen,* S. Fischer Verlag, Frankfurt a. Main 1975).

28 Zu den amüsantesten und aufschlußreichsten Episoden der chinesischen Kulturrevolution zählt folgende Geschichte: Als im Jahre 1966 Hunderttausende von begeisterten Jugendlichen Peking überschwemmten, mußten sie feststellen, daß jeder von ihnen rein zufällig ein Abzeichen trug, das seine Herkunftsstadt bezeichnete; manche Abzeichen waren aber seltener anzutreffen als andere. Sofort entstand ganz spontan ein Markt, auf dem verschiedene Abzeichen mit Preisnachlaß gehandelt wurden. Die Jugendlichen zeigten ihre eingehandelten seltenen Anstecknadeln vor – und gleichzeitig demonstrierten sie gegen die Restauration des Kapitalismus und für die Kulturrevolution. Vgl. *Red Guard: The Political Biography of Dai Msiau-ai,* hrsg. v. Gordon A. Bennett und Ronald N. Montaperto, Doubleday Anchor, Garden City, N. Y. 1972, S. 99.

29 Vgl. Poggioli, op. cit., S. 215.

30 Das ist auch das durchgängige Thema der Gedichte in *Doktor Schiwago.* In dem Schlußgedicht »Der Garten von Gethsemane« schreibt Pasternak:

> Das Buch des Lebens aber will enthüllen
> den Satz, der wie kein Heiligtum geweiht:
> Jetzt muß sich, was geschrieben steht, erfüllen
> Erfülle sich's. Amen. Ich bin bereit.
>
> Vom Tod ersteh ich auf am dritten Tage,
> Und wie im Strome Floß an Floß gereiht
> Ziehn einst vor mein Gericht, ans Licht getragen,
> Jahrhunderte aus tiefer Dunkelheit.

Dieses Thema wird von Joseph Brodsky ein Jahrzehnt später aufgegriffen:

> Alle Umarmungen des heutigen Tages
> Schenken weniger Liebe als die
> Ausgestreckten Arme des Gekreuzigten.
> Des lahmen Dichters Sehen
> Taucht vor mir auf in der Heiligen Woche
> Des Jahres siebenundsechzig und
> Versperrt mir den Sprung in die neunziger Jahre.

Doktor Schiwago, S. Fischer, Frankfurt am Main 1958, S. 619. Joseph Brodsky, »Adieu, Mademoiselle Veronique«, in *Selected Poems,* übers. v. George Kline, Harper & Row, New York 1973, S. 136; mit dem »lahmen Dichter« ist (wie der Übersetzer anmerkt) Pasternak gemeint, der beim Gehen leicht hinkte.

Erster Teil

Die Doppelbindung
der Modernität

1. Die kulturellen Widersprüche des Kapitalismus

Für den Sozialwissenschaftler ist die Beziehung zwischen der sozio-ökonomischen Struktur einer Zivilisation und ihrer Kultur vielleicht das komplizierteste aller Probleme. Nach einer zutiefst von marxistischen Gedanken durchdrungenen Auffassung des 19. Jahrhunderts determinieren Wandlungen in der Sozialstruktur auch das geistige Vorstellungsvermögen der Menschen. Eine frühere Vision des Menschen – hier war der Mensch *homo pictor,* das Symbole produzierende Lebewesen, und nicht so sehr *homo faber,* das Werkzeug fertigende – begriff den Menschen als Lebewesen, das in einzigartiger Weise befähigt sei, eine innere Vorstellung von dem zu bilden, was es später »objektiviere« oder in der Realität gestalte. Diese Anschauung vom Menschen hielt folglich den Bereich der Kultur für den Motor sozialen Wandels. Was auch immer an diesen älteren Konzeptionen über die Vergangenheit zutreffend gewesen sein mag, heute hat die Kultur jedenfalls überragende Bedeutung erlangt; denn was in der Einbildungskraft des Künstlers durchgespielt wird, nimmt, wenn auch noch so vage, die soziale Realität von morgen vorweg.

Die Kultur hat aus zwei sich ergänzenden Gründen vorrangige Bedeutung erlangt. Erstens hat sich die Kultur zur dynamischsten Komponente unserer Zivilisation entwickelt, die sogar die Dynamik der Technologie übertrifft. In der Kunst – und das zeigte sich in den letzten hundert Jahren immer deutlicher – fällt als beherrschend ein Impuls zum Neuen und Originellen auf, eine selbstsichere Suche nach künftigen Formen und Empfindungen, die so ausgeprägt ist, daß die Vorstellung des Wandels und des Neuen die Dimensionen des gegenwärtigen, tatsächlichen Wandels geradezu in den Hintergrund drängt. Zweitens hat sich etwa in den letzten 50 Jahren eine Legitimation für diesen kulturellen Impuls herausgebildet. Die Gesellschaft akzeptiert heute die Rolle der Kultur für die Phantasie, die Vorstellungskraft, und sie versteht die Kultur nicht mehr, wie in der Vergangenheit, als ein Phänomen, das Normen setzt und eine ethisch- philosophische Tradition bestätigt, an der das Neue gemessen und (was noch häufiger geschah) zensiert werden konnte. Die Gesellschaft hat in der Tat Innovationen nicht nur passiv hingenommen. Sie hat einen Markt geschaffen, der begierig alles Neue aufnimmt, weil nach ihrer Meinung das Neue die älteren Formen dem Wert nach allemal übertrifft. Damit hat unsere Kultur eine bislang unbekannte Mission übernommen: offiziell und unablässig nach einer neuen Sensibilität zu suchen.

Es trifft natürlich zu, daß die Idee des Wandels auch die moderne Wirtschaft und Technologie beherrscht. Aber die Veränderungen in der Wirtschaft und Technologie werden durch die bereitstehenden Ressourcen und die finanziellen Kosten gebremst. Auch im politischen Bereich sind der Innovation durch die bestehenden Strukturen der Institutionen, durch das Vetorecht konkurrierender Gruppen und in gewissem Maße durch die Tradition Grenzen gesetzt. Aber die Wandlungen der Symbole und Formen des Ausdrucks, so schwierig es für die Mehrheit der Menschen sein mag, sie sogleich zu absorbieren, treffen keineswegs auf Widerstand im Bereich der Kultur selbst. Einzigartig an dieser, wie Harold Rosenberg sie nannte, »Tradition des Neuen« ist der Umstand, daß sie der Kunst gestattet, schrankenlos zu sein, alle Stilrichtungen zu zerstören und alle möglichen Erfahrungen und Empfindungen zu erforschen. Phantasie ist nur noch insofern kostspielig (gilt heute überhaupt *irgend etwas* als bizarr oder unaussprechbar?), als man Gefahr läuft, dem Wahnsinn zu verfallen. Und selbst der Wahnsinn wird heutzutage von Sozialwissenschaftlern, wie Michel Foucault und R. D. Laing, in ihren Arbeiten als überlegene Form der Wahrheit hingestellt. Die neuen Sensibilitäten und die neuen Verhaltensstile, die damit verknüpft sind, werden von kleinen exklusiven Zirkeln ins Leben gerufen, von Kreisen, die sich der Erkundung des Neuen widmen. Weil das Neue an und für sich als wertvoll gilt und auf so wenig Widerstand stößt, breiten sich die neue Sensibilität und ihre Verhaltensstile schnell aus und verwandeln Denken und Handeln, wenn schon nicht größerer Menschenmassen, so doch der Kulturmasse, jener neuen breiten Schicht der Intelligenz in den Wissens- und Kommunikationsindustrien der Gesellschaft.

Mit dieser Betonung des Neuen entstand gleichzeitig eine vom Künstler selbstbewußt akzeptierte Ideologie, die besagt, daß die Kunst den Weg weisen und als Avantgarde dienen wird. Die bloße Idee der Avantgarde – Stoßtrupp des Fortschritts – weist allein schon darauf hin, daß die moderne Kunst oder Kultur sich niemals damit bescheiden würde, als »Reflex« einer ihr zugrunde liegenden sozialen Struktur zu dienen, sondern daß sie vielmehr den Weg für etwas radikal Neues eröffnen will. Wie wir noch sehen werden, dient allein die Idee einer Avantgarde, sofern ihre Legitimität erst einmal akzeptiert wird, zur Institutionalisierung des Primats der Kultur im Bereich der Umgangsformen, der Sitten und letztendlich der Politik.

Diese Konzeption von Avantgarde hat zum erstenmal in schlüssiger Weise ein Mann formuliert, der ironischerweise als Symbol technokratischer Herrschaft dient – Henri Saint-Simon. Bei all seinen Visionen von den Ingenieuren als den treibenden Kräften der neuen Gesellschaft wußte Saint-Simon sehr wohl, daß die Menschen der Inspiration bedürfen, daß das Christentum verbraucht und ein neuer Kult notwendig ist. Diesen neuen Kult fand er in der Kunst. Der Künstler werde der Gesellschaft die ruhmreiche Zukunft offenbaren und die Menschen mit der Aussicht auf eine neue Zivilisation beglücken. In dem Dialog zwischen einem Künstler und einem Wissenschaftler gab Saint-Simon dem Begriff »Avantgarde« seine moderne kulturelle (nicht die frühere militärische) Bedeutung:

»Wir, die Künstler sind es, die euch als Avantgarde dienen werden. Die Macht der Künste wirkt unmittelbar und schnell: Wenn wir unter den Menschen neue Ideen verbreiten wollen, dann schreiben wir sie in Marmor und auf die Leinwand; . . . auf diese Weise üben wir vor allem einen elektrisierenden und siegverheißenden Einfluß aus. Wir wenden uns an die Phantasie und an die Gefühle der Menschheit, und daher sollten wir immer von der lebendigsten und entschiedensten Aktion Gebrauch machen . . .
Was für ein überaus wunderbares Ziel für die Künste, eine positive Macht über die Gesellschaft auszuüben, eine wahrhaft priesterliche Aufgabe, und kraftvoll allen Sparten des Geistes in die Epoche ihrer ruhmreichen Entwicklung voranzuschreiten! Dies ist die Pflicht der Künstler, dies ist ihre Mission . . ..«[1]

Die tagtägliche Beobachtung, daß es heute keine bedeutende Avantgarde mehr gibt – daß eine radikale Spannung zwischen einer neuen Kunst, die schockiert, und einer Gesellschaft, die schockiert ist, nicht mehr besteht – läßt lediglich erkennen, daß die Avantgarde ihren Sieg davongetragen hat. Eine in freudiger Hinnahme des Wandels ganz der Innovation anheimgegebene Gesellschaft hat die Avantgarde tatsächlich institutionalisiert und sie, vielleicht zu ihrem eigenen Mißfallen, beauftragt, ständig etwas Neues aufzutischen. Der »Kultur« ist eine Blankovollmacht erteilt und ihr Vorrecht auf Auslösung sozialen Wandels unverbrüchlich anerkannt worden.

I Die Bedeutung von Kultur

Kultur ist für eine Gesellschaft, eine Gruppe oder einen Menschen ein kontinuierlicher Prozeß der Identitätswahrung. Identität ihrerseits wird über die Kohärenz gewonnen, die ein konsequenter ästhetischer Standpunkt, eine ethische Vorstellung des eigenen Selbst und ein Lebensstil vermitteln, der alle diese Auffassungen in den Objekten unterbringt, die das Heim und die eigene Person zieren, Auffassungen, die auch in den Geschmacksurteilen zum Ausdruck kommen. Kultur ist, so gesehen, das Reich der Sensibilität, des Gefühls, der Sittlichkeit und des all diese Gefühle ordnenden Verstandes.

In der Vergangenheit haben die meisten Kulturen und Sozialstrukturen innere Einheit zur Schau gestellt, obwohl es immer kleine Gruppen gegeben hat, die esoterische, abweichende, zumeist freidenkerische Wertvorstellungen geäußert haben. Die klassische Kultur demonstrierte Einheit durch die Verschmelzung von Vernunft und Wille zur Erlangung von Tugend und Rechtschaffenheit. Die christliche Kultur zeigt Konsistenz, indem sie, auf der Suche nach Erlösung, sowohl in sozialer wie in ästhetischer Hinsicht die Rangordnung der Gesellschaft und die Rangordnung der Kirche mit den Hierarchien von Himmel und Hölle in Einklang brachte. In den Anfängen der Moderne verschmolzen bürgerliche Kultur und bürgerliche Sozialstruktur mit einer besonderen, von den Themen Ordnung und Arbeit geprägten Charakterstruktur zu einer klaren Einheit.

Die klassische Gesellschaftslehre – ich verwende hier das Wort »klassisch«, um die Lehrmeister des 19. und frühen 20. Jahrhunderts zu kennzeichnen – begriff Kultur und Sozialstruktur ebenfalls als Einheit. Marx hat, wie bereits gesagt, die Auffassung vertreten, die Produktionsweise forme alle anderen Dimensionen einer Gesellschaft. Die Kultur reflektiere als Ideologie die ihr zugrunde liegende Struktur und könne selbst keine Autonomie besitzen. Mehr noch, in der bürgerlichen Gesellschaft sei die Kultur an die Ökonomie gebunden, da auch die Kultur, zur Ware geworden, in ihrem Wert vom Markt bestimmt und im Tauschprozeß gekauft und verkauft werde. Max Weber meinte, Denken, Verhalten und gesellschaftliche Struktur seien insofern völlig integriert, als sie in allen Bereichen – Wissenschaft, Wirtschaft, Recht und Kultur – überwiegend rationalistisch seien. Selbst die Kunstformen seien vorwiegend rationalistisch. Max Weber zufolge traf dies in doppelter Hinsicht zu: Zum einen seien die kosmologischen Aspekte westlichen Denkens und westlicher Kultur durch die Abschaffung der Magie (Schiller sprach von der »Entzauberung der Welt«) gekennzeichnet, zum anderen seien die Stilmittel der Künste, Struktur und Formgestaltung, rational. Webers spezielles Beispiel war die westliche Akkordharmonik, die auf einer Tonskala beruht, die im Unterschied zur primitiven und nichtwestlichen Musik ein Maximum an Ordnungsbezügen zulasse.[2] Pitirim Sorokin meinte schließlich in seinem Buch *Social and Cultural Dynamics,* die Kultur werde durch Geisteskräfte (»das Hauptprinzip ›Vernunft‹«) zusammengehalten, durch geistige Orientierungen, die Denken und Sinngebung vereinen und alle Aspekte einer Gesellschaft durchdringen. Die zeitgenössische Kultur sei daran zu erkennen, daß sie empirisch, materialistisch, extrovertiert, an der Technik orientiert und hedonistisch sei.

Im Gegensatz zu diesen Auffassungen halte ich es für besonders bemerkenswert, daß die Sozialstruktur (die techno-ökonomische Ordnung) und die Kultur heute völlig auseinanderfallen. Die Sozialstruktur wird durch ein ökonomisches, nach Kriterien der Effizienz und funktionaler Rationalität definiertes Prinzip gesteuert, durch die Organisation der Produktion mittels Verfügungsgewalt über Dinge, einschließlich der als Dinge verstandenen Menschen. Die Kultur hingegen ist verschwenderisch, promiskuös und von einer anti-rationalen, anti-intellektuellen Stimmung beherrscht; das Selbst gilt als Prüfstein kultureller Werturteile, die Wirkung auf das Selbst als Maßstab für den ästhetischen Wert von Erfahrungen. Die Charakterstruktur, die uns das 19. Jahrhundert hinterließ, ist mit ihrem Akzent auf Selbstdisziplin, Aufschub von Befriedigungen und Enthaltsamkeit für die Erfordernisse der techno-ökonomischen Struktur weiterhin von Bedeutung; sie kommt jedoch vehement mit der Kultur in Konflikt, die solcherart bürgerliche Werte lange schon völlig ablehnt – zum Teil, und das ist das Paradoxe, gerade wegen der Funktionsweisen des kapitalistischen Wirtschaftssystems selbst.

Beliebiges Sozialverhalten

Als Wissenszweig basiert die Soziologie auf der Annahme, daß Varianten im Verhalten von Personen und Gruppen einer Gesellschaft der jeweiligen Klassenlage oder einer anderen strategischen Position innerhalb der Sozialstruktur zuzuschreiben sind, daß sich Menschen, die unterschiedliche Positionen einnehmen, in ihren Interessen, Einstellungen und in ihrem Verhalten systematisch unterscheiden, und zwar aufgrund bestimmter sozialer Merkmale wie Religion, Alter, Geschlecht, städtische oder ländliche Wohngegend und dergleichen. Man nimmt an, daß sich diese Merkmale auf besondere Weise bündeln – gewöhnlich in Begriffen sozialer Klassen definiert –, so daß Wählerverhalten, Kaufgewohnheiten, Kindererziehung und dergleichen klassen- und statusbezogen systematisch variieren und vorhersagbar sind.

Für die Mehrheit der Gesellschaft und für viele Aspekte des sozialen Lebens (z. B. das Wählen) mag diese generelle Annahme immer noch zutreffen. Es wird jedoch zunehmend augenscheinlicher, daß für einen signifikanten Teil der Bevölkerung zwischen sozialer Stellung und Kulturstil – besonders wenn man eine so grobe Einteilung wie Arbeiterklasse, Mittelklasse, Oberklasse trifft – keine Beziehung mehr besteht. Die Frage, wer heute Drogen nimmt, sich an Orgien und Partnertausch beteiligt, sich offen zur Homosexualität bekennt, Obszönität zu seinem politischen Stil wählt oder Spaß an »Happenings« und Undergroundfilmen findet, diese Frage kann nicht mehr ohne weiteres unter Bezug auf die »Standardvariablen« des soziologischen Argumentationszusammenhanges beantwortet werden. Alter und Bildung dürften relevantere Unterscheidungskriterien liefern; aber aufgrund des Anwachsens höherer Bildungschancen für viele läßt selbst die Bildung allein nicht mehr so ohne weiteres Verhaltensvorhersagen zu. Viele Kinder aus Familien der höheren Mittelschicht machen sich freudig zueigen, was sie für die »Freiheit« der Arbeiterklasse halten, oder übernehmen den Lebensstil der schwarzen Unterklasse, während andere gar nicht daran denken. Heute gleichen sich die Methoden der Kindererziehung mehr und mehr an, Methoden, die in der Vergangenheit die Hauptindikatoren der von Schicht zu Schicht unterschiedlichen Verhaltensstile waren.

Wie im Bereich der Wirtschaft das Anwachsen dessen, was die Ökonomen *beliebiges Einkommen* nennen – ein höheres Einkommen, als zur Erfüllung der primären Bedürfnisse notwendig ist –, den Individuen erlaubt, viele unterschiedliche Dinge zu wählen, um unterschiedliche Konsummuster zu statuieren (Swimming-pools, Boote, Reisen), so haben auch die Expansion der höheren Bildung und die sich ausweitende Atmosphäre sozialer Freizügigkeit die Spanne des *beliebigen Sozialverhaltens* vergrößert. Für die Prägung des Lebensstils gewinnen die eigentümlichen Aspekte persönlicher Erfahrungs- und Lebensgeschichte – Persönlichkeitsmerkmale oder typische körperliche Konstitution, positive oder negative Erfahrungen mit den Eltern, Erfahrungen mit Gleichaltrigen – zunehmend mehr an Bedeutung als die großgerasterten Sozialattribute. Mit dem Auflösen der traditionellen Klassenstruktur der Gesellschaft wollen sich immer mehr Menschen nicht mehr durch ihren

Berufsstand (im marxistischen Sinne), sondern durch ihren kulturellen Geschmack und ihren Lebensstil definiert wissen.

Der Künstler schafft das Publikum

In der Beziehung des Künstlers zur Öffentlichkeit vollzog sich ebenfalls ein Wandel. Ein exklusiver Kreis von Künstlern, beschäftigt mit experimentellen Arbeiten, auf die das spießige Mittelklassen-Publikum mit Verachtung und Empörung reagierte – das war das vertraute Bild, ein Produkt des Romantizismus im 19. Jahrhundert. Ein solches Schicksal erlebten die impressionistischen Maler, die zum erstenmal in *Salon des Refusés* (1863) ausstellten, um ihren Abscheu vor dem herrschenden Geschmack kundzutun, und dann zwanzig Jahre auf den *Salon des Indépendants* und auf die gleiche Ausstellungsfreiheit warten mußten. Der avantgardistische Künstler setzte solche Ablehnung mit Freiheit gleich, und er fühlte sich auf ein derartiges Spannungsverhältnis zum Publikum angewiesen, um seine Werke hervorbringen zu können. Mit der Zeit wurde dieses vertraute Schema als eine Art natürliche Bedingung der modernen Kunst aufgefaßt. Wie jedoch James Ackerman schreibt, »wurde (dieses Schema) während des letzten Jahrzehnts durch eine der abruptesten und radikalsten Wandlungen in der Geschichte der Beziehung von Kunst und Publikum zerstört . . . Die neue Ära zeichnete sich zum erstenmal ab, als die Arbeiten der Künstler der *New York School* gegen Mitte und Ende der fünfziger Jahre endgültig Aufnahme fanden«. Jackson Pollock, Willem de Kooning, Franz Kline, Mark Rothko, Barnett Newman, Robert Motherwell, David Smith, jene Künstler also, die verantwortlich waren für das, was Clement Greenberg »abstrakten Expressionismus« (und Harold Rosenberg »Action-Malerei«) nannte, beschäftigten sich mit den Problemen der Struktur und des Mediums – rissen sich von der Staffelei los, setzten Farbe als Kunstgegenstand ein und bezogen die Person des Künstlers in das Gemälde ein –, all dies auf eine spezielle, esoterische Art und Weise, die sich dem Erfahrungshorizont des Laien völlig entzog. Professor Ackerman bemerkt, daß »der Zugang zu ihrer Kunst so schwierig war, daß selbst die Mehrheit der beifallspendenden professionellen Kritiker am Ziel vorbeischossen und diese Kunst aus Gründen priesen, die nicht ins Gewicht fielen«. Tatsächlich bestand die unmittelbare Reaktion des verdatterten Publikums darin, diese Kunst als Scharlatanerie abzuwerten. Doch innerhalb von fünf Jahren erlangten die Hauptpersonen dieser Kunstrichtung öffentliche Anerkennung, beherrschten ihre Gemälde die Musseen und Galerien. Ihre Vorstellungen von Kunst bestimmten jetzt den Geschmack des Publikums.[3]

Wahrscheinlich ist der Umschwung nicht gar so abrupt eingetreten, wie Professor Ackerman uns glauben machen will. Bereits Jahrzehnte zuvor hatte in Paris die Rolle der »schwierigen« Kunst ähnliche Wandlungen durchgemacht; damals begannen Picasso und Matisse den Publikumsgeschmack zu formen. Die Generalthese stimmt jedoch. Das Mittelschicht-Publikum, der reiche Käufer, kontrolliert heute die Kunst nicht mehr. In der Malerei, im Film (weniger vielleicht in der progressiven Musik) bestimmt der Künstler, gewöhnlich der avantgardistische Künstler, die gegenwärtige Kulturszene. Er schafft sich geschwind Publikum und Markt, ohne länger von ihnen geprägt zu werden.

Dieser Wandel ist, wie ich meine, mit dem Auseinanderfallen von sozialem Standort und Kulturstil verknüpft. Ackerman schreibt zudem:

»Wenn der Platz eines Menschen in der Gesellschaft für das Urteil in Bereichen außerhalb der eigenen Kompetenz keine gesicherte Basis abgibt, hat er die Wahl, entweder keine Meinung zu haben, oder die Meinung eines Experten zu akzeptieren, und der Experte, der sich am bereitwilligsten anbietet, ist der professionelle Meinungsmacher. Der Wandel in der Rezeption der Künste, ist, wie ich glaube, ein Produkt der Wertschätzung, die den Museen, gewerblichen Galerien und den Nachrichtenmedien allgemein zuteil wird.«

Es läßt sich darüber streiten, ob es heute allgemein üblich ist, »Experten zu trauen«. Im politischen Bereich hat sich jedenfalls eine bemerkenswerte populistische Welle der Abneigung vor Experten oder Technokraten erhoben. Aber bei der Kunst verhält sich die Sache anders. Hier beobachten wir zwar nicht den Sieg des Experten, wohl aber den der »Kultur« selbst – genauer, ihrer herrschenden Strömung, des Modernismus. Die Kultur der letzten 100 Jahre, die »Bewegung der Moderne«, hat über die Gesellschaft triumphiert, die in ihrer Sozialstruktur (Wirtschaft, Technologie und Beschäftigungsgrundlagen) bürgerlich geblieben ist. Die Kultur löste sich davon und bestimmte sich zunehmend selbst. Trotz alledem fühlt sich die Kultur bedroht (wie an der Bewegung der Moderne beispielhaft dargestellt) – versteht und akzeptiert ihren Sieg nicht – und bleibt nach den Worten von Lionel Trilling eine »Feindkultur«.

»Jeder Literaturhistoriker der Neuzeit«, schreibt Trilling, »hält die Gegenintention, die tatsächlich subversive Intention, welche die moderne Schriftstellerei kennzeichnet, praktisch für ausgemacht – er bemerkt ihre deutliche Absicht, den Leser von seinen Denk- und Gefühlsgewohnheiten abzubringen, Gewohnheiten, welche die allgemeine Kultur ihm auferlegt; bemerkt auch die Absicht, dem Leser eine Basis und einen Bezugspunkt zu geben, von dem aus er urteilen und verurteilen oder gar die Kultur, die ihn hervorgebracht hat, revidieren kann».[4]

Die Legende des Modernismus handelt vom freien schöpferischen Geist, der sich mit der Bourgeoisie im Kriegszustand befindet. Mag an dieser Auffassung auch manches gestimmt haben, so als man Whistler vorwarf, er habe »dem Publikum einen Farbtopf ins Gesicht geschleudert«, heute ist eine derartige Vorstellung jedenfalls reine Karikatur. Wer in aller Welt, besonders in der Kulturwelt, verteidigt denn gegenwärtig die Bourgeoisie? In Kreisen jener, die von sich glauben, sie hätten in der Kultur einen gewichtigen Platz inne, und bei ihrer großen Schar von Epigonen hält die Legende vom freien, schöpferischen Geiste, der nun nicht mehr nur mit der bürgerlichen Gesellschaft, sondern außerdem mit der »Zivilisation«, der »repressiven Toleranz« oder weiteren Agenturen, welche die »Freiheit« beschneiden, im Krieg liegt, hält diese Legende immer noch eine Feindkultur aufrecht.

Die Feindkultur ist in der kulturellen Ordnung zur Herrschaft gelangt; aus diesem Grunde beherrschen die Oberpriester der Kultur – Maler, Schriftsteller und Filmemacher – heute das Publikum und nicht umgekehrt. Tatsächlich sind die Befürworter dieser Feindkultur an Zahl noch stark genug, um eine eigene Kulturschicht zu bilden. Im Vergleich zur Gesellschaft insgesamt ist die Zahl der Mitglieder dieser Schicht freilich nicht groß. Statistische Schätzungen sind nicht möglich; die Zahl könnte sich zwischen einigen hunderttausend und einigen Millionen bewegen. Die Zahlengröße allein hat jedoch keine Bedeutung, denn, verglichen mit der Vergangenheit, sind drei außergewöhnliche Veränderungen klar erkennbar.

Erstens ist ein deutlicher Wandel in der Größenordnung sichtbar. Wenn auch im Vergleich zur Gesamtgesellschaft verschwindend gering, so ist die zeitgenössische Kulturklasse zahlenmäßig doch groß genug, daß ihre Mitglieder nicht mehr als Ausgestoßene oder als Boheme-Enklave innerhalb der Gesellschaft zu gelten haben. Sie bilden institutionell eine Gruppe und sind durch ihr Zugehörigkeitsgefühl verbunden.

Zweitens fällt auf, daß die Mehrheit heute keine eigene respektable intellektuelle Kultur mehr aufzuweisen hat – keine bedeutenden Gestalten in Literatur, Malerei oder Poesie –, die der Feindkultur etwas entgegensetzen könnte, wohingegen früher häufig Lebensstil und Kulturen von Minoritäten mit jenen der Mehrheit in Konflikt lagen. In diesem Sinne ist die bürgerliche Kultur zerschlagen worden.

Drittens, und vielleicht das wichtigste, haben die Protagonisten der Feindkultur, aufgrund der historischen subversiven Auswirkungen auf die traditionellen bürgerlichen Wertvorstellungen, heute einen beträchtlichen Einfluß auf das kulturelle Establishment, wenn sie es nicht gar beherrschen; gemeint sind hier die Verlage, Museen, Galerien, wichtigere Nachrichtenmedien, Zeitschriften, kulturelle Wochen- und Monatsblätter, Theater, Film und Universitäten.

Jede neue Generation, welche die von der Gegenkultur ihrer kulturellen Eltern erreichten Markierungspunkte zum Ausgang nimmt, erklärt mit Verve, daß der Status quo rückschrittlichen Konservativismus oder Repression verkörpere, so daß die Sozialstruktur in immer größer werdenden Kreisbewegungen ständig von neuem attackiert wird.

Der historische Prozeß, den ich zu skizzieren versuchte, hat Wurzeln, die tief in die Vergangenheit reichen. Er besitzt eine bemerkenswerte kulturelle Triebkraft und Kontinuität. In den fünfziger Jahren dieses Jahrhunderts war diese Triebkraft größtenteils verschleiert, da es sich im wesentlichen um ein Jahrzehnt des politischen Konservativismus und kultureller Wirren handelte. In politischer Hinsicht war es eine Periode der Desillusionierung. In dieser Zeit rückten die Intellektuellen endgültig vom Stalinismus ab, und der Glaube, die Sowjetunion sei allein deshalb schon »progressiv«, weil sie sich sozialistisch nennt, wurde erschüttert. Eine Reihe von Soziologen – Raymond Aron, Edward Shils, S. M. Lipset und auch ich – kamen daher zu der Auffassung, daß die fünfziger Jahre vom »Ende der Ideologie« gekennzeichnet sind. Wir wollten damit sagen, daß die älteren politischen Ideen der radikalen Bewegung sich erschöpft hatten und nicht mehr Kraft genug besaßen, um unter den Intellektuellen Ergebenheit zu erzwingen oder Leidenschaften zu entfachen.[5]

Obwohl die Enttäuschung über die chiliastischen Versprechen des politischen Radikalismus weitverbreitet war, gab es weit und breit keine positive Auffassung, die an ihre Stelle hätte treten können. Wohlfahrtsstaat und Mixed Economy waren keineswegs Ziele, die bei der Intelligenz Begeisterung hätten auslösen können. Wenn auch die radikalen Hoffnungen zeitweilig darniederlagen, so blieb die grundsätzliche kulturelle Haltung dennoch unverändert: weiterhin Ablehnung der bürgerlichen Wertvorstellungen. Die Konstinuität des Radikalismus in den fünfziger Jahren blieb in der Tat nicht durch die politischen Umstände, sondern durch die Kultur gewährleistet.

Die Erfahrungen der vierziger Jahre hatten die Intelligenz der fünfziger Jahre traumatisiert; das Nachdenken über diese Erfahrungen bestimmte ihre kulturellen Fragestellungen.

Beherrschendes Thema dieser Zeit war die Entpersönlichung des Individuums und die Atomisierung der Gesellschaft. Natürlich war der Zweite Weltkrieg schrecklich gewesen. Aber Krieg, selbst massenhaftes Bombardement von Städten, war in der Einbildungskraft vorweggenommen worden, und merkwürdigerweise verliert etwas, das man sich einmal vorgestellt hat, einiges von seiner Fähigkeit, äußerste Empörung oder Furcht hervorzurufen. Aber Konzentrationslager, in die Millionen über Millionen zusammengetrieben, und Todeslager, durch die Millionen Menschen wie Vieh durch das Schlachthaus geschleust worden waren, solche Schrecken hatte man sich niemals zuvor ausgemalt.[6]

Auch die Soziologie der fünfziger Jahre beschäftigte sich mit der Theorie der »Massengesellschaft« und mit der wiederentdeckten »Entfremdung«. Nach der Theorie der Massengesellschaft sind in der modernen Welt die traditionellen Bindungen der Primärgruppen Familie und lokale Gemeinschaft aufgelöst, die traditionellen Ordnungen durch die »Masse« ersetzt, in der jeder in atomistischer Vereinzelung und in Anomie lebt. Die Wiederentdeckung der Entfremdung – und es war eine *Wieder*entdeckung, denn obwohl dieser Begriff mit dem Marxismus verknüpft wurde, hat die erste Generation marxistischer Schriftsteller (wie Kautsky, Pechanow und Lenin) ihn nie benutzt – wurde zum Hauptthema der Sozialwissenschaften. Vor dieser Zeit war es nie erörtert worden.[7]

Die einsame Masse von David Riesman war, auf einer eher weltlichen Ebene, das populärste soziologische Buch der fünfziger Jahre. Es beschreibt einen wesentlichen Wandel in der Charakterstruktur des Menschen in der zeitgenössischen Gesellschaft – den Wandel des selbstdisziplinierten, eigenmotivierten Individuums (kurz, des bürgerlichen Menschen) zu einem vorwiegend auf seine Bezugsgruppe und auf den Druck durch »andere« reagierenden Individuums. Allein der Titel des Buches vermittelt schon eine Aussage über die Art des Wandels. Auf ähnliche Weise skizzierte ein für die Jugendkultur in den Jahren von 1950 prototypisches Buch, J. D. Salingers *Der Fänger im Roggen,* durch seinen Erzähler Holden Caulfield einen neuen Menschentyp, der sich in seiner Unfähigkeit, reale Beziehungen zu seiner Umwelt aufzunehmen, fast autistisch ausnimmt. Die »Beatniks«, an der Spitze Allen Ginsberg und Jack

Kerouac, die Vorboten der Jugendbewegung der sechziger Jahre, waren bereits als »drop-outs« aus der Gesellschaft ausgeschert.

Zusammenfassend läßt sich sagen: Obwohl sich die politischen Ideen erschöpft hatten – und das politische Leben von der Furcht vor einer fremden kommunistischen Macht geprägt war –, grübelte die kulturelle Intelligenz über Verzweiflung, Anomie und Entfremdung nach, über Themen, die in den sechziger Jahren politische Inkarnation erlangen sollten.

Die geistigen Normalverbraucher der fünfziger Jahre

Der materielle Überfluß der amerikanischen Mittelschicht in den fünfziger Jahren fand seine Entsprechung in einer weitverbreiteten »Normalverbraucher«-Kultur. Der Begriff selbst spiegelt einen neuen Stil von Kulturkritik wider. Tatsächlich war Kultur, so wie sie von den Massenblättern der Mittelschicht verstanden wurde, nicht Beschäftigung mit ernstzunehmenden Kunstwerken, sondern ein Lebensstil, der organisiert und »konsumiert« wird. Diesem Denken entsprechend wurde Kulturkritik zu einem snobistischen, modisch amüsanten Spiel, dem sich Werbeleute, Redakteure von Frauenzeitschriften, Illustriertenfotografen, Innenarchitekten und Homosexuelle widmeten. *Démodé,* »aus der Mode«, wurde, sobald die Normalverbraucher es erst einmal kapiert hatten, das Spiel Ober-, Unter- und Mittelschicht, das allerdings schnell durch das neue Spiel des »in«- und »out«-Seins ersetzt wurde. »In«-sein hieß, der Masse in Sachen Mode weit voraus zu sein, oder im Gegenteil, das zu schätzen, was die große Masse mochte (flotte Kinothriller zweiter Klasse, Schlager usw.), jedenfalls nicht, was die großspurige Mittelschicht bevorzugte. Als das Spiel des »in« und »out« durch das Spiel des »ständig hinter jemanden Herziehens« ersetzt wurde, änderte sich nichts außer, daß die Mode geschmackloser wurde.

Kulturkritik, wenngleich zum Spiel geworden, war dennoch ein ernstes Problem für Intellektuelle, die sich nun gehalten sahen, in einer Kultur, über die sie sich stets mokiert hatten, eine Rolle zu übernehmen. Die Schriftsteller etwa der *Partisan Review* begannen sich nun im *New Yorker* breitzumachen, in einer Zeitschrift, die in den dreißiger und vierziger Jahren mit Naserümpfen betrachtet worden war.

Viele radikale Autoren gewannen den Eindruck, die Massenmedien schmeichelten ihnen, damit sie sich Prestige zuschanzten, und man argwöhnte sogar, dahinter stecke ein weit finsteres Motiv, nämlich die radikale Kritik überhaupt zu »zähmen«. Man nahm freilich nicht wahr, daß die Gesellschaft sich aus ihrer kulturellen Verankerung gerissen hatte.

Die Beziehungen der ernsthafteren Kritik und des Intellektuellen zur anschwellenden bürgerlichen Massenkultur der fünfziger Jahre wurden zum Problem und bildeten das Thema vieler umfangreicher Aufsätze und Symposien. In der Folgezeit unternahmen die radikalen Intellektuellen einen massiven Angriff auf die Mittelschichtkultur. Für den anspruchsvollen Kritiker war der wahre Feind nicht der üble Kitsch, nicht die ungeheure Schundflut, sondern die Kultur des geistigen Normalverbrauchers. In seinem Aufsatz »Masscult« schreibt Macdonald: »Der Trick ist einfach – um jeden Preis der Masse gefallen. Aber die Mittelkultur hat zwei Aspekte: sie gibt vor, die Maßstäbe der Hochkultur zu respektieren, während sie sie in Wirklichkeit verwässert und vulgarisiert.«[8]

Hannah Arendt, eine kluge, aufrüttelnde Sozialkritikerin, trieb das klassische Argument noch einen Schritt weiter, indem sie es mit einer historisch-marxistischen Analyse verband. Nach ihrer Auffassung hat die bürgerliche »Gesellschaft« – hier als relativ homogene Gemeinschaft gebildeter, kultivierter Menschen verstanden – von jeher die Kultur als Ware behandelt und durch ihren Tausch snobistische Werte eingehandelt; es hätten immer schon Spannungen zwischen der Kultur (d. h. den Kunstproduzenten) und der Gesellschaft (den Konsumenten) bestanden.[9] Hannah Arendt sieht jedoch zwischen Vergangenheit und Gegenwart zwei grundlegende Unterschiede. In früheren Zeiten habe der Individualismus in Blüte gestanden oder sei doch durch Flucht *vor* der Gesellschaft, nicht selten in Kreise von Aufrührern und Bohemiens, möglich gewesen. (»Ein gut Teil der Verzweiflung einzelner unter den Bedingungen der Massengesellschaft rührt von der Tatsache her, daß diese Fluchtwege natürlich verschlossen sind, sobald die Gesellschaft alle Bevölkerungsschichten zu einem Ganzen zusammengefügt hat.«) Mehr noch, obwohl auch die »Gesellschaft« der Vergangenheit wegen ihres Snob-Appeals nach Kultur getrachtet habe, so habe sie doch die Kultur nicht *konsumiert,* selbst wenn sie sie mißbraucht oder entwertet und die »kulturellen Dinge in gesellschaftliche Waren« verwandelt habe. Die Massengesellschaft »möchte im Gegensatz dazu keine Kultur, sondern Unterhaltung, und die von der Unterhaltungsindustrie angebotenen Waren werden in der Tat von der Gesellschaft ebenso wie andere Konsumgüter konsumiert«. Zusammenfassend kann man sagen, daß der politisch radikale Wille – Selbstdistanzierung von der Gesellschaft –, obwohl in den fünfziger Jahren ausgebrannt, in der Kultur und durch die Kulturkritik weiterbesteht. Als in den sechziger Jahren neue politische Impulse aufkamen, nahm der Radikalismus die Wertvorstellungen der Feindkultur – Angriff auf die Gesellschaft über Themen wie Massenkultur, Anomie, Entfremdung – als Ariadnefaden auf und ließ sich von ihm in eine neue radikale Periode führen.

Eintritt in den Modernismus

Lassen Sie uns nun auf ein außergewöhnliches soziologisches Rätsel zu sprechen kommen. Eine einzige kulturelle Strömung, Stimmung, Bewegung – ihr höchst amorpher oder proteischer Charakter macht einen einzigen umfassenden Begriff unmöglich – hat mehr als eineinviertel Jahrhunderte überdauert und immer wieder neue, heftige Angriffe auf die Sozialstruktur hervorgerufen. Der die Bewegung noch am ehesten treffende Begriff heißt *Modernismus:* das eigenwillig-eigensinnige Bemühen eines Stils und einer Sensibilität, stets an vorderster Front eines »sich erweiternden Bewußtseins« zu stehen. Was ist nun aber die Natur dieses Gefühls, das, zeitlich sogar noch vor dem Marxismus, gegen die bürgerliche Gesellschaft immer wieder Sturm gelaufen hat und, ohne jene Art von festigender Organisation, die eine politische Bewegung besitzt, in der Lage war, solch ein Programm durchzuhalten? Warum hat dieses Gefühl die künstlerische Einbildungskraft so in Bann geschlagen, daß es Generationen überdauern konnte und bei jeder neuen Kohorte der Intelligenz stets von neuem Anklang fand?
Der Modernismus durchdringt alle Künste. Bei der Betrachtung einzelner Beispiele hat es den Anschein, als gäbe es kein einzelnes einendes Prinzip. Der Modernismus umschließt die neue Syntax von Mallarmé, das Sprengen von Formen im Kubismus, den Bewußtseinsstrom von Virginia Woolf und James Joyce, die Atonalität von Alban Berg. All dies war zunächst »schwierig« zu verstehen. Tatsächlich ist, wie eine Reihe von Schriftstellern glaubt, diese Anfangsproblematik ein Kennzeichen des Modernismus. Er ist vorsätzlich undurchsichtig, arbeitet mit Formen, die nicht vertraut sind, ist selbstbewußt, experimentierfreudig, und versucht das Publikum absichtlich zu verstören – es zu schockieren, aufzurütteln, es gar wie bei einer religiösen Bekehrung innerlich zu verwandeln. Eben diese Schwierigkeit macht sicherlich seine Anziehungskraft auf Eingeweihte aus, denn esoterisches Wissen, wie die Zauberformel der Magie oder die Geheimwissenschaft der Priester vergange-

ner Zeiten, verleiht manchen Menschen ein gesteigertes Gefühl von Macht über das gemeine Volk und die nicht Erleuchteten.

Irving Howe meint, die Moderne solle in Begriffen definiert werden, die ausdrücken, was sie nicht ist, als »alles einschließende Negation«. Die Modernität, so schreibt er, »besteht in einer Revolte gegen den vorherrschenden Stil, in dem *unerbittlichen Wüten gegen* die offizielle Ordnung«. Aber wie Howe feststellt, bedeutet gerade dieser Umstand ein Dilemma: »Der Modernismus muß immer kämpfen, kann aber nie ganz siegen, und nach einer Weile muß er schließlich kämpfen, um nicht zu siegen.«[10] Dies trifft meiner Ansicht nach zu und erklärt auch die fortgesetzt feindliche Haltung des Modernismus, erklärt aber nicht das »unerbittliche Wüten« und das Bedürfnis, jeden herrschenden Stil und am Ende gar seinen eigenen zu negieren.

Insgesamt betrachtet läßt der Modernismus eine auffallende Parallelität zu einer verbreiteten Annahme der Sozialwissenschaften des späten 19. Jahrhunderts erkennen. Für Marx, Freud und Pareto verschleiert die oberflächlich sichtbare Rationalität der Erscheinungen die Irrationalität von Substrukturen der Realität. Nach Marx verbirgt sich unter dem Tauschprozeß die Anarchie des Marktes; für Freud liegt unter der harten Schale des Ichs das schrankenlose, triebbeherrschte Unbewußte; für Pareto verbergen sich unter den formalen Inhalten der Logik Reste irrationaler Sentiments und Emotionen. Auch der Modernismus hält die äußeren Erscheinungsformen für bedeutungs- und sinnlos und sucht Substrukturen der Phantasie freizulegen. Dies äußert sich auf zwei Wegen. Das ist zunächst, als formales Mittel, der Versuch, »Distanz« – psychische, soziale und ästhetische Distanz – aufzuheben, sowie das Betonen absoluter Gegenwärtigkeit, Gleichzeitigkeit und Unmittelbarkeit der Erfahrung. Auf der anderen Seite, der inhaltlichen, das Insistieren auf absolutem Vorrang des Selbst, des Menschen als »sich selbst in die Unendlichkeit verlängernden« Wesens, das sich gezwungen sieht, das Jenseitige zu erkunden.

Der Modernismus ist Antwort auf zwei soziale Wandlungen im 19. Jahrhundert: die eine vollzog sich auf der Ebene der Sinneswahrnehmung der sozialen Umwelt, die andere betraf die Bewußtwerdung des Selbst. Die alltäglichen Sinneseindrücke gerieten in Desorientierung des Raum- und Zeitgefühls, hervorgerufen von neuen Kenntnissen über Geschwindigkeit, Bewegung, Licht und Klang, die ihrerseits Folge der Revolution im Bereich der Kommunikation und des Verkehrs waren. Die Krise im Selbstbewußtsein zog mit dem Verlust religiöser Gewißheit herauf, mit dem Verlust des Glaubens an ein Leben nach dem Tode, an Himmel oder Hölle, und mit dem neuen Wissen von unverrückbaren Schranken jenseits des Lebens und von der Nichtigkeit des Todes. Dies waren in der Tat zwei neue Weisen der Welterfahrung, und häufig war sich der Künstler keineswegs darüber im klaren, wie sehr die Desorientierung im sozialen Umfeld die Welt erschüttert hatte, so daß der Eindruck entstehen mußte, als bestünde sie nur noch aus Trümmern. Der Künstler hatte die Trümmer allerdings auf neue Weise wieder zusammenzufügen.

Modernismus: Syntax und Form

Für die zweite Hälfte des 19. Jahrhunderts war mithin eine Weltordnung nur noch Chimäre. Bewegung und ständiger Wandel waren plötzlich Realität, welche die Wahrnehmung der Umwelt prägte. Der Charakter ästhetischer Wahrnehmungen hatte sich mit einem Schlag radikal verändert. Wenn man unter dem Aspekt der jeweiligen ästhetischen Vorstellung die Frage stellt, wie sich der moderne Mensch im Sinnes- und Gefühlserleben von den Griechen der Klassik unterscheidet, so könnte die Antwort schwerlich mit den basalen menschlichen Gefühlen wie Freundschaft, Liebe, Furcht, Grausamkeit und Aggression zu tun haben, mit Gefühlen, die allen Zeiten mehr oder minder gemeinsam sind, sondern vielmehr mit der zeitlich-räumlichen Bewegungs- und Höhenveränderung. Im 19. Jahrhundert konnte der Mensch zum erstenmal in der Geschichte schneller als zu Fuß und zu Pferde reisen, ein völlig neues Gefühl von wechselnden Landschaften, sich jagenden Eindrücken, dem Verwischen von Bewegungen gewinnen, ein Gefühl, das er nie zuvor erfahren hatte. Man konnte überdies zuerst im Ballon, später im Flugzeug, Tausende von Meter hoch in den Himmel steigen und von oben topographische Muster erkennen, welche die Vorfahren nie gesehen hatten.

Was für die physische Welt zutraf, galt auch für die soziale Welt. Mit der wachsenden Zahl der Menschen und ihrer Ansammlung in den Städten weitete sich die gesellschaftliche Interaktion aus, vollzog sich ein Synkretismus von Erfahrungen, der eine unverhoffte Aufgeschlossenheit für neue Lebensstile und geographische und soziale Mobilität mit sich brachte, die früher unbekannt gewesen war. Die Themen auf der Leinwand des Malers handelten nicht mehr von mythologischen Wesen der Vergangenheit oder der Stille der Natur, sondern von der Promenade und dem Strand, von der Hast des Stadtlebens und vom Glanz des Nachtlebens in einer Stadtlandschaft, die durch das elektrische Licht verändert worden war. Diese Reaktion auf Bewegung, Raum und Wandel brachte die neue Syntax der Kunst und den Wandel traditioneller Formen mit sich. Nach der klassischen, vor-modernen Auffassung war Kunst im wesentlichen kontemplativ; der Betrachter oder Zuschauer hatte »Macht« über die Erfahrungen, indem er ästhetische Distanz zu ihnen wahrte. Der Modernismus verfolgt die Absicht, den Zuschauer zu »überwältigen«, dergestalt, daß sich das Kunstprodukt – durch Verkürzung der Perspektive in der Malerei oder durch »Rhythmussprünge« in der Dichtkunst wie bei Gerald Manley Hopkins – mit seiner eigenen Sprache und Ausdrucksform dem Zuschauer aufzwingt. Dem Modernismus gilt das Genre als archaisches Konzept, dessen Unterscheidungsmerkmale im ständigen Fluß von Erfahrungen aufgelöst werden.

Diese modernistische Anstrengung, das stetige Fließen der Erfahrungen einzufangen, gibt, wie ich meine, der folgenden Bemerkung von Virginia Woolf einen Sinn: »Im oder um den Dezember 1910 hat sich die menschliche Natur verändert.« Dem Kommentar Irving Howes zufolge verbirgt sich in dieser Hyperbel »eine beängstigende Diskontinuität zwischen dem herkömmlich Vergangenen und der erschütternden Gegenwart ... die Linie der Geschichte krümmt sich, riß vielleicht sogar ab«.

Im Vollziehen dieses Bruchs, in der Betonung des absolut Gegenwärtigen, sind Künstler und Zuschauer gleichermaßen gezwungen, sich selbst jeden Augenblick zu schaffen und neu zu schaffen. Wenn man Kontinuität ablehnt und glaubt, die Zukunft liege in der Gegenwart, verliert man das klassische Gefühl für Ganzheit und Vollständigkeit. Fragmente oder Teilstücke ersetzen das Ganze. Im zerstückelten Torso, in der isolierten Hand, der urtümlichen Grimasse, in der vom Rahmen durchschnittenen Figur findet man die neue Ästhetik und nicht im wohlgefügten Ganzen. Und in der Mischung und Vermengung von Stilen wird die Idee von Genre und Grenze, von Grundsätzen, die einem Genre angemessen sind, aufgehoben. Man darf in der Tat behaupten, die ästhetische Katastrophe wird selbst zur Ästhetik.

Modernismus: Nichts und Selbst

Das Gefühl von Bewegung und Wandel – der Bruch im Umgang mit der Welt – schuf lebenspralle neue Konventionen und Formen, mit deren Hilfe die Menschen ihre Sinneseindrücke und Erfahrungen wertend einordneten. Im Untergrund löste das Bewußtsein des Wandels im Menschen jedoch eine tiefe geistige Krise aus: die Angst vor dem Nichts. Der Niedergang der Religion und besonders der Verlust des Glaubens an eine unsterbliche Seele führte zu einem folgenschweren Bruch mit der jahrhundertealten Vorstellung einer unüberbrückbaren Kluft zwischen Menschlichem und Göttlichem. Nunmehr suchten die Menschen diesen Abgrund zu überspringen und, wie Faust, der erste moderne Mensch, es ausdrückte, »gottähnliches Wissen« zu erlangen, »Ebenbild der Gottheit« zu sein, denn andernfalls müsse man bekennen, »dem Wurme gleich ich«.

Als Folge dieser übermenschlichen Anstrengung trat im 19. Jahrhundert das Selbstbewußtsein in den Vordergrund. Man begriff das Individuum als einzigartig, als mit je unverwechselbaren Wünschen und Sehnsüchten versehen; das Leben wurde mit dem Glanz von Heiligkeit und Kostbarkeit umgeben. Die Überhöhung des Einzellebens wurde zum Wert an sich. Die gesellschaftlichen Kernfragen des Tages waren wirtschaftliche Verbesserungen, Ablehnung der Sklaverei, die Rechte der Frau, Abschaffung von Kinderarbeit und Beseitigung grausamer Strafen. In einem tieferen, metaphysischen Sinne wurde dieses geistige Unterfangen jedoch zum Ausgangspunkt für die Vorstellung, der Mensch könne das Reich der Notwendigkeit hinter sich lassen, die Zwänge der Natur abwerfen und, mit Hegel gesprochen, ans Ende der Geschichte, in das Reich der unumschränkten Freiheit gelangen. Das »unglückliche Bewußtsein«, von dem Hegel sprach, ist die Realisierung göttlicher Macht und Stellung, die zu erlangen der Mensch sich mühen müsse. Die tiefste Natur des modernen Menschen, das Geheimnis seiner Seele ist nach Auffassung der modernen Metaphysik das Streben, über sich hinauszugelangen; und wohlwissend, daß die Negation – der Tod – etwas Endgültiges ist, weigert er sich, ihn anzuerkennen. Hinter dem Chiliasmus des modernen Menschen verbirgt sich der Größenwahn des sich als unendlich begreifenden Selbst. Folglich besteht die moderne Hybris in der Weigerung, Grenzen anzuerkennen, im Bestreben, ständig über sich hinauszureichen. Die moderne Welt weist auf ein Ziel hin, das immer *jenseits* liegt: jenseits der Moral, jenseits der Tragödie, jenseits der Kultur.[11]

Der Triumph des Willens

Im westlichen Bewußtsein haben immer Spannungen zwischen dem Rationalen und Nichtrationalen, zwischen Vernunft und Wille, zwischen Verstand und Trieb als den treibenden Kräften des Menschen bestanden. Sieht man von den besonderen Unterschieden im Verlauf der Zeit ab, so stand traditionsgemäß das rationale

Urteil an ranghöchster Stelle in der Werthierarchie; dieser Rangordnung hat die westliche Kultur sich zwei Jahrtausende lang unterworfen.

Der Modernismus entzieht dieser Werthierarchie die Grundlage. Er verkörpert den Triumph des Geistigen, des Willens. Bei Hobbes und Rousseau ist der Verstand Sklave der Begierden und Leidenschaften. Bei Hegel ist der Wille notwendiger Bestandteil der Erkenntnis. Nietzsche verschmilzt den Willen mit dem ästhetischen Vorgang des Entstehens von Erkenntnis (»nicht nur zur logischen Einsicht, sondern zur unmittelbaren Sicherheit der Anschauung«, wie er in den ersten Zeilen *Der Geburt der Tragödie* schreibt) unmittelbar aus Traum und Rausch. Und sofern allein das ästhetische Experiment Leben zu rechtfertigen vermag, ist die Moral aufgehoben, und das Verlangen hat keine Grenzen. Bei diesem Streben des Selbst, seine Beziehungen zur Sensibilität zu erforschen, ist dann alles möglich.

Der Modernismus hält sich an Gegenwart oder Zukunft, jedoch niemals an die Vergangenheit. Wenn man sich von der Vergangenheit abgeschnitten hat, kann man schwerlich dem Gefühl letztlicher Sinnlosigkeit entkommen, das die Zukunft vermittelt. Glaube ist nicht mehr möglich, und Kunst, Natur oder Impuls können das Selbst nur im Rausch und in der Raserei des dionysischen Akts für einen Augenblick auslöschen. Doch die Verzauberung verfliegt immer wieder, und danach schleicht sich unausweichlich kalte Trauer ein. Dieses eschatologische Gefühl der Beklemmung, dem man nicht entgehen kann, führt unweigerlich zu dem Gefühl – die durchgängige Düsternis modernistischen Denkens –, daß das Leben jedes einzelnen das Ende aller Zeiten bedeutet. Die Ahnung vom nahen Ende, das Gefühl, daß man in einem apokalyptischen Zeitalter lebt, ist, wie Frank Kermode erklärt, »für das, was wir Modernismus nennen, so endemisch wie der apokalyptische Utopismus für die politische Revolution . . . Dieses immer wiederkehrende Gefühl ist ein Merkmal unserer kulturellen Tradition«.[12]

Den Modernismus nach Kategorien von »links« und »rechts« zu unterscheiden hat wenig Sinn. Thomas Mann meinte, der Modernismus kultiviere »eine Sympathie für den Abgrund«. Nietzsche, Yeats, Pound, Wyndham Lewis gehörten, politisch gesehen, zur Rechten. Gide war Heide, Malraux ein Umstürzler. Ganz gleich, welche politische Färbung sie im einzelnen annahm, die moderne Bewegung vereinigte sich im wütenden Ansturm gegen die Sozialordnung; dies ist ihr Urgrund, während ihr Endziel der Glaube an die Apokalypse ist. Und eben diese Flugbahn gibt der Bewegung auch ihre permanente Anziehungskraft und ihren permanenten Radikalismus.

Der traditionelle Modernismus wollte an die Stelle von Religion und Moral eine ästhetische Rechtfertigung des Lebens setzen; ein Kunstwerk schaffen, selbst ein Kunstwerk sein – dies allein gibt dem Streben des Menschen, über sich hinauszugelangen, einen Sinn. Aber durch den Rückgriff auf die Kunst verlagert sich, wie das bei Nietzsche deutlich wird, das modernistische Forschen nach den Wurzeln des Selbst von der Kunst zur Psychologie –: vom Produkt zum Produzenten, vom Objekt zur Psyche.

In den sechziger Jahren entstand die mächtige Strömung des Post-Modernismus, der die Logik des Modernismus bis zum Extrem trieb. In den theoretischen Schriften von Norman O. Brown und Michel Foucault, in den Romanen von William Burroughs, Jean Genet und, zu einem gewissen Grade, auch von Norman Mailer kann man ebenso wie in der Porno- und Popkultur, die uns überall umgibt, den logischen Kulminationspunkt modernistischer Intentionen erkennen. Sie sind, wie Diana Trilling meinte, »die Abenteurer jenseits des Bewußtseins«.

Die post-modernistische Stimmungslage hat verschiedene Dimensionen. So hat der Post-Modernismus die ästhetische Lebensrechtfertigung gänzlich durch die triebhafte ersetzt. Als real und lebensbestätigend gelten einzig Impuls und Lust; alles andere wird als Neurose und Tod betrachtet. Der traditionelle Modernismus äußerte, wie gewagt auch immer, seine Impulse in der Phantasie, die ihrerseits den Beschränkungen der Kunst unterworfen war. Die Vorstellungen, ob dämonische oder mordgierige, fanden auf dem Wege des Ordnungsprinzips ästhetischer Form ihren Ausdruck. Trotz ihrer subversiven Einstellung zur Gesellschaft schlug sich mithin die Kunst dennoch auf die Seite der Ordnung und, implizit, auf die Seite der Rationalität der Form, wenn nicht des Inhalts. Der Post-Modernismus überflutet die Deiche der Kunst. Er reißt alle Schranken nieder und verkündet, daß nicht das Unterscheiden, sondern vielmehr das *Ausagieren* der Weg zur Erkenntnis sei. Das »Happening« und das »Environment«, die »Street« und die »Scene« gelten als treffliche Arena nicht für die Kunst, sondern für das Leben.

Eigenartigerweise ist nichts von alledem für sich genommen völlig neu. Alle westlichen Religionen hatten eine esoterische Tradition, welche die Beteiligung an geheimen Riten der Erlösung, der Ausschweifung und totalen Freiheit jenen »Gnostikern« einräumte, die über geheimes Wissen Eingang in die Geheimsekten fanden. Die Gnostik hat mit intellektuellen Argumenten die Rechtfertigung von Angriffen gegen Zwänge geliefert, die jede Gesellschaft ihren Mitgliedern auferlegt. In der Vergangenheit wurde dieses Wissen jedoch hermetisch verschlossen, die Wissenden blieben im verborgenen. Am Post-Modernismus fällt besonders auf, daß das einst Esoterische nun als Ideologie verkündet und der einstige Besitz einer Geistesaristokratie nun in demokratischen Massenbesitz verwandelt wird. Die Gnostik hat stets an den historischen psychologischen Tabus der Gesellschaft gerüttelt. Dieses Rütteln an Tabus wurde zum Programm einer breiten kulturellen Bewegung.

Die post-moderne Haltung, als ein Ensemble lose miteinander verknüpfter Grundsätze verstanden, weist in zwei Richtungen. Die eine ist philosophisch, eine Art negativer Hegelianismus. Michel Foucault faßt den Menschen als kurzlebige, historische Inkarnation auf, »als Spur im Sande«, welche die Wellen hinwegspülen. Die »zerstörten und pestverseuchten Städte des Menschen, ›Seele‹ und ›Sein‹ genannt, werden abgerissen«. Es geht nicht mehr um den Niedergang des Westens, sondern um das Ende aller Zivilisation. Vieles daran ist modisch, ein Spiel mit Worten, das einen Gedanken einer absurden Folgerichtigkeit zutreibt. Wenn überhaupt, so wird man sich daran, wie an die zornige Verspieltheit des Dada oder des Surrealismus, als einer Fußnote der Kulturgeschichte erinnern.

Doch die andere Richtung der post-modernen Haltung hat noch eine wesentlich bedeutendere Konsequenz. Sie bildet gleichsam die psychologische Speerspitze des Angriffs auf die Wertvorstellungen und Motivationsstrukturen des »Normal«-Verhaltens, eines Angriffs im Namen der Freiheit, der Erotik, der Impulsivität und dergleichen. Diese populär aufgezogene Seite der post-modernen Lehre ist von besonderer Bedeutung, denn sie besagt, daß eine Krise der Wertvorstellungen der Mittelschicht bevorsteht.

Der Verfall der bürgerlichen Weltanschauung

Die bürgerliche Weltanschauung – rationalistisch, an Tatsachen orientiert, pragmatisch – prägte in der Mitte des 19. Jahrhunderts nicht nur die techno-ökonomische Struktur, sondern auch die Kultur, vor allem die religiöse Ordnung und das Erziehungssystem, das dem Kinde die »geeigneten« Motivationen vermittelte. Sie triumphierte in allen Bereichen; nur aus der Kultur schlug ihr Opposition entgegen, und zwar von seiten jener, die für ihre unheroische und anti-tragische Haltung wie auch für ihre gewissenhafte Einstellung zur Zeit nur Verachtung übrig hatten.

Wie wir bereits gesehen haben, waren die letzten 100 Jahre von dem Streben der anti-bürgerlichen Kultur nach Autonomie von der Sozialstruktur gekennzeichnet. Zunächst äußerte sich dieses Bestreben in der Ablehnung bürgerlicher Wertvorstellungen im Bereich der Kunst, später durch die Bildung von Enklaven, in denen die Bohemiens und Avantgardisten einen eigenen Lebensstil pflegen konnten. Um die Jahrhundertwende war es der Avantgarde gelungen, sich einen eigenen »Lebensraum« zu schaffen, und während der Jahre von 1910 bis 1930 ging sie zur Offensive gegen die traditionelle Kultur über.

Das anti-bürgerliche Moment setzte sich sowohl in der Doktrin wie auch im Lebensstil durch. Dieser Triumph führte zur Herrschaft von Widerspruch und Anti-Institutionalismus in der Kultur. Im Bereich der Kunst, das heißt auf der Ebene ästhetischer Lehrmeinungen, widerstanden nur wenige der Idee eines grenzenlosen Experiments, ungeschmälerter Freiheit, ungebundener Sensibilität, und nur wenige wandten sich gegen die Auffassung, der Impuls sei der Ordnung überlegen und die Imagination gegen rein rationale Kritik immun. Heute gibt es keine Avantgarde mehr, da in unserer post-modernen Kultur niemand mehr auf der Seite von Ordnung oder Tradition steht. Es gibt nur noch die Sehnsucht nach dem Neuen – oder die Langeweile vor dem Alten und dem Neuen.

Die traditionelle bürgerliche Lebensorganisation – ihr Rationalismus und ihre Nüchternheit – findet heute im Bereich der Kultur nur wenige Verteidiger, noch kann sie auf irgendein wohlgefügtes System kultureller Sinngehalte oder stilistischer Formen von intellektueller oder kultureller Respektabilität verweisen. Wie manche Sozialkritiker anzunehmen, die technokratische Mentalität beherrsche die kulturelle Ordnung, heißt den Realitäten aus dem Wege gehen. Wir haben es vielmehr mit einem radikalen Auseinanderfallen von Kultur und Sozialstruktur zu tun, und gerade solche Spaltungsvorgänge haben in der Vergangenheit offenen sozialen Revolutionen den Weg gebahnt.

Diese neue revolutionäre Veränderung vollzieht sich bereits in zweierlei Hinsicht. Erstens dringt nun die in der Kunst erreichte Autonomie der Kultur in die Lebenszusammenhänge selbst ein. Die post-moderne Haltung verlangt, es müsse im Leben ausagiert werden, was früher als Spiel der Phantasie und der Einbildung behandelt worden sei. Zwischen Kunst und Leben besteht kein Unterschied mehr. Alles, was in der Kunst gestattet ist, ist auch im Leben gestattet.

Zweitens wird heute der einst von einem kleinen Kreis Gleichgesinnter praktizierte Lebensstil, sei es die maskenhafte Kühle eines Baudelaire oder die halluzinatorische Lebensgier eines Rimbaud, von den »vielen« (eine Minorität, gewiß, doch eine zahlenmäßig große) kopiert; er beherrscht die Kulturszene. Diese veränderte Größenordnung gab der Kultur der sechziger Jahre ihren besonderen Impetus, nicht zu vergessen die Tatsache, daß ein bohemehafter, früher auf eine kleine Elite beschränkter Lebensstil, nunmehr auf der gigantischen Leinwand der Massenmedien ausagiert wird. Beide Wandlungen zusammen führten zu einem erneuten Angriff der »Kultur« auf die »Sozialstruktur«. Solche Attacken – man denke z. B. an André Bretons surrealistischen Vorschlag zu Beginn der dreißiger Jahre, man solle die Türme der Notre-Dame von Paris durch riesige Flaschen aus Glas ersetzen, eine Flasche mit Blut, die andere mit Sperma füllen und die Kirche selbst in eine Sexualschule für Jungfrauen verwandeln – verstand man früher als derbe Späße, vorgetragen von den geduldeten »Hofnarren« der Gesellschaft. Aber das Aufkommen einer Hippie-Drogen-Rock-Kultur auf Massenbasis (ferner die »neue Senisbilität« für schwarzen Humor bei den Massen und die sich im Bereich der Kultur manifestierende Gewalt) untergräbt die Sozialstruktur, da sie das System von Motivationen und psychischen Befriedigungen, das diese Struktur bislang gestützt hat, zerstört. In diesem Sinne hat die Kultur der sechziger Jahre eine neue und vielleicht besonders historische Bedeutung –: als Ende und auch als Anfang.

II   Von der protestantischen Ethik zum psychedelischen Basar

Wandlungen kultureller Ideen besitzen Immanenz und Autonomie, da sie sich aus einer inneren Logik im Rahmen einer kulturellen Tradition entwickeln. So gesehen, entstammen neue Ideen und Formen einer Art Dialog mit früheren Ideen und Formen oder aber einer Rebellion gegen sie. Änderungen in kulturellen Praktiken und Lebensstilen führen jedoch notgedrungen zur Interaktion mit der Sozialstruktur, denn Kunstwerke, Schmuck, Schallplatten, Filme und Theaterstücke werden auf dem Markt gekauft und verkauft. Der Markt liegt an der Kreuzung von Sozialstruktur und Kultur. Zu Wandlungen der Gesamtkultur, vor allem zu neuen Lebensstilen, führen nicht allein Änderungen auf dem Gebiet der Sensibilität, sondern Umbrüche in der Sozialstruktur selbst. Dies läßt sich sehr deutlich am Beispiel der amerikanischen Gesellschaft nachweisen, an der Entwicklung neuer Kaufgewohnheiten in einer hochentwickelten Konsumwirtschaft und an der daraus resultierenden Erosion der protestantischen Ethik und des puritanischen

Charakters, zweier Schlüsselwerte, die das traditionelle Wertsystem der amerikanischen bürgerlichen Gesellschaft absichern. Der Verfall dieser Ethik und dieses Charakters, sowohl auf Wandel in der Sozialstruktur als auch in der Kultur zurückzuführen, hat auch die Glaubensformen und Legitimationen untergraben, die das Arbeits- und Entlohnungssystem der amerikanischen Gesellschaft sanktionierten. Dieser Wandel und das Fehlen jedweder fundierten neuen Ethik ist zu einem guten Teil für das Gefühl der Desorientierung und Bestürzung verantwortlich, von dem die öffentliche Stimmungslage heute gekennzeichnet ist. Im folgenden möchte ich nun an Hand meiner allgemeinen Thesen über den Modernismus und die bürgerliche Gesellschaft den Auswirkungen auf die amerikanische Gesellschaft nachspüren, einer Gesellschaft, die als Musterbeispiel einer bürgerlichen Lebensweise gelten kann.

Das Kleinstadtleben

Die protestantische Ethik und der puritanische Charakter waren Schlüsselwerte, deren Akzent auf Arbeit, Sparsamkeit, Genügsamkeit, sexueller Enthaltsamkeit und Lebensfeindlichkeit liegt. Sie definieren die Natur moralischen Verhaltens und sozialer Wertschätzung. Man hat die post-moderne Kultur – die sich selbst als »Gegen-Kultur« bezeichnet – als Kämpferin gegen die protestantische Ethik, als Verkünderin vom Untergang des Puritanismus und als Bewegung interpretiert, die zum letzten Schlag gegen die bürgerlichen Wertvorstellungen ausholt. Das ist jedoch zu einfach. Die protestantische Ethik und der puritanische Charakter haben sich, als gesellschaftlich relevante Tatsachen, seit langem abgenützt, und sie schleppen sich als blasse Ideologien fort, auf die sich eher Moralisten bei Ermahnungen und Soziologen bei Mythologisierungen stützen, als daß sie Verhaltensrealitäten wären. Das traditionelle bürgerliche Wertsystem wurde in der Tat durch das bürgerliche Wirtschaftssystem zerbrochen – präziser gesagt: durch den freien Markt. Dies ist der Ursprung des kapitalistischen Widerspruchs im amerikanischen Leben.

Die protestantische Ethik und der puritanische Charakter gehörten in den Vereinigten Staaten zur Weltanschauung eines agrarischen, kleinstädtischen, merkantilen, in der Handwerkstradition verhafteten Lebensstils. In den Vereinigten Staaten, war, wie Page Smith schreibt, »wenn wir die Familie und die Kirche ausnehmen, die Grundform der sozialen Organisation bis in die ersten Jahrzehnte des zwanzigsten Jahrhunderts die Kleinstadt.«[13] Leben und Charakter der amerikanischen Gesellschaft wurden durch die Kleinstadt und ihre geheiligten Grundsätze geprägt. Sie waren notwendig, um in einer feindlichen Umgebung strenge Regeln der Gemeinschaftssanktionen durchsetzen zu können; sie gaben der Arbeit und Enthaltsamkeit in Subsistenzwirtschaften Sinn und Legitimation.

Wenn man die zentralen Werte der amerikanischen Gesellschaft in den Begriffen »puritanischer Charakter« und »protestantische Ethik« zusammenfaßt, dann werden sie durch zwei Männer repräsentiert, die als exemplarische Beispiele der frühen amerikanischen Geisteshaltung gelten: durch Jonathan Edwards, den Puritaner, und Benjamin Franklin, den Protestanten. Denken und Predigten dieser beiden Männer haben die besonderen Tugenden und Maximen des amerikanischen Charakters festgelegt. Van Wyck Brooks schrieb dazu in seinem Buch *America's Coming-of-Age:*

»Drei Generationen lang war der vorherrschende amerikanische Charakter in einem Typus zusammengedrängt: in dem Mann der Tat, der auch der gottgefällige Mann war. Erst im 18. Jahrhundert zeigte sich der Riß und mit ihm zugleich der grundlegende Unterschied zwischen ›Intellektuellem‹ und ›geistig Unbedarftem‹. Er zeigte sich in den beiden Philosophen Jonathan Edwards und Benjamin Franklin, die beide im 18. Jahrhundert lebten. In ihrer einzigartigen Typenreinheit und der offensichtlichen Unvereinbarkeit ihrer Ziele legten sie den amerikanischen Charakter als rassisches Faktum fest; nach ihnen war die Revolution unvermeidbar. Channing, Lincoln, Emerson, Whitman, Grant, Webster, Garrison, Edison, Rockefeller, Mrs. Eddy, Woodrow Wilson, sie alle sind in gewisser Hinsicht Permutationen oder Mischtypen dieser großen Schöpfer des amerikanischen Geistes.«[14]

Ohne Zweifel ist, wie Brooks und nach ihm Perry Miller betonten, die Gedankenwelt der puritanischen Theokratie der bedeutende, fortwirkende Tatbestand in der Geschichte des amerikanischen Geistes. In der Mitte des 18. Jahrhunderts waren die führenden Intellektuellen Amerikas Geistliche, deren Denken um die Theologie kreiste. Mehr als 100 Jahre lang hat ihr Denken die gesamte theoretische Philosophie in Amerika beherrscht. Und selbst als Theologie ihren Einfluß verloren hatte, blieb das dem amerikanischen Charakter aufgeprägte Schuldgefühl, sonderlich hinsichtlich des Sexualverhaltens, nahezu unauslöschlich für ein weiteres Jahrhundert bestehen.

»Es ist offenkundig«, beobachtete George Santayana vor mehr als 50 Jahren, »wie metaphysisch die Leidenschaft war, welche die

Puritaner an diese Ufer trieb; sie gingen dorthin in der Hoffnung, noch perfekter im Geiste zu leben.«[15] Der Kern des puritanischen Glaubens war die Feindseligkeit gegenüber der Zivilisation. Die Gesellschaft der Zeit sei korrupt, man müsse zur primitiven Einfachheit der Urkirche zurückkehren, die ihren Willen unmittelbar von Gott und nicht durch die von Menschen errichteten Institutionen bezogen habe.

Die Puritaner hatten einen Vertrag unterzeichnet, der jeden zu einem vorbildlichen Leben verpflichtete. Doch weder eine Person – noch eine Doktrin – kann lange Zeit hindurch in höchster fieberhafter Anspannung leben, vor allem wenn dies bedeutet, ein Leben strengster Beherrschung von Impulsen zu führen. Der Calvinismus wurde, selbst in den frühen amerikanischen Kolonien, ständig ausgehöhlt, als neue Lehren, z. B. der Arminianismus (der die Basis für Wesleys Methodismus legte), die absolute Prädestination durch die bedingte Erwähltheit zu ersetzen suchten. Jonathan Edwards hingegen suchte das Absolute neu zu beleben und außerdem ein psychologisches Instrument zu schaffen, mit dessen Hilfe das Individuum sich prüfen und vor sich Rechenschaft ablegen konnte. In seinem Buch *The Great Christian Doctrine of Original Sin Defended* (1758) griff Edwards jene an, die den Calvinismus abzuschwächen suchten. Er behauptete, die Verderbtheit sei unvermeidlich, da die Identität des Bewußtseins alle Menschen mit Adam eins werden lasse. Er glaubte an das Privileg der Auserwähltheit, das nicht jenen zufalle, die das äußere Merkmal von Arbeit an sich trügen, sondern jenen, die durch ein alles verwandelndes Erlebnis, durch eine Art innere Erleuchtung die rettende Gnade erfuhren.

War Jonathan Edwards der ästhetische und intuitive Puritaner, dann war Benjamin Franklin der pragmatische, utilitaristisch eingestellte Protestant. Er war ein praktischer, der Welt unerschütterlich gegenüberstehender Mann, der vor allem anderen darauf erpicht war, durch Sparsamkeit, Fleiß und angeborene Klugheit »voranzukommen«. Franklins Leben war für das grundlegende amerikanische Charakteristikum der Selbstverbesserung beispielhaft. In dem Versuch, den Stil von Addisons *Spectator* zu imitieren, schrieb Franklin seine eigenen Artikel, verglich sie mit denen seines Mentors, formulierte sie um und erwarb sich so allmählich seinen Wortschatz und einen eigenen Stil. Verbissen brachte er sich selbst Französisch, Italienisch, Spanisch und Latein bei. Um die »Gelüste« seiner jugendlichen Leidenschaft zu stillen, ging er eine eheähnliche Verbindung mit der Tochter seiner Wirtin ein und zeugte zwei Kinder mit ihr.

Das Schlüsselwort im Vokabular Franklins war »nützlich«. Eines seiner Bücher mit dem Titel *Autobiography* fing er mit dem Gedanken zu schreiben an, es könne einmal für seinen Sohn nützlich sein; es diente seinem Zweck und wurde nie zu Ende geschrieben. Er erfand einen Ofen, gründete ein Krankenhaus, pflasterte die Straßen und stellte eine Stadtpolizei auf, denn all dies waren nützliche Projekte. Er glaubte, daß es nützlich sei, an Gott zu glauben, denn Gott belohne ja die Tugend und bestrafe das Laster. In dem Buch *Poor Richard's Almanack* (1732–1757) plünderte Franklin die Aphorismenschatzkammer der Welt und münzte sie um in Moralpredigten für die Armen. »Wie schon der arme Richard gesagt hat« wurde zur stehenden Redewendung, die allen rechten Tugenden Gewicht verlieh. Laut Franklin gab es 13 nützliche Tugenden: Beherrschung, Verschwiegenheit, Entschlossenheit, Sparsamkeit, Fleiß, Aufrichtigkeit, Gerechtigkeit, Bescheidenheit, Sauberkeit, Friedfertigkeit, Keuschheit und Demut. Es gibt wahrscheinlich keine bessere Bestandsaufnahme des amerikanischen Glaubensbekenntnisses. Franklin schrieb, daß er über jede Woche genau Bilanz führe und in einem Notizbuch das Maß täglichen Erfolges in der praktischen Anwendung dieser Tugenden abwäge und festhalte. Auf diese Weise durchlief er »einen vollständigen Kursus von dreizehn Wochen bei vier Kursen im Jahr.«[16]
Doch all dies war zum Teil hinterhältig, wenn nicht betrügerisch. Obwohl Franklin sparsam und fleißig war, so beruhte sein Erfolg – wie der mancher guter Yankees – dennoch auf seiner Fähigkeit, einflußreiche Freunde aufzutreiben, auf seiner unglaublichen Tüchtigkeit, sich selbst anzupreisen, und auf dem Charme und Witz, den seine Person und seine Schriften ausstrahlten. (Es erwies sich, daß selbst seine »Gelüste« sich nicht nur in der Jugend bemerkbar gemacht hatten; er zeugte noch zwei uneheliche Kinder!) Er häufte ein bescheidenes Vermögen an, zog sich zurück, um sich seinem Interesse für die Naturphilosophie und die Elektrizität zu widmen, und brachte sechs Jahre lang seine Mußezeit mit lustlos betriebenen Studien zu, ehe er ins öffentliche Leben trat.
Zwei Bilder sind uns als innerste Essenz des amerikanischen Charakters überliefert: die Frömmigkeit und Pein des Jonathan Edwards, der besessen war von der Vorstellung menschlicher Verderbtheit, und der praktische, das Zweckdienliche bedenkende Franklin, der sich an einer Welt der Möglichkeiten und des Nutzens orientierte. Die beste Darstellung dieses Dualismus liefert wiederum Van Wyck Brooks; er schrieb vor beinahe sechzig Jahren:

»So kommt es, daß wir von Anfang an im amerikanischen Geistesleben auf zwei Hauptströmungen treffen, die nebeneinander herlaufen, sich aber kaum vermischen – eine Strömung der Obertöne und eine der Untertöne – und die beide gleichermaßen unsozial sind: Auf der einen Seite haben wir die transzedentale Strömung, die in der Frömmigkeit der Puritaner ihren Ursprung hat, die sich bei Jonathan Edwards zur Philosophie gestaltet, dann von Emerson weitergereicht wird, alsdann zur kleinlichen Spitzfindigkeit und Wirklichkeitsfremdheit der bedeutenden amerikanischen Schriftsteller führt und schließlich·in die Irrealität mündet, welche die zeitgenössische amerikanische Kultur in weiten Teilen aufweist; auf der anderen Seite haben wir die Strömung der Pfennigfuchserei, des Opportunismus, die ihren Ursprung in den praktischen Seiten des puritanischen Lebens hat, die bei Franklin zur Philosophie wird, bei den amerikanischen Humoristen auftaucht und in die Atmosphäre des gegenwärtigen Geschäftslebens eingeht . . .«.[17]

Was auch immer das irrationale Mysterium bei der Grundlegung puritanischer Theologie sein mag, die Gemeinschaft selbst wurde von einer rationalen Moral beherrscht, in der das Moralgesetz sich als nüchterne und rechtschaffene Notwendigkeit erwies. Das Herzstück des Puritanismus, seiner theologischen Hüllen entkleidet, war ein starker moralischer Antrieb, das Alltagsverhalten zu regeln; nicht, weil die Puritaner besonders streng oder lüstern waren, sondern weil sie ihre Gemeinschaft als Bund geschlossen hatten, in dem sich alle Individuen dicht aneinander drängten. Angesichts der äußeren Gefahren und der psychischen Belastungen, die mit dem Leben in einer abgeschlossenen Welt verbunden waren, mußte sich das Individuum nicht nur mit seinem eigenen Verhalten, sondern auch mit der Gemeinschaft befassen. Die eigenen Sünden gefährdeten nicht nur die eigene Person, sondern auch die Gruppe; und wenn man darin versagte, den Ansprüchen des Bundes gerecht zu werden, konnte man den Zorn Gottes auf die Gemeinschaft herabrufen.
Die Regeln des Bundes verpflichteten jeden einzelnen zu einem vorbildlichen Leben. Die klaren Bestimmungen des Bundes selbst – und die Intimität des Dorflebens – ließen jedoch jeden der Sünden der Verführung und der Versuchung des Fleisches bewußt werden.[18] Dies veranlaßte die Mitglieder zu noch stärkerer Selbstkasteiung, und nachdem sie einmal zu Sündern geworden waren – denn die illegale sexuelle Aktivität und der bukolische Realismus hinsichtlich der Sexualität waren beträchtlich –, wurden sie auch zutiefst Bereuende. Sowohl in Neuengland als auch später in den

Erweckergemeinden des Mittleren Westens, die die moralische Geißelung, wenn nicht die Theologie des Puritanismus im ganzen Land verbreiteten, gehörte das Ritual der Beichte zum Kern des Puritanismus.

Die Städte, die zuerst in der Wildnis, dann in den Prärien errichtet wurden, standen vor dem Problem, in einer Bevölkerung, die häufig einen großen Prozentsatz an Schmarotzern und Taugenichtsen aufwies, so etwas wie eine Sozialordnung aufrechtzuerhalten. Eine Stadt mit einigen hundert Familien konnte nicht alle, die von ihrem Moralkodex abwichen, einsperren oder gar alle aus ihr verbannen. Ein System sozialer Kontrolle in Form von Klatsch und Entrüstung, öffentlichem Schuldbekennen und Bereuen wurde in vielen Gemeinden zum Hilfsmittel, einen Zusammenbruch größeren Ausmaßes zu verhindern. Die Idee der Achtbarkeit – das Mißtrauen gegen Unbeschwertheit, Fröhlichkeit und das Trinken – prägte sich so tief ein, daß sie, auch als die ursprüngliche, materielle Notwendigkeit dazu längst nicht mehr bestand, immer noch weiterlebte. Waren zu Beginn Arbeit und Reichtum Zeichen des Erwähltseins, so wurden sie im nächsten Jahrhundert zu Abzeichen der Achtbarkeit.

Puritanismus als Ideologie

Ein Wertsystem ist häufig diffus und unfertig. Wenn es zu einem besonderen Kodex organisiert und als ein Ensemble religiöser Dogmen, als ausdrücklicher Vertrag oder als Ideologie formuliert wird, dann entsteht daraus ein Mittel zur Mobilisierung einer Gemeinschaft, zur Durchsetzung von Disziplin oder eines Systems sozialer Kontrollen. Warum eine Ideologie, lange nachdem ihre ursprüngliche Übereinstimmung mit einer sozialen Bewegung dahin ist, trotzdem noch fortbestehen und sogar in ihrer Bedeutung wachsen kann, ist ein komplizierter Fall für die Soziologie von Herrschaft: Man denke nur an das Fortbestehen der Mormonentheologie, die aus der Antinomistenlehre einer fortschrittlichen Verkündigung erwuchs, heute jedoch eine Quelle des Konservativismus bildet; oder an die Ideologie des egalitären Kommunismus in der Sowjetunion, die ein halbes Jahrhundert nach der Revolution dazu dient, das Aufkommen einer neuen Führungsklasse zu rechtfertigen. In solchen Situationen ist die Ideologie mit der Autorität und Heiligkeit der Vergangenheit ausgestattet; man hat sie dem Kinde eingeimpft, sie wird zum alleinigen Begriffsinstrumentarium der Welt und selbst der moralischen Verhaltensnormen. Obwohl die ursprüngliche Rhetorik und die früheren Symbole weiterbestehen, wurde unter der Hand der Inhalt im Laufe der Zeit häufig neu definiert, um damit den aufgestellten sozialen Kodex und die sozialen Kontrollmechanismen zu rechtfertigen, welche die Macht der herrschenden Klasse stützen.

Dies ist die *funktionale* Komponente einer Ideologie. Es gibt aber auch eine kognitive oder geistige Komponente. Zum Charakter von Ideologien gehört nicht nur die Widerspiegelung oder Rechtfertigung einer ihnen zugrunde liegenden Wirklichkeit, sondern auch der Umstand, daß sie, sofern erst einmal durchgesetzt, eine Eigendynamik entfalten können. Eine wahrhaft einflußreiche Ideologie eröffnet der Phantasie eine neue Lebensvision; ist sie einmal formuliert, dann wird sie zum Bestandteil des sittlichen Repertoires, auf das Intellektuelle, Theologen oder Moralisten als auf die der Menschheit offenstehenden Möglichkeiten zurückgreifen können. Im Unterschied zu Wirtschaftsformen und veralteten Technologien verschwinden Ideologien nicht. Diese »Momente des Bewußtseins«, wie Hegel sie nennt, lassen sich erneuern; man kann sie im Verlauf der Geschichte einer Zivilisation immer wieder aufgreifen und neu formulieren. So wird denn eine Ideologie, die von einer Heerschar von Essayisten, Moralisten und Intellektuellen durchgekaut, bis auf die Knochen zerlegt, um die gestritten, die auseinandergenommen und neu formuliert wird, diese Ideologie wird schließlich zu einer Kraft, die eigenen Gesetzen folgt.

Das war auch das Schicksal des Puritanismus. Lange nachdem die harten Umweltbedingungen, welche die ursprüngliche Ideologie genährt hatten, gemildert waren, blieb die Schwungkraft des Glaubens weiter bestehen. Wie es Van Wyck Brooks einmal treffend formulierte: »Als der Wein der Puritaner verschüttet war, wurde aus dem Aroma der Transzendentalismus und aus dem Weine selbst der Kommerzialismus.«

Im Zeitraum von 200 Jahren machte der Puritanismus als Ideensystem eine Umgestaltung durch: von der rigiden calvinistischen Prädestinationslehre über Edwards ästhetische Erleuchtungen zum Transzendentalismus von Emerson bis hin zur Auflösung in der »vornehmen Tradition« nach dem Bürgerkrieg. Sein Ensemble von Sozialpraktiken wurde umgemodelt in sozialdarwinistische Rechtfertigungen eines zügellosen Individualismus, des Geldverdienens (wie Edmund Morgan meinte, verdiente Benjamin Franklin sein eigenes Geld; John D. Rockefeller hingegen habe gedacht, seines käme von Gott) und der beengenden Vorschriften des Kleinstadtlebens.

Die entscheidende geistige Attacke gegen den Puritanismus erfolgte in den ersten eineinhalb Jahrzehnten des 20. Jahrhunderts aus dem Bereich der Kultur und von seiten der *Jungen Intellektuellen,* einer Gruppe an der Harvard-Universität, zu der Walter Lippmann, Van Wyck Brooks, John Rees und Harold Stearns gehörten.[19] *America's Coming-of-Age* (Amerikas Mündigwerden), wie der Titel lautete, den Van Wyck Brooks seinem 1915 erschienenen Buch gab, forderte, daß die Kultur sich der neuen Realität stellen und sich in die »Aktualität« stürzen sollte. Die amerikanische Literatur, meinte Brooks, habe abseits vom Leben gestanden und ihr Heil darin gesucht, den Kontakt zur Wirklichkeit zu vermeiden. Der Puritanismus, erklärte der Autor, sei zu »einem vertrockneten alten Yankee« verkommen.

Der Angriff auf den Puritanismus hatte mehrere Facetten. Erstens war da das vor allem von Brooks geäußerte Verlangen nach einer umfassenderen Kultur, die auch das Amerika der Einwanderer, der Neger und des urbanen Bereichs reflektiere. Wenn Amerika mündig werden wolle, müsse seine Kultur kosmopolitischer werden und die Vitalität der Gesellschaft widerspiegeln. Zweitens wurde die Forderung nach sexueller Freiheit erhoben. »Ein Puritaner«, schrieb Harold Stearns, »sei ein sexuell inadäquater Mensch, der, unfähig, sich zu freuen, seine einzige Befriedigung darin finde, die Freuden der anderen zu stören.« Die Kinder der gehobenen Mittelschicht strömten nun massenhaft nach *Greenwich Village,* um ein neues Bohemia zu gründen. »Sie hatten Nietzsche und Marx und Freud und Krafft-Ebing gelesen«, schrieb Brooks rückblickend. »Viele von ihnen wollten die neuen Vorstellungen von Sexualität, die bis dahin tief im geistigen Keller der jungen Leute verborgen waren, ausprobieren . . .«[20]

Der Überschwang des Lebens wurde in einer Reihe von Schlagworten zusammengefaßt. Eines davon war das Wort »neu«. Es gab die Neue Demokratie, den Neuen Nationalismus, die Neue Freiheit, die Neue Poesie und selbst die *New Republic,* die von 1914 an herausgegeben wurde. Ein zweites Schlagwort war *Sex.* Allein die offene Verwendung dieses Wortes ließ die Zeitungsleser erschaudern. Im Jahre 1913 prägte Margaret Sanger den Begriff »Geburtenkontrolle«. Die schwedische Feministin Ellen Key erklärte, daß die Ehe keine rechtliche und ökonomische Zwangsangelegenheit mehr sein dürfe. Die Anarchistin Emma Goldman hielt Vorträge über Homosexualität, die »Zwischensexualität«. Floyd Dell zelebrierte die freie Liebe und viele junge Intellektuelle lebten demonstrativ in eheloser Monogamie. Ein drittes Schlagwort war das Wort *Befreiung*. Befreiung, wie die Bewegung sich selbstbewußt nannte, wehte von Europa herüber, ein Wind des Modernismus, der das amerikanische Ufer erreichte. In der Kunst hieß er Fauvismus und Kubismus, Richtungen, die vor allem im Jahre 1913 in der *Armory Show* vorgestellt wurden. Im Theater hieß er Symbolismus, Suggestion und Atmosphäre, die Übernahme des Verzichts auf Realismus einflußreicher Schriftsteller wie Maeterlinck, Dunsany und Synge. In der Literatur kamen Shaw, Conrad und Lawrence in Mode. Auf dem Gebiet der »Philosophie« war europäischer Einfluß am stärksten; hier verbreiteten sich die Strömungen des Irrationalismus, Vitalismus und der Trieblehre, von Bergson und Freud reflektiert, sehr schnell in vulgarisierter Form.

Wie Henry May schrieb, bestand die »Lieblingsdoktrin der Rebellion« in der Annahme, das Glück werde dem völlig triebhaften Selbstausdruck auf dem Fuße folgen. Ein einfältiger Freudianismus verkündete, das puritanische Übel in der Welt sei größtenteils der Selbstkontrolle zuzuschreiben und der Weg zur Freiheit liege in der Befreiung unterdrückter Sexualimpulse. Henri Bergsons Vitalismuslehre, dargestellt in einer poetischen Prosa (in zwei Jahren wurden in Amerika ebenso viele Ausgaben der Übersetzung seines Buches *La Pensée et le Mouvant* [Denken und schöpferisches Werden] verkauft wie in Frankreich in 15 Jahren), wurde zur Grundlage einer popularisierten Lehre von der Lebenskraft, einem biologischen zielgerichteten Geist, der das Universum neu belebe. Der Syndikalismus, unter linksgerichteten Intellektuellen Mode geworden, wurde mit dem Vitalismus Bergsons über George Sorel verknüpft, der als sein philosophischer Schüler gepriesen wurde. Francis Grierson, dessen Werk aus einem Sammelsurium mystischer und aphoristischer Essays bestand (»eine Mischung aus Carlyle und Elbert Hubbard«), galt als der Prophet des Zeitalters.[21]

Die *Jungen Intellektuellen* predigten in ihrem Angriff auf den Puritanismus und die griesgrämige Lebensweise eine Ethik des Hedonismus, der Lust und des Spiels – kurzum, die Ethik des Konsums; ironischerweise – oder ist dies gar der Verlauf solch einer »Rebellion?« – wurde die Verbraucherethik weniger als ein Jahrzehnt später durch den Kapitalismus ins Leben gerufen, der sich ohne Skrupel (vielleicht als schwacher Widerhall der »Rebellion«) »Neuer Kapitalismus« nannte.

Trotz der Auflösung der geistigen Legitimationsgrundlagen des Puritanismus gewannen seine Sozialpraktiken in den Kleinstädten, vor allem aufgrund der Furcht vor Wandel, neue Kraft; Wandel hieß hier nämlich das Aufkommen einer neuen Lebensweise – die Lebensweise der großen Städte, geschäftig, kosmopolitisch und voller Sünde. Eine Definition von Respektabilität war zu finden, und sie wurde auch gefunden – in der Idee der Mäßigung (*Temperance*).

Ein Lebensstil wird durch ein Wertsystem gerechtfertigt, das durch Institutionen (Kirche, Schule, Familie) gesteuert und in der Charakterstruktur verankert wird. Wo dieser Stil durch eine homogene Gruppe von Menschen zum Ausdruck kommt, besteht das, was die Soziologen eine »Statusgruppe« nennen. Der Lebensstil, der durch die *Temperance*-Bewegung symbolisiert wurde, hatte, obwohl er sich später als der Puritanismus entwickelte, seine Wurzeln in den protestantischen Lehren vom Fleiß, der Sparsamkeit, Disziplin und Besonnenheit; seine institutionelle Grundlage aber bestand in den Fundamentalistenkirchen; der Schwerpunkt seines Charakters lag in der Idee der Enthaltsamkeit.

Die Abstinenznorm war zum Bestandteil der öffentlichen Moral der amerikanischen Gesellschaft geworden. Sie war ein Mittel zur Assimilierung von Einwanderern, Armen und von der Norm Abweichenden an den Status der Mittelschicht, wenn nicht gar an das ökonomische Faktum der Mittelschicht. Gegen Ende des 19. Jahrhunderts war die Norm aber nicht mehr Angelegenheit der freien Entscheidung, sondern war zum Zwangsmittel einer sozialen Gruppe geworden, deren Lebensstil sich nicht mehr fortentwickelte. Wenn die neuen urbanen Gruppen Mäßigung nicht freiwillig als Lebensstil akzeptiert hätten, dann hätte dies durch Gesetz erzwungen werden müssen, in Form zeremonieller Ehrerbietung vor den Werten der traditionellen Mittelklasse.

Mit der Gründung der *Anti-Saloon-League* im Jahre 1896 fand die Temperance-Bewegung ein ausdrucksstarkes Symbol für den Kulturkampf der traditionellen ländlichen, protestantischen Gesellschaft gegen das im Entstehen begriffene urbane und industrielle Sozialsystem. Mit dem Angriff auf den *Saloon* konnte die Prohibitionsbewegung viele unterschiedliche Elemente unter einer politischen Fahne vereinigen. Für den in der Kleinstadt wohnenden protestantischen Amerikaner war der *Saloon* Inbegriff der Lebensgewohnheiten von Einwanderergruppen unter der Bevölkerung. Für den Progressiven verkörperte der *Saloon* den Ursprung aller Korruption – seiner Meinung nach der Fluch politischen Lebens. Der Populist sah darin das Symbol seiner Antipathie gegenüber den Zerrüttungseffekten städtischen Lebens.

Nach bekannter Manier kehrte sich die Moral ins Moralisieren, die Rechtschaffenheit in Selbstgerechtigkeit. Lebensbejahung und Zuversicht des 19. Jahrhunderts verkehrten sich in engstirnige, griesgrämige Angst vor der Zukunft. Richard Hofstadter schrieb dazu: »Man konnte die Prohibition zur Spannungsabfuhr jedweder verklemmten Libido heranziehen. In früheren Zeiten hatte dem Puritaner der Anti-Katholizismus als Pornographie gedient: Der gehemmte Charakter hatte die Geschichten von den abtrünnigen Priestern und Nonnen nur so verschlungen. Während der Prohibitionsbewegung schlachtete man sowohl die Lüsternheit als auch die Angst derjenigen aus, die auf die Verbindung zwischen Alkohol und sexuellen Exzessen oder auf die Angst vor Wahnsinn und rassischer Degenerierung, selbst vor der rassischen Selbstbehauptung des Negers ansprachen.« Wenn man schon den Sünder nicht bekehren konnte, müsse man die Sünde und den Sünder gleichermaßen ausrotten. Die Prohibition war mehr als nur eine Alkoholfrage. Sie war Charakterkrux und Wendepunkt einer Lebensweise.

Gleichzeitig vollzog sich aber noch etwas anderes, nämlich die Umwandlung der amerikanischen Sozialstruktur und der Niedergang der Kleinstadtherrschaft über das amerikanische Leben, die ein sozialer Tatbestand gewesen war. Ein ständiger demographischer Wandel führte zunächst zum Anschwellen der städtischen Zentren und zur Verlagerung des politischen Einflusses. Allgemeiner formuliert, eine Konsumgesellschaft trat auf den Plan, die Geldausgeben und materiellen Reichtum propagierte und das traditionelle Wertsystem mit seinem Akzent auf Sparsamkeit, Genügsamkeit, Selbstkontrolle und der Triebunterdrückung aushöhlte. Mit diesen beiden sozialen Wandlungsprozessen war eine technische Revolution verbunden, die mittels Auto, Film und Radio die ländliche Isolierung aufhob und das Land in eine Gesamtkultur und eine nationale Gesellschaft mit einbezog. Diese soziale Wandlung führte das Ende des Puritanismus als ein System von Praktiken zur Sicherung des traditionellen Wertsystems herbei. Wenn wir den sozialen Prozeß zurückverfolgen, stellen wir fest, daß 200 Jahre früher, im 18. Jahrhundert, die Sozialstruktur mit der sie absichernden Kultur verflochten war. Die Kultur unterlag allmählicher Abnutzung und gegen Anfang des 20. Jahrhunderts hatte der kleinstädtische Protestantismus keine wirksamen kulturellen Symbole oder kulturellen Bräuche mehr vorzuweisen, die ein effektives System von Sinngehalten bilden oder eine Abwehrfunktion gegen Angriffe übernehmen konnten. Ein im Entstehen begriffenes neues kulturelles System, das sich sozusagen auf die städtische Mittelschicht und die neuen radikalen Gruppen stützte, war innerhalb kurzer Zeit in der Lage, die alte Kultur dermaßen wirksam zu kritisieren, daß nahezu niemand es wagte, sie zu verteidigen. Um ihre Legitimationsgrundlagen zu wahren, griff die Statusgruppe, welche die traditionellen Werte verkörperte, auf politische Mittel zurück, um ihre Herrschaft erneut zu festigen. Eine Statusgruppe kann dies jedoch nur dann erfolgreich durchführen, wenn ihre soziale Basis mit der Sozialstruktur übereinstimmt. Die Basis der *Temperance*-Gruppen, das alte soziale Fundament – die ländliche Kleinstadt mit ihren agrarischen Werten –, war jedoch durch die neuen industriellen Wandlungsprozesse Anfang des 20. Jahrhunderts untergraben worden. Da die Gruppen der *Temperance*-Bewegung ihr Schicksal mit der Verankerung der alten Mittelschichtwerte im Rechtssystem des Landes verbunden hatten, mußten sie zur Zeit der Abschaffung der Gesetze feststellen, daß solche Normen als gesellschaftlich verbindliche Verhaltensmuster abgelehnt wurden, und damit hatten diese Gruppen fast ihre ganze Legitimationsbasis verloren. Der Wandel also, zunächst im Bereich der Kultur ausgelöst, konnte erst dann seine Wirkung entfalten, als er Bestätigung innerhalb der Sozialstruktur selbst fand.

Das transparente Leben

Der kulturelle Wandel der modernen Gesellschaft ist vor allem auf das Aufkommen der Massenkonsumption zurückzuführen, oder anders gesagt, auf die Verbreitung von Gütern, die für die mittleren und unteren Schichten zuvor als Luxuswaren gegolten hatten. In diesem Konsumptionsprozeß werden frühere Luxusgüter ständig zu notwendigen Waren hochstilisiert, so daß es schließlich unglaublich erscheinen muß, daß ein solch gewöhnlicher Gegenstand sich je der Reichweite eines gewöhnlichen Menschen hatte entziehen können. So waren zum Beispiel große Fensterscheiben aufgrund der damit verbundenen Probleme hinsichtlich Temperatur, Ebenmäßigkeit und Transparenz einst teure und seltene Luxusware. Als jedoch nach 1902 der Franzose Fourcault mit dem Preßverfahren eine brauchbare industrielle Methode zur Herstellung von Fensterglas einführte, wurden sie zu gewöhnlichem Material, das sich zur Gestaltung von Frontseiten städtischer Geschäfte oder beim Bau von Landhäusern anbot und neue Möglichkeiten für Auslagen und Ausblick eröffnete.[22]
Der Massenkonsum, der in den zwanziger Jahren dieses Jahrhunderts einsetzte, wurde durch die Revolutionen in der Technologie, vor allem durch die Verwendung elektrischer Energie für Haushaltstätigkeiten (Waschmaschinen, Eisschränke, Staubsauger und dergleichen) und durch drei soziale Innovationen ermöglicht:

durch die Massenproduktion am Fließband, die zum billigen Automobil führte; durch die Entwicklung des Marketings, das die Kunst der Identifizierung verschiedener Käufer- oder Zielgruppen und der Anregung von Kauflust bei den Konsumenten rationalisierte; und durch die Popularisierung von Ratenzahlungen, die gründlicher als irgendeine andere soziale Innovation die alte protestantische Angst vor Schulden beseitigte. Die damit einhergehenden Revolutionen im Verkehrs- und Kommunikationswesen legten den Grundstock für eine nationale Gesellschaft und begründeten die Anfänge einer allgemeinen Kultur. Alles in allem bedeutete der Massenkonsum, daß man im entscheidenden Bereich des Lebensstils die Idee des sozialen Wandels und persönlicher Wandlung akzeptieren mußte; er stattete all jene mit Legitimität aus, die etwas innovieren und den Weg angeben wollten, ganz gleich ob in der Kultur oder in der Produktion.

Symbol des Massenkonsums – und bestes Beispiel dafür, wie die Technologie soziale Gewohnheiten revolutioniert hat – ist, wie könnte es anders sein, das Auto. Frederick Lewis Allen hat darauf hingewiesen, wie schwer es heute fällt, sich vorzustellen, wie isoliert und fernab früher die Gemeinden lebten, als sie noch völlig auf die Eisenbahn und Pferd und Wagen angewiesen waren, wenn sie Menschen oder Waren transportieren wollten. Eine nicht in der Nähe der Eisenbahn gelegene Stadt war wirklich entlegen. Für einen Bauern, der acht Kilometer von der Bezirksstadt entfernt wohnt, war es ein Ereignis, wenn er am Samstagnachmittag die Familie in die Stadt brachte; der Besuch eines Freundes, der 16 Kilometer entfernt wohnte, war ein Unterfangen, das den ganzen Tag gedauert haben dürfte, zumal das Pferd sich ausruhen und gefüttert werden mußte. Jede kleine Stadt, jeder Bauernhof war, was Vergnügen und Geselligkeit anging, größtenteils auf sich selbst gestellt. Die Horizonte waren eng, die Menschen lebten unter Leuten, die sie kannten, lebten mit vertrauten Dingen.

Das Auto fegte viele Sanktionen der in sich geschlossenen kleinstädtischen Gesellschaft hinweg. Die repressiven Moralvorschriften des 19. Jahrhunderts beruhten nach der Beobachtung von Andrew Sinclair größtenteils auf der Unmöglichkeit, von dem jeweiligen Ort und vor den Konsequenzen von Fehlverhalten zu fliehen. Gegen Mitte der zwanziger Jahre störte es, wie die Lynds in Middletown beobachteten, junge Männer und Mädchen nicht, wenn sie zum Tanz in einem Lokal außerhalb des Ortes mehr als 30 Kilometer mit dem Auto fahren mußten und sich dafür den neugierigen Blicken ihrer Nachbarn entziehen konnten. Das geschlossene Auto wurde zum *cabinet particulier* der Mittelschicht, zum Ort, an dem die abenteuerlustigen jungen Leute ihre sexuellen Hemmungen ablegten und die alten Tabus zerbrachen.[23]

Das Kino war das zweite entscheidende Instrument des Wandels, der sich in der abgeschlossenen Kleinstadtgesellschaft vollzog. Filme sind vielerei – ein Fenster zur Welt, ein Strauß fertiger Tagträume, Phantasie, Eskapismus und Omnipotenz –, und ihre emotionale Wirkung ist enorm. Gerade weil sie ein Fenster zur Welt sind, haben Filme vor allem auch dazu gedient, die Kultur zu verändern. »Sex gehörte zu den Dingen, die zu fürchten man in Middletown seit langem gelehrt hatte«, schrieben die Lynds, als sie zehn Jahre später Middletown noch einmal besuchten, »und seine Stadtväter . . . gaben sich Mühe, die Sache, so gut es eben ging, aus den Augen und aus dem Sinn zu halten«. Filme waren davon ausgenommen, und zu ihnen strömten die Jugendlichen in Scharen. Die Erwachsenen hatten nicht nur Spaß an den Filmen, sie gingen auch bei ihnen gleichsam zur Schule. Sie ahmten die Filmstars nach, wiederholten Witze und Gesten aus Filmen, lernten die Nuancen im Verhalten zwischen den Geschlechtern kennen und gaben sich so einen Anstrich von welterfahrener Kultiviertheit. Für ihr Bemühen, diese Kultiviertheit auszuagieren, ihre schwankenden Unsicherheiten durch äußerlich sicheres Auftreten zu beheben, nahmen sie als Vorlage »weniger . . . das Leben ihrer eigenen vorsichtigen Eltern als . . . die vielen wechselnden Umwelten um sie herum«. Filme glorifizierten den Kult der Jugend (Mädchen trugen kurzgeschnittene Haare und kurze Röcke), und Männer und Frauen mittleren Alters ließen sich sagen, »das Eisen zu schmieden, solange es heiß ist«. Die Idee der »Freiheit« stellte sich dar als Berechtigung, frisch von der Leber zu reden, und als Bereitschaft, in wilden Parties auf die Pauke zu hauen. »Die Verhöhnung der Moral, der alten ›inneren Güte‹ der Filmhelden und -heldinnen, ging einher mit der neuen Wertschätzung materieller Dinge«, schreibt Lewis Jacobs.

Auto, Film und Radio sind technologischen Ursprungs; Werbung, eingeplanter Verschleiß und Kredit sind allesamt soziologische Innovationen. David M. Potter hat davon gesprochen, es sei aussichtslos, einen modernen populären Schriftsteller verstehen zu wollen, ohne eine Ahnung von der Werbung zu haben; das sei gleichbedeutend mit der Behauptung, man verstünde einen Minnesänger des Mittelalters, ohne zugleich den Minnekult zu kennen, oder man begreife einen Erwecker des 19. Jahrhunderts, ohne gleichzeitig etwas von der protestantischen Religion gehört zu haben.

Ungewöhnlich an der Werbung ist ihre alles durchdringende Gegenwärtigkeit. Was kennzeichnet eine große Stadt, wenn nicht ihre Lichtreklame? Wenn man mit einem Flugzeug über sie hinweg fliegt, sieht man am Nachthimmel in ihren Strahlen gebrochene rote, orangefarbene, blaue und weiße Lichtbündel, die wie hochpolierte Steine schimmern. Im Zentrum der großen Städte – Times Square, Piccadilly, den Champs-Elysées, in der Ginza – sammeln sich die Menschen unter den Signalen der Neonleuchten, um das Pulsieren der wogenden Menschenmenge zu erleben. Wer über die sozialen Auswirkungen der Werbung nachdenkt, stellt fest, daß ihre unmittelbarste, zumeist gar nicht bemerkte Konsequenz in der Veränderung des räumlichen Zentrums der Stadt besteht. Die Werbung hat mit der Veränderung der räumlichen Topographie die alten *duomos,* die Rathäuser oder Palasttürme, verdrängt und unserer Zivilisation ein »Brandmal« aufgedrückt. Werbung ist der Stempel materieller Güter, das Exempel neuer Lebensweisen, der Bote neuer Werte. Werbung betont wie die Mode den Glanz. Ein Wagen wird zum Symbol des wohlgelebten »guten Lebens«, die Strahlkraft des Glanzes wird alles durchdringend. Die Konsumwirtschaft findet, so könnte man sagen, ihre Wirklichkeit in den Erscheinungen. Was man zur Schau stellt, was man vorzeigt, ist ein Zeichen des Erfolges. Vorankommen heißt heute nicht mehr – wie das im 19. Jahrhundert noch der Fall war – Aufstieg auf der sozialen Stufenleiter, sondern Übernahme eines bestimmten Lebensstils – Mitgliedschaft in einem Klub oder Verein, Kunstsinn, Reisen, Hobbies –, eines Lebensstils, der einen als Mitglied einer Konsumgemeinschaft ausweist.

In einer komplexen, aus vielen Gruppen bestehenden, sozial mobilen Gesellschaft übernimmt die Werbung auch eine Reihe von neuen »Vermittler«-Funktionen. Die Vereinigten Staaten sind wahrscheinlich die erste zahlenmäßig große Gesellschaft in der Geschichte, die kulturellen Wandel mit einplant; und viele Statusprobleme sind einfach deshalb entstanden, weil sich dieser Wandel in überaus verwirrender Schnelligkeit vollzog. Nur wenige Gesellschaften können schnellen Wandel verkraften. Die wichtigen Institutionen der Gesellschaft – Familie, Kirche, Erziehungssystem – sind zur Vermittlung eingefahrener Gewohnheiten der Gesellschaft errichtet worden. Eine Gesellschaft in schnellem Wandel schafft unvermeidlich Konfusionen in Fragen des Verhaltens, des Geschmacks und der Kleidung. Ein sozial mobiler Mensch besitzt keine feste Anleitung, die ihm sagte, wie man »besser lebt als zuvor«; seine Wegweiser sind Filme, Fernsehen und Werbung. In diesem Sinne beginnt die Werbung eine subtilere Rolle zu spielen, nämlich Gewohnheiten zu ändern und nicht nur Wünsche zu wecken. Die Werbung in den Frauen-Zeitschriften, in den Zeitschriften für Haus und Heim und in den anspruchsvolleren Blättern soll den Leuten beibringen, wie sie sich kleiden, eine Wohnung möbilieren, welchen Wein sie kaufen sollen – kurzum, ihnen Lebensstile beibringen, die zu dem neuen Status passen. Obwohl sich zunächst vor allem die Umgangsformen, die Kleidung, der Geschmack und die Eßgewohnheiten änderten, begannen diese Änderungen früher oder später doch die grundlegenden Verhaltensmuster zu beeinflussen: die Autoritätsstruktur in der Familie, die Rolle von Kindern und Heranwachsenden als selbständige Konsumenten, die moralischen Verhaltensmuster und die verschiedenen Leistungskriterien der Gesellschaft.

All dies kam zustande, weil sich die Gesellschaft, sobald Massenkonsum und hoher Lebensstandard als legitimes Ziel der Wirtschaftsordnung angesehen wurden, auf Wandel und Hinnahme von kulturellem Wandel einstellte. Verkauf wurde zur auffälligsten Tätigkeit im gegenwärtigen Amerika. Im Gegensatz zur Sparsamkeit proklamiert der Verkauf die Verschwendung, im Gegensatz zur Askese den verschwenderischen Aufwand.

Ohne jene Revolution in der moralischen Einstellung, ohne die Idee der Ratenzahlungen wäre nichts von alledem möglich gewesen. Ratenzahlung, bereits vor dem Ersten Weltkrieg, allerdings unregelmäßig, praktiziert, wies zuvor zwei Stigmata auf. Erstens wurden die meisten Ratenverkäufe an Arme getätigt, die sich keine größeren Auslagen leisten konnten; sie zahlten Wochenraten an einen Hausierer, der zugleich Warenverkäufer und Eintreiber der wöchentlichen Abschlagszahlungen war. Der Ratenverkauf galt daher als Zeichen finanzieller Unsicherheit. Zweitens bedeutete für die Mittelschicht Ratenzahlung Schuldenmachen, und das wurde als unrecht und gefährlich angesehen. Unter moralisch sein verstand man fleißig und wirtschaftlich sein. Wenn man etwas kaufen wollte, dann sollte man dafür auch sparen. Der Trick beim Ratenverkauf bestand nun darin, das Wort »Schulden« zu vermeiden und statt dessen das Wort »Kredit« hervorzuheben. Man konnte die Monatsraten bei der Post aufgeben; auf diese Weise wurden die Transaktionen nach Geschäftsmanier erledigt.

Sparen – oder Enthaltsamkeit – ist das Herzstück der protestantischen Ethik. Nach Adam Smiths Vorstellung von Sparsamkeit und Genügsamkeit und der von Nassau sen. vertretenen Vorstellung von Enthaltsamkeit stand es so gut wie fest, daß Sparen die künftig zu kaufenden Produkte vervielfachte und durch den Zins auch noch belohnt werde. Eine Lösung des Problems fand sich in veränderten Gepflogenheiten des Bankwesens. Das finstere Moralgespenst der Mittelschicht wirkte jahrelang so abschreckend, daß die Leute Angst hatten, ihr Bankkonto zu überziehen, geschweige denn einen Scheck platzen zu lassen. Gegen Ende der sechziger Jahre unseres Jahrhunderts lockten die Banken eifrig mit Bargeldreserven, die es dem Bankkunden gestatten würden, sein Konto bis zu mehreren tausend Dollar zu überziehen (die dann in Monatsraten zurückgezahlt werden konnten). Keiner sollte nunmehr das Gefühl haben, bei einer Auktion oder einem Schlußverkauf seinem Kaufimpuls nicht nachgeben zu können. Die Verführung des Konsumenten war total geworden.

Van Wyck Brooks meinte einmal, für die Moral in katholischen Ländern gelte die Devise, solange nur die himmlischen Tugenden bewahrt würden, dürfe das weltliche Verhalten sich ruhig ändern. In Amerika sind die alten protestantischen Tugenden bereits zum größten Teil dahingeschwunden; und der weltliche Lohn beginnt zu wuchern. Das basale amerikanische Wertsystem hob die Tugend der Leistung hervor, eine Tugend, die als »Arbeiten und sein Glück machen« definiert wurde, und es galt, daß ein Mensch seinen Charakter mit der Qualität seiner Arbeit beweise. Um die fünfziger Jahre dieses Jahrhunderts waren die Leistungsvorstellungen zwar immer noch vorhanden, man hatte die Leistung jedoch neu definiert und auf Status und Geschmack abgehoben. Für die Kultur stellte sich nicht mehr die Frage, wie man arbeiten und etwas leisten, sondern, wie man Geld ausgeben und Spaß daran haben könne. Obwohl noch hin und wieder die Sprache der protestantischen Ethik zu hören war, ist es doch als Tatsache anzusehen, daß die amerikanische Kultur in den fünfziger Jahren überwiegend hedonistisch geworden war und sich Spiel, Spaß, Aufwand und Vergnügen zugewandt hatte, und zwar, wie für Amerika typisch, auf zwanghafte Weise.

Der Hedonismus ist die Welt von Mode, Photographie, Werbung, Fernsehen und Reisen. Es ist eine Welt des Scheins, in der man für Erwartungen lebt, mehr für das, was kommt, als für das, was ist. Und es muß ohne Mühe kommen. Es ist kein Zufall, daß die erfolgreichste Zeitschrift des vergangenen Jahrzehnts *Playboy* genannt wurde und daß sie ihren Erfolg – Auflage: sechs Millionen im Jahr 1970 – größtenteils der Tatsache verdankt, daß sie Phantasien männlichen Sexualprotzens anregt. Wenn der Sex, wie Max Lerner schrieb, das letzte Grenzgebiet amerikanischen Lebens darstellt, dann muß das Leistungsprinzip einer Go-Go-Gesellschaft auch im Sex seinen Höhepunkt finden. In den fünfziger und sechziger Jahren hat der Kult des Orgasmus sogar den Kult des Mammon, die Urleidenschaft amerikanischen Lebens, übertroffen.

Nichts hat den Hedonismus der Vereinigten Staaten prägnanter zum Ausdruck gebracht als der Staat Kalifornien. Eine Titelgeschichte in der *Time* mit der Überschrift: »Kalifornien: ein aufregender Staat« begann folgendermaßen: »Kalifornien ist praktisch eine Nation für sich, aber es bereitet den Amerikanern eine seltsame Hoffnung, ein Gefühl der Erregung – und einigen Schrecken. Die meisten sehen in Kalifornien nichts anderes als die gute, gottlose massenhafte Jagd nach Vergnügen. Die Bürger dieses Lotoslandes scheinen sich die ganze Zeit über an den Swimmingpools zu rekeln, sich von der Sonne rösten zu lassen, durch die Sierra zu wandern, sich nackt an den Stränden herumzutreiben, jedes Jahr größer zu werden, das Geld von den Bäumen zu pflücken, nur ›oben ohne‹ zu tollen, durchs Rotholz zu trampen – und wenn sie mal eine Pause machen, um Luft zu holen – nichts anderes zu tun, als sich vor der Kamera und der restlichen neidischen Welt zu brüsten. ›Ich habe die Zukunft gesehen!‹ sagte ein eben aus Kalifornien zurückgekehrter Besucher, ›und sie macht Spaß‹.«[24]

Die Moral des Vergnügens entthront die Tugendmoral, die Wert auf die Hemmung von Impulsen legte. Wenn man keinen Spaß mehr verspürt, fragt man sich jetzt bereits: »Was stimmt denn nicht mit mir?« Dr. Wolfenstein meint dazu: »Während früher die Befriedigung verbotener Triebe Schuldgefühle hervorrief, schmälert heute das Unvermögen, Spaß zu empfinden, das Selbstwertgefühl«.[25]

Die Moral des Vergnügens konzentriert sich meistens auf den Sex. Und in diesem Bereich kam es zu einer fast totalen Verführung des Konsumenten. Das schlagendste Beispiel bot, wie ich meine, eine doppelseitige Anzeige der *Eastern Airlines* in der *New York Times* im Jahre 1973 mit der Aufforderung: »Mach den Bob-und Carol-, den Ted-und-Alice-, den Phil-und-Anne-Urlaub!« Verdeutlicht wurde das mit einer Abbildung von *Bob und Carol und Ted und Alice*, die in spaßiger Weise die linkischen Versuche zweier befreundeter Ehepaare zeigte, Partnertausch zu praktizieren. Dazu versprach *Eastern Airlines* allen Ernstes: »Wir fliegen Euch bis zu den Karibischen Inseln. Wir mieten Euch eine Cabana. Fliegt jetzt, zahlt später!« *Eastern Airlines* verriet nicht, *was* man zu zahlen hatte, aber man kann ja das Geld (und die Schuldgefühle) vorerst vergessen und die Bob-und-Carol-, die Ted-und-Alice- und (zur Steigerung des Lustgefühls wird noch ein weiteres Paar hinzugefügt) die Phil-und-Anne-Reise buchen. Man vergleiche dies mit den 13 nützlichen Tugenden von Franklin, zu denen Mäßigung, Sparsamkeit, Bescheidenheit und Keuschheit gehörten. Um die

Jahrhundertwende besaß eine Kirchengemeinde im Mittleren Westen unter Umständen ein Grundstück, auf dem sich ein Bordell befand. Damals konnte man wenigstens noch sagen: »Na gut, wir verlieren Körper, aber wir verdienen damit Geld, um Seelen zu retten«. Wenn man jedoch heute Körper verkauft, dann rettet man damit keine Seelen mehr.

Mit der Preisgabe des Puritanismus und der protestantischen Ethik bleibt der Kapitalismus natürlich ohne Moral und transzendentale Ethik zurück. Damit wird nicht nur die Trennlinie zwischen den Normen der Kultur und den Normen der Sozialstruktur, sondern auch ein ungewöhnlicher Widerspruch in der Sozialstruktur selbst deutlich sichtbar. Einerseits möchten die Wirtschaftsunternehmen, daß der Mensch hart arbeitet, eine Karriere anstrebt, Aufschub von Befriedigungen hinnimmt – daß er, im kruden Sinne, ein Organisationsmensch ist. Im Gegensatz dazu propagieren sie in der Werbung und mit den Produkten Lust und Vergnügen, sofortigen Spaß, Erholung und Sichgehenlassen. Man hat am Tage »korrekt« und am Abend ein »Herumtreiber« zu sein. Das ist Selbsterfüllung und Selbstverwirklichung!

Der Pop-Hedonismus

In den Vereinigten Staaten wurde die traditionelle Moral durch Psychologie, Schuldgefühle durch Angst ersetzt. Ein hedonistisches Zeitalter hat aber auch seine entsprechenden Psychotherapien. Wie die Psychoanalyse, kurz vor dem Ersten Weltkrieg zum Vorschein gekommen, sich mit den Verdrängungen des Puritanismus befaßte, so hat das hedonistische Zeitalter sein Pendant im Sensitivity-Training, in Encounter Groups, in der »Glückstherapie« und ähnlichen Techniken, die Merkmale aufweisen, die im wesentlichen einer hedonistischen Einstellung entstammen: Sie werden fast ausschließlich in Gruppen durchgeführt, und sie suchen das Individuum durch Körperkontakt, Tasten, Streicheln, Berühren und Manipulieren zu »entkrampfen«. Während früher die Psychotherapie die Absicht verfolgte, den Patienten in die Lage zu versetzen, Einsicht in sich selbst zu gewinnen und dadurch seinem Leben eine neue Ausrichtung zu geben – ein Ziel, unlösbar mit einem moralischen Kontext verknüpft –, sind die neueren Therapien gänzlich instrumentaler und psychologistischer Natur. Sie wollen den Menschen von Hemmungen und Zwängen befreien, damit er seine Impulse und Gefühle leichter äußern kann.

Ein hedonistisches Zeitalter hat auch seinen entsprechenden Kulturstil – den Pop. Die Pop-Art spiegelt nach Lawrence Alloway, der dem Stil seinen Namen gegeben hat, die Ästhetik des Überflusses wider. Die Ikonographie der Popkunst stammt aus der Alltagswelt: Haushaltsgegenstände, Bilder aus Filmen und Massenmedien (Comics und Plakatwände), Nahrungsmittel (Hamburger und Coca-Cola-Flaschen) und Kleidung. Wichtig an der Pop-Art ist, daß die Bilder keine Spannungen vermitteln – sondern nur Parodie. In der Popkunst trifft man auf Alex Hays meterhohe Vergrößerung einer einfachen Postanschrift, Roy Lichtensteins gigantische Komposition eines Notizbuchs, Claes Oldenburgs großen Hamburger in Cellophan, Werke, die allesamt Parodien auf Gegenstände, aber immer wohlmeinend spaßig sind. Wie Suzi Gablik schreibt, setzt die Ästhetik des Pop »die Ersoion einer früher bestehenden Hierarchie von Inhalten voraus (Mondrian und Mickymaus sind heute gleich relevant), ferner die Erweiterung des Bezugsrahmens der Kunst, damit auch Elemente, die bis dahin als außerhalb der Kunst stehend betrachtet wurden, wie die Technologie, Kitsch und Humor, einbezogen werden können . . .«.[26]

Schließlich besitzt das hedonistische Zeitalter auch seinen entsprechenden Propheten – in Marshall McLuhan. Ein hedonistisches Zeitalter ist ein Zeitalter des Marketing, durch den Tatbestand definiert, daß Wissen zu Botschaften chiffriert wird, die man zu Formeln, Slogans und binären Zeichen organisiert. Mit der ihm vorgesetzten Chiffre bekommt der Mensch das beruhigende Gefühl, die komplexe Welt um sich herum verstehen zu können. McLuhan ist nicht nur der Autor, der das hedonistische Zeitalter mittels eines solchen Chiffreapparates definiert hat, er hat darüber hinaus die Sache sogar auf die Spitze getrieben, indem er das Denken dieses Zeitalters, dem ihm eigenen Stil und einen zeitgemäßen Formelapparat beispielhaft verdeutlicht hat. Seine Vorstellungen, das Medium sei die Botschaft (damit sind Ideen sekundär oder zählen nicht), manche Medien wie zum Beispiel das Radio seien »heiß« (schließe die Leute aus), während andere »kühl« seien, z. B. das Fernsehen (das Aufmerksamkeit, wenn nicht völlige Beteiligung fordere), die Druckkultur sei linear, wogegen die visuelle Kultur simultan sei – all diese Klassifizierungen werden nicht analytisch eingesetzt oder durch empirische Methoden überprüft, sondern es sind Litaneien zur Besänftigung der Ängste des Menschen und zur Bestärkung seines Gefühls, es gehe ihm bei den neuen Kommunikationsweisen, diesem »türkischen Bad« für den Geist, doch recht gut. Alles in allem ist Marshall McLuhan in mehr als einer Hinsicht der Traum jedes Werbefachmanns.

In den sechziger Jahren entstand ein neuer Kulturstil. Man kann ihn als psychedelisch oder, mit seinen Vorkämpfern, als »Gegen-

Kultur« bezeichnen. Er hat den bürgerlichen Wertvorstellungen und traditionellen Regeln in grellen Tönen den Kampf angesagt. »Die Bourgeoisie«, so erklärt man uns, »ist von Gier besessen, ihr Sexualleben ist abgeschmackt, prüde, ihre familialen Strukturen sind denaturiert, ihre sklavische Konformität in Kleidung und Aufputz ist entwürdigend, ihre Händlerseele und Lebensroutine sind unerträglich . . .«[27]

Spaßig an solchen Äußerungen ist ihre polemische und ideologische Karikierung eines Regelsystems, das bereits lange zuvor, nämlich vor 60 Jahren, Zielscheibe des Spotts und der Verachtung seitens der jungen Intellektuellen gewesen war. Solch eine Karikatur bot sich jedoch an, wenn man die neue Gegenkultur noch gewagter und revolutionärer erscheinen lassen wollte, als sie tatsächlich war. Mit dem prahlerisch vorgetragenen Angriff sollte ein Unterschied zwischen den Kulturen markiert werden, der gar nicht bestand. Denn obwohl die neue Bewegung extremer Natur war, so ist sie dennoch weder als mutig noch als revolutionär zu bezeichnen. Tatsächlich ist sie lediglich ein Ausläufer des Hedonismus der fünfziger Jahre und eine Art Demokratisierung der Libertinage, die Teile der emanzipierten Oberschicht sich bereits vor längerer Zeit zu eigen gemacht hatten. Wie der politische Radikalismus der sechziger Jahre auf das Versagen des politischen Liberalismus in dem Jahrzehnt zuvor gefolgt war, so lösten nun die psychedelischen Auswüchse – in der Sexualität, im Nacktkult, in den Perversionen, im Marihuanarauchen und im Rock – samt ihrer Gegenkultur den forcierten Hedonismus der fünfziger Jahre ab.

Wir können den Prozeß jetzt rekapitulieren. Die Erosion der traditionellen Werte vollzog sich auf zwei Ebenen. Um 1910 formierten sich im Bereich der Kultur und der Ideen zuerst die jungen Intellektuellen, eine sich selbstbewußt gebende Gruppe, zum vernichtenden Angriff auf das Kleinstadtleben, auf seine Zwänge und Banalitäten, ein Angriff, der sich im nächsten Jahrzehnt mit der journalistischen Kritik von H. L. Mencken und mit den Kurzgeschichten und Romanen von Sherwood Anderson und Sinclair Lewis fortsetzte.

Es vollzog sich aber auch eine noch tiefergehende Wandlung der Sozialstruktur selbst: eine Änderung der Motivations- und Leistungsstrukturen des Wirtschaftssystems. Der wachsende Reichtum der Plutokratie, der im Goldenen Zeitalter vollends zutage trat, hatte zur Folge, daß Arbeiten und Geldhäufen nicht mehr als Selbstzweck angesehen wurden (wenngleich sie für einen John D. Rockefeller und Andrew Carnegie noch immer wichtig waren), sondern nur noch dem Konsum und dem Zurschaustellen dienten.

Als Zeichen von Erfolg galten nicht mehr Arbeit und Gnadenwahl, sondern Status und Statusmerkmale.

Wir haben es hier mit einem bekannten Prozeß der Sozialgeschichte zu tun, der das Aufkommen neuer Klassen begleitet; freilich handelte es sich in der Vergangenheit um Krieger und Eroberer, deren Nachkömmlinge vom spartanischen zum sybaritischen Leben überwechselten. Doch solche Klassen von Emporkömmlingen konnten sich von der übrigen Gesellschaft distanzieren, und so spielten sich soziale Änderungen häufig unabhängig von den Lebensänderungen der unteren Klassen ab. Die wirkliche soziale Revolution der modernen Gesellschaft ereignete sich in den zwanziger Jahren dieses Jahrhunderts, als das Aufkommen der Massenproduktion und des hochentwickelten Konsums das Leben der Mittelschicht zu ändern begann. Damit wurde die protestantische Ethik als Lebensstil und soziale Realität der Mittelschicht durch einen hedonistischen Materialismus und die puritanische Moral durch einen psychologischen Eudämonismus ersetzt. Die bürgerliche Gesellschaft, die von den alten ethischen Grundsätzen gleichsam mit Energien aufgeladen und gerechtfertigt worden war, konnte sich diesem Wandel jedoch nicht ohne Schwierigkeiten überlassen. Sie propagierte zwar ungestüm einen hedonistischen Lebensstil – man muß sich nur einmal den Wandel in der Werbung während der zwanziger Jahre anschauen –, war aber nicht in der Lage, ihn zu rechtfertigen. Es fehlte ihr eine neue Religion oder ein Wertsystem, welches das alte hätte ersetzen können, das Ergebnis war das Auseinanderfallen der Bereiche.

In einer Hinsicht ist dies ein ungewöhnlicher historischer Wandel menschlicher Gesellschaft. Während Tausenden von Jahren hatte Wirtschaft die Funktion, den täglichen Lebensbedarf – die Subsistenz – zu decken. Für verschiedene Gruppen der Oberschicht war Wirtschaft die Grundlage von Status und aufwendigem Lebensstil gewesen. Heute hingegen orientiert sich die Wirtschaft in großem Maße an den Forderungen der Kultur. Auch hier gelangte die Kultur, nicht als expressiver Symbolismus oder moralische Sinngebung, sondern als Lebensstil, zur vollen Herrschaft.

Der »neue Kapitalismus« (dieser Ausdruck wurde zuerst in den zwanziger Jahren verwandt) forderte weiterhin eine protestantische Ethik im Produktionsbereich – das heißt am Arbeitsplatz –, stimulierte aber gleichzeitig Forderungen nach Vergnügen und Spiel im Konsumbereich. Die Kluft mußte folglich immer größer werden. Die Ausbreitung des urbanen Lebensstils mit seinen vielfältigen Zerstreuungsmöglichkeiten und einer Fülle von Reizen, die neue Rolle der Frau im Gefolge der Expansion von Bürotätig-

keiten und der freizügigeren sozialen und sexuellen Kontakte, das
Aufkommen einer nationalen Kultur durch Filme und Radio – all
das trug zum Verlust sozialer Autorität des althergebrachten Wertsystems bei.

Die puritanische Moral läßt sich höchst einfach mit den Begriffen
»Befriedigungsaufschub« und »Befriedigungshemmung« kennzeichnen. Darin kommt natürlich die malthusianische Forderung
nach Umsicht und Klugheit in einer Welt des Mangels zum Ausdruck. Aber das amerikanische Wirtschaftssystem wollte Überfluß
herbeiführen, und zum Charakter des Überflusses gehört es denn
auch, Verschwendung und nicht Umsicht zu fördern. Die Arbeit,
für sich genommen kein Wert mehr, weicht dem höheren Lebensstandard, der nun zur treibenden Kraft des Wandels wird. Das
System erhält seine Rechtfertigung von der Glorifizierung des
Überflusses und nicht mehr von der Ehrfurcht vor der knausrigen
Natur. All dies stimmte jedoch in keiner Weise mehr mit den
theologischen und soziologischen Grundfesten des Protestantismus
im 19. Jahrhundert und mit dem entsprechenden Wertsystem
überein.

In den zwanziger sowie in den fünfziger und sechziger Jahren wich
man diesen Unstimmigkeiten aus, indem man frohgemut versicher-
te, in der Gesellschaft bestehe Konsens über die moralische Natur
materiellen Reichtums. In der kruden Propaganda der zwanziger
Jahre bemühte man sich auf vulgäre Weise (so hat z. B. Bruce
Bartons behauptet, Jesus sei der größte Händler aller Zeiten
gewesen[28]), eine moralische Apologie zu fabrizieren. In den fünfziger Jahren ließen sich die Zeitschriften des Verlegers Luce in
hochgestochener Rhetorik über die Geheimnisse der Produktivität
und der »permanenten Revolution« durch Wandel aus, die den
Beitrag des amerikanischen Wirtschaftssystems zur künftigen Pros-
perität der Welt bildeten. Bemerkenswert, daß die *Times* und der
Reader's Digest in den zwanziger Jahren gegründet wurden und daß
beide Zeitschriften als Vehikel (die eine für die urbane Mittelschicht, die andere für die kleinstädtische untere Mittelschicht) den
Wandel von Werten in die Lebensstile Amerikas um die Mitte des
20. Jahrhunderts hineintrugen. Das Geniale an Henry Luce war –
und es ist eine soziologische Besonderheit, daß der Ausländer
Luce, der in China, nicht in den Vereinigten Staaten erzogen
worden war, die einheimischen Werte mehr zelebrierte als der im
Lande Geborene selbst –, daß er die traditionellen amerikanischen
Werte, als da sind der Glaube an Gott, an die Arbeit, an die
Leistung, aufgriff und sie im Jargon der sich entwickelnden urbanen Zivilisation zu einem Glaubensbekenntnis, zur schicksalhaften

Aufgabe Amerikas in der Welt (»das amerikanische Jahrhundert«) ummünzte. Dabei verschmolz er den nervösen Rhythmus des neuen expressiven Journalismus, die Sprache, in der sich die neuen Erscheinungen widerspiegeln, mit dem Tempo des städtischen Lebens und mit dem neuen Hedonismus. In diesem Zusammenhang ist es wohl kein Zufall, daß Luces eigene Zeitschrift, seine einzigartige Schöpfung, *Fortune* hieß. (Den Anstoß für die Gründung von *Time* hatte Luces Studienkollege der Journalistik in Yale, Britton Hadden, gegeben, und die Idee für *Life* stammte von Daniel Longwell und anderen Herausgebern von *Time*.) Die amerikanische Geschäftswelt sprengte als dynamische Agentur das Kleinstadtleben und katapultierte Amerika zur wirtschaftlichen Vormachtstellung in der Welt, und sie tat dies alles unter Verwendung der Sprache der protestantischen Ethik und unter ihrem Deckmantel. Das Faktum des Übergangs ist evident. Die offenkundigen Widersprüche in Sprache und Ideologie – das Fehlen jeder kohärenten Moral und philosophischen Lehre – sind heute lediglich manifest geworden.[29]

Die Abdankung der korporativen Schicht

Jedwedes Sozialsystem wird durch die Hinnahme einer moralischen Rechtfertigung von Autorität seitens der Bevölkerung entscheidend gestützt. Die früheren Rechtfertigungen der bürgerlichen Gesellschaft beruhten auf der Verteidigung des Privateigentums, das selbst wiederum mit der von Locke im einzelnen erläuterten Anschauung, daß die eigene Arbeit in das Eigentum einfließe, gerechtfertigt worden war. Aber dem »neuen Kapitalismus« des 20. Jahrhunderts fehlte solch eine moralische Begründung. In Krisenzeiten hatte er daher entweder auf die traditionellen Werte zurückgegriffen, die der sozialen Realität immer unangemessener geworden waren, oder aber hatte seine ideologische Schwäche erkennen lassen.

Gerade in diesem Zusammenhang offenbarte der amerikanische korporative Kapitalismus sein Unvermögen, mit einigen Hauptproblemen des Jahrhunderts fertig zu werden. Man kann die politischen (und wertbezogenen) Konflikte in den Vereinigten Staaten von zwei verschiedenen Perspektiven her betrachten. Aus einer Perspektive erkennen wir die Probleme von Wirtschaft und Klassen, die Bauer und Bankier, Arbeiter und Arbeitgeber trennten und zu funktionalen Konflikten sowie zu Konflikten zwischen Interessengruppen führten, die sich in den dreißiger Jahren besonders zuspitzten. Längs einer anderen soziologischen Achse erscheint die Politik der zwanziger Jahre, und in gewisser Hinsicht auch die der fünfziger Jahre, im Bezugsrahmen von »Tradition« versus »Modernität«, das heißt, der kleinstädtische, ländlich orientierte Protestant war bestrebt, seine historischen Werte gegen den kosmopolitischen, an Reform und sozialer Wohlfahrt interessierten Liberalen zu verteidigen. Die Probleme sind hier nicht vorrangig ökonomische, sondern sozio-kulturelle. Der Traditionalist verteidigt die Gründerreligion, die Zensur, ein strengeres Scheidungsrecht und das Anti-Abtreibungsgesetz; der Modernist tritt für weltliche Rationalität, freiere persönliche Beziehungen, Toleranz gegenüber sexuell Abweichenden und dergleichen ein. Diese Themen verkörpern die politische Seite der kulturellen Kernfragen, und in dem Maße, in dem die Kultur symbolischer Ausdruck und Rechtfertigung von Erfahrung ist, ist dies auch der Bereich symbolischer und expressiver Politik.

Die wirklich bedeutende symbolische Thematik der amerikanischen Kulturpolitik war in dieser Hinsicht die Prohibition. Es handelte sich hier um die größte – und beinahe auch letzte – Anstrengung der kleinstädtischen und traditionsgebundenen Kräfte, der übrigen Gesellschaft einen besonderen Wert, das Verbot des Alkohols, aufzuzwingen. Zunächst hatten natürlich die Traditionalisten den Sieg davongetragen. In den fünfziger Jahren stellte der McCarthyismus in einem etwas anderen Sinne den Versuch einiger traditionsgebundener Kräfte dar, der Gesellschaft eine einheitliche politische Moral aufzuzwingen, und zwar durch die Anpassung an eine Ideologie des Amerikanismus und eine virulente Form des Antikommunismus. Im Gegensatz dazu wurde die McGovern-Kampagne im Jahre 1972 vorwiegend von einer »Neuen Politik« getragen, welche die entschiedensten Tendenzen der Modernisten verkörperte – die Anhänger der Frauenbefreiungsbewegung, die sexuellen Nonkonformisten und Radikalen, die sich für kurze Zeit mit den Schwarzen und anderen Minoritätengruppen verbündeten.

Merkwürdig daran ist nun, daß der in den zwanziger Jahren aufkommende »neue Kapitalismus« des Überflusses nie dazu in der Lage war, seinen Standpunkt annähernd klar zu umreißen, wie er das bei den ökonomisch-politischen Konflikten getan hatte. In Anbetracht seines gespaltenen Charakters konnte er dies auch nicht tun. Sein Wertsystem entstammt der Vergangenheit, und seine Sprache ist die archaische Sprache der protestantischen Ethik. Seine Technologie und seine Dynamik leiten sich vom modernistischen Geist ab – dem Geist ständiger Innovation und der Weckung neuer »Bedürfnisse« auf der Basis des Ratenzahlungssystems. Was diesen Kapitalismus völlig zerstören würde, wäre ein konsequent praktizierter Befriedigungsaufschub.

Mitglieder der korporativen Schicht, die sich zu kulturpolitischen Fragen äußerten, ließen sich häufig nach geographischen Anhaltspunkten unterteilen. Leute aus dem Mittleren Westen, aus Texas oder aus kleinen Städten stellen traditionsgebundenere Einstellungen zur Schau; aus dem Osten Amerikas stammende Leute oder Absolventen der *Ivy League Schools* sind liberaler. In jüngerer Zeit verläuft die Trennlinie jedoch eher nach Erziehungs- und Alterskriterien als nach der Religionszugehörigkeit. Aber das ändert an der einzigartigen Tatsache nichts: Der neue Kapitalismus war vorrangig für den Wandel der Gesellschaft verantwortlich; er hat in diesem Prozeß die puritanische Moral untergraben. Doch er war nie in der Lage, erfolgreich eine dem Wandel angemessene neue Ideologie zu entwickeln. Er benutzte die abgetragene Sprache der protestantischen Werte oder verfing sich zumindest häufig in ihren Fallstricken.

Die modernistischen Kräfte, die in diesen sozialen und kulturellen Kernfragen gegen die Traditionalisten Front machten, waren eine Mischung aus Intellektuellen, Professoren und Leuten, die für Wohlfahrt und Reformen eintraten (obwohl sich die Prohibitionsbewegung paradoxerweise in ihren Anfängen mit den Reformern gegen die Auswüchse der Industrialisierung und des städtischen Lebens verbündet hatte). Ihnen schlossen sich aus politischen Gründen Arbeiterführer und politische Wortsprecher in ethnischen Fragen an, die städtische Kräfte repräsentierten.[30] Die herrschende Philosophie bildete der Liberalismus, der Kritik an der vom Kapitalismus verursachten Ungleichheit und den sozialen Kosten übte. Die Tatsache, daß die korporierte Wirtschaft kein einheitliches eigenes Wertsystem besaß oder sich immer noch auf eine kraftlose Version protestantischer Tugenden berief, hieß aber zugleich, daß der Liberalismus ideologisch unangefochten blieb. Im Bereich der Kultur und der sozio-kulturellen Fragen – kurz im Bereich der politischen Philosophie – hatte die korporative Schicht abgedankt. Entscheidend war, daß der Liberalismus während dieser vergangenen Jahrzehnte *als Ideologie* in den Vordergrund getreten war.

Von einem *kulturellen* Standpunkt aus gesehen war die Politik der zwanziger Jahre bis in die sechziger Jahre ein Kampf zwischen Tradition und Modernität. In den sechziger Jahren denunzierte ein neuer Kulturstil die bürgerlichen Werte und den Kodex des amerikanischen Lebens. Wie ich jedoch zu zeigen versuchte, hatte die bürgerliche Kultur sich bereits lange vorher aufgelöst. Die Gegenkultur bildete selbst nur einen Ausläufer der Tendenzen, die bereits sechzig Jahre zuvor durch den politischen Liberalismus und die modernistische Kultur angeregt worden waren, und ist in der Tat als Spaltung im Lager des Modernismus zu werten. Die Gegenkultur wollte die Predigten über persönliche Freiheit, extreme Erfahrung (Nervenkitzel und Rausch) und das Experiment im Bereich der Sexualität so fest im *Lebensstil* verankern, wie es die liberale Mentalität – die solche Ideen im Bereich der *Kunst* und *Imagination* durchaus billigte – zuzulassen nicht bereit war. Doch der Liberalismus tat sich schwer damit, eine Erklärung dafür abzugeben. Er befürwortet elementare Freizügigkeit, kann aber keineswegs mit Bestimmtheit angeben, wo die Grenzen liegen. Gerade dies ist sein Dilemma. In der Kultur wie im Bereich der Politik steht der Liberalismus heute mit dem Rücken zur Wand.

Auch auf einem anderen Feld, auf dem er den Kapitalismus zu reformieren suchte – im Bereich der Wirtschaft –, sieht sich der Liberalismus ebenfalls in Bedrängnis. Die Wirtschaftsphilosophie des amerikanischen Liberalismus ist in der Idee des Wachstums verankert. Man vergißt, daß bereits in den vierziger und fünfziger Jahren dieses Jahrhunderts Walter Reuther, Leon Keyserling und andere Liberale die Stahlunternehmen und einen Großteil der amerikanischen Industrie angegriffen hatten, weil sie nicht willens waren, ihre Kapazität zu erweitern, und daß sie die Regierung drängten, Zielmargen für Wachstumswerte zu setzen. Kartellierung, Monopolisierung und Produktionseinschränkung sind historische Tendenzen des Kapitalismus gewesen. Die Eisenhower-Regierung zog bewußt Preisstabilität dem Wachstum vor. Die liberalen Ökonomen haben die Politik der bewußten Wachstumsplanung durch Anreize seitens der Regierung (z. B. Investitionskredite, die die Industrie am Anfang gar nicht wollte) und Regierungsinvestitionen propagiert. Die Idee des potentiellen Bruttosozialprodukts und der Begriff »Fehlbetrag« – hier wird ein Wert bestimmt, den die Gesellschaft bei voller Nutzung der Ressourcen erreichen könnte und mit dem der tatsächlich erreichte Wert verglichen wird – wurden durch Liberale in den Wirtschaftsberaterausschuß *(Council of Economic Advisers)* eingeführt. Die Wachstumsidee wurde als Wirtschaftsideologie so völlig resorbiert, daß man sich, wie ich bereits sagte, heute gar nicht mehr klarmacht, bis zu welchem Grade sie eine liberale Innovation war.

Die liberale Antwort auf soziale Probleme wie Armut lautete: Wachstum wird die Mittel zur Erhöhung der Einkommen der Armen bereitstellen.[31] Die These, Wachstum sei zur Finanzierung von öffentlichen Ausgaben notwendig, bildet das Kernstück von John Kenneth Galbraiths Buch *Gesellschaft im Überfluß.* Paradoxerweise kommt jedoch gerade diese Idee des Wirtschaftswachstums heute unter Beschuß – und ausgerechnet durch Liberale. Man begreift den Überfluß heute nicht mehr als Lösung. Das Wachstum wird für die Umweltschädigungen, die maßlose Plünderung der natürlichen Ressourcen, die Überfüllung in den Erholungsgebieten, die Dichte der Städte und ähnliches verantwortlich gemacht. Heute begegnet man mit einigem Staunen der Idee vom Nullwachstum – oder John Stuart Mills Idee vom »stationären Staat« –, die der Regierungspolitik als wesentliches Ziel vorgeschlagen wird. Wie die neue Politik bei der Lösung von Problemen den traditionellen Pragmatismus der amerikanischen Politik ablehnte, so lehnt sie nun auch die jüngere liberale Wirtschaftswachstumpolitik als für die Gesellschaft positives Ziel ab. Was ist aber das *raison d'être* des Kapitalismus, wenn er sich nicht auf wirtschaftliches Wachstum einläßt?[32]

Der Wendepunkt der Geschichte

Wenn man einen Blick in die Geschichte zurückwirft, dann stellt man fest, daß die bürgerliche Gesellschaft einen doppelten Ursprung und ein zweifaches Schicksal hatte. Eine Strömung bestand in einem puritanischen nationalrepublikanischen Kapitalismus; sie betonte nicht nur die Wirtschaftsaktivität, sondern legte auch Wert auf die Prägung eines bestimmten *Charakters* (Nüchternheit, Rechtschaffenheit, Arbeit als Berufung). Die andere Strömung vertrat einen weltlichen Hobbesianismus, einen radikalen Individualismus, der den Menschen als maßlos gierig verstand, als Menschen, dessen Begierden, im politischen Bereich durch einen Herrscher gezügelt, in Wirtschaft und Kultur freien Lauf hatten. Diese beiden Impulse hatten stets, zu einem nicht leicht zu führenden Gespann verkoppelt, nebeneinander bestanden. Im Laufe der Zeit lösten sich jene Beziehungen. Wie wir bereits gesehen haben, verkam der puritanische Standpunkt durch ständige Betonung der Idee der Respektabilität zu einer engstirnigen kleinstädtischen Mentalität. Der weltliche Hobbesianismus prägte die Triebkraft der Modernität, den Heißhunger nach unbegrenzter Erfahrung. Die liberale, nationalrepublikanische, einst offene und fortschrittliche Geschichtsauffassung kam ins Wanken oder verschwand, sobald sich neue bürokratische Apparate herausbildeten, welche die liberale Konzeption vom gesellschaftlichen Selbstmanagement verdunkelten. Das Vertrauen, das all diese Überzeugungen getragen hatte, ist erschüttert worden.

Die kulturellen Impulse der sechziger Jahre sind ebenso wie der sie begleitende politische Radikalismus zumindest vorerst erschöpft. Die Gegenkultur erwies sich als Täuschung. Weitgehend ein Produkt der Jugendbewegung, stellt sie den Versuch dar, den liberalen Lebensstil zu einem Reich unmittelbarer Befriedigung und exhibitionistischer Zurschaustellung umzuwandeln. Am Ende war sie gegen nichts und produzierte auch kaum Kultur. Die modernistische Kultur mit ihren tieferen, dauerhafteren Wurzeln hatte sich bemüht, die Phantasie zu verändern, neu zu beleben. Die Experimente in Stil und Form, die Begeisterung, die angestrengten Versuche zu schockieren, hatten alles in allem zu einer berauschenden Explosion im Bereich der Künste geführt, die aber inzwischen wieder abgeklungen ist. Die Kulturmasse, jene Schicht, die selbst nicht schöpferisch ist, Kultur aber verbreitet und denaturiert, reproduziert all dies mechanisch, in einem Absorptionsprozeß, welcher der Kunst die zur Kreativität notwendige und in dialektischer Beziehung zur Vergangenheit stehende Spannungsquelle raubt. Die Gesellschaft sieht sich zunehmend mit brennenderen Fragen, mit Engpässen, Knappheiten, Inflation und strukturellen Ungleichgewichten in den Einkommens- und Vermögensverhältnissen konfrontiert; aus diesem Grund sind die Kulturfragen in den Hintergrund getreten.

Trotzdem bleiben die kulturellen Fragen unterschwellig als fundamentale Fragen bestehen. In der Einleitung zu dem Buch *Capitalism Today* haben Irving Kristol und ich geschrieben: »Man kann die bedeutenden Veränderungen in der modernen Gesellschaft, die stattgefunden haben und noch stattfinden, nicht verstehen, ohne das gestörte Selbstbewußtsein des Kapitalismus voll zu berücksichtigen. Dieses Selbstbewußtsein ist kein bloßer ideologischer Überbau. Es gehört zu den schicksalhaften, grundlegenden Realitäten des Systems selbst.« Diese Veränderungen sind schicksalhaft, sind grundlegend, weil sie die Willensstruktur, den Charakter eines Volkes sowie die Legitimation und moralische Rechtfertigung des Systems betreffen – eben jene Elemente sind, die eine Gesellschaft stützen.

Entstehen und Zerfall von Kulturen – und dies war auch die Grundlage der Geschichtsphilosophie des begabten arabischen Denkers Ibn Chaldun – sind dadurch gekennzeichnet, daß die Gesellschaften verschiedene Änderungsphasen durchlaufen, die den Zerfall ankünden, wenn etwa die einfache Lebensweise dem Luxus anheimfällt (Plato bezeichnete dies in seinem zweiten Buch *Der Staat* als Wandel von der gesunden zur fiebergeschüttelten Polis) und der Asketizismus in den Hedonismus übergeht.

Auffallend ist, daß jede neue aufstrebende soziale Kraft – sei es eine neue Religion, eine neue Militärmacht oder eine neue revolutionäre Bewegung – als asketische Bewegung auftritt. Der Asketizismus betont nichtmaterielle Werte, Verzicht auf körperliche Vergnügen, Einfachheit, Selbstverleugnung und andauernde, zielgerichtete Disziplin. Disziplin ist unumgänglich zur Mobilisierung psychischer und physischer Energien für Aufgaben außerhalb der Interessen des Selbst, unumgänglich zur Zügelung und Unterwerfung des Selbst zum Zwecke der Unterwerfung anderer. Dazu Max Weber: »Disziplin im Glaubenskriege war die Quelle der Unüberwindlichkeit der islamischen ebenso wie der Cromwellschen Kavallerie, innerweltliche Askese und disziplinierte Heilssuche im gottgewollten Beruf die Quelle der Erwerbsvirtuosität bei den Puritanern.«[33]

Die Disziplin der alten religiösen »Glaubenskämpfer« wurde in die Militärorganisation und den Kampf eingebracht. Einmalig in der puritanischen Moral war aber das Aufgehen dieses diesseits gerichteten Asketizismus in der Berufspflicht sowie in der Arbeit und im Geldanhäufen. Aber das letzte Ziel des puritanischen Menschen war primär nicht Reichtum. Max Weber meint dazu, der Puritaner habe außer dem Beweis für seine Erlösung von seinem Reichtum nichts gehabt.[34] Gerade diese ungestüme Energie hat die Industriekultur aufgebaut.

»Oberstes Gebot« des Puritaners bestand darin, spontanes, impulsives Verhalten zu zügeln und Ordnung in die Lebensführung zu bringen. Heute findet sich der Asketizismus vor allem in revolutionären Bewegungen und revolutionären Regimen. Puritanismus in psychologischer und soziologischer Hinsicht ist im kommunistischen China und bei Regimen anzutreffen, die eine revolutionäre Gesinnung mit den Zielen des Koran verbinden, wie zum Beispiel in Algerien und Libyen.

Nach dem Schema Chalduns, das die Wechselfälle in den Kulturen der Berber und Araber im 14. Jahrhundert widerspiegelt, führte die Wandlungsabfolge vom Beduinentum über die Seßhaftigkeit zum hedonistischen Leben und von dort, innerhalb von drei Generationen, zum Zerfall der Gesellschaft. Beim hedonistischen Leben gehen Willenskraft und Mut verloren. Noch wichtiger ist, daß die Menschen untereinander um Luxusgüter zu wetteifern beginnen und die Fähigkeit zu teilen und zu opfern einbüßen. Daraus folgt laut Chaldun der Verlust von *asabîyah,* des Solidaritätsgefühls, das die Menschen verbrüdert, des »Gruppengefühls, das (gegenseitige) Zuneigung und Bereitschaft bedeutet, füreinander zu kämpfen und zu sterben«.[35]

Grundlage von *abasîyah* bildet nicht nur das Geühl geteilten Opfers und geteilter Gefahr – Gefühlselemente, die ganze Kompanien von Kampftruppen oder revolutionäre Kader im Untergrund zusammenhalten –, sondern auch ein moralisches Prinzip, ein *telos*, das moralische Rechtfertigungen gegenüber der Gesellschaft liefert. Am Anfang wurden die Vereinigten Staaten durch einen Bund zusammengehalten, durch das Gefühl, daß dies der Kontinent sei, auf dem sich Gottes Plan offenbare, ein Glaube, der dem Deismus Jeffersons zugrunde lag. Als dieser Glaube dahinschwand, wurde die Gesellschaft durch eine einzigartige politische Ordnung zusammengehalten, durch ein offenes, anpassungsfähiges, egalitäres, demokratisches System, das vielen Bewerbern um Aufnahme in die Gesellschaft entgegenkam. Das System respektierte die Rechtsprinzipien, wie sie in der amerikanischen Verfassung verankert und in den Urteilen des Obersten Gerichtshofes festgehalten sind. Dieses Entgegenkommen des Systems war jedoch zum größten Teil der Expansionsfähigkeit der Wirtschaft zu verdanken und gründete sich auf der Verheißung, durch materiellen Wohlstand soziale Spannungen zu beseitigen. Heute ist die Wirtschaft erschüttert, das politische System von Fragen bedrängt, mit denen es nie zuvor konfrontiert gewesen ist. Ein Problem – und dics ist das Thema meines abschließenden Kapitels »Der öffentliche Haushalt« – stellt sich mit der Frage, ob das System diese Riesenlast anstehender Aufgaben allein bewältigen kann. Das hängt zum Teil von »technisch«-ökonomischen Antworten sowie von der Stabilität des Weltsystems ab. Die tieferen, schwierigeren Fragen bilden jedoch die Legitimationsmuster der Gesellschaft, wie sie in den Motivationen der Individuen und den moralischen Zielen der Nation zum Ausdruck kommen. Und gerade in diesem Zusammenhang werden die kulturellen Widersprüche – die Dissonanzen in der Charakterstruktur und das Auseinanderfallen der Bereiche – zum zentralen Problem.

Wandlungen in der Kultur und der moralischen Stimmungslage – der Vermischung von Phantasie und Lebensstil – kann man mit »Sozialtechnik« oder politischer Kontrolle nicht beikommen. Sie leiten sich von den Traditionen der Wert- und Moralvorstellungen in der Gesellschaft ab, und die können nicht per Verordnung »geplant« werden. Ihre tiefsten Quellen sind die religiösen Vorstellungen, die einc Gesellschaft einbinden; es folgen die Leistungs- und Entlohnungsmuster sowie die Motivationen (und ihre Legitimationen), die sich aus dem Bereich der Arbeit herleiten.

Der amerikanische Kapitalismus hat, wie ich zu zeigen versuchte, seine traditionelle Legitimität verloren, eine Legitimität, die auf einem moralischen Leistungs- und Entlohnungssystem beruhte, das seinerseits in der protestantischen Heiligsprechung der Arbeit verwurzelt war. Der Kapitalismus hat statt dessen einen Hedonismus angeboten, der materielles Wohlergehen und Luxus verspricht und dennoch vor den historischen Konsequenzen eines »ausschweifenden Systems« samt seiner sozialen Freizügigkeit und Libertinage zurückscheut. Die Kultur (jedenfalls in ihrem ernsteren Bereich) stand unter der Herrschaft eines modernistischen, auf das bürgerliche Leben und die Lebensweisen der Mittelschicht subversiv wirkenden Prinzips, das die protestantische Ethik, das Fundament der Gesellschaft, untergrub. Die kulturellen Widersprüche des Kapitalismus ergeben sich aus dem Zusammenspiel von Modernismus als einem von bedeutenden Künstlern entwickelten Stil, von Institutionalisierung der verbrauchten Formen durch die »Kulturmasse« und von Hedonismus als einer vom System des Marketing seitens der Unternehmer geförderten Lebensweise. Der Modernismus hat sich erschöpft, ist nicht mehr bedrohlich. Der Hedonismus ergeht sich in sterilen Späßen. Doch der Sozialordnung gebricht es sowohl an einer Kultur, die insgesamt symbolischer Ausdruck der Vitalität wäre, als auch an einem moralischen Impuls, der eine motivierende oder bindende Kraft sein könnte. Was vermag also die Gesellschaft zusammenzuhalten?

Mit dieser Frage ist ein noch dringlicheres Problem verknüpft, das mit der Natur der modernen Gesellschaft zu tun hat. Der für die Industrialisierung charakteristische Stil basiert auf den Prinzipien der Wirtschaft und Wirtschaftlichkeit: auf Effizienz, Mindestkosten, Maximierung, Optimierung und funktionaler Rationalität. Doch gerade dieser Stil liegt mit den fortgeschrittenen kulturellen Tendenzen der westlichen Welt in Konflikt, denn die modernistische Kultur verlegt sich auf anti-kognitive und anti-intellektuelle Einstellungen, die sich nach den Triebquellen des Ausdrucks zurücksehnen. Die eine Strömung hebt auf funktionale Rationalität, technokratische Entscheidungsfindung und meritokratische Entlohnungen ab, die andere auf apokalyptische Stimmungen und anti-rationale Verhaltensweisen. Dieses Auseinanderfallen macht das Wesen der historisch bedeutsamen Kulturkrise aller westlichen bürgerlichen Gesellschaften aus. Dieser kulturelle Widerspruch dürfte auf längere Sicht die verhängnisvollste Kluft der Gesellschaft bilden.

Anmerkungen

1 Aus *Opinions littéraires, philosophiques, et industrielles,* zit. bei Donald Egbert, »The Idea of ›Avant-Garde‹ in Art and Politics«, *American Historical Review,* 73 (Dezember 1967), S. 343.

2 Vgl. Max Weber, *Die rationalen und soziologischen Grundlagen der Musik,* München 1921.

3 James Ackerman, »The Demise of the Avant Garde: Notes on the Sociology of Recent American Art«, *Comparative Studies in Society and History 2* (Oktober 1969), S. 371–384, insbesondere S. 378.

4 Lionel Trilling, *Beyond Culture,* Viking, New York 1965, S. XII f.

5 Ich möchte darauf hinweisen, daß die Analyse des »Endes der Ideologie« nicht von der Annahme ausgeht, daß jeder soziale Konflikt beigelegt sei und daß die Intelligenz der Suche nach neuen Ideologien abgeschworen habe. Ich habe 1959 vielmehr folgendes geschrieben: »Der junge Intellektuelle ist unglücklich, weil der ›Mittelweg‹ für Menschen mittleren Alters, nicht dagegen für ihn offensteht; dieser Weg entbehrt der Leidenschaft, ist abstumpfend . . . In der Suche nach einer ›guten Sache‹ steckt eine tiefe, verzweifelte, fast pathetische Wut«. Man hörte auch die Behauptung, neue Ideologien entstünden als Quelle von Radikalismus, sie seien Ideologien der dritten Welt, nicht humanistische wie die des 19. Jahrhunderts in der westlichen Gesellschaft. Vgl. *The End of Ideology,* Free Press, Glencoe, III. 1960, S. 373 ff.

6 Die Kultur der fünfziger Jahre – die Schriftsteller, die als Beispiele zeitgenössischen Geistes gelesen und studiert wurden – spiegelte dieses Nichtbegreifen totalitären Terrors wider. Die literarische Hauptfigur war Franz Kafka, dessen Romane und Erzählungen vor 30 Jahren geschrieben worden, als Vorwegnahme dieser dumpfen bürokratischen Welt verstanden wurden, einer Welt, in der Gerechtigkeit keinen Platz mehr hat und in der die Terrormaschine ihren Opfern einen schrecklichen Tod bereitet. Man »entdeckt« die Schriften Kierkegaards, vielleicht weil er der Auffassung war, kein rationaler Glaube an den letzten Sinn, sondern nur noch der Glaubenssprung sei möglich. Die neo-orthodoxe Theologie von Barth und Niebuhr dachte pessimistisch über die Fähigkeit des Menschen, die dem menschlichen Hochmut innewohnende Sündhaftigkeit transzendieren zu können. Simone Weils Essays befaßten sich mit der verzweifelten Suche nach Gnade. Camus untersuchte die moralischen Paradoxien der politischen Aktion. Für das »absurde Theater« schrieb Ionesco Stücke wie »Die Stühle«, in denen Objekte zu einem Eigenleben gelangen, als ob die verdinglichte Welt dem Menschen den Geist entzogen und seinen Willen übernommen habe. Im Theater des Schweigens, für das Becketts *Warten auf Godot* beispielhaft ist, wurden auf minimalem Ausschnitt der Realität die Konfusionen von Zeit und Selbst durchgespielt.

Dieser Hinweis ist deshalb wichtig, weil es eine Neigung gibt anzunehmen, die ernste Kultur sei steril gewesen, weil der politische Konservativismus in dieser Periode die Herrschaft angetreten habe. Das trifft aber nicht zu.

7 Die zeitgenössische Wiederentdeckung der Entfremdung geht auf einen doppelten Ursprung zurück. Einerseits war sie – vor allem durch die Schriften von Max Weber – an das Gefühl von Machtlosigkeit geknüpft, das

der einzelne in der Gesellschaft verspürt. Die Marxsche Auffassung, der Arbeiter sei von den Produktionsmitteln »getrennt«, ist in der Weberschen Perspektive der Sonderfall einer universellen Strömung, die den modernen Soldaten von den Gewaltmitteln, den Wissenschaftler von den Forschungsmitteln und den Beamten von den Verwaltungsmitteln trennt. Auf der anderen Seite haben die marxistischen Revisionisten, vor allem diejenigen der nach-stalinistischen Generation, die hofften, die Quellen eines neuen Humanismus in den frühen Schriften von Marx, vor allem in den *Ökonomisch-Philosophischen Manuskripten* zu finden, das Thema Entfremdung in die Debatte gebracht. Die Theorie der Massengesellschaft und das davon betroffene Thema der Entfremdung enthalten beide kritische kulturelle Urteile über die Lebensqualität in der modernen Gesellschaft.

8 Macdonalds Idiom bedarf der Erklärung. In der »harten« Phase des amerikanischen Radikalismus, zu Beginn der dreißiger Jahre, wurde eine bolschewistische Gewohnheit, Worte abzukürzen und zusammenzuziehen, zur Mode – z. B. *Politbüro* für politisches Büro der Partei oder *Orgbüro* für Organisationsbüro. So bezeichnete man auch die Welle proletarischer Literatur als *Proletkult*. Macdonald übernahm diesen Jargon für seinen sardonischen Stil; vgl. *Masscult & Midcult,* Partisan Review Series, Nr. 4., 1961.

9 Hannah Arendt, »Society and Culture«, *Culture for the Millions*?, hrsg. v. Norman Jacobs, Van Nostrand, Princeton 1961, S. 43–53. Das Argument wird in dem Buch *Between Past and Future,* (Viking, New York 1961, S. 197–226) weiter ausgeführt.

10 Irving Howe (Hrsg.), *The Idea of the Modern in Literature and the Arts,* Horizon Press, New York 1967, S. 13. Hervorhebungen von mir.

11 Man vergleiche dazu zwei zeitgenössische Schriftsteller. In Malraux' Buch *Man's Fate* (Vintage Books, New York 1961, S. 228) beschreibt Gisors seinem Gesprächspartner Ferral den Menschen und seine Wünsche wie folgt: »Mehr sein als ein Mensch in einer Welt der Menschen. Dem Schicksal des Menschen entfliehen. Nicht nur mächtig, nein, allmächtig sein. Die visionäre Krankheit, für die der Wille zur Macht nur die intellektuelle Rechtfertigung darstellt, ist der Wille zur Gottheit: Traum jedes Menschen, 'Gott zu sein.«
In Saul Bellows *Mr. Sammler's Planet* (Viking, New York 1970, S. 33 f.) stellt der alte Sammler folgende Überlegung an:
»Man überlegt sich . . . ob der schlimmste Feind der Zivilisation nicht seine gehätschelten Intellektuellen sein könnten, die sie in den Augenblicken ihrer größten Schwäche angriffen – angriffen im Namen der Vernunft und im Namen der Irrationalität, im Namen der Eingeweide, im Namen des Sex, im Namen vollkommener, sofortiger Freiheit. Alles lief auf die schrankenlose Forderung hinaus – auf Unersättlichkeit, auf die Weigerung der zum Untergang verdammten Kreatur (der Tod ist schließlich gewiß und etwas Endgültiges), unbefriedigt aus dieser Welt abzutreten. Jeder einzelne trug deshalb eine volle Liste mit Forderungen und Beschwerden vor. In keinem menschlichen Bereich wurde Mangel gestattet.«

12 Frank Kermode, *The Sense of an Ending,* Oxford Universitiy Press, New York 1967, S. 98.

13 Page Smith, *As a City upon a Hill,* Alfred A. Knopf, N. Y. 1960, S. VII.

14 Van Wyck Brooks, *America's Coming-of-Age,* Doubleday Anchor, Garden City, N.Y. 1958; erste Aufl. 1915, S. 5.

15 George Santayana, *Character and Opinion in the United States*, Braziller, New York 1955; erste Aufl. 1920, S. 7.

16 In seinem Meisterwerk *Die protestantische Ethik und der Geist des Kapitalismus* sieht Max Weber in Franklin die Verkörperung von beidem. Er zitiert seine »moralischen Vorhaltungen«, wie er sie nennt (»Bedenke, daß die Zeit Geld ist; . . . Bedenke, daß *Kredit* Geld ist. Läßt jemand sein Geld, nachdem es zahlbar ist, bei mir stehen, so schenkt er mir die Interessen [sollte hier besser heißen: die Zinsen, d.Übers.] . . .), als bezeichnend für das charakteristischen Ethos des »neuen Menschen«. Interessanterweise zitiert Weber Franklin häufiger noch als Luther, Calvin, Baxter, Bailey oder irgendeinen anderen puritanischen Theologen, wenn er die Grundzüge der neuen Ethik beschreiben möchte. Vgl. Max Weber, *Die protestantische Ethik I*, hrsg. v. Johannes Winckelmann, Siebenstern Taschenbuch Verlag, Hamburg 1973, 3. Aufl.

17 Brooks, op. cit., S. 10.

18 Eine der eindruckvollsten Schilderungen dieser verbotenen Impulse findet man in der Kurzgeschichte »Young Goodman Brown« von Hawthorne, der auf Traumdeutung beruhenden Vision einer schwarzen Masse in den Wäldern von Salem. In der Geschichte verläßt Young Goodman Brown seine Frau und geht mit dem Teufel (der einen Schlangenstab-Phallus trägt) in die Wälder, um in das Geheimnis der Sünde'eingeweiht zu werden. Zu seiner Überraschung und Angst, muß er erleben, daß sich alle »braven« Bürger der Stadt auf dem Weg zur Initiationsfeier befinden, und er entdeckt unter ihnen auch seine junge Frau Faith. Musik und Feier haben die Form einer religiösen Liturgie, ihr Inhalt sind aber die Blumen des Bösen. Am Ende ist keineswegs klar, ob dies ein tatsächliches Erlebnis oder nur ein Traum Goodman Browns war, in dem er mit seinen eigenen sündhaften Impulsen kämpfte. Sein Leben war jedoch von diesem Zeitpunkt an elend. (» . . . wenn die Gemeinde am Sabbattage einen heiligen Psalm sang, dann konnte er nicht zuhören, weil die Hymne der Sünde laut in sein Ohr dröhnte . . .«). Er fristete ein verdrießliches, bekümmertes Dasein, und seine Sterbestunde war von Düsternis umhüllt. Vgl. »Young Goodman Brown« in: *The Novels of Nathaniel Hawthorne*, Modern Library, New York 1937, S. 1033–1042.

19 Zur Erörterung der Jungen Intellektuellen vgl. Henry F. May, *The End of American Innocence,* Teil 3, Alfred A. Knopf, New York 1959. Als charakteristisches Werk ist Harold Stearns *America and the Young Intellectuals* (Doran, New York 1921) zu nennen.

20 Van Wyck Brooks,*The Confident Years: 1885–1915,* Dutton, New York, 1952, S. 487. Der Ausdruck »Keller des Geistes« stammt aus Ernest Pools Roman *The Harbor,* der das Leben in Princeton zu Beginn des 19. Jahrhunderts beschreibt.

21 Grierson ist heute vergessen; doch Mallarmé in Frankreich hat ihn sehr bewundert, und Floyd Dell und Francis Hackett in den Vereinigten Staaten haben ihn hoch gepriesen. In seinem Buch *Voices of Tomorrow* (Mitchell Kennerly, New York, 1913) hat Edwin Bjorkman eine begeisterte Darstellung der neuen Ideen gegeben und Grierson zusammen mit Bergson und Maeterlinck als Repräsentanten der Haupttendenz dieser Zeit eingestuft. Ein Beitrag von Grierson findet sich in Brooks Buch *The Confident Years*, S. 267–270.

22 Dieses Beispiel ist Jean Fourasties Buch *The Causes of Wealth* (Free Press,

Glencoe 1959, Ill., S. 127) entnommen. Professor Fourasties Buch gibt wie Siegfried Giedeons *Mechanization Takes Command* (Oxford University Press, New York 1948) eine faszinierende Sammlung von Beispielen für diesen Prozeß.

23 Die Lynds zitierten einen Beobachter aus dem Mittleren Westen: »Warum um Himmels muß man studieren, was dieses Land verändert? . . . Ich kann Ihnen in vier Buchstaben ausdrücken, was passiert: A-U-T-O!« (Robert S. Lynd und Helen Merrell Lynd, *Middletown,* Harcourt, Brace, New York 1929, S. 251). Im Jahre 1890 war der kühnste Traum eines Jungen aus Middletown ein Pony. Um 1923 »war die ›Pferdekultur‹ aus Middletown fast verschwunden.« Der erste Auto tauchte 1900 auf. Um 1906 herum gab es »wahrscheinlich 200 in der Stadt und im Bezirk«. Am Ende des Jahres 1923 gab es 6 200 Autos, für jede sechste Person eines, oder etwa zwei für jede dritte Familie. Wie die Lynds beobachteten, werden »die sanktionierten Werte der Gruppe gestört durch Eingriffe des Autos in das Familienbudget. Ein Beispiel dafür ist die nicht ungebräuchliche Praxis, ein Haus zu verpfänden, um ein Auto zu kaufen« (Siehe S. 254).

24 *Time,* vom 7. November 1969, S. 60.

25 Martha Wolfenstein, »The Emergence of Fun Morality«, in: *Mass Leisure,* hrsg. v. Eric Larrabee und Rolf Meyersohn, Free Press, Glencoe 1958, Ill., S. 86.

26 »The Long Front of Culture«, in: *Pop Art Redefined,* hrsg. v. John Russell und Suzi Gablik, Thames und Hudson, London 1969, S. 14. Dort wird gesagt, ein Hauptdokument der Bewegung sei Richard Hamiltons Brief vom 16. Januar 1957, in dem er geschrieben habe, daß die Popkunst »volkstümlich (für ein Massenpublikum bestimmt), flüchtig (kurzfristige Lösung), verbrauchsorientiert (schnell vergessen), billig, ein Massenprodukt, jung (an die Jugend gerichtet), witzig, sexy, ein Dreh, zauberhaft und das große Geschäft . . .« sei.

27 Theodore Roszak, *The Making of a Counter Culture,* Doubleday, Garden City, N.Y. 1969, S. 35.

28 Barton, ein Werbefachmann, war der Gründer einer Agentur, die gemeinhin als BBD&O (Batten, Barton, Durstine und Osborn) bekannt war. Sein Thema wurde in dem Buch *The Man Nobody Knows* erläutert, das 1924 publiziert und sofort zum Bestseller wurde. Frederick J. Hoffman kennzeichnet es so: »Der ›wirkliche Jesus‹, wie ihn Herr Barton aus dem biblischen Text herauszuschälen vorgibt, soll sich als geschäftstüchtiger Organisator erwiesen haben, indem er zwölf obskure Männer aus ihrer wirkungslosen Vergangenheit herausgeholt und sie zur größten Organisation aller Zeiten ›zusammengeschweißt‹ habe. Jesus habe ›jedes einzelne Prinzip moderner Verkaufsmethoden‹ gekannt und sich nach ihnen gerichtet, behauptete Barton. Die Gleichnisse gehörten zu den durchschlagendsten Reklametexten aller Zeiten. Zur Erklärung, warum Jesus der Gründer der modernen Geschäftsmethoden gewesen sein soll, verwies Barton schlicht auf die Worte des Meisters: ›Wißt Ihr nicht, daß ich mich um die Geschäfte meines Vaters kümmern muß?‹« Vgl. *The Twenties,* Viking, New York 1935, S. 326.

29 Eine glänzende Untersuchung dieser Frage findet sich bei Kristol in »When Virtue Loses All Her Loveliness.«

30 Analog dazu befindet sich in der organisierten Arbeiterbewegung die

AFL-CIO in einer Klemme. In wirtschaftlichen Fragen ist sie liberal oder links, lehnt jedoch den kulturellen Radikalismus entschieden ab, da er ihren Auffassungen zuwiderlaufe. Der Grund ist darin zu suchen, daß die Arbeiterbewegung in der Tat eine amerikanische Bewegung ist und die herrschenden Wertvorstellungen der kapitalistischen Ordnung teilt. Die Gewerkschaftspolitik ist, wie George Bernhard Shaw einmal gesagt hat, der Kapitalismus des Proletariats, zumindest wenn die Wirtschaftsordnung expandiert und für Überfluß sorgt.

31 Eigentlich war sie auf das wohlfahrtsstaatliche Theorem der Optimalität Paretos abgestellt, das zum Inhalt hat, man solle einen Zustand anstreben, bei dem es einigen Leuten besser gehe, ohne daß die anderen schlechter daran seien. Die direkte Einkommensumverteilung sei politisch schwierig, wenn nicht unmöglich. Man könne jedoch aus neuem oder vermehrtem Nationaleinkommen einen größeren Anteil von den Gewinnen zur Finanzierung sozialer Wohfahrtsprogramme abzweigen. Das war, wie Otto Eckstein in »The Economics of the Sixties« (in: *The Public Interest,* Nr. 19, Frühjahr 1970, S. 86–97) nachweist, auch genau, was der Kongreß zu tun bereit war, als das wirtschaftliche Wachstum unter der Kennedey-Regierung wieder angekurbelt werden sollte.

32 Die Erörterung dieser Fragen wird im zweiten Teil dieses Buches fortgesetzt.

33 Max Weber, »*Religionssoziologie*«, in *Wirtschaft und Gesellschaft,* Tübingen 1972, S. 329.

34 Weber, *Die Protestantische Ethik,* a.a.O., S. 60.

35 Ibn Chaldun, *The Muqaddimah: An Introduction to History,* übers. v. Hans Rosenthal, Pantheon Books, New York 1958. Der entsprechende Abschnitt steht in Band I, Kapitel 3; das Zitat stammt von S. 313.

2. Der Zerfall der kulturellen Gesprächswelt

Im vorigen Kapitel habe ich zu zeigen versucht, daß das Auseinanderfallen von Kultur und Sozialstruktur ein durchgängiges Spannungsfeld erzeugt, mit dem die Gesellschaft (wie auch der einzelne) nur schwer zurechtkommt. Aber es bleibt noch ein anderes zentrales Thema, das es zu erörtern gilt: die Kohärenz der Kultur in der modernen Gesellschaft sowie die Frage, ob die Kultur anstelle der Religion ein umfassendes oder transzendentales System von letzten Sinngehalten oder sogar Gewißheiten für das Alltagsleben bereitzustellen vermag.

Die Frage der kulturellen Kohärenz wurde zuerst von Wordsworth in seinem »Preface to the Lyrical Ballads« (1800) angeschnitten; dort beklagte er »die Sehnsucht nach einem außerordentlichen Ereignis« und die Gier nach »maßlosem Anreiz«, welche die rapide Ausweitung der Kommunikation und der immer schneller werdende Lebensrhythmus mit sich gebracht hätten, so daß die Werke von Shakespeare [sic] und Milton vor aberwitzigen Romanen, ekelerregenden, dümmlichen deutschen Tragödien und wahren Fluten von wertlosen und überspannten Verserzählungen in Vergessenheit geraten ...« T. S. Eliot, der fast 150 Jahre später über dieses Thema nachdachte, hob hervor, die Kultur habe, bezogen auf die Gesamtgesellschaft, auf eine Gruppe oder eine soziale Schicht, inzwischen jeweils verschiedene Bedeutungen erlangt, und schloß daraus: »Mit der Entwicklung einer Gesellschaft zu funktionaler Komplexität und Differenzierung dürfen wir auch die Bildung mehrerer kultureller Ebenen erwarten; kurz, es wird sich die Kultur der Klasse oder Gruppe zeigen.«[1]

Beide Entwicklungstendenzen haben sich in der jüngsten Zeit verschärft, und beide hat man als die zentralen soziologischen Probleme der Kultur aufgefaßt – obwohl sie, und das ist auffällig, von bedeutenden literarischen Gestalten dargestellt worden sind. Die Ausbreitung der Vulgarität droht die ernste Kultur auszulöschen; das Anwachsen laut vernehmbarer Subkulturen hat bedeutenden

Teilen der Gesellschaft Möglichkeiten der Selbstversenkung angeboten (*siehe* die Jugendkultur der letzten Jahre).

Es sei jedoch eingeräumt, daß sich das grundlegende Problem
weniger in diesen sichtbaren soziologischen Entwicklungen, als in
dem Bruch zeigt, der sich durch den Gesprächsbereich zieht –
durch die Sprachen und die Fähigkeit der Sprachen zur Erfah-
rungsartikulation – und der Kultur ihre gegenwärtige Inkohärenz
aufzwingt. Vieles geht auf die Mehrdeutigkeit des Begriffes »Modernität« zurück, auf das, was er ausdrückt. Noch mehr liegt jedoch
im Zerbrechen zugrunde liegender syntaktischer Strukturen der
Kulturstile begründet. Grundtatsache – ich sollte vielmehr sagen,
meine Behauptung geht dahin – ist jedoch das Auseinanderfallen
einer einheitlichen Kosmologie, die seit der Renaissance die
Raum- und Zeitwahrnehmung auf eine spezifische »rationale«
Weise organisiert hatte, aufgrund zentrifugaler ästhetischer Kräfte
und eines fundamentalen Wandels der Beziehung des Künstlers
sowohl zur ästhetischen Erfahrung als auch zum Zuschauer (ich
nenne es Verschwinden der Distanz) sowie als Folge davon die von
der Modernität selbst produzierte Inkohärenz der Kultur.

Das in der Kultur herrschende, alles durchdringende Gefühl von
Orientierungslosigkeit, das im Vordergrund des Bewußtseins (als
Krisenquelle der Modernität) steht, ist dem Fehlen einer Sprache
zuzuschreiben, die adäquat auf transzendentale Konzeptionen –
eine Philosophie der Ursachen und eine Eschatologie der letzten
Dinge – verweisen kann. Die religiöse Terminologie, von der
unsere verschiedenen Verstehensweisen durchdrungen war, ist fa-
denscheinig geworden, und die Symbole, die unsere poetischen und
rhetorischen Formen durchtränkten (man vergleiche nur die King-
James-Fassung mit der Neuengland-Bibel), haben ihren Glanz
verloren. Die Armut des sprachlichen Gefühlsausdrucks in unserer
Zeit spiegelt die Verarmung des Lebens ohne Gebet und Ritual
wider.

In gewisser Hinsicht ist dies alles nicht neu. Der Mensch hat
offenbar immer wieder das Gefühl gehabt – man nenne es Entfremdung, Verlorenheit oder Existenzangst –, verloren oder aus
der Welt verstoßen zu sein. In der christlichen Gefühlswelt finden
wir das quälende Thema der Trennung des Menschen von Gott.
Der ästhetische Humanismus Schillers kennt die Klage, die »*zoon*-
Bedingung« griechischen Lebens, in welcher der Mensch noch ein
vollkommenes Ganzes gewesen sei, habe der Differenzierung von
Funktionen Platz gemacht und dies habe zur Entfremdung des
intuitiven und spekulativen Geistes und zum Zerfall der Sensibilität

geführt. Im kosmischen Drama Hegels bewegt sich die Welt, ausgehend von einer präexistenten, ursprünglichen Einheit, über die Dualität von Natur und Geschichte, Denken und Erfahrung, Mensch und Geist der Wiedervereinigung des Absoluten als »Verwirklichung« der Philosophie entgegen. Für Marx war, in mehr naturgeschichtlicher Weise, die Arbeitsteilung (geistige und körperliche Arbeit, Trennung von Stadt und Land) allgemein für die Entfremdung im Arbeitsprozeß verantwortlich; dazu kam für ihn das spezifische Faktum, daß der Mensch in einer Gesellschaft des Warentauschs in seiner Arbeit »reifiziert« wird und sich seine Persönlichkeit damit in seiner Funktion auflöst.

Die zeitgenössischen Erfahrungen bedienen sich in ihrem Bemühen, ihre Orientierungslosigkeit zu artikulieren, all dieser spekulativen, philosophischen Reflexionen. Gelegentlich besonders exzessiv, denn Träumereien über die »menschliche Kondition« sind geeignet, die Eigenart der modernen Zeit und die besondere Weise, in der manche dieser umfassenderen Wahrheiten in konkrete Formen gegossen werden, noch stärker zu verschleiern. Doch die Erfahrungsweisen unterscheiden sich zu verschiedenen Zeiten und an verschiedenen Orten radikal. Lucien Febvre hat einmal darauf hingewiesen, das Zeitalter von Rabelais habe nur einen schwach ausgeprägten *visuellen* Sinn gehabt, Hören sei anscheinend wichtiger gewesen als Sehen, ein Primat, der sich in der Bilderwelt der Prosa und der Poesie jener Zeit widerspiegelte. Marcel Granet hat zu zeigen versucht, welche besondere Rolle bei der Ausformulierung der klassischen chinesischen Philosophie und der klassischen chinesischen Kunst Vorstellungen von Zahl (jedoch nicht von Quantität), Raum und Zeit gespielt haben.

Die heutigen Sozialwissenschaften neigen jedoch dazu, dieser Art von Analyse aus dem Wege zu gehen. Sie beschäftigen sich mit formalen Organisationen oder sozialen Prozessen (wie der Industrialisierung) und nur selten mit den einander widersprechenden Erfahrungsweisen, die doch zwischen der Sozialstruktur und der Kultur vermitteln. Die nachfolgenden Betrachtungen, eine Sondierung im Bereich soziologischer Analytik, wollen die Verlaufsformen beleuchten, in der soziale Wahrnehmungen, oft unbewußt, durch einander widersprechende Erfahrungsweisen geformt werden, und die Art und Weise beschreiben, in der eine in sich widersprüchliche Kultur die grundlegende Bestürzung einer Epoche ausdrückt.

Die Revolution in der Sensibilität

Unsere technische Zivilisation ist nicht nur eine Revolution der Produktion (und der Kommunikation), sondern auch eine Revolution der Sensibilität gewesen. Der Eigenart dieser Zivilisation – man nenne sie »Massengesellschaft« oder »industrielle Gesellschaft« – kann man sich auf vielfältige Weise nähern. Ich möchte sie (natürlich nicht erschöpfend) im Rahmen folgender Dimensionen definieren: Zahl, Interaktion, Selbstbewußtsein und Zukunftsorientierung. Die Art, in der wir uns der Welt stellen, ist durch diese Elemente bestimmt.

Zahl. Als im Jahre 1789 George Washington zum ersten Präsidenten der Vereinigten Staaten eingesetzt wurde (und die Verfassung gerade verabschiedet worden war), bestand die amerikanische Gesellschaft aus weniger als vier Millionen Menschen, von denen 750 000 Schwarze waren. Nur wenige Menschen lebten in Städten; New York, damals Hauptstadt, hatte eine Bevölkerung von 33 000. Insgesamt lebten 200 000 Menschen in Orten, die als »städtische Gebiete« mit mehr als 2500 Einwohnern bezeichnet wurden. Es war eine junge Bevölkerung; das Durchschnittsalter betrug 16 Jahre, und es gab nur 800 000 männliche Personen, deren Alter über diesem Durchschnitt lag.

Da die Vereinigten Staaten ein kleines Land waren, kannten sich die Mitglieder der politischen Elite untereinander, ebenso wie die Mitglieder der dünnen Schicht führender Familien. Die Mehrheit der in isolierten Gruppen oder in nur dünn besiedelten Gebieten lebenden Menschen führte ein völlig anderes Leben.

Die Menschen reisten selten über große Strecken; ein Besucher von weither war eine Seltenheit. Nachrichten bestanden aus Ortsklatsch, und die wenigen Zeitungsblätter beschränkten sich auf Berichte über Ereignisse in der Kirchengemeinde. Des einfachen Menschen Bild von der Welt und ihrer Politik war äußerst begrenzt.

Heute haben die Vereinigten Staaten eine Bevölkerung von weit über 210 Millionen Menschen, von denen mehr als 140 Millionen in Großstadtgebieten (das heißt innerhalb eines Bezirks, der wenigstens eine Stadt mit 50 000 Bewohnern umfaßt) wohnen und arbeiten. Weniger als zehn Millionen Menschen leben auf Farmen. Das Durchschnittsalter liegt bei 30 Jahren; 140 Millionen Menschen sind über 17 Jahre alt. Nur wenige Menschen leben oder arbeiten in sozialer Isolation. Selbst jene, die auf Farmen arbeiten, sind mit der nationalen Gesellschaft über die Massenmedien und die Volkskultur verbunden.

An der Art, wie wir heute, im Gegensatz zur Zeit von 1789, die Welt wahrnehmen, fallen zwei Aspekte auf: der Unterschied hinsichtlich der Zahl der Menschen, die jeder von uns *kennt,* und hinsichtlich der Zahl der Menschen, über die jeder von uns *etwas weiß.* Am Arbeitsplatz, in der Schule, in der Nachbarschaft, im Beruf und im sozialen Milieu kennt heute der einzelne buchstäblich Hunderte, wenn nicht Tausende von anderen Menschen; und mit der Multiplikation durch die Massenmedien, mit der Ausweitung der politischen Welt und der enormen Verbreitung von Gestalten aus der Unterhaltungsbranche und aus dem öffentlichen Leben ist die Zahl der Menschen, über die wir etwas wissen, steil in die Höhe geschnellt. Allein schon die Zahl der Begegnungen, die jeder von uns hat, und die Spanne der Namen, Ereignisse und Kenntnisse, die wir meistern müssen – dies ist das augenfälligste Faktum einer Welt, Faktum einer Welt, die uns heute als gegeben entgegentritt.

Interaktion. Die »Massengesellschaft« setzt sich jedoch nicht nur aus großen Zahlen zusammen. Das zaristische Rußland und das kaiserliche China waren Gesellschaften mit einer großen ländlichen Bevölkerung und mit einer riesigen Zahl von Menschen. Aber diese Gesellschaften waren im wesentlichen in Segmente aufgeteilt, wobei jedes Dorf weitgehend die Merkmale des anderen wiederholte. Émile Durkheim hat mit seiner Arbeit *De la division du travail social* (1893) den Schlüssel für das Verständnis der Besonderheit der Massengesellschaft geliefert. Neue soziale Formen entstehen, sobald Segmentierungen zusammenbrechen und die Menschen unmittelbar in Interaktion miteinander treten, sobald der sich anschließende Wettbewerb nicht unbedingt zum Konflikt, sondern zu einer komplexeren Arbeitsteilung, komplementären Beziehungen und zunehmender struktureller Differenzierung führt.

Die Eigenart der heutigen Gesellschaft ist jedoch nicht allein durch ihren Umfang und ihre Zahlenstärke geprägt, sondern auch durch die Zunahme der Interaktionen – sowohl in physischer (Reisen, größere Arbeitseinheiten und stärkere Wohnsiedlungsdichte) als auch in psychischer Hinsicht (durch Massenmedien) –, die uns mit so vielen anderen Menschen unmittelbar und symbolisch in Verbindung bringen. Zunehmende Interaktionen führen nicht nur zu sozialen Differenzierungen, sondern auch, da es sich um eine Erfahrungsweise handelt, zu einer psychischen Differenzierung – zum Wunsch nach Wandel und Neuheiten, zur Suche nach Sensationen und zum Synkretismus der Kultur, das heißt zu all dem, was den Rhythmus des gegenwärtigen Lebens so auffällig kennzeichnet.

Selbstbewußtsein. Auf die klassische Frage nach der Identität: »Wer bist Du?« hätte der Mensch früher geantwortet: »Ich bin der Sohn meines Vaters.«[2] Heute erklärt er: »Ich bin ich, ich verdanke alles mir selbst und schaffe mich durch eigene Wahl und Tat.« Dieser Identitätswandel ist das Kennzeichen unserer Modernität. Für uns ist eigene Erfahrung Quelle des Verstehens und der Identität, nicht mehr Überlieferung, Autorität, tradierte Offenbarung oder gar Vernunft. Erfahrung, Konfrontation des Selbst mit verschiedenen anderen, ist die eigentliche Quelle des Selbstbewußtseins.

Insoweit jemand seine *eigene* Erfahrung als Prüfstein von Wahrheit nimmt, sucht er auch Kontakt zu jenen, mit denen er gemeinsame Erfahrungen machen und gemeinsame Sinngehalte finden kann. In dieser Hinsicht bilden das Aufkommen von Generationen und des Generationsgefühls den Brennpunkt moderner Identität.[3] Dieser Wandel ist jedoch auch Quelle einer »Identitätskrise«.

Der Begriff Realität ist, soziologisch gesehen, ziemlich einfach zu bestimmen. Realität ist Bestätigung durch »signifikante andere«. Die Einsegnung des Bar Mizwa [»Sohn des Gebotes«, d. h. der Knabe wird gebotspflichtig. Anm. d. Red.] war traditionsgemäß Bestätigung durch die jüdische Gemeinde, Kennzeichnung eines neuen Status (Übernahme von Verantwortung für den Bund) mittels eines zeremoniellen Aktes. Wenn ein Mensch von anderen bestätigt wird, bedarf es dazu irgendeines Zeichens der Anerkennung.

Die Realität bricht zusammen, wenn die Bestätigung durch »andere« für einen Menschen, der seinen Platz in der Gesellschaft sucht, jede Bedeutung verliert. In unserer Zeit stellt sich das soziologische Realitätsproblem – im Sinne des sozialen Ortes und der Identität –, weil die Menschen die alten Verankerungen aufgegeben haben, überlieferte Wege meiden, ständig vor dem Problem der Wahl stehen (für die Masse der Menschen bedeutet die Möglichkeit, Karrieren, Lebensstile, Freunde oder politische Repräsentanten wählen zu können, eine Neuheit in der Sozialgeschichte), und sich nicht mehr an autoritative Normen oder Kritiker halten können. Der Übergang von Familie und Schicht zur Generation als »struktureller« Bestätigungsinstanz führt mithin zu neuen Identitätsbelastungen.

Zeitorientierung. Unsere Gesellschaft ist in allen ihren Dimensionen »zukunftsorientiert« geworden: Eine Regierung hat für künftiges Wachstum zu planen, ein Unternehmen für künftigen Bedarf (Kapitalquellen, Märkte und Produktwechsel usw.), und der einzelne muß an seine Karriere denken. Die Gesellschaft bewegt sich nicht mehr in Kreisbahnen, sondern wird auf spezifische Ziele hin mobilisiert.

Die stärksten Zwänge lasten heute auf dem jungen Menschen. In frühen Jahren steht er unter dem Druck, klare Entscheidungen treffen zu müssen: gute Noten in der Schule zu bekommen, ein gutes College zu besuchen, einen Beruf zu wählen. Auf allen Stufen wird er taxiert; Leistungsbeurteilungen sind zur Identitätskarte geworden, die er das ganze Leben lang mit sich trägt. Da es während der Übergangsperiode an geeigneten Mechanismen (das heißt, schulische Beratung, Berufsberatung) fehlt, kommt es zu schwerwiegenden Belastungen, welche die Wahl erleichtern können, aus dem System auszusteigen. In dieser Hinsicht ähnelt das modische »Aussteigen« in den fünfziger Jahren dieses Jahrhunderts dem Verhalten des frühen Industriearbeiters, der nach Verlassen des Bauernhofes in das Geschirr von Maschinen gespannt worden war. In beiden Fällen finden sich wilde Ausbrüche (die Maschinenstürmerei der frühen industriellen Revolution entspricht etwa den Ausfallraten in Universitäten und höheren Schulen), ländliche Romantik (die im Falle der Beatnicks zur Slum-Romantik wurde) und ähnliche Formen unorganisierten Klassenkampfes. Die betonte Orientierung an der Zukunft im Sinne sozialer wie auch individueller Planung – und der Widerstand gegen diese neue Orientierung mit ihren neuen Formen von Zwängen – ist eine neue Dimension unserer gesellschaftlichen Erfahrung.

Die genannten vier Elemente formen die Art und Weise von Reaktionen einzelner auf die Welt von heute. Zwei der Elemente, Zahl und Interaktion, sind Merkmale der sozialen Umwelt, die unsere Reaktionen auf die Welt unbewußt strukturieren, in einer Weise, wie Ausgewogenheit der Dicke und Größe von Schrifttypen auf der Titelseite einer Zeitung unser Auge unmerklich in eine bestimmte Richtung lenken. Die beiden Elemente sind in erster Linie dafür verantwortlich, daß die moderne Sensibilität so viel Gewicht auf *Unmittelbarkeit, Wirkung, Sensation und Gleichzeitigkeit legt.* Diese Rhythmen prägen weitgehend auch die technischen Formen von Malerei, Musik und Literatur. Das aufgekommene Selbstbewußtsein (oder der »Erfahrungskult«) und die Zwänge einer mobilisierten Gesellschaft haben besonders in Bereichen, in denen die sozialen Mechanismen zur Bewältigung von Problemen der Innovation und Anpassung nicht ausreichen, zu offeneren, bewußteren Formen ideologischer Reaktionen auf die Gesellschaft geführt – Rebellion, Entfremdung, Rückzug, Apathie oder Konformität –, zu Formen, welche die kulturelle Oberfläche sichtbar gezeichnet haben. Selbstbewußtsein und mobilisierte Zeit, die beiden anderen Elemente, werden folglich für sich genommen zu Erfahrungsweisen.

Der Niedergang der Kultur

Die genannten Erfahrungsweisen spiegeln sich (gemeinsam mit einigen eher formalen Aspekten der Industriegesellschaft, vor allem der funktionalen Spezialisierung und den Erfordernissen einer neuen »Technologie der Intelligenz«) nicht nur in dem Auseinanderfallen von Sozialstruktur und Kultur, sondern auch in dem Auseinanderfallen von kognitiven und gefühlsmäßigen Ausdrucksweisen wider.

Zur Veranschaulichung greife ich drei Bereiche heraus, in denen dieses Auseinanderfallen sichtbar ist: 1. Das Auseinanderfallen von *Rolle* und *Person*; 2. funktionale Spezialisierung oder das Auseinanderfallen von *Rolle* und *symbolischem Ausdruck;* 3. der Wandel im Wortschatz von der Metapher zur mathematischen Abstraktion.

Das Auseinanderfallen von Rolle und Person

In der zeitgenössischen Soziologie, wie übrigens in der gesamten Geisteswelt, geht der Streit darüber, ob die moderne Gesellschaft eine Gesellschaft wachsender Entpersönlichung oder wachsender Freiheit ist. Es erscheint seltsam, daß intellektuell verantwortliche Leute so diametral entgegengesetzte Ansichten vertreten, ohne sich sonderlich Mühe zu geben, die Begriffe, mit denen der Streit geführt wird, zu vermitteln, in Einklang zu bringen oder auch nur zu begründen.

Die theoretischen Wurzeln dieser beiden Positionen (wie sie in der Soziologie vertreten werden) liegen bei Max Weber und Émile Durkheim. Nach Weber treibt die Gesellschaft in wachsende Bürokratisierung (oder funktionale Rationalität) hinein, und dabei führe zunehmende Spezialisierung der Funktionen dazu, daß das Individuum immer mehr die Kontrolle über die Unternehmen, deren Teil es sei, verliere. Nach dieser Auffassung ist der Mensch, unter der Herrschaft von Normen der Effizienz, Kalkulierbarkeit und Spezialisierung stehend, lediglich Anhängsel im »rasselnden Prozeß der bürokratischen Maschinerie«.

Durkheim vertrat einen entgegengesetzten Standpunkt. Nach seiner Dichotomisierung des sozialen Wandels ist die Verlagerung von »mechanischer Solidarität« zu »organischer Solidarität« ein Wechsel von Homogenität zu Heterogenität, von Uniformität zu Mannigfaltigkeit. Gesellschaften des ersten Typs besitzen nur geringe Arbeitsteilung; der kollektive Geist ist so stark, daß Regelverletzungen nach dem Prinzip ausgleichender Gerechtigkeit behandelt werden. Gesellschaften des zweiten Typs zeichnen sich durch komplexe Arbeitsteilung, Trennung kirchlicher und weltlicher Elemente, größere Möglichkeiten der Berufswahl und eine als Quelle von Identität und Zugehörigkeitsgefühl wirkende größere Loyalität dem Beruf als der Kirchengemeinde gegenüber aus. Einige Elemente der evolutionären Anschauung des 19. Jahrhunderts übernehmend, wenn auch nicht die Eindimensionalität eines Henry Maine oder Herbert Spencer, hielt Durkheim die soziale Entwicklung für inhärent »progressiv« in ihrer Entfaltung, auch wenn neuartige Probleme zu gewärtigen seien. (In gewisser Hinsicht liegt das Schwergewicht bei Weber auf *Rationalisierung,* bei Durkheim auf dem *Rationalen.*)

Diese Aufgabelung wird in der heutigen Soziologie und im geistigen Leben allgemein beibehalten. Wer an marxistischen oder existentialistischen Positionen festhält, verweist auf die dem bürokratischen Leben inhärente Entpersönlichung –: Marcuse, Fromm und Tillich. Andere, wie Talcott Parsons oder Edward Shils, heben hervor, die moderne Gesellschaft gestatte größere Wahlmöglichkeiten – mit ihrer Leistungsorientierung, ihrem beruflichen Laufbahnsystem und ihrem ausgeprägteren Individualismus.

Wie soll man sich einen Weg durch dieses Dickicht bahnen? William James hat einmal gesagt, immer wenn man einem Widerspruch begegne, müsse man eine Unterscheidung treffen, denn die Leute verwendeten dieselben Worte häufig zur Benennung zweier verschiedener Dinge. Auf kuriose Weise sind beide Theorien richtig, vor allem weil jede sich mit einer anderen Dimension befaßt. Wenn man zwischen *Rolle* und *Person* unterscheidet, kann man vielleicht erkennen, wie jede Theorie an der anderen vorbeispricht. Wenn man Weber folgt, dann ist es, wie ich meine, ganz einleuchtend, daß die moderne Gesellschaft eine engmaschige Rollenspezialisierung erzwingt. Weite Lebensbereiche, die einst in der Familie ihr Zentrum hatten (nämlich Arbeit, Spiel, Erziehung, Wohlfahrt, Gesundheit), werden immer stärker von spezialisierten Institutionen (Unternehmen, Schulen, Gewerkschaften, Sozialvereinen und dem Staat) übernommen. Die Rollen (die vielen verschiedenen Hüte, die wir tragen) werden genauer festgelegt; in dem entscheidenden Bereich der Arbeit, in dem laut *Mythos* des 19.

Jahrhunderts der Mensch seine Identität fand, werden die Aufgaben und Rollen minuziös durchspezialisiert. – *The Dictionary of Occupational Titles (Lexikon für Berufsbezeichnungen)* führt in seiner Analyse der Berufsmöglichkeiten 20 000 verschiedene spezialisierte Berufe an. Das gleiche finden wir auch bei den geistigen Berufen. *The National Register of Scientific and Specialized Personnel (Nationales Verzeichnis für wissenschaftliches Personal und Fachkräfte)* führt in seinen Listen intellektueller Begabungen des Landes etwa 900 wissenschaftliche Bereiche an.

Innerhalb der Organisation verstärkt die Bildung von Hierarchien, Berufsspezifizierungen, minuziös festgelegten Verantwortungsbereichen, Einstufungssystemen, Beförderungsstufen und ähnlichem noch dieses Gefühl der Aufsplitterung des Selbst, wie es bereits durch die *Rolle* charakterisiert wird. Gleichzeitig trifft es natürlich zu, daß man heute als *Person* ein größeres Feld an Auswahlmöglichkeiten hat als je zuvor. Es gibt erheblich mehr verschiedene Arbeiten und Berufe. Man kann in viele verschiedene Orte reisen und in verschiedenen Städten leben. Der Bereich des Konsums (und wenn man hier Kultur als Konsumform versteht) hält viel mehr Möglichkeiten für die Bildung eines persönlichen oder gewählten Lebensstils bereit. All dies enthält in komprimierter Form der Begriff »soziale Mobilität«, ein in seiner modernen Anwendung deutlich abgesetzter Begriff.

Das moderne Leben bringt eine Aufspaltung von Rolle und Person mit sich, die für den empfindsamen Menschen eine Qual bedeutet.[4]

Funktionale Spezialisierung: das Auseinanderfallen von Rolle und symbolischem Ausdruck

Ein Charakteristikum der Wissenschaft, wie auch für fast jede organisierte menschliche Tätigkeit, ist die zunehmende Segmentierung, Differenzierung und Spezialisierung (Subgliederung und Subspezialisierung) jedes Wissensgebietes. Die Naturphilosophie, ein Begriff, der im 17. Jahrhundert noch alles einschloß, teilte sich später in die Naturwissenschaften der Physik, Chemie, Botanik, Zoologie usw. Die spekulative Philosophie des 19. Jahrhunderts ließ die Soziologie, Psychologie, die mathematische Logik, die symbolische Logik, die analytische Philosophie usw. entstehen. In jedem Bereich führen heute neue Problemstellungen zu weiteren Spezialisierungen: Die Chemie, einst in analytische, organische, anorganische und physikalische Chemie unterteilt, wird nun aufgelistet in Kohlenhydratechemie, Steroidchemie, Silikonchemie, Nuklearchemie, Petrochemie und Festkörperchemie.

Wir erkennen diesen Prozeß nicht nur im Bereich der Wissenschaft, sondern auch im Charakter von Organisationen, wenn neue Probleme zu neuen Funktionen und zu neuen Spezialisierungen im Umgang mit diesen Problemen führen. So sieht sich heute ein Geschäftsunternehmen, das früher eine einfache Organisation auf der Grundlage von Stabs- und Linienfunktionen besaß, vor das Problem der Koordinierung eines Dutzends breitgefächerter Funktionen gestellt, als da sind Forschung, Marketing, Werbung, Qualitätskontrolle, Personalfragen, Public-Relations-Fragen, Design, Finanzen und Produktion, ganz zu schweigen von den Dutzenden von Subspezialisierungen innerhalb jeder einzelnen Funktion (so daß z. B. der Bereich Personalfragen die Unterbereiche Arbeitsbeziehungen, interne Kommunikation, Berufsförderung, Anlagensicherung, Unfallverhütung, Zeitabnahme, Sozialversicherung, medizinische Versorgung und dergleichen umfassen kann). Und auf ähnliche Untergliederungen stößt man bei *jeder* formalen Organisation, sei es nun ein Geschäftsunternehmen, eine Universität, ein Krankenhaus oder eine Regierungsbehörde.

Entscheidend bei alledem ist, daß der hohe Spezialisierungsgrad, sowohl im Bereich der Wissenschaft als auch in den Organisationsstrukturen, unweigerlich zu fast unerträglichen Spannungen zwischen Kultur und Sozialstruktur führt. In der Tat ist es bereits ziemlich schwierig, auch nur von »der« Kultur zu sprechen, denn die Spezialisierungen erzeugen nicht nur »Subkulturen« oder private Welten – im anthropologischen Sinne –, sondern diese erzeugen ihrerseits Privatsprachen und Privatzeichen und -symbole, die häufig (im Falle der Jazzmusiker wird das besonders deutlich) die »öffentliche« Kulturwelt infiltrieren.

Heute kann die Kultur kaum, wenn überhaupt, die Gesellschaft mit den in ihr lebenden Menschen widerspiegeln. Das System sozialer Beziehungen ist so komplex und so differenziert, die Erfahrungen so spezialisiert, kompliziert oder unverständlich, daß es schwierig wird, gemeinsame Symbole zu finden, um eine Erfahrung mit der anderen zu verknüpfen.

Im 19. Jahrhundert war der Roman die »Vermittlungsagentur« des Ausdrucks. Die Romanliteratur hatte paradoxerweise die Aufgabe, Fakten zu berichten. Als sich im 19. Jahrhundert die sozialen Klassen in der Sittenkomödie gegenübertraten, da herrschte große Neugier, wie jede Klasse lebte oder wie Menschen, die auf der sozialen Stufenleiter aufgestiegen waren, Stile und Verhaltensweisen der neuen Klasse annahmen oder aber daran scheiterten. Auch bestand großes Interesse an der Art der Arbeit.

Die außerordentlich differenzierte soziale Struktur, die sich herausgebildet hat, stellt heutzutage einen Romancier – oder selbst einen Soziologen – vor Schwierigkeiten, wenn er die Natur der vielen Arbeitswelten erkunden will. Daher neigen Romanliteratur und Sozialkritik dazu, sich mit Konsumstilen zu befassen oder in den Themen Entfremdung und Bürokratisierung die Animosität des Schriftstellers gegenüber der wabenförmigen Komplexität der Sozialstruktur widerzuspiegeln, doch sie befassen sich selten mit Erfahrungen im Arbeitsleben. – In Josepf Hellers jüngstem Roman *Was geschah mit Slocum?* (S. Fischer, Frankfurt am Main 1976) gibt zwar die Arbeit den Schauplatz ab, wir erfahren jedoch an keiner Stelle, was der Held eigentlich tut oder was die Firma herstellt; der Roman ist ein einziger langer Monolog über das Selbst.

Insoweit Erfahrungen innerhalb der Gesellschaft nicht mehr in die Kultur hinein verallgemeinert werden können, wird die Kultur selbst etwas Privates, und die einzelnen Künste werden entweder etwas Technisches oder Hermetisches. Um die Jahrhundertwende bestand die Aufgabe der Kritik darin, zwischen den schöpferischen neuen Experimenten, die in Malerei und Musik durchgeführt wurden, zu vermitteln und zu ihrer Erklärung eine gemeinsame Ästhetik heranzuziehen. Heute kann kein Kritiker die Musik mit der Malerei oder die Malerei mit der Musik vergleichen – und daran ist wahrscheinlich nicht der Kritiker schuld. Selbst die Künste sind im höchsten Maße technisch geworden: so bildet die »neue Kritik« in der Literatur eine Parallele zu den technischen Innovationen der großen Meister des Romans, zu den komplexen Intentionen der abstrakten expressionistischen Malerei mit ihrem neuen Akzent auf Oberfläche und Raum.

Die wirklichen Schwierigkeiten bei der Einschätzung der »Moderne« (sowohl in der Literatur als auch in der Malerei) sind durch den Umstand kaschiert worden, daß ihre Werke zur Modeware verkommen und durch ihre Popularisierung und Imitationen zur gängigen Münze der Konsumkultur geworden sind. Die einzig echte Avantgarde-Bewegung findet sich heute nur noch in der Musik, und das bleibt auch so, weil die neue elektronische Musik, die Tonalitäten im Gefolge von Webern und die neue Mathematik der seriellen Musik so hochtechnisch sind, daß es selbst einem Kritiker schwerfällt, als Vermittler zu anderen Künsten zu fungieren, geschweige denn als Vermittler zum allgemeinen Publikum.

Das Entstehen der Popkunst, die Einführung von Zufallselementen in die Musik, die Wertschätzung von »Schund« als etwas Ästhetischem, die Beliebtheit von »Happenings«, bei denen Malerei, Plastik (Plakate), Musik und Tanz miteinander verschmelzen –

darin spiegelt sich die Reaktion gegen die technischen und magischen Elemente in der Kunst wider. Diese Strömungen bieten nicht nur neue Formen, mit denen man sogar ein blasiertes Publikum schockieren kann, sondern sie bilden auch eine neue Form der Bedrohung gegenüber den traditionellen (und formalen) Stilauffassungen. Wenn John Dewey sagen konnte, daß »Kunst Erfahrung« sei, so erklären diese Praktiker, jedwede Erfahrung sei Kunst. Tatsächlich bestreiten sie jede Spezialisierung der Künste und bestehen auf der Fusion aller Künste zu einer einzigen Kunst. Sie möchten alle Grenzen zwischen den Künsten und zwischen der Kunst und der Erfahrung ausradieren.

Der Verfall des Wortschatzes; von der Metapher zur Mathematik

Realität ist stets etwas Gefolgertes (wer hätte je Gewohnheit gesehen?); wir verwenden Begriffe, um Realität zu beschreiben. In der Kulturgeschichte ist stets die eine oder andere Erfahrungsweise beherrschende Instanz für Begriffe gewesen. Und gerade Sprachwandel – die Expansion abstrakter Denkweisen – verstärkt das Auseinanderfallen unserer Erfahrung.

In der primitiven Weltsicht – und in einem solch verfeinerten Primitivismus wie dem Zen-Buddhismus – stellt sich die Welt in ihrer Unmittelbarkeit und Konkretheit dar. Die griechische Kosmogonie vermittelt uns ein Vokabular von Abstraktionen ersten Grades. Die Vorsokratiker führten die Metapher ein, Plato mit der Idee des Demiurg das Symbol und Aristoteles die Idee der Analogie. (Unsere traditionellen Denkweisen verwenden alle drei Sprachformen. Die Phantasie kann sich am Visuellen, am Gehör oder am Tastsinn orientieren, doch sie verwendet immer die Techniken der Metapher, des Symbols oder der Analogie, um die Welt »abzubilden«.)

Die Sprache der Theologie, Abkömmling christlichen Denkens, ist mit Symbolen durchtränkt – das Kreuz, der Messias, die Epiphanie, die Sakramente –, sie kreist um Mysterium und Persönlichkeit: Gnade, Charisma, *kairos,* Passion oder Leiden, Ritual. Der Zusammenbruch der theologischen Überzeugungen und das Aufkommen einer wissenschaftlichen Weltsicht, die zur Herrschaft von Physik und Naturwissenschaften führte, bescherte uns im 18. und 19. Jahrhundert eine mechanistische Kosmologie – die Welt als Maschine oder Himmelsuhr. Diese wohlgeordnete Welt findet ihr Apogäum in zwei Bildern: in der Schönheit und Präzision der Laplaceschen *Mécanique céleste* (»Himmelsmechanik«), in der das

Universum die Funktion eines Edelsteins besitzt, und in der Vorstellung von der »erhabenen Kette des Seins«, in der sich alle Geschöpfe zu einer vollkommenen Perlenschnur vereinen.

Die Sprache der Analyse, einst der Theologie entlehnt, wurde nun den frühen Naturwissenschaften entwunden. (Die Dichtkunst, nach Whitehead von der Wissenschaft aus der Faktenwelt vertrieben, nahm Zuflucht zur Mehrdeutigkeit als neuer Ausdrucksweise, wohingegen die moderne existentialistische Theologie sich des Paradoxons bedient.) Die Schlüsselbegriffe der Sozialwissenschaften wurden Kraft, Bewegung, Energie, Macht (doch diese Begriffe, die in der Physik eine spezifische Bedeutung besitzen, lassen in der Gesellschaftsanalyse nur wenige operationale Merkmale erkennen). Als sich die Naturwissenschaften weiterentwickelten, reicherten die Sozialwissenschaften die aus der Physik abgeleiteten Metaphern um neue biologische Analogien an: Evolution, Wachstum, organische Struktur und Funktion. Bis vor kurzem bestand die Sprache der Soziologie aus solchen Begriffen.

Als die Sozialwissenschaft sich im 19. Jahrhundert eine eigene Sprache zu geben suchte – »ökonomischer Mensch«, »psychologischer Mensch«, »Kapitalismus«, usw. –, kam dabei ein begrifflicher Realismus heraus oder, wie Whitehead es nannte, der »Trugschluß deplazierter Konkretheit«. Die Suche »nach eigener Sprache« zu dem Zweck, die Fallstricke der Verdinglichung zu vermeiden, hat (wie Talcott Parsons in seiner Arbeit *Structure of Social Action* ausgeführt hat) zu »analytischer Abstraktion« geführt. So hat sich die Theoriebildung in der Soziologie zu einem höchst deduktiven System entwickelt, das auf einigen wenigen grundlegenden Axiomen oder wirklich analytischen Begriffen beruht, wie zum Beispiel den *pattern variables* (»Bewertungsalternativen«; Anm. d. Red.) im Aktionsschema, dem handlungstheoretischen Bezugsrahmen von Parsons, bei dem die empirischen Verweise nicht mehr für konkrete Einheiten – wie Idividuum, Gesellschaft und ähnliches – stehen.

Im allgemeinen Wissensbereich dominiert heute die mathematische Erfahrungsweise, und speziell in unserer neuen »Wissenstechnologie« (lineares Programmieren, Entscheidungstheorie, Simulation) findet sich die »neue« Sprache der Variablen, Parameter, Modelle, stochastischen Prozesse, Algorithmen, heuristischen Verfahren, Minimax-Theoreme und weitere inzwischen von den Sozialwissenschaften übernommener Begriffe. Die sich hier breitmachende Mathematik ist jedoch nicht das deterministische Kalkül der klassischen Mechanik, sondern die Wahrscheinlichkeitsrechnung. Leben ist »Spiel« – Spiel gegen die Natur, Spiel von Menschen gegen Menschen –; man verfolgt rationale Strategien, die maximale Erträge bei maximalen Risiken, Minimax-Erträge bei Minimax-Risiken und – nach diesem wirklich köstlichen Begriff der Nutzentheorie – Erträge bei einem »Grenzleiden« vorsehen. Aber all dies führt zu einem Paradoxon: Das moderne Vokabular ist rein rational, es verweist auf nichts anderes als auf seine in sich abgeschlossene mathematischen Formeln. Aus der modernen Kosmologie (wie der Kosmologie der Physik und inzwischen auch der anderen Wissenschaften) sind Bilder, sind Worte verschwunden; und abgesehen von der Eleganz – doch selbst hier ist es eine Eleganz formaler Findigkeit – bleiben abstrakte Formeln. Hinter diesen Formeln verbirgt sich kein Naturgesetz, wie wir es früher kannten, kein zeitloses, universales, unwandelbares und unmittelbar einleuchtendes Gesetz. Hinter diesen Formeln lauert Ungewißheit, liegen zerrissene zeitliche und räumliche Zusammenhänge.[5]

So fördert unser Vokabular noch das Aufkommen einer abstrakten, wenn nicht mystischen Weltauffassung. Das ist die vorletzte Stufe des Auseinanderfallens von alltäglicher Fakten- und Erfahrungswelt und Begriffs- und Inhaltswelt.

Der Distanzverlust

Nach unserer Annahme besitzt jede Kultur einen inneren Zusammenhalt, den wir ihren Stil genannt haben. Die Einheit einer religiösen Kultur ist fester als die der meisten anderen Kulturen, weil alle ihre Kulturelemente auf ein gemeinsames Ziel hin ausgerichtet sind: auf das Festhalten am Mysterium, auf das Wecken von Ehrfurcht, auf Verherrlichung und Überhöhung. Diese in der Grundstimmung sich manifestierende innere Einheit läßt sich wie ein roter Faden durch Architektur, Musik, Malerei und Literatur verfolgen – wird sichtbar in Kirchtürmen, Liturgien, Litaneien, in der Figurengestaltung und in heiligen Texten. Weltliche Kulturen besitzen diese bewußte Planung nur selten. Doch auch sie haben einen einheitlichen Stil, der sich in Rhythmen und Stimmungen äußert. Wir sprechen z. B. vom Barock-, Rokokostil oder vom manieristischen Stil. Die Stile werden zu Techniken, die ihrerseits Reaktionen auf die der Kultur zugrunde liegenden Elemente sind; diese Elemente nimmt man zwar wahr, sie werden jedoch häufig nicht bewußt zum Ausdruck gebracht. Solche Elemente ergreifen von allen Aspekten einer Kultur Besitz, auch wenn sie sich in verschiedenster Weise äußern. Heutige Kritiker haben sich angewöhnt, die Hochkultur (oder ernste Kultur) von der Massenkultur (Unterhaltungskultur) abzuheben und letztere als Perversion oder Denaturierung ersterer zu betrachten. Doch beide Kulturen gelten als Teile einer *gemeinesamen* Kultur, die irgendwie grundlegende Rhythmen oder Stimmungen zum Ausdruck bringen müßten.

Es kann jedoch in die Irre führen, Kulturen auf diese Weise zu betrachten, wenn wir uns zu der Annahme verstehen, daß zu jeder Zeit irgendein ganzheitliches Prinzip die jeweilige »Welt« als einzigartige definiert – wie zum Beispiel Hegel von einer griechischen Welt, einer römischen Welt oder einer christlichen Kultur sprechen konnte. Lassen wir auch die historische Frage beiseite, ob es dienlich ist, vergangene Kulturen von einzelnen, alles verbindenden Themen her zu begreifen – wir sind dennoch beinahe gezwungen, dies zu tun, da es in unserer Gesprächswelt inzwischen als etwas Gegebenes gilt. Läßt sich jedoch ein einzelnes Prinzip angeben, das Modernität definiert – außer der quälenden Suche nach dem schwer faßbaren Prinzip selbst? Ich glaube nicht, daß es ein solches Prinzip gibt, und ich möchte vier Argumente vortragen, die meine Behauptung stützen sollen.

Die Vielfalt kultureller Erfahrungen

Als auffälligsten Aspekt der Massengesellschaft bezeichne ich den Umstand, daß sie, wenngleich große Massen in die Gesellschaft eingliedernd, dennoch immer mehr Verschiedenheit und Mannigfaltigkeit erzeugt und den Hunger nach Erfahrungen steigert, da mehr und mehr Seiten der Welt, geographische, politische und kulturelle, in jedermanns Blickfeld rücken. Diese Horizontserweiterung, dieser Kunstsynkretismus, diese Sucht nach Neuem, sei es in Form von Entdeckungsreisen, snobistischer Anstrengungen, sich von anderen abzuheben – all dies ist an sich schon Entwurf eines neuen Stils, einer Art Modernität.

Als schwierigstes Problem stellt sich die Frage nach der Bedeutung der Kulturidee. Wenn man von »klassischer Kultur« oder von »katholischer Kultur« spricht (beinahe im Sinne von Bakterienkultur – von Züchtung genau unterscheidbarer Mikrobenstämme), dann stellt man sich eine langgliedrige Kette von Glaubensmeinungen, Traditionen, Ritualen und Geboten vor, die im Laufe ihrer Geschichte so etwas wie einen homogenen Stil erworben haben. Aber Modernität ist charakteristischerweise ein Bruch mit der Vergangenheit *als* Vergangenheit, durch den sie in die Gegenwart katapultiert wird. De Tocqueville meinte, die Aristokratie habe aus allen Gliedern der Gemeinschaft vom König bis zum Bauern eine Kette hergestellt; Demokratie zerbreche diese Kette, trenne jedermann von seinem Bindeglied. Als Folge davon, fährt de Tocqueville fort, läßt die Demokratie »jedermann seine Vorfahren vergessen« – ein gewiß reizvoller Gedanke für einen Mann wie Whitman, der erklärt hat, der eigentliche »Feind« sei das Wort »Kultur« und eine Literatur, die »nach des Fürsten Gnade roch . . . und sich ausschließlich auf dem Kastendenken aufbaute«. Für de Tocqueville bestand das charakteristische Merkmal der Modernität in der Tatsache, daß »das Gewebe der Zeit in jeder Sekunde zerrissen und die Spur der Generation ausgelöscht wird«.

Modernität ist als »Tradition des Neuen« definiert worden. Unter solchen Bedingungen ist nicht einmal mehr eine Avantgarde möglich: sie ist schon ihrem Wesen nach Ablehnung einer bestimmten Tradition. Die der Avantgarde eigentümliche Taktik ist der Skandal. In der modernen Kultur jagt man dem Skandal nicht eifriger nach als einer anderen Sensation. Modernität kastriert die Avantgarde, denn sie nimmt sie genauso schnell und gleichgültig an, wie sie Elemente der westlichen Tradition, der byzantinischen, der orientalischen Vergangenheit (und Gegenwart) in ihr *Sammelsurium* von Kulturen aufnimmt. Das alte Konzept von Kultur beruht auf Kontinuität, das moderne auf Vielfalt; das alte Konzept schätzt Tradition, das gegenwärtige Ideal heißt Synkretismus.

Vor wenig mehr als 100 Jahren war die anglo-amerikanische Welt des kultivierten Gesprächs verknüpft durch klassische Schriftsteller, römische Dichter, die Kunst der Griechen und der Renaissance, durch französische *Philosophen* (Voltaire und Rousseau) und deutsche Literatur, die vor allem durch die Übersetzungen Carlyles bekannt wurde.[6] Heute sind die Grenzen der Welt, geographischer gesehen, niedergerissen worden, und der Spielraum der Künste ist innerhalb wie außerhalb des herkömmlichen Rahmen von Literatur, Malerei, Bildhauerei und Musik nahezu grenzenlos. So hat z. B. nicht nur der Kunstmarkt internationalen Charakter angenommen, so daß polnische Maler in Paris ausstellen und amerikanische Bilder in England gekauft werden; so irgnoriert heute nicht nur das Theater nationale Grenzen (so daß Tschechow, Strindberg, Brecht, O'Neill, Tennessee Williams, Giraudoux, Anouilh, Ionesco, Genet und Beckett gleichzeitig in Paris, London, New York, Berlin, Frankfurt, Stockholm, Warschau und hundert anderen Städten in mehreren Kontinenten aufgeführt werden), mehr noch, der Kulturbereich ist so diffus, so unübersichtlich, die »Themen« von Interesse sind so auswuchernd, daß es nahezu unmöglich ist, einen Gravitationspunkt zu entdecken, nach dem sich der »kulti-

vierte« Mensch genau definieren läßt. In der großen Ausstellungs-
halle zeitgenössischer Kunst findet der Mensch, der sich über die
Kultur der Welt informieren will, ein geradezu schwindelerregen-
des Angebot.[7]
Was ist also Kultur? Wer ist überhaupt ein gebildeter Mensch? Was
gemeinsame Gesprächswelt? Es liegt im Wesen von Modernität zu
bestreiten, daß es auf solche Fragen nur eine Antwort gibt.

Das Fehlen eines Zentrums

Nicht nur die verwirrende Vielfalt kultureller Gebiete (und die
riesige Zahl kultureller Praktiker, seriöser, halbgebildeter, oder
Amateure), ruft ein Gefühl der Verwirrung, des Diffusen hervor,
sondern vor allem das Fehlen eines geographischen und geistigen
Zentrums, das sowohl für Autorität als auch für eine Stätte sorgte,
an der sich führende Maler, Musiker und Schriftsteller begegnen
und sich kennenlernen könnten. In der Vergangenheit besaßen alle
Gesellschaften mit einer »Hochkultur« solch ein Zentrum – die
Agora, die Piazza, den Marktplatz –, wo sich die Künstler in
Versammlungen, im Wettbewerb, im Gedankenaustausch und im
Wettstreit gegenseitig anregten und aus dem Miteinander ein Gefühl der Vitalität entstehen ließen und bezogen. Paris war in den
ersten beiden Jahrzehnten des 20. Jahrhunderts (in den »festlichen
Jahren« wie sie Roger Shattuck genannt hat) und später in den
zwanziger Jahren solch ein Zentrum, in dem sich alle Kunstrichtungen gegenseitig anregten und irgendwie ineinander verwoben waren. Ein Ballett von Fokine konnte mit der Bühnenausstattung von
Chagall oder Picasso und mit der Musik von Strawinsky oder Satie
aufgeführt werden. Aufgrund seiner Internatsschulen (Public
Schools) und des Dreigespanns Oxford, Cambridge und London
besaß England eine Elite, deren Mitglieder sich durch direkte
literarische und soziale Bekanntschaft verbunden fühlen konnten.
»Es hat mich in Erstaunen versetzt, und es erstaunt jeden Amerikaner«, schrieb Irving Kristol im Oktober 1955 im *Encounter,* »bis
zu welchem Ausmaß nahezu *alle* britischen Intellektuellen miteinander verwandt sind – natürlich nicht wörtlich genommen, sondern
im metaphysischen Sinne, was mehr ist als bloße Rhetorik . . . sie
besuchten die gleichen Public Schools (die Anzahl der Leute, die
George Orwell offenbar in Eaton gekannt haben, wird nur von der
Zahl derer übertroffen, die Bücher über ihn schreiben); oder der
Vater des einen hat Beiträge für die Zeitung des Vaters eines
anderen geschrieben und so fort. Fürwahr eine sichere kleine
Insel.«

In den Vereinigten Staaten fehlte es schon immer an einem solchen Zentrum. In der Mitte des 19. Jahrhunderts bot Boston eine derartige Integrationsstätte und bildete durch die Verquickung von Kirche, Reichtum und Kultur so etwas wie einen Stil. Aber weil es nur ein Neuengland-Stil war, der nie das ganze Land beherrschen konnte, war diese Einheit eine Art »Selbstvernichtung«. Gegen Ende des Jahrhunderts wurde New York zum Zentrum einer strebsamen Parvenü-Gesellschaft und in gewissem Maße auch zu einem kulturellen Zentrum. Doch es konnte nie die verschiedenen amerikanischen Regionalkulturen – den Mittleren Westen, die Grenzstaaten, den Süden und den Südwesten –, die sich allmählich Gehör verschafften, unter sich vereinigen. Selbst in den Jahren kurz vor dem Ersten Weltkrieg und danach, da Greenwich Village als Topographie und Symbol aufzublühen begann, zog New York nur einen Teil der amerikanischen Kultur an, die Avantgarde, und das auch nur für kurze Zeit, da New York inzwischen nur noch als Zwischenstation auf dem Wege nach Paris diente.

Allein schon wegen der Größe und Heterogenität seiner ethnischen und religiösen Gruppen treffen sich, wie Irving Kristol meinte, die amerikanischen« Intellektuellen »sozusagen im Dunkel«. Leute, die große Zeitungen herausgeben, haben gewöhnlich keine Gelegenheit, irgend jemandem von Bedeutung aus der Politik, vom Theater und aus dem Musikleben zu begegnen. Die Politiker sitzen in Washington, die Verleger, Redakteure und Theaterleute in New York, die Leute vom Film in Los Angeles, und die Professorenschaft ist in den großen Städten über das ganze Land verstreut. Heute sind die Universitäten zur treibenden Kraft der amerikanischen Kulturwelt geworden: viele Schriftsteller, Komponisten, Maler und Kritiker finden ihre Heimstatt in den weitläufigen Universitäten; viele der wichtigen literarischen und kulturellen Zeitschriften erscheinen hier.

Selbst wenn, wie in New York, ein anerkanntes großes Zentrum für das Verlagswesen, für Theater, Musik und Malerei besteht, führen die enorme Zahl derer, die hier zusammenkommen, und der starke Zwang zum Professionalismus zu einer Branchenzersplitterung, welche die bedeutenden Künstler voneinander isoliert. Nur wenige Maler kennen Leute vom Theater, Musiker oder Schriftsteller. Die Komponisten sprechen mit Komponisten, die Maler mit Malern und die Schriftsteller mit Schriftstellern. In der Vergangenheit suchte eine Minorität, die sich als Avantgarde verstand, bewußt Kontakt zu anderen, die auf gleichem Gebiet experimentierten. Sie fühlten sich entweder durch eine gemeinsame Neigung zur Rebellion oder durch eine gemeinsame Ästhetik (manchmal auch durch beides, wie im Falle des italienischen Futurismus) zueinander hingezogen. Heutzutage reißt ein Publikum unersättlicher Intellektueller hurtig jede Avantgarde an sich, nimmt sie unter ihre Fittiche, noch ehe sie Gelegenheit hat, ihre Auflehnung zu verkünden. Außerdem scheint das zunehmend technischer werdende Experimentieren im Bereich der Künste, sei es das serielle Komponieren in der Musik oder der Minimalismus in der Malerei, jede Möglichkeit einer gemeinsamen Ästhetik zu vereiteln. Solch technische Überlegungen wurden in der Vergangenheit überbrückt von einer Schicht der *hommes de lettres* oder von Kritikern wie Apollinaire oder Karl Kraus, die sich mühelos in mehreren Bereichen bewegen und zwischen ihnen Bindeglieder herstellen konnten. Heute sind selbst die Kritiker Spezialisten, und die Aufsplitterung zwischen den Bereichen nimmt immer stärker hermetische Züge an.

In den dreißiger Jahren brachte die Politisierung der Kultur durch den Marxismus für den Augenblick eine gemeinsame Ästhetik mit besonderen Kriterien zur Erklärung der verschiedenen Künste mit sich (und auch Kritiker, die besagte Kriterien im Interesse einer einheitlichen Kulturidee mechanistisch anwandten), und zugleich stellte diese radikale Gedankenwelt für Künstler, Schriftsteller und Musiker ein gemeinsames Milieu her. Heute ist diese politisch vereinte Welt dahin; abgesehen von den beruflichen oder gelegentlich akademischen Bindungen, findet sich auch kein gemeinsames Milieu mehr.

Besonders auffallend ist das Inselhafte der nationalen Kulturen. In den zwanziger und fünfziger Jahren beachteten Intellektuelle und Schriftsteller einander in starkem Maße; die internationalen Kontakte waren beträchtlich. In den zwanziger Jahren veröffentlichte T. S. Eliots *Criterion,* in den fünfziger Jahren die *Partisan Review* lange Artikel oder »Briefe« aus verschiedenen Städten mit Berichten über neue Themen im Bereich der Künste und der Kultur. Der heutige Mangel an Kontakt ist niederdrückend. Schriftsteller und Intellektuelle mögen heute bis zu einem gewissen Grade mehr als früher mit der Politik ihrer Gesellschaft beschäftigt sein, und es mag auch sein, daß die Künste technischer und professioneller geworden sind. Der eigentliche Grund dafür liegt jedoch, wie ich vermute, in der Erschöpfung des Modernismus. Auf seinem Höhepunkt brachte der Modernismus neue revolutionäre Bewegungen (und mit jeder auch ein neues Manifest) hervor: Futurismus, Imagismus, Vortizismus, Kubismus, Dadaismus, Konstruktivismus, Surrealismus usw. Modernismus war immer etwas Neues. Er proklamierte neue Ästhetiken, neue Formen, neue Stile. Doch diese

ismen sind heute passé, oder wie jemand geistreich meinte: Alle
»ismen« sind nunmehr »wasmen« (Wortspiel mit engl. »is« = »ist«
und »was« = »war«. Anm. d. Red.). Auch gibt es kein Zentrum
mehr, sondern nur noch Peripherien.

Eine Kultur blüht, wo es ein Zentrum gibt und wo die Intensität der
Interaktion zwischen Menschen ein Konzentrat an Wirkungen
erzeugt, das die Bemühungen aller Beteiligten anspornt. Das Fehlen eines nationalen wie internationalen Zentrums für modernistische Kultur, die Fragmentierung der Kultur in branchenartige
Segmente führt unweigerlich zum Abbruch des Gesprächs, das eine
für die gesamte Gesellschaft gültige Kultur aufrechterhält.

Die visuelle Kultur

Modernität konfrontiert eine Hochkultur vor allem mit dem Problem, daß sie die Vorstellung einer einzig möglichen Rangordnung
der Künste oder einer Kultureinheit (z. B. das Perikleische Griechenland, die Stadtstaaten der Renaissance in Italien, das Elisa-
bethanische England) ablehnt. In der modernen Welt ist eine derartige Einheit nicht mehr möglich, und es ist sehr die Frage, ob sie in
früheren historischen Epochen in dem Maße verwirklich war, wie
man annehmen möchte.[8] Dazu schreibt Meyer Schapiro:

»Wir suchen in England vergeblich nach einem Malstil, welcher der
Elisabethanischen Dichtkunst und dem Drama entspricht; ebenso
hat es im Rußland des 19. Jahrhunderts in der Malerei keine echte
Parallele zur großen Literaturbewegung gegeben. An diesen Beispielen erkennen wir, daß die verschiedenen Künste unterschiedliche Rollen in der Kultur und im sozialen Leben einer Zeit spielen
und daß sie mit ihrem Inhalt neben dem Stil auch verschiedene
Interessen und Werte zum Ausdruck bringen. Die herrschende
Auffassung einer Zeit – sofern man sie überhaupt isolieren kann –
berührt nicht alle Künste in gleichem Maße, noch sind alle Künste
gleichermaßen dazu fähig, ebendiese Sichtweise zum Ausdruck zu
bringen.«[9]

H. Stuart Hughes erinnert an eine Bemerkung von Henry Adam,
die Vereinigten Staaten hätten im Jahre 1800 eine kulturelle
Ausstattung besessen, die fast ausschließlich auf Theologie, Literatur und Rhetorik beschränkt gewesen sei. Den Bereich der
visuellen Künste und des sinnlichen Genusses habe es praktisch
nicht gegeben.[10]

Heutzutage orientiert sich hingegen die »herrschende Auffassung«

am Visuellen. Sehen und Klang, besonders letzterer, organisieren das Ästhetische und lenken das Publikum. Wie könnte es in einer Massengesellschaft auch anders sein?[11]

Die Massenunterhaltungen (Zirkus, Spektakel, Theater) haben immer schon visuellen Charakter gehabt. Doch zwei bestimmte Aspekte gegenwärtigen Lebens müssen notgedrungen ihr Schwergewicht auf visuelle Elemente legen. Zum einen ist die moderne Welt eine urbane Welt. Das Leben in großen Städten und die gängige Auffassung von Sinnesreizen und Geselligkeit bringen eine Fülle von Gelegenheiten mit sich, bei denen Menschen Dinge *sehen* können und *sehen wollen* (weniger lesen und hören). Und da ist zum anderen der heutige Charakter, seine Neigungen, seine Aktionssucht (als gegen die Kontemplation gerichtet), seine Suche nach Neuem, sein Sensationshunger. Diese Zwänge lassen sich am besten durch die visuellen Elemente der Künste besänftigen.

Die Stadt ist nicht nur Ort, sondern auch Geisteszustand, ein Symbol für die Eigenart eines Lebensstils, dessen Hauptattribute Vielfalt und Erregung sind. Die Stadt vermittelt auch ein neues Gefühl von Größenordnung, das jede Anstrengung, ihre Bedeutung zu erfassen, nichtig erscheinen läßt. Wenn man eine Stadt »kennenlernen« will, muß man durch ihre Straßen gehen, aber um eine Stadt zu »sehen«, muß man außerhalb von ihr stehen, um sie als Ganzes wahrnehmen zu können.[12] Erst aus einem gewissen Abstand gesehen, »repräsentiert« die Silhouette eine Stadt. Ihre geballte Dichte ist ein Erkenntnisschock, ihre Silhouette ein bleibendes Zeichen des Wiedererkennens. Dieses visuelle Element ist ihre symbolische Repräsenz.

Die von Menschen geschaffene Stadtlandschaft ist von ihrer Architektur und ihren Brücken geprägt. Die Hauptmaterialien einer industriellen Zivilisation, Stahl und Beton, finden in diesen Stadtstrukturen volle Anwendung. Der das Mauerwerk ersetzende Stahl gestattet es den Architekten, einen simplen Rahmen aufzuziehen, den sie mit dem Gebäude gleichsam »drapieren«, und ihn hoch in den Himmel zu recken. Mit Stahlbeton kann der Architekt »skulpturartige« Formen gestalten, die eine Art freischwebendes Eigenleben besitzen. Diese Formen künden von einem kraftvollen, neuen Raumverständnis und einer neuen Raumorganisation.

Die neuen Raumkonzeptionen neigen ihrem Wesen nach zur Aufhebung von Distanz. Nicht nur schrumpft die räumliche Distanz durch die modernen Verkehrsmittel zusammen, erhalten Reisen und das beim Aufsuchen vieler Orte entstehende visuelle Vergnügen ein neues Gewicht, sondern gerade die Techniken der neuen Künste, vor allem des Film und der modernen Malerei, lassen darüber hinaus die psychische und ästhetische Distanz zwischen dem Betrachter und dem visuellen Erlebnis schwinden. Die Akzentverlagerungen im Kubismus auf Gleichzeitigkeit und im abstrakten Expressionismus auf Wirkung sind Ausdruck des Bemühens um Intensivierung der Gefühlsunmittelbarkeit, um Einbezug des Betrachters in die Handlung, statt ihm die Möglichkeit zu gewähren, über das Erlebnis nachzudenken. Dieses Prinzip liegt auch dem Film zugrunde, der mit Hilfe von Montagen noch radikaler als jede andere zeitgenössische Kunstrichtung mittels Auswahl der Bilder, Bildeinstellungen, der Szenenlänge und der Kompositions-»Synapsen« die »Regulierung« von Gefühlen ansteuert. Dieser zentrale Aspekt der Modernität – die Organisation sozialer und ästhetischer Reaktionen im Sinne von Neuheit, Sensation, Simultaneität und Wirkung – findet seinen stärksten Ausdruck in den visuellen Künsten.

Die moderne Ästhetik orientiert sich so überwiegend visuell, daß Dämme, Brücken, Silos und Straßenzüge – die ökologischen Beziehungen von Strukturen zur Umwelt – allesamt ästhetisch von Belang geworden sind.[13] Raumorganisation, ob in der modernen Malerei, Architektur oder Bildhauerei, ist zum ästhetischen Hauptproblem der Kultur um die Mitte des 20 Jahrhunderts geworden, so wie das Zeitproblem (bei Bergson, Proust und Joyce) das ästhetische Hauptproblem der ersten Jahrzehnte dieses Jahrhunderts gewesen ist. Bei dieser Beschäftigung mit Raum und Form fand die Vitalität der modernen Kultur in der Architektur, Malerei und im Film ihren stärksten Ausdruck. Dies waren in der Mitte des 20. Jahrhunderts die entscheidenden Kunstrichtungen; ihre Auffassungen sind kennzeichnend für unsere Zeit. Insofern die Diskussion über die Auswirkungen der Massengesellschaft auf die Hochkultur diesen Umstand vernachlässigte – denn sie wurde von Humanisten geprägt, die ihre Begriffe von Hochkultur hauptsächlich von der Literatur her formulierten –, ist auch versäumt worden, sich dem wichtigsten Charakterzug der Massengesellschaft zu stellen, nämlich der ins Auge springenden Tatsache, daß es sich hier um eine visuelle Kultur handelt.

Es trifft, glaube ich, völlig zu, daß die zeitgenössische Kultur zur visuellen und nicht zur Kultur des gedruckten Wortes wird. Die Gründe für diesen Wandel sind weniger im Medienbereich, also im Film oder Fernsehen, zu suchen, als vielmehr in der Tatsache, daß die Menschen in der Mitte des 19. Jahrhunderts ein neues Gefühl geographischer und sozialer Mobilität zu verspüren begannen und daß als Reaktion auf dieses Gefühl eine neue Ästhetik entstand. Die räumliche Geschlossenheit eines Dorfes oder Hauses wich allmählich dem Reisen, dem Geschwindigkeitsrausch (durch die Eisenbahn hervorgerufen) und dem Vergnügen an der Promenade, dem Strand, der Plaza und ähnlichen Erfahrungen des Alltagslebens, Erfahrungen, die in den Werken von Renoir, Manet, Seurat und anderen impressionistischen und nachimpressionistischen Malern einen so hervorragenden Platz einnehmen.

Marshall McLuhans Unterscheidungen zwischen »heißen« und »kühlen« Medien und der von ihm geprägte Begriff eines vom Fernsehen erschaffenen »Weltdorfes« erscheinen mir, ausgenommen auf einer trivialen Ebene, wenig sinnvoll. (Wenn überhaupt, so bringt die Ausweitung von Kommunikationsnetzen die Desintegration größerer Gesellschaften in ethnische und primordiale Gruppen mit sich.) Doch für die Kohärenz einer Kultur haben die Gewichtsverlagerungen zwischen Gedrucktem und Visuellem bei Wissensbildung schon recht reale Konsequenzen. Das gedruckte Medium erlaubt beim Nachdenken über Argumente oder bei der Reflexion über Vorstellungen je eigene Geschwindigkeit und ein dialogisches Vorgehen. Das Gedruckte hebt nicht nur das Kognitive und das Symbolische hervor, sondern, noch wichtiger, auch die für das begriffliche Denken notwendigen Verfahrensweisen. Das visuelle Medium – ich meine hier Film und Fernsehen – zwingt dem Betrachter sein Tempo auf und lädt ihn aufgrund seiner Bevorzugung von Bildern zuungunsten von Worten nicht zur Begriffsbildung, sondern zur Dramatisierung ein. Mit dem Akzent von Fernsehnachrichten auf Katastrophen und menschlichen Tragödien regen sie nicht zur Klärung und zum Verstehen an, sondern rufen Sentimentalität und Mitleid hervor, Gefühle, die sich schnell erschöpfen, und laden zu dem Pseudoritual einer Pseudoteilnahme an Ereignissen ein. Angesichts unvermeidlicher Überdramatisierungen schlagen die Reaktionen bald in Gereiztheit oder Langeweile um. Auch Theater und Malerei verlegen sich gleicherweise immer stärker auf den Ausdruck von Schockgefühlen und auf die Auslotung extremer Situationen, sowie seit kurzem, mit der Differenzierung des Publikums, auch der Film. Als das »öffentlichste« aller Medien hat das Fernsehen in dieser Beziehung seine Grenzen. Als Ganzes erschöpft sich die visuelle Kultur aber erheblich schneller als die Kultur des gedruckten Wortes, weil sie sich bereitwilliger als die Buchkultur den von der Kulturmasse aufgegriffenen Impulsen des Modernismus überläßt.

Von der Mitte des 16. bis zur Mitte des 19. Jahrhunderts hatte das ästhetische Bemühen des Westens der Bildung gewisser formaler Kunstprinzipien auf der Grundlage rationaler Raum- und Zeitorganisation gegolten. Das ästhetische Ideal der Kongruenz wirkte als Regulationsprinzip, dessen Schwerpunkt das in sich zusammenhängende Ganze und die Einheit der Formen bildeten. Die Malerei der Renaissance war nach den von Alberti niedergelegten Prinzipien »rational« nicht allein weil sie zur Darstellung einer Szene mathematische Prinzipien (z. B. die Funktion von Proportion und Perspektive) anwandte, sondern auch weil sie eine rationale Kosmographie von Raum als Tiefe und Zeit als Abfolge in eine Kunstform zu übersetzen trachtete. In der Musik hat die Einführung der harmonischen Akkorde – ein einzigartiges Merkmal des Westens – eine geordnete Struktur von Tonintervallen mit sich gebracht, die Melodie und Rhythmus zu einer strukturellen Harmonie verbindet und die Melodie im »Vordergrund« mit den Akkorden im »Hintergrund« ins Gleichgewicht bringt.

Die neoklassische Kunstkritik, etwa Lessings in seinem *Laokoon,* verfolgte die Absicht, »Regeln« für die ästhetische Wahrenehmung aufzustellen: Dichtung und Malerei, über verschiedene Sinnesmedien wirkend, unterscheiden sich in den ihre Schöpfungen lenkenden Grundregeln, da die Malerei sich nur auf ein einziges Handlungsmoment im Raum konzentriert, die Dichtung hingegen sich mit aufeinanderfolgenden Handlungen in der Zeit beschäftigt.[14] Jede Kunstgattung habe eine ihr eigene besondere Sphäre, die nicht mit denen anderer Künste vermengt werden könne. Hinter all dem stand ein fundamentales kosmologisches Weltbild: Tiefe, die Projektion eines dreidimensionalen Raumes, schafft »innere Distanz«, die zur Nachahmung der wirklichen Welt anregt; Erzählkunst vermittelt mit ihrer Vorstellung von Anfang, Mitte und Ende eine chronologische Geschehnisabfolge und gibt so ein Gefühl von Voranschreiten und von Abschluß.

Die Ursprünge dieses Weltbildes liegen in den Raumvorstellungen der Renaissance; doch es hat seine Wurzeln in der Newtonschen Vorstellung von der Welt als geordnetes Universum. Joan Gadol schreibt dazu:

»Die Grundmerkmale der europäischen Kunst bis ins 19. Jahrhundert sind durch diese euklidische Raumvorstellung geprägt. Lange nachdem die ästhetische Theorie der *concinnitas* aufgegeben worden war, blieb die räumliche Logik der Proportionalität in der

Perspektive, im Ideal der organischen Form und in den klassischen Regeln bestehen. Nach dem Aufkommen des Empirismus in der Philosophie konnte man die symmetrischen Proportionen nicht mehr per se als »objektiv«, als harmonische Beziehungen begreifen, durch welche die Natur die Elemente der Welt der Erscheinungen miteinander verbindet. Trotzdem blieb der künstlerische Raum weiterhin geometrischen Gesetzen unterworfen und gleichförmig. Die Raumvorstellung blieb rational, in allen Änderungen des Renaissancestils, vom Manierismus bis zum Impressionismus, von der »Regel« gelenkt, und zwar vor allem deshalb, weil die räumliche Intuition, die das neue künstlerische Weltbild regierte, auch ein theoretisches Weltbild entstehen ließ. Eine neue Kosmologie, die an die Stelle der ästhetisch-metaphysischen Grundlage trat, kam der künstlerischen Vorstellung zu Hilfe. Den künstlerischen Glauben des modernen Europa an die Homogenität des Universums und an seine systematische rationale Ordnung rechtfertigte schließlich die wissenschaftliche Kosmologie, deren Keim im kopernikanischen Weltsystem liegt.«[15]

Das zweite klassische Prinzip, das die ästhetischen Absichten beinahe der gesamten westlichen Kunst und Literatur lenkte, war die Idee der *mimesis* oder die Interpretation der Natur durch die Imitation. Die Kunst galt als Spiegel der Natur, als Repräsentation des Lebens. Erkenntnis war Widerspiegelung dessen, was »draußen« war, ein *Spiegelbild,* eine Kopie dessen, was man gesehen hatte, als Sinneswahrnehmung. Urteilen war im wesentlichen Kontemplation, Betrachtung der Realität, und ihre *mimesis* war Widerspiegelung ihres Wertes. Die Kontemplation gestattete es dem Betrachter, *theoria* zu bilden (was ursprünglich ›sehen‹ bedeutet), und *theoria* hieß, daß man sich – gewöhnlich ästhetisch – von einem Objekt oder einer Erfahrung distanzierte, damit man Zeit und Raum gewann, die notwendig sind, um die Gegenstände in sich aufnehmen und beurteilen zu können.

Modernismus heißt Zerbrechen der *mimesis.* Er leugnet das Primat einer faktisch gegebenen Außenrealität und ist entweder bestrebt, diese Realität neu zu ordnen oder sich in das Innere des Selbst, auf das private Erleben als der Quelle seiner Interessen und ästhetischen Inanspruchnahme zurückzuziehen. Die Ursprünge dieses Wandels liegen in der Philosophie, vor allem bei Descartes, und in den Kodifizierungen neuer Prinzipien durch Kant. Dort gilt das Selbst als Prüfstein für Verstehen und als Erkenntnisquelle die Aktivität des Wissenden und nicht der Charakter des Objekts. In der Kantschen Revolution (er nannte sie einer kopernikanische

Revolution) prüft der Geist als aktiv Handelnder Erfahrungen aus dem Mahlstrom der Welt und wählt unter ihnen aus, wenn auch im Rahmen der festgelegten Koordinaten von Raum und Zeit als den gegebenen Wahrnehmungsachsen. Die Bresche war jedoch geschlagen. Das Tätigsein – das Machen und Tun – wird Quelle der Erkenntnis. *Praxis* und Resultat ersetzen *theoria* und Ursache.

In Kunst und Literatur wird die Aktivitätstheorie des Wissens zum Hebel für den Wandel veralteter Formen der *mimesis* und gegebener Koordinaten von Raum und Zeit. An die Stelle von Kontemplation werden *Sensation, Simultaneität, Unmittelbarkeit* und *Wirkung* gesetzt. Die neuen Ziele und Absichten geben allen Künsten seit der Mitte des 19. Jahrhunderts bis zur Mitte des 20. Jahrhunderts eine durchgängige formale Syntax.

Alberti verstand das Gemälde als Mittel zur Anschauung der sichtbaren Welt; dies war Grundlage des kontemplativen Elements und der »Distanz« zwischen Betrachter und Erfahrung. Die moderne Malerei verfolgt ein völlig anderes Konzept. Cézanne betrachtete die Verneinung der Natur als *mimesis*. Aus seiner Ästhetik stammt der berühmte Ausspruch, alle Strukturen der realen Welt seien Variationen der drei Grundkörper Würfel, Kugel und Kegel. Sein Bildraum war zur Hervorhebung der einen oder anderen dieser drei Formen in Ebenen geordnet. Mit Turner haben wir die kopernikanische Wende von der Darstellung der Objekte, wie wir sie kennen, zum Festhalten von Wahrnehmungs*eindrücken*. Sein Bild »Regen, Dampf, Geschwindigkeit«, das einen Eisenbahnzug zeigt, der eine Themse-Brücke überquert, vermittelt uns das Bemühen, Bewegungen auf eine bis dahin nie gekannte Weise auf die Leinwand zu bannen.

Diese Wandlungen in der Auffassung von Raum und Bewegung werden von den verschiedenen Strömungen, die den Modernismus zum Kulminationspunkt treiben, logisch durchgespielt –: vom Nachimpressionismus, Futurismus, Expressionismus und Kubismus. Die entwickelten Techniken dienen dem Ausdruck der genannten neuen Absichten und Ziele. In den Bildern von Vuillard entspricht das Stoffmuster der Kleidung der Figuren im Vordergrund dem Tapetenmuster der Wand, so daß Figur und Hintergrund beinahe verschmelzen. In den Bildern von Munch, so bei dem auf der Bettkante sitzenden jungen Mädchen, ist der »innere Abstand« des Gemäldes so verkürzt, daß sich Vordergrund und Hintergrund kaum voneinander abheben und das Bild den Betrachter gleichsam »anspringt«. Maurice Denis, der Theoretiker des Nachimpressionismus, verkündete das Credo der neuen Geisteshaltung mit seiner Aufforderung: »Wir müssen die Blenden schließen.« Ein Gemälde sollte nicht mehr Illusion von Tiefe, von drei Dimensionen in zwei, sondern eine einzige Oberfläche sein, auf der das Element der Unmittelbarkeit vorherrscht.

Nach Kant sind die Kategorien von Raum und Zeit synthetische Begriffe a priori, unverrückbare Verstandeskategorien, die es dem Menschen erlauben, Erfahrungen zu ordnen. Doch der Historismus eines Dilthey verstand sich zu der Behauptung, selbst Raum und Zeit, die fundamentalen Formen der Realitätserfahrung, seien nicht festgelegt, sondern änderten sich mit den verschiedenen kulturellen Anschauungsweisen. So sind Relativismus und historische Perspektive an die Stelle des Fixpunktes, des objektiven Korrelativs des Betrachters getreten. In der Kunst läßt sich dieser Bewußtseinswandel im Futurismus und Kubismus deutlich erkennen.

Für die Futuristen gibt es weder räumliche noch zeitliche Distanz. In ihrem »Technischen Manifest« erklären sie, ihr Ziel bei der Komposition eines Bildes sei, »den Betrachter in die Mitte des Bildes zu stellen«.[16] Sie strebten die Identität von Objekt und Emotion an, eine Identität, die nicht durch Kontemplation, sondern durch Aktion erzielt werde. Mit gleichem Recht, meint Joshua Taylor, hätten sie auch erklären können: »Wir wollen die Welt in den Geist des Betrachters stoßen.« Im Kubismus begegnet uns das, freilich nur halbgegorene, Bemühen, den Konzeptionen der Relativität nahezukommen. In der Relativitätstheorie, schreibt C. H. Waddington, »finden wir einen Gedanken, der von der klassischen Physik überhaupt nicht in Erwägung gezogen worden war – eine Vielfalt von Raumsystemen, das eine so gut wie das andere.« Realitätserfassung hieß für die Kubisten folglich zu versuchen, die Dinge »von allen Seiten gleichzeitig« zu betrachten und dieses Simultaneitätsgefühl mittels Überlappen der zahlreichen Ebenen verschiedener Objekte auf die eine Ebene der Gemäldeoberfläche zu übertragen. Der einseitige Betrachtungsstandpunkt wird verdrängt durch die Vielfalt von Standpunkten, die sich in der gleichen Ebene brechen.

Absichten und Ziele der modernen Malerei lassen sich folgendermaßen kennzeichnen: auf der syntaktischen Ebene Aufbrechen des geordneten Raumes und in ihrer Ästhetik Aufhebung der Distanz zwischen Objekt und Betrachter, das »Überwältigen« des Betrachters durch unmittelbare Wirkung. Die Szenerie wird nicht interpretiert, sondern man spürt sie als eine Sinneserregung und wird von diesem Gefühl gefangengenommen.

»... Rature ta vague litterature« riet Mallarmé: Man solle alle Worte mit allzu spezifischem Bezug zur rohen Realität fallenlassen und sich auf die Worte selbst sowie ihre Beziehung in Redewendung und Satz konzentrieren. Joseph Frank bemerkt dazu: »Die ästhetische Form der modernen Dichtung beruht auf einer Raumlogik, die vom Leser eine völlige Umorientierung seiner Einstellung zur Sprache erfordert. Da der Hauptbezug jeder Wortgruppe auf etwas innerhalb des Gedichts Liegendes verweist, ist die Sprache der modernen Poesie wirklich reflexiv. Die Bedeutungsbeziehung wird nur aufgrund simultaner räumlicher Wahrnehmung von Wortgruppen vollständig erschlossen, von Wortgruppen, die keine verstehbare Beziehung zueinander haben, wenn man sie zeitlich fortlaufend liest.«[17]

Nicht nur verliert die zeitliche Abfolge ihre Funktion als Bedeutungshinweis, auch die Vorstellung einer Entsprechung von Wort und bestimmter Bedeutung wird aufgegeben. In einem berühmten Brief an Paul Demeny erklärte Rimbaud, Definitionen in Wörterbüchern, festgelegte Regeln von Syntax und Grammatik seien nur etwas für Fossilien, für Akademiker. Jedes Wort ist eine Idee – mit Aldous Huxleys Worten »ein Zauberrätsel«. Robert Shattuck meint dazu: »Der wahre klassische Schreibstil verlangte, jedes Wort solle in jedem Kontext eine klare, logische Bedeutung besitzen [zum Beispiel La Bruyères Diktum: ›Unter all den verschiedenen Ausdrucksweisen, die eine unserer Ideen wiedergeben können, findet sich nur eine einzige, welche die richtige, die wahre ist.‹] Für die Symbolisten – allen voran Mallarmé – liegt in der Sprache ein Bedeutungsgeheimnis, das zunimmt mit der wachsenden Zahl verschiedener Richtungen, in die ein Wort deuten kann. Jarry vertrat eine ähnlich fortschrittliche Theorie poetischer Bedeutung, indem er behauptete, alle Bedeutungen, die man in einem Text aufspüre, seien gleichermaßen legitim. »Eine einzig wahre Bedeutung, die alle anderen als falsch hinstellen könnte, die gibt es nicht.«[18]

Die Literatur suchte gegen Ende des 19. Jahrhunderts, allerdings im Rahmen der Wort- und Satzkonventionen, den Sinn des Lebens nicht in der Abfolge unterscheidbarer, isolierter Einzelheiten, sondern im Bewußtseinsstrom einzufangen. Dieser Ausdruck stammt von William James; er taucht in einem Kapitel seiner Arbeit *Principles of Psychology* aus dem Jahre 1890 auf und wurde aufgrund seiner zentralen Stellung in dem populären Sachbuch *Psychology: The Briefer Course* aus dem Jahre 1892 allgemein bekannt. Der Begriff des Bewußtseinsstroms beinhaltet, daß sich das Bewußtsein selbst nach einer Zeitunterbrechung noch mit dem Bewußtsein vor diesem Zeitintervall überlappt, das heißt, *erlebte* Zeit ist nicht chronologische, sondern simultane Zeit. Insofern wir Zeit als Bewußtseinsstrom erfahren, haben die verweisenden, die transitiven Elemente dieses Stromes für unser Sinngebungsgefühl die gleiche Bedeutung wie die inhaltlichen, substantivischen, bestimmte Dinge bezeichnenden Elemente. James schreibt den bemerkenswerten Satz: »Wir sollten genauso bereitwillig von einem Gefühl von *und,* einem Gefühl von *wenn,* einem Gefühl von *aber,* einem Gefühl von *durch* reden, wie wir von einem Gefühl von *blau* oder einem Gefühl von *kalt* sprechen. Doch wir tun dies nicht: so eingefahren ist unsere Gewohnheit, nur das Vorhandensein substantivischer Bestandteile anzuerkennen, daß die Sprache sich beinahe weigert, sich irgendeiner anderen Verwendung zu bequemen.«

Während die konventionelle Sprache an geordneten, durch transitive Präpositionen verknüpfte Substantive festhielt, sucht die modernistische Literatur die transitiven Elemente hervorzuheben, gleichsam als Synapsen, welche die Nervimpulse des Gefühls weiterleiten, damit sie uns in den Mahlstrom der Sinneseindrücke stürzen. Dieses Bestreben hat Flaubert in seinem Roman *Madame Bovary* vorweggenommen. In der Marktszene auf dem Lande (ich folge Erläuterungen von Joseph Frank) ist die Straße belebt von einer drängenden, wogenden Menschenmenge, die sich um das Vieh staut. Etwas überhalb der Straße, auf einer Tribüne, die Honoratioren, Preisrichter und Amtspersonen, die Reden halten. Aus einem Fenster des Gasthauses, von der man die Szenerie überblicken kann, beobachten die Liebenden, Emma und Rudolf, die sich draußen abspielenden Vorgänge und führen in geschraubten Wendungen eine Unterhaltung. Über dieses Szene schrieb Flaubert später erläuternd: »Alles sollte gleichzeitig ertönen. Man sollte das Vieh brüllen, das Flüstern der Liebenden und den Wortschwall der Amtspersonen gleichzeitig hören.« Da Sprache aber in der Zeit voranschreitet, ist es unmöglich, diese Simultaneität der Erfahrungen herzustellen, es sei denn, man bricht die zeitliche Abfolge auf. Und genau dies tut Flaubert: er löst die Zeitabfolge durch Vor- und Rückblenden auf (die Analogie zur Kinematographie ist bewußt gewählt), und im Schlußcrescendo werden die beiden Redestränge – der Cincinnatus zitierende Präsident und der die unwiderstehliche magnetische Anziehungskraft zwischen Liebenden beschreibende Rudolf – in einer Satzpassage nebeneinander gestellt, um den Eindruck von Einheit und Gleichzeitigkeit zu erzielen.

Dieses »Verräumlichen« der Form (um Joseph Franks Ausdruck zu verwenden) unterbricht den Zeitfluß einer Erzählung, um die Aufmerksamkeit auf das Wechselspiel der Beziehungen in einem bewegungslosen Zeitraum zu konzentrieren. Dies ist eine Methode, um einzufangen, was James den »Wahrnehmungsfluß« nannte. Die andere Methode, die den Experimenten von Gertrude Stein, James Joyce und Virginia Woolf zugrunde liegt, besteht darin, den Leser in den Strom der Zeit zu tauchen. In *Jacob's Room* (1922) erzeugt Virginia Woolf durch Interaktion von Bildern, die sich ineinander auflösen, eine Sensibilitätsverlagerung. In *Mrs. Dalloway* (1925), der Geschichte eines Tages im Leben einer Frau, löst die Technik der Rückblenden einen Bewußtseinsstrom aus. In *The Waves* (1931) wurde der Roman schließlich zu einer Kette innerer Monologe. Der *Ulysses* von Joyce (1922) führt in unerreichter Meisterschaft alle Techniken des Zeitraffens vor und kreist um die Idee des Perspektivenwechsels, wobei er nicht nur durch Schnitte und Rückblenden, sondern auch in jedem Kapitel einen jeweils anderen Sprachstil verwendet, als wolle er damit die vielfältigen Erzählformen verdeutlichen. Mit dem frühesten all dieser Versuche (in dem erst 1925 veröffentlichten, aber 20 Jahre zuvor geschriebenen Buch *The Making of Americans*) bemüht sich Gertrude Stein, ihre Vorstellung vom »Zeitwissen« (nicht vom »Erzählen«) exemplarisch darzustellen, indem sie die gesamte, sich ständig wiederholende Geschichte einer Familie (das Buch umfaßt an die 900 Seiten) fast ausschließlich in der Gegenwartsform erzählt. Sie selbst bemerkt zu diesem Roman:

». . . in *The Making of Americans* . . . fand ich schrittweise und allmählich heraus, daß ich zwei Dinge beachten mußte: die Tatsache, daß Wissen sozusagen durch das Erinnern erworben wird; daß jedoch, sobald man etwas weiß, kein Erinnern hinzutritt. In dem Augenblick, in dem man sich bewußt ist, etwas zu wissen, hat das Erinnern ausgespielt. Wenn jemand einen anderen verspürt, ist das Erinnern ausgeschaltet. Man hat das Gefühl der Unmittelbarkeit. . . . Ich suchte diese gegenwärtige Unmittelbarkeit einzufangen, ohne etwas anderes mit hineinzuziehen, und mußte das Partizip Präsens verwenden sowie neue Konstruktionen der Grammatik. Die grammatikalischen Konstruktionen sind korrekt, sind jedoch verändert worden, um die Unmittelbarkeit einfangen zu können. Kurz, von diesem Augenblick an bemühte ich mich auf nur jede denkbare Weise, das Gefühl der Unmittelbarkeit zu treffen, und praktisch alle Arbeiten, die ich geschrieben habe, gehen in diese Richtung.«[19]

In der Musik findet man ähnliche Wandlungen. Der modernistische Kanon zeigt eine wachsende Besessenheit vom Klang – freilich nur Vordergrundklang. Der Wandel von Wagner zu Schönberg macht diesen Übergang deutlich. Das frühe Werk Schönbergs zeigt noch den Einfluß Wagners, doch anschließend leugnet Schönberg die Notwendigkeit eines strukturell harmonischen Hintergrundes und wandte das Strukturprinzip allein auf den Vordergrund an. Die Musik nach Schönberg gibt sogar dieses Prinzip auf; man verzichtet fast völlig auf temporale Sequenzen, zugunsten von Zufallstönen, Klirrmustern oder, wie in den Bouffé-Innovationen von John Cage, zugunsten der Stille.

Die Jahre von 1890 bis 1930 waren mit ihren brillanten Stilerkundungen und verwirrenden Formexperimenten die hohe Zeit des Modernismus. Seitdem hat es, im Verlauf von 45 Jahren, fast keine Innovation mehr gegeben, die man nicht bereits in jener Zeit erprobt hätte, ausgenommen jene Bestrebungen, die Technologie mit Musik oder Technologie mit Malerei oder Bildhauerei zu verbinden suchen (z. B. die von Rauschenberg geschaffenen »Environments«, bei denen Lichtmuster und »Skulptur«-Anordnungen durch das Gewicht des Betrachters auf Druckmatten oder durch die Abgabe von Körperwärme auf Sensoren zufällig verändert werden), Bestrebungen, welche die Mühen der Kunst dem Gedächtnis (und nicht den Objekten) aufladen, sonst aber nichts Erinnernswertes hinterlassen haben. Sofern es überhaupt eine einzige Ästhetik gegeben hat, so bestand sie in dem Versuch, die Idee des Objekts zu zerstören. Dieser Vorgang setzte mit der sich wandelnden Auffassung von der »Dauerhaftigkeit« der Kunst ein. Tschelitschew hat einmal darüber geklagt, die Gemälde von Picasso würden aufgrund mangelnder Qualität der Leinwand nicht länger als 50 Jahre überdauern; Picasso hatte dafür nur ein Schulterzucken übrig. In der Kunst wurden Experimente in Selbstzerstörung wie mit den Maschinen von Tinguely durchgeführt; es gab »Augenblicksereignisse«, etwa die »Blitzlichtbilder«, die Picasso für Clouzot »zeichnete« (und die gefilmt worden sind). Wenn überhaupt eine neue Ästhetik entstand, dann war es das von Harold Rosenberg analysierte Bestreben, den Sinn der Malerei in der »Aktion« zu sehen, und dazu wurde erklärt, der Wert eines Gemäldes liege nicht in dem produzierten Objekt, sondern in der Handlung des Malers, während er sein Objekt produziere. Der Betrachter müsse lernen, nicht das Bild, das er vor sich sehe, zu genießen und zu schätzen, sondern die Suggestion kinästhetischer Aktivität, die dahinter stehe. Eine solcherart am »Neuen« orientierte Kunst legt dem »Gedächtnis« eine erhebliche Last auf.

Außergewöhnlich erscheint, daß der in allen Künsten – Malerei, Dichtung, Romanliteratur, Musik – vorherrschende modernistische

Antrieb eine durchgängige Ausdruckssyntax besitzt. Sie besteht, wie ich bereits ausführte, im Distanzverlust zwischen Betrachter und Künstler und zwischen ästhetischem Erlebnis und Kunstwerk. Dieser Vorgang läßt sich am Schwund psychischer, sozialer und ästhetischer Distanz erkennen.

Das Schwinden psychischer Distanz bedeutet Aufhebung der Zeit. Nach Freud hat das Unbewußte kein Zeitgefühl: man erlebt die Ereignisse der Vergangenheit nicht, *als ob* sie gegenwärtig wären, sondern mit der Unmittelbarkeit, der actualité der Gegenwart. Aus diesem Grunde bleibt das Unbewußte mit seinem Speicher des Vergangenen, vor allem der Schrecken der Kindheit, so bedrohlich, daher muß es eingedämmt werden. Erwachsensein und Reife hieß für Freud die Fähigkeit, notwendige Distanz einzuhalten, ein Gefühl der Vergangenheit und Gegenwart zu besitzen, um die erforderlichen Unterscheidungen zwischen dem, was vergangen, was Vergangenheit ist, und dem aus der Gegenwart Stammenden treffen zu können. Der modernistische Impetus der Kultur will jedoch Sinn und Vorstellung von Vergangenheit und Gegenwart aufbrechen. In Prousts *Auf der Suche nach der verlorenen Zeit* weckt Sinneserfahrung unwillkürlich Erinnerung und beweist damit, wie tief die Vergangenheit in uns verborgen liegt und wie sie die Gegenwart zu überwältigen vermag. Faulkners *Schall und Wahn* (1929) beginnt in *medias res*. Irgend jemand spricht, wir wissen nicht wer. Schrittweise nur begreifen wir, daß es sich um ein schwachsinniges Kind namens Benjy handelt; doch zu unserer Verwirrung ist dies auch der Name einer anderen Figur. Im Ablauf der Romanentwicklung müssen wir uns Szenenfolgen aus den Wirrungen der Erinnerung herausklauben. Bei Verlust psychischer Distanz geht auch die Zeitlichkeit verloren, wie auch die Richtung, in die der Pfeil der Zeit gewöhnlich weist. Man mag zwar, wie Natalie Sarraute meinte, einen gewissen Grad an Spontaneität erreichen, wenn man, ohne Vorwarnung und Vorbereitung, in das Innerste der »Tropismen«, der ihre Romane kennzeichnenden Bewegungen getaucht wird, doch man verliert dabei auch das Gefühl für Klimax, für Leistung, um das sich der Mensch strebend bemüht, der sein Bewußtsein von polymorpher Perversität zur Reifung verlagert.

Der Verfall ästhetischer Distanz heißt Verlust der Kontrolle über Erfahrung – Verlust der Fähigkeit, innezuhalten und ein »Zwiegespräch« mit der Kunst zu halten. In dem experimentellen russischen Theater unter seinem Direktor Tairow war – in den zwanziger Jahren – die Trennung zwischen Bühne und Publikum aufgehoben, die formale Barriere der Vorderbühne oder des Bühnenrunds niedergerissen. Die Handlung spielte sich inmitten der Zuschauer und um sie herum ab, bezog die Zuschauer mit ein und ließ sie an den Ereignissen teilhaben. (Mark Rothko, der riesige monochrome Leinwände herstellte, die bis zu 2,5 Meter breit und über 3,5 Meter hoch waren, regte einmal an, der Betrachter solle sich einen halben Meter vor seinen Bildern aufstellen.) Der vielleicht stärkste Beweis für den Verlust an ästhetischer Distanz ist der Spielfilm, die einzig neue Kunstform, die in den letzten 2500 Jahren entstanden ist. Mittels der technischen Natur des Films wird das Ereignis – Distanz (Nah- oder Weiteinstellung), Dauer eines »Schnitts«, Konzentrierung auf eine bestimmte Figur, anstelle einer anderen, Bildfolge und -rhythmus – dem Zuschauer förmlich »aufgezwungen«, während er in die Dunkelheit des Vorführraums gleichsam eingehüllt in seinem Sessel sitzt (auch buchstäblich eingehüllt wie im Kino von Abel Gance in den dreißiger Jahren oder später im Cinerama und in den Rundhauskinos mit mehreren Leinwänden). Der Einfluß der Filmtechnik – schnelle Einblenden, Rückblenden, Themengewebe und Aufbrechen von Sequenzen – hat, alles durchdringend, den Roman erfaßt, liefert Modelle für multimediale Lichtshows und prägt selbst die Aufmachung der Werbungen und all die multisensorischen Reizquellen, die uns in der Welt, in die wir geworfen sind, tagtäglich überfluten.[20]

All dies muß unweigerlich alle alltäglichen Wahrnehmungen im Gesamtbereich menschlicher Erfahrungen verzerren. Resultat von Unmittelbarkeit, Wirkung, Simultaneität und Sinneserregung als ästhetische – und psychologische – Erfahrungsweise ist die Dramatisierung jeden Augenblicks, Spannungssteigerung bis zum äußersten und dennoch Ausbleiben von Lösungen, Versöhnungen oder Verwandlungselementen, welche die Katharsis eines Rituals ausmachen. Das muß notwendig so sein, da die hervorgerufenen Effekte nicht vom *Inhalt* (einer transzendentalen Verpflichtung, einer Verklärung, dem reinigenden Feuer der Tragödie oder des Leidens), sondern fast ausschließlich von der *Technik* ausgehen. Es herrschen ständige Stimulierung und Desorientierung, doch wenn der psychodelische Augenblick vorüber ist, stellt sich die Leere ein. Man wird eingenebelt, umhergewirbelt, in psychische »Hochs« oder in Entzücken am Rand des Wahnsinns versetzt, doch jenseits des Wirbelwinds der Sinne breitet sich weiterhin die triste Routine des Alltagslebens aus. Im Theater fällt der Vorhang, das Spiel ist aus. Doch in der Realität muß man nach Hause gehen, sich ins Bett legen, am nächsten Morgen aufstehen, die Zähne putzen, duschen, rasieren, sich entleeren und zur Arbeit gehen. Der Alltag unterscheidet sich notwendig von psychedelischen Augenblicken. Wie weit kann dieses Auseinanderfallen noch getrieben werden?

Die Suche nach dem Modernen war Suche nach Ausweitung von Erfahrung in allen Dimensionen und war der Versuch, diese Erfahrungen der Sensibilität des Menschen unmittelbar zugänglich zu machen. Alle Anzeichen sprechen jedoch dafür, daß wir das Ende dieser Phase erreicht haben, zumindest was die Hochkultur angeht (sofern ein solcher Begriff heute noch möglich ist), vor allem, weil die genannten Bestrebungen in die Vulgarisierung der Massenkultur abgeglitten sind. Die Literatur der Moderne – die Literatur von Yeats, Lawrence, Joyce und Kafka – hat nach den Worten von Lionell Trilling »die dunkle Macht, die einst bestimmte Elemente der Religion auf den menschlichen Geist ausübten«, an sich genommen. Sie ist, auf private Weise, um Erlösung bemüht. Die Nachfolger der Moderne in der Literatur scheinen jedoch das Interesse an Erlösung verloren zu haben. In diesem Sinne ist die Gegenwartskunst zu einer postmodernen und postchristlichen Kunst geworden.

Am Ende der Tendenzkurve entdecken wir schließlich noch den Umsturz der »rationalen Kosmologie«, die das westliche Denken seit dem 15. Jahrhundert geprägt hat – das Aufsprengen der Zeitfolge (Anfang, Mitte, Ende), der Binnenraumdistanz (Vorder- und Hintergrund, Figur und Standfläche) und des Gefühls für Proportion und Maß, die beide in einer einzigen Ordnungsvorstellung vereint waren. Der Distanzverlust als ästhetisches, soziologisches und psychisches Faktum heißt: für den Menschen und für seine Denkorganisation gibt es keine Grenzen, keine ordnenden Erfahrungs- und Urteilsprinzipien mehr. Zeit und Raum sind für die Heimstatt des modernen Menschen keine Eckpfeiler mehr. Unsere Vorfahren besaßen einen religiösen Halt, der ihnen Sicherheit und Festigkeit gab, wie weit sie auch immer zu wandern gedachten. Der entwurzelte Mensch kann nur kultureller Wanderer sein, ohne Heim, in das er zurückkehren könnte. Die Frage stellt sich folglich, ob es der Kultur gelingt, wieder Kohärenz zu gewinnen, Kohärenz sicherer Erfahrungen und nicht nur Form.[21]

Anmerkungen

1 Vgl. William Wordworth, *Selected Poems and Prefaces,* Houghton Mifflin, Boston 1966, S. 449; und T. S. Eliot, *Notes Towards the Definition of Culture,* Faber and Faber, London 1948, S. 25.

2 Sichtbar natürlich an dem traditionellen russischen Patronymikon, an der üblichen arabischen Namensgebung, zum Beispiel Ali ben Ahmed, oder bei den Residuen alter englischer Namen wie John/son (engl. son = Sohn), Thom/son und ähnlichem.

3 In der traditionellen westlichen Gesellschaft oder in den Anfangsphasen der zeitgenössischen Gesellschaft war die *soziale Schicht* gewöhnlich Hauptvermittlerin von Identität. Aufkommen und Zerfall sozialer Schichten und Klassen war, wie Schumpeter hervorhebt, Aufkommen und Zerfall von Familien. Wer früher nach gesellschaftlicher Stellung und Macht strebte, suchte mit seiner Schicht aufzusteigen, oder aber, unter den Bedingungen freierer Mobilität, sich aus seiner Klasse herauszulösen und aufzusteigen. Die soziale Schicht ist für die Identitätsbildung auch heute noch von großer Bedeutung, die allerdings mit der wachsenden Relevanz von Erziehung als dem hauptsächlichsten Weg zu einem »Platz« in der Gesellschaft immer mehr abnimmt. Sowohl im literarischen Bereich (dort hat dieser Prozeß eine lange Geschichte) als auch auf dem Felde der Politik kommt der Generation heutzutage große Bedeutung zu. In der Welt der Einwanderer – und Amerika ist ein Land mit vielen solchen »Welten« gewesen – bildet die Generation für den Intellektuellen das hauptsächliche Reservoir psychischer Identität.

4 Die Unterscheidung von Rolle und Person liegt ein wenig anders als die Unterscheidung zwischen Amt und Person. Zur Durchsetzung von Autorität legt jede Gesellschaft Gewicht auf die Unterscheidung (am deutlichsten in der Armee) zwischen Rang und die diesen Rang einnehmende Person. Man gehorcht dem Rang, nicht der Person. Man respektiert ein Amt (z. B. das des Richters), nicht notwendigerweise den jeweiligen Menschen. Eine Rolle bildet jedoch nur einen Teilaspekt der täglichen Aktivität des einzelnen; sie ist kein formal definiertes Ensemble von Verpflichtungen (wie bei einem Rang oder Amt), sondern ein Ensemble vorgeschriebener, von sozialen Gepflogenheiten bestimmter Verhaltensmuster.

5 Die Mikrophysik, wie ich sie verstehe, ist, verwirrt in dem Bemühen, dieses »Irrlicht« einzufangen, zur Metapher zurückgefallen – z. B. »der achtfaltige Weg« (»the eightfold way«), »entzückte Quarcks« (*»charmed quarcks«*). Die Geschichte der Physik war Suche nach der kleinsten Einheit; aber es könnte sich am Ende herausstellen, daß es ein solches Gebilde gar nicht gibt, sondern nur ein Ensemble von Beziehungen, die sich mit der Position des Beobachters oder – als Funktion ihrer sich verändernden Beziehungen – mit den verschiedenen Zerfallsraten der Teilchen selbst verändern. Wir könnten dort anfangen, wo Anaximander anlangte, diesmal allerdings bei dem »Grenzenlosen«, nicht bei dem Begrenzten.

6 »Im achtzehnten Jahrhundert«, schrieb Whitehead in *Science and the Modern World,* »las jeder gebildete Mensch Lucretius und delektierte sich an Gedanken über Atome.« Als Ralph Waldo Emerson seine erste Überseereise antrat, um sich mit zeitgenössischen europäischen Intellektuellen zu treffen, hielt sich ihr Gespräch bei aller Spannweite immer noch an einen

gemeinsamen Bezugsrahmen. Mit den Worten von Wordworths: »Das Gespräch wandte sich Büchern zu. Er schätzt Lucretius als Dichter viel höher ein als Virgil . . . Er fuhr fort, Goethes *Wilhelm Meister* zu schmähen. Er strotze nur so von jedweder Hurerei.« Mit den Worten Carlyles: »Plato liest er nicht und er verachtet Sokrates . . . Gibbon bezeichnete er als ›prächtige Brücke von der alten zur neuen Welt‹ . . . *Tristram Shandy* war eines seiner ersten Bücher nach *Robinson Crusoe*.« Vgl. *English Traits*, Houghton Mifflin, Boston 1876, S. 14–24.

7 Stanley Edgar Hyman hat bereits vor Jahren geschrieben: »Die Erfindung von Tonbandaufnahme und der Langspielplatte mit ihrem Produktions- und Verkaufsboom könnte sich als noch bedeutendere Revolution erweisen als das Paperback, und sie haben für die Dichtung mit Sicherheit bereits mehr getan als jede Form der Publikation. Buchstäblich Hunderte von Gesellschaften, manche nicht größer als eine Anschrift, produzieren Schallplatten, deren Zahl in die Tausende geht. Sie machen überall eine große Musikauswahl zugänglich und stimulieren eine wachsende Nachfrage nach Life-Musik auch außerhalb der bekannten Musikzentren. In technischer Hinsicht besitzt der Hi-Fi- und Stereoklang, der reproduzierte Klang, eine Qualität und Bandbreite, die vor zwei Jahrzehnten noch undenkbar erschien. Eine einzige Gesellschaft, die Folkways, hat mehrere hundert Platten mit Folk-Musik herausgebracht, darunter so exotische und ausgefallene wie ›Eskimomusik von Alaska und der Hudsonbucht‹ oder ›Temiar-Traumlieder aus Malaya‹. Der Preis ermöglicht es jedem, eine Sammlung anzulegen, mit der sich noch vor einer Generation kaum eines der größten Archive der Welt hätte messen können. Es ist noch gar nicht allzu lange her, da hätte ein interessierter Weltenbummler so viele Volkslieder nur während eines langen, bewegten Lebens hören können.« In *Culture for the Millions?*, hrsg. v. Norman Jacobs, Van Nostrand, Princeton 1961, S. 126.

8 Angefangen mit den Griechen, hat die westliche Kultur – parallel zur Unterscheidung zwischen Arbeit und Muße – zwischen kreativen und nützlichen Künsten unterschieden. Selbst die Kirche, mit der Aufgabe betraut, das niedere Kunsthandwerk zu veredeln, akzeptierte diese Unterscheidung, vielleicht weil die katholische Kultur in einer historischen Epoche in Blüte stand, in der zwischen Muße und Arbeit streng geschieden wurde. Literatur und Musik waren, als kontemplative Künste, schon immer im Pantheon vertreten; Malerei und Bildhauerei, deren handwerklicher Status zwiespältiger ist, wurden trotzdem dort aufgenommen, zum Teil, weil diese Künste zur Verstärkung der religiösen Autorität dienlich waren, zum Teil, weil ihre Produkte zu den Erwerbungen zählten, die den Status ihrer Sammler erhöhten.

Im traditionellen China wurden, interessanterweise, die Nuancen ein wenig anders gesetzt. Zu den erhabenen Künsten zählten Poesie, Kalligraphie und Malerei, Künste, welche Gelehrten zu ihrem eigenen Vergnügen praktizierten und die nur ihresgleichen verstehen konnten. Die anderen Formen künstlerischen Ausdrucks – Bildhauerei, Bronzearbeiten, Haushalts- und Bestattungskeramik – sahen die Chinesen lediglich als Handwerkserzeugnisse an. Vgl. zu diesem Thema Mario Prodan, *Chinese Art*, Pantheon, New York 1958, S. 24 ff.

9 Meyer Shapiro, »Style«, in *Anthropology Today*, hrsg. v. Sol Tax, University of Chicago Press, Chicago 1953, S. 295.

10 H. Stuart Hughes, »Mass Culture and Social Criticism«, in *Culture for the Millions?,* a.a.O., S. 143.

11 Bei der Geschichte der Sensibilität – einem ungewöhnlich vernachlässigten Gebiet – fällt auf, daß die französischen Dichter des 16. Jahrhunderts in ihrer Bilderwelt den Akzent auf das Riechen, Schmecken und Hören legen und unfähig zu sein scheinen, einen Menschen oder einen Ort zu »malen« oder anschaulich zu machen, um dem Leser »real« den Eindruck des »Realen« zu vermitteln. Es finden sich keine Bilder von Fernsichten, von Landschaften oder des Meeres. Realität hat mehr mit Riechen und Hören als mit Sehen zu tun.

12 Eine phantasievolle Diskussion dieses Themas findet sich bei R. Richard Wohl und Anselm L. Strauss, »Symbolic Representation and the Urban Milieu«, in *American Journal of Sociology* 64, März 1958, S. 523–532.

13 Man vergleiche beispielsweise das anregende Buch von Erich Gutkind, *Our World from the Air,* Doubleday, Garden City, N.Y. 1952, und die Ausstellung über Straßen, die von Bernard Rudofsky im September 1961 für das *Museum of Modern Art* zusammengestellt wurde.

14 »Die *Zeitfolge* ist das Gebiet des Dichters; der *Raum* das Gebiet des Malers. Zwei notwendig entfernte Zeitpunkte in ein und eben dasselbe Gemälde bringen, . . . heißt ein *Eingriff des Malers in das Gebiete des Dichters,* den der gute Geschmack nie billigen wird.« G. E. Lessing, *Laokoon,* Werke Bd. III, hrsg. von Waldemar Oehlke, Deutsches Verlagshaus Bong & CO., Berlin, Leipzig, Wien, Stuttgart, o. J., S. 440.

15 Joan Gadol, *Leon Battista Alberti, Universal Man of Early Renaissance,* University Press, Chicago 1969, S. 151. Aufkommen und Wandel der modernen Weltauffassung von Raum und Zeit, wie er sich in der Beziehung von Mathematik und Kunst darstellt, skizziert Ernst Cassirer in seiner maßgeblichen Arbeit *Individuum und Kosmos in der Philosophie der Renaissance,* Wissenschaftliche Buchgesellschaft, Darmstadt [3]1969. Cassirers Vorstellungen hat Ernst Panofsky auf ungewöhnliche Weise mit der Theorie des Sehens und mit der Raumvorstellung des Malers in Verbindung gebracht. Im Hinblick auf Alberti schreibt Panofsky: ». . . ein Gemälde mit einem Fenster vergleichen heißt, dem Maler einen direkten visuellen Zugang zur Realität zuzuschreiben oder dies von ihm zu fordern . . . Man glaubt nicht mehr, daß der Maler nach dem ›Idealbild in seiner Seele‹ arbeitet, wie Aristoteles meinte und nach ihm auch Thomas von Aquin und Meister Eckhart, sondern nach dem optischen Bild in seinem Auge . . . Kurzum, dem Raum, wie er in den hellenistischen und römischen Malereien verstanden und dargestellt wurde, fehlten zwei Qualitäten, die den Raum der ›modernen‹ Kunst, wie er verstanden und dargestellt wird, bis zum Auftreten von Picasso kennzeichnen: Kontinuität (und daher auch Meßbarkeit) und Unendlichkeit.« Vgl. Erwin Panofsky, *Renaissance and Renascences in Western Art,* Almqvist und Wiksell, Stockholm 1960, S. 120, 122 f.

16 Das »Technische Manifest« ist abgedruckt in *Futurism,* hsrg. v. Joshua Taylor, *Museum of Modern Art,* New York 1961, S. 125 ff.

17 Joseph Frank, »Spatial Form in Modern Literature«, in *The Widening Gyre: Crisis and Mastery in Modern Literature,* Rutgers University Press, New Brunswick, N.J. 1963, S. 13.

18 Roger Shattuck, *The Banquet Years,* Random House, N. Y. 1968, S. 36.

19 Gertrude Steins Beschreibung findet sich in »How Writing is Written«, einer Vorlesung in Oxford, neuabgedruckt in Somerset Maughams *Introduction to Modern English and American Literature,* New Home Library, New York 1943, S. 1356–1265.

20 Die Frage nach dem Verlust sozialer Distanz, dessen Gründe weniger in ästhetischen als in soziologischen Erwägungen liegen, sei hier ausgespart. Die Auswirkungen sind freilich gleichermaßen wichtig. Verlust sozialer Distanz bedeutet Verlust an Umgangsformen und Erosion der Höflichkeit, die den Kontakt zwischen Menschen erleichtert und dem einzelnen seinen eigenen »Spielraum« gestattet. Die daraus folgende Nivellierung führt dazu, daß Sprach-, Geschmacks- und Stilunterschiede beseitigt werden, womit Sprachgebrauch und Grammatik beliebig sind. In persönlicher Hinsicht heißt Verlust sozialer Distanz um sich greifende Einsamkeit und Isolierung, wachsende Unfähigkeit, wünschenswerte formale Beziehungen mit anderen aufrechtzuerhalten, ferner Flucht vor der Menge oder Neigung, Aufgaben und Arbeiten als persönliche Angelegenheit zu betrachten. In mobilen Gesellschaften ist der einzelne eingebettet in Partei, Gruppe oder Kommune. Die hedonistischen Gesellschaften des Westens legen den Akzent auf Oberflächenbeziehungen und auf flüchtigen Sozialaustausch von Individuen, der über Persönlichkeit und Äußeres vermittelt wird.

21 Das Thema »Distanzverfall« habe ich zuerst in einem kurzen Essay im *Encounter* (Mai 1963) skizziert. Dieser Abschnitt beruht weitgehend auf diesem Essay, dessen Thematik ich allerdings stärker ausgearbeitet habe. Zur Stützung der These beziehe ich mich auf eine große Zahl von Quellen. Außer den Literaturangaben in den vorangehenden Anmerkungen habe ich vor allem folgende Arbeiten herangezogen: Erich Auerbach, *Mimesis,* Francke, München [5]1971; Joseph Frank, *The Widening Gyre,* Rutgers University Press, New Brunswick, N.J. 1963 (dieses Buch enthält den brillanten Essay »Spatial Form in Modern Literature«, der ursprünglich in kürzerer Fassung in der *Sewanee Review* im Jahre 1945 erschienen ist; Aldous *Huxley, Literature and Science,* Harper & Row, New York 1963; Roger Shattuck, *The Banquet Years,* Random House, New York 1968; Joshua Taylor, *Futurism,* Museum of Modern Art, New York 1961; C. H. Waddington, *Behind Appearance: A Study of the Relations between Painting and Natural Sciences in this Century,* M.I.T. Press, Cambridge 1970; William James Erörterung des Bewußtseinsstromes findet sich in *Psychology: The Briefer Course,* hrsg. v. Gordon Allport, Harper Torchbook, New York, Neuaufl. 1961.

3. Die Sensibilität der sechziger Jahre

Jedes Jahrzehnt – und wir nehmen jetzt Dekaden oder Generationen als gesellschaftliche Zeiteinheiten – hat seine besonderen Kennzeichen. In den sechziger Jahren war es der politische und kulturelle Radikalismus. Beide waren durch den gemeinsamen Impuls zur Rebellion verklammert; doch politischer Radikalismus ist *au fond* nicht nur rebellisch, sondern revolutionär, und versucht eine neue Gesellschaftsordnung an Stelle der früheren zu setzen. Abgesehen von formalen Revolutionen in Stil und Syntax, ist der kulturelle Radikalismus zum großen Teil lediglich rebellisch, denn seine Impulse kommen aus Wut und Empörung. Aus diesem Grunde läßt sich an der Sensibilität der sechziger Jahre die Austrocknung eines entscheidenden Elements kulturellen Modernismus beobachten. Ich ziehe daher dieses Jahrzehnt als Fallstudie für meine Hauptthese heran.

Wenn man die Sensibilität der sechziger Jahre genauer definieren möchte, kann man sie als zweierlei betrachten: als Reaktion auf die Sensibilität der fünfziger Jahre und als eine Rückwendung und zugleich auch als Ausläufer einer früheren Sensibilität, die ihren Höhepunkt im Modernismus der Jahre vor dem Ersten Weltkrieg erreicht hatte.
Die Sensibilität der fünfziger Jahre war weitgehend literarisch orientiert. In den Schriften repräsentativer Kritiker dieses Zeitabschnitts wie Lionel Trilling, Yvor Winters und John Crowe Ransom standen Kompliziertheit, Ironie, Doppeldeutigkeit und Paradoxa im Mittelpunkt. Dies sind Merkmale, die für Geisteshaltungen bezeichnend sind. Sie fördern kritische Einstellungen, Absonderungen und Distanz, die den Menschen vor jeder überwältigenden Anteilnahme, Absorption und vor jedem Opfer für einen Glauben oder eine Erfahrung schützen sollen. Diese Einstellung, schlimmstenfalls eine Form von Quietismus, bestenfalls ein besonderes Selbstbewußtsein, ist ihrem Ton und Auftreten nach im wesentli-

chen gemäßigt. Die Sensibilität der sechziger Jahre hat diese Stimmungslage in schäumender, geradezu geistloser Manier von sich gewiesen. In ihrer Raserei gegen die Verhältnisse gerierte sich die neue Sensibilität lärmend, Verwünschungen ausstoßend, anfällig für Obszönitäten und darauf versessen, jedes Thema, ob politische oder sonstige, in disjunktiv aufeinander bezogenen Begriffen darzustellen.

Die länger andauernde Stimmungslage geht auf die früheren Impulse zurück. Die modernistischen Innovationen, zwischen den Jahren 1895 und 1914 in solchem Glanze leuchtend, haben zwei außerordentliche kulturelle Wandlungen mit sich gebracht. Zum einen haben wir einen Reihe *formaler* Revolutionen in den Künsten, die ich im vorigen Kapitel erörtert habe – Aufbrechen der poetischen Syntax, Bewußtseinsstrom in der Romanliteratur, Vielfalt der Bildebene in der Malerei, Aufkommen der Atonalität in der Musik, Aufgabe von Sequenzen bei der zeitlichen Darstellung sowie Verzicht auf Vorder- und Hintergrund bei der Raumabbildung. Zweitens haben wir eine neue Selbstdarstellung, die Robert Shattuck (in *The Banquet Years*) im Sinne von vier Merkmalen charakterisiert: Kult der Kindheit, Freude am Absurden, Umkehrung der Werte, das heißt, Bevorzugung niederer vor höheren Regungen und Beschäftigung mit Halluzinationen. Wir wollen zunächst die Fragen über die ästhetischen Innovationen beiseite lassen. Am auffälligsten an den sechziger Jahren war, daß frühere Beschäftigungen mit dem Selbst jetzt wieder aufgegriffen wurden, freilich in grellerer, schrofferer Weise. Die Leiden der Kindheit wurden, so in der »bekennenden« Dichtung von Robert Lowell, Anne Sexton und Sylvia Plath, ersetzt durch Enthüllungen persönlicher Erfahrungen des Dichters – selbst psychotischer Schübe –, wenngleich im Werk von Dichtern wie Allen Ginsberg mit seinem Hang zum Visionären, der zurückgeht auf Whitman, Blake und die indischen Veden, das Gefühl von Unschuld weiterhin intakt blieb. Gefühle von Absurdität verstärkten sich, so daß die Objekte – wie in den Stücken von Ionesco – mehr und mehr ein Eigenleben zu führen begannen. Die Umwertung der Werte war praktisch total. Allerdings wurde diesmal der Verherrlichung des Niederen alles Heitere und Possenhafte entzogen. Mit den Drogen- und psychodelischen Erfahrungen wurden natürlich auch die Halluzinationen auf den Thron gehoben. Doch all dem mischte die Sensibilität der sechziger Jahre noch etwas völlig eigenes bei: die Beschäftigung mit Gewalt und Grausamkeit, das Einlassen auf das sexuell Perverse, das Verlangen, Krach zu schlagen, eine anti-kognitive und anti-intellektuelle Stimmungslage, das Bestreben, ein für allemal die Schranken zwischen »Kunst« und »Leben« niederzureißen, sowie die Vermischung von Kunst und Politik.

Wenden wir uns nun der Reihe nach jedem dieser Charakterzüge kurz zu:

Gewalt und Grausamkeit, die sich im Film breitmachten, verfolgten nicht den Zweck, eine Katharsis zu bewirken; sie sollten vielmehr schockieren, quälen und Übelkeit hervorrufen. Filme, Happenings und Gemälde wetteiferten im Vorführen blutiger Einzelheiten. Es hieß, solche Gewalt und Grausamkeit spiegele lediglich die Welt um uns herum wider; doch die vierziger Jahre, wahrlich ein viel bluttriefenderes, brutaleres Jahrzehnt, haben nicht dazu geführt, daß man dermaßen bei mörderisch-blutigen Einzelheiten verweilte wie die Filme der sechziger Jahre, zum Beispiel in *Bonnie und Clyde* und in M.A.S.H.

Das sexuell Perverse ist so alt wie Sodom und Gomorra, jedenfalls so alt, wie es eine schriftliche Überlieferung gibt; doch selten ist es so offen und unvermittelt zur Schau gestellt worden wie in den sechziger Jahren. In Filmen wie in Andy Warhols *The Celsea Girls,* dem schwedischen Streifen *I Am Curious (Yellow)* oder in Stücken wie in *Futz and Ché* findet sich eine zwanghafte Beschäftigung mit Homosexualität, Transvestismus, Sodomie und, am aufdringlichsten, mit öffentlich vorgeführtem oralgenitalen Verkehr. Diese Zwanghaftigkeit scheint eine Flucht vor heterosexuellem Leben darzustellen, womöglich als Reaktion auf die Freisetzung aggressiver weiblicher Sexualität, die gegen Ende des Jahrzehnts immer deutlicher zum Vorschein kommt.

Die fünfziger Jahre, so möchte man fast sagen, waren, was die Sensibilität angeht, eine Zeit der Stille gewesen. Die Stücke von Samuel Beckett suchen ein Gefühl von Stille zu vermitteln, die Musik von John Cage strebte sogar eine Ästhetik der Stille an. Die sechziger Jahre hingegen waren vorwiegend eine Zeit des Lärms und der Unruhe. Angefangen mit dem »neuen Sound« der Beatles im Jahre 1964 erklomm die Rockmusik solch tosende Crescendos, daß schier unmöglich wurde, sein eigenes Denken zu hören, und dies mag in der Tat Absicht gewesen sein.

Die anti-kognitive und anti-intellektuelle Stimmungslage fand ihren beredten Audruck in der Attacke auf »Inhalt« und Interpretation, in der Betonung von Form und Stil und in der Hinwendung zu »kühleren« Medien wie Film und Tanz – eine Sensibilität, die nach den Worten von Susan Sontag »auf Beliebigkeit beruht, ohne Ideen, jenseits der Negation«.

Das Niederreißen der Grenzen zwischen Kunst und Leben ist ein weiterer Aspekt der Sprengung des Genres, der Umwandlung eines

Gemäldes in ein Happening, der Herausnahme von Kunst aus den Museen in die Umwelt und des Umsetzens aller Erfahrungen in Kunst, ob mit oder ohne Form. Mit der Verherrlichung des Lebens neigte dieser Prozeß zur Zerstörung der Kunst.

In den sechziger Jahren wurden Kunst und Politik wahrscheinlich intensiver vermischt als zu irgendeiner anderen Zeit in der modernen Geschichte. Während der dreißiger Jahre war Kunst zwar der Politik zu Diensten gewesen, doch in schwerfällig ideologischer Weise. In den sechziger Jahren lag der Akzent nicht auf dem ideologischen Inhalt, sondern auf Gefühl und Stimmung. Guerillatheater und Demonstrationskunst hatten außer Wut nur wenig Inhaltliches. Um einen vergleichbaren Ton zu finden, muß man schon zurückgehen zum Anarchismus der neunziger Jahre des vergangenen Jahrhunderts, als Kunst ebenfalls mit Politik vermengt worden war. An den sechziger Jahren sind jedoch die Spannweite und Intensität des Gefühls besonders auffällig, eines Gefühls, das nicht nur gegen Regierung und Verwaltung gerichtet war, sondern sich fast völlig anti-institutionell gab und letztlich wohl antinomisch war.

Und doch fällt an den sechziger Jahren auf, daß trotz allem Aufruhr eine nennenswerte Revolution der ästhetischen Form ausblieb. Die Hinwendung zur Maschine und zur Technologie vermag lediglich die Erinnerung an das Bauhaus und an Moholy-Nagy (ung. Kunsttheoretiker, 1923–28 Lehrer am Bauhaus; Anm. d.Red.) wachzurufen; das Theater war nur ein Echo der Praktiken Alfred Jarrys und der Theorien Antonin Artauds; Spott und Späße in der Kunst waren Abklatsch des Dadismus oder bedienten sich rhetorisch beim Surrealismus. Lediglich in der Romanliteratur, etwa in der sprachlichen Brillanz Nabokows, den räumlichen Verschiebungen bei Burroughs und in einigen Elementen des französischen *nouveau roman* kommen einige interessante Innovationen zum Vorschein. Das Jahrzehnt war trotz aller Erörterungen über Form und Stil bar jeder Originalität in beiden Bereichen. In der Sensibilität lagen Gereiztheiten in Ton und Stimmung, Früchte eines ursprünglich politischen Zorns, Gereiztheiten, auch die Künste ergriffen. Für die Kulturgeschichte bedeutsam bleibt jedoch eine Stimmung, die sich gegen die Kunst richtete, ferner das Verlangen einer Kulturmasse, eben jenen Lebensstil zu übernehmen und auszuagieren, den bislang eine kleine begabte Elite gepflegt hatte.

Die Aufhebung der »Kunst«

Die Tonangebenden in der Kultur der fünfziger Jahre hielten sich etwas darauf zugute, sie hätten gegen Beliebtheit, Aufgeblasenheit und Kitsch, die von den Massenmedien in die Welt gesetzt würden, sowie gegen Anmaßung und kunstgewerblichen Schwulst, den Markenzeichen des »Normalverbrauchertums«, ihre Stimme erhoben. Sie hielten an einer klassischen Kulturkonzeption fest und verfochten ein transhistorisches und transzendentales Kriterium zur Beurteilung von Kunst.

Hannah Arendt hat diesen Standpunkt vielleicht am deutlichsten und entschiedensten formuliert. »Kunstwerke«, schrieb sie, »werden allein zum Zwecke äußerer Erscheinung hergestellt. Das geeignete Kriterium zur Beurteilung äußerer Erscheinung ist Schönheit . . . um Erscheinungen wahrnehmen zu können, müssen wir zunächst *die Freiheit haben, eine gewisse Distanz* zwischen uns und dem Objekt herzustellen . . .«

Wir haben es hier mit der griechischen Kunstauffassung zu tun, nach der Kultur im wesentlichen etwas Kontemplatives ist: Kunst ist nicht Leben, sondern gewissermaßen etwas dem Leben Entgegengesetztes, denn das Leben ist vergänglich, ändert sich ständig, während Kunst etwas Dauerhaftes ist. In diesem Zusammenhang verwendet Hannah Arendt den Hegelschen Begriff der *Objektivierung:* Das Kunstwerk sei eine vom schöpferischen Menschen vorgenommene Projektion einer Idee oder eines Gefühls in ein Objekt außerhalb seiner selbst: ». . . was hier auf dem Spiel steht«, schreibt Hannah Arendt, »ist weit mehr als der psychische Zustand des Künstlers; es ist vielmehr der objektive Status der Kulturwelt, die in dem Maße, als sie greifbare Dinge – Bücher und Gemälde, Statuen, Gebäude und Musik – beinhaltet, die gesamte überlieferte Vergangenheit von Ländern, Nationen und letztlich der Menschheit umfaßt und von ihr Zeugnis ablegt. So gesehen ist das einzig nichtgesellschaftliche und authentische Kriterium zur Beurteilung dieser spezifischen kulturellen Dinge ihre relative Beständigkeit und gegebenenfalls sogar Unsterblichkeit. Nur was die Jahrhunderte überdauert, kann letztlich den Anspruch erheben, ein Kulturobjekt zu sein.«[1]

Paradoxerweise ist diese Auffassung – die in den sechziger Jahren so archaisch erscheinen mußte – nicht von den geistig Anspruchslosen oder den geistigen Normalverbrauchern, sondern von den Intellektuellen, den Lehrern und Dozenten moderner Kultur selbst ausgehöhlt worden. Denn bei dem Bemühen zu bestimmen, was die neue Sensibilität ausmacht, leugneten sie ausgerechnet die von

Hannah Arendt vertretenen Begriffe und Vorstellungen. Kunst und Kultur, so ihre Behauptung, hätten sich vom unabhängigen Werk des Künstlers auf seine Persönlichkeit verlagert, vom dauerhaften Objekt hin zum flüchtigen Prozeß. Harold Rosenberg hat bei seinen Erläuterungen zu den Werken von Jackson Pollock, Willem de Kooning, Franz Kline und anderen »Actionmalern« diese Auffassung zum erstenmal zum Ausdruck gebracht. »Zu einem bestimmten Zeitpunkt«, schreibt Rosenberg, »erschien die Leinwand immer mehr amerikanischen Malern als Arena, in der es zu handeln galt – weniger als Fläche oder Raum, auf dem man ein Objekt reproduziert, neu gestaltet oder ›ausdrückt‹, sei es ein reales oder ein phantasiertes Objekt. *Auf der Leinwand sollte kein Bild, sondern ein Ereignis* erscheinen . . . bei diesem Hantieren mit Materialien war auch die Ästhetik von untergeordneter Bedeutung. Auf Form, Farbe, Komposition, Entwurf. . . kann man verzichten. Es zählt stets nur die im Akt selbst enthaltene Offenbarung.«

Wenn Malen Handlung ist, dann besteht kein Unterschied zwischen erster Skizze und fertigem Objekt. Das letztere kann dann nicht besser oder vollständiger sein als die erstere. Dann gibt es in der Kunst keine Vorarbeiten oder Hierarchien, und jede Handlung ist ein Ereignis für sich. Die Arbeit löst sich *qua* Arbeit in der Handlung auf, und entsprechend verhält es sich mit der Kritik. »Die neue Malerei«, folgert Rosenberg, »hat jede Unterscheidung zwischen Kunst und Leben niedergerissen. Daraus folgt, daß für die Kunst alles relevant ist. Alles, was mit Aktion zu tun hat – Psychologie, Philosophie, Geschichte, Mythologie und Heldenverehrung. Alles außer der Kunstkritik. Der Maler entzieht sich der Kunst durch den Akt des Malens; der Kritiker kann sich ihr aber nicht entziehen. Der Kritiker, der fortfährt, Urteile im Sinne von Schulen, Stilen und Formkriterien zu fällen – als sei der Künstler immer noch mit der Produktion gewisser Objekte (Kunstwerke) beschäftigt, statt auf der Leinwand zu leben –, ein solcher Kritiker kann heute nur noch fremdartig erscheinen.«[2]

Harold Rosenberg hat sich als verblüffend exakt vorhersagender Prophet erwiesen. Die gesamte Kunstbewegung der sechziger Jahre suchte das Kunstwerk als »Kulturobjekt« auszulöschen sowie die Unterscheidung zwischen Subjekt und Objekt, zwischen Kunst und Leben aufzuheben. Nirgends war dies augenfälliger als in der Bildhauerei oder in der Vermischung von Plastik und Malerei und der Auflösung beider Kunstformen in Räume, Environments, Bewegungen, Medienmischungen, Happenings und »Mensch–Maschine«-Interaktionen. Die klassische Bildhauerei befaßte sich vorwiegend mit Objekten. Sie bediente sich der Masse als fester Form und war im dreidimensionalen Raum verankert. Die Skulptur wurde auf ein Fundament oder auf einen Sockel gesetzt und auf diese Weise räumlich vom irdischen Boden oder von der Wand abgehoben. In den sechziger Jahren schwand dies alles dahin. Man verzichtete auf ein Fundament, so daß die Plastik mit ihrer Umgebung verschmolz. Masse löste sich in Raum auf, und der Raum geriet in Bewegung. So gab die »Minimalskulptur« (von Donald Judd, Robert Morris, Dan Flavin) jegliche Bildhaftigkeit auf. Sie wollte nichts anderes sein, als was sie vorgab: Behälter, Formen, Beziehungen, die weder organisch, figurativ, sinnbildlich noch anthropomorph sind. Es waren im wortwörtlichen Sinne *Dinge an sich*. Ähnliches ließ sich in einer Ausstellung beobachten, die das Whitney-Museum im Sommer 1968 zusammengestellt und mit dem Titel versehen hatte: »Anti-Illusion: Verfahren und Materialien.« Die Materialien waren Heu, Fett, Dreck, Hundefutter usw. Der Katalog war von James Monte mit folgenden Bemerkungen eingeleitet worden: »Die radikale Natur vieler Werke dieser Ausstellung beruht weniger auf der Tatsache, daß von den Künstlern neue Materialien verwendet werden, als vielmehr auf der Tatsache, daß die Akte des Vermittelns und Plazierens der Stücke Vorrang vor der Objektqualität der Arbeiten haben.« Von den Skulpturen »befindet sich jede in einem entobjektivierten oder zerstreuten oder derangierten Zustand und in einigen Fällen in allen drei Zuständen gleichzeitig.«[3] Lynda Benglis Werke aus Latex wurden auf den Boden gegossen, wo sie ihre eigene Form annehmen konnten. Barry La Va verwendete Mischungen aus Löschkalk und Mineralöl in Verbindung mit Papier oder Stoff; sobald sie vermengt wurden, kamen verschiedene Formen zum Vorschein, je nach Trockenheit, Feuchtigkeit, Absorption oder Sättigungsgrad. »La Va vermag bei den jüngsten Stücken die Zeit als wesentliches Element zu verwenden; er kann die Entwicklungsequenz des Werkes auf ähnliche Weise planen wie ein Biologe das Wachstum von Mikroorganismen im Laboratorium.« Die Luftplastik von Michael Asher bestand buchstäblich aus einem Luftvorhang, der die Höhe, Breite und Tiefe eines Durchgangsraumes von einer Galerie zur nächsten ausmachte. Man fühlte den »Raum« beim Durchgang aufgrund des Drucks auf den Körper. »Die entkörperlichte Buchstäblichkeit des Stücks spielt geschickt auf eine ohne Zimmerhandwerk entstandene Bauform an. Fühlen und mithin Wissen ersetzen den Zyklus des Sehens und folglich Wissens um das Vorhandensein der Skulptur.«

Im Jahre 1968 hat auch Robert Morris vor einem Notar erklärt, er »entziehe« der von ihm angefertigten Konstruktion »jede ästhetische Qualität und jeden Inhalt«. Diese extreme Entwicklung der »Anti-Form«-Bewegung kommentierend, schreibt Harold Rosenberg:

»Ästhetischer Rückzug ... legitimiert ›Prozeß‹-Kunst – in der biologische, physikalische oder jahreszeitlich bedingte Kräfte die ursprünglichen Materialien beeinflussen und entweder ihre Form verändern oder sie zerstören, wie in Werken, die wachsendes Gras und Bakterien oder Rostansatz einschließen – und *random art,* deren Form und Inhalt vom Zufall bestimmt werden. Letztlich suggeriert die Verwerfung der Ästhetik die völlige Eliminierung des Kunstobjekts und seine Ersetzung durch die Idee eines Werkes oder durch das Gerücht, daß ein Werk beendet worden sei – wie in der Konzeptkunst. Trotz Betonung der Aktualität des verwendeten Materials heißt das allen Sparten der de-ästhetisierten Kunst gemeinsame Prinzip, daß das fertige Produkt, wenn überhaupt, von geringerer Bedeutung ist als die Verfahren, die das Werk entstehen ließen und deren Spur es ist.«[4]

Eineinhalb Jahrzehnte nach seiner ursprünglichen – und sich damals bewahrheiteten – Vorwegnahme der »Gebärden«- oder »Prozeß«-Kunst war Rosenberg zweifellos ein wenig unglücklich über den rigiden Zustand, den diese Richtung erreicht hatte. Er bemühte sich, den jungen Künstlern ins Gedächtnis zu rufen, daß »den Dingen ästhetische Qualitäten eigen sind, ob sie nun Kunstwerke sind oder nicht. Die Ästhetik ist kein gesondert bestehendes Element, das sich nach dem Willen des Künstlers austreiben läßt. Morris konnte seiner Konstruktion nicht mehr ästhetischen Inhalt entziehen, als er ihn dort, wo er fehlte, hineingeben konnte.«[5]

Die Malerei bewegte sich auf einer ähnlichen Kurve. Seit ihren Anfängen in grauer Vorzeit beruhte Malerei immer auf zwei Elementen: einem symmetrischen, geometrischen Feld und einer planen Oberfläche. Der erste Höhlenmaler, der eine Linie zog um das Bild, das er malte, sonderte sein Bild von der Umgebung ab; an die Stelle magischer Manipulation von Realität trat das Symbol für Realität.

In den letzten Jahrzehnten waren wir Zeugen des endgültigen Bruchs mit Feld und Oberfläche, der traditionellen Stätte der Malerei. Aufgeklebtes Material, wie bei der Collage, bricht die Oberfläche auf; geformte Leinwand zerstört das geometrische Feld. Assemblagen ragen aus der Wand. Environments umgeben das Individuum. In diesen beiden Kunstmilieus wird, wie Allan Kaprow, ein Sprecher der Bewegung, hervorhebt, aus der Raumillusion des Gemäldes die wirklichkeitsgetreue Distanz zwischen all den festen Dingen im Kunstwerk.

Im Jahre 1969 hat das *Museum of Modern Art* mit der von Jennifer Licht organisierten Ausstellung »Räume« der neuen Bewegung seine Imprimatur gegeben. Hier herrschte vollständige Distanzaufhebung: das Bild war umgekehrt, der Betrachter stand eher innerhalb als außerhalb. In dem Katalog zur Ausstellung schreibt Jennifer Licht:

»In der Vergangenheit war der Raum lediglich Attribut eines Kunstwerks, dargestellt durch illusionistische Konventionen in der Malerei und durch Verlagerung von Masse in der Bildhauerei; der Raum, der Betrachter und Objekt trennte, wurde als bloße Distanz ignoriert. Diese unsichtbare Dimension wird jetzt als aktives Ingredienz verstanden, das vom Künstler nicht einfach nur dargestellt, sondern geformt und gekennzeichnet werden soll, als Ingredienz, das die Fähigkeit besitzt, Betrachter und Kunst in eine Situation mit größeren Möglichkeiten einzubeziehen und miteinander zu verschmelzen. Man betritt nun in der Tat den Binnenraum des Kunstwerks – ein früher nur visuell von außen wahrnehmbares Gebiet, dem man sich nähern, in das man aber nicht eindringen konnte – und steht vor einem Ensemble von Bedingungen und nicht vor einem endlichen, begrenzten Objekt.«

Die Ausstellung, besser Show, bestand aus sechs Zimmern oder Räumen, von denen einer mit großen Konstruktionen aus gelben und grünen fluoreszierenden Lichtröhren angefüllt war. Ein anderes Zimmer war mit Schallwänden ausgestattet. Ein drittes, aus vakuumbeschichtetem Glas bestehend, war fast völlig schwarz. In einem vierten Raum, der einer Turnhalle glich, konnte man auf Matratzen liegen, sich in Leinwandfetzen hüllen und dergleichen. Im Garten hatte die Gruppe *Pulse* ein Licht-, Ton- und Wärme-Environment organisiert, um Mixed-Media-Reaktionen zu erzielen.

Das Environment hebt die Grenzen zwischen Raum und Person auf. Happenings verwischen die Distanz zwischen Situation oder Ereignis und dem Betrachter. In Happenings gehören nicht nur Farbe und Raum, sondern auch Wärme, Geruch, Geschmack und Bewegung zum Kunstwerk. Allen Kaprow schreibt: »Environments und Happenings sind sich grundsätzlich ähnlich. Sie sind passive und aktive Seiten ein und derselben Medaille, und ihr Prinzip heißt Ausweitung.«

Das Happening ist ein Pastiche, der ein Environment als Kunstsetting mit einer theatralischen Aufführung verbindet. Es war ursprünglich das Theater des Malers, in dessen Verlauf sich die Manipulation von Objekten und Materialien beobachten ließ, aus denen das Feld des Gemäldes bestand, eines Gemäldes, das von der Wand genommen und ins Freie gebracht wurde. Das Happening versetzt den Betrachter in den Prozeß der »Schöpfung.

Bei einem Happening sind, wie Jan Kott beobachtet, »alle Zeichen wörtlich gemeint: eine Pyramide von Stühlen ist nur ein Haufen Stühle, bei dem einer auf den anderen gestapelt ist; ein Strahl Wasser in das Publikum ist lediglich ein Wasserstrahl, der die durchnäßt. In Wirklichkeit ist nicht einmal eine Trennung zwischen Zuschauern und Akteuren vorhanden . . .«.

Bei diesem Vorgang werden die mimetischen und symbolischen Funktionen des Theaters, um Kotts Worte zu gebrauchen, beseitigt. Der expressive Gehalt löst sich im wörtlichen auf, und Bedeutungsgehalte wie Metaphern und Sinnbilder verschwinden. Selbst die Idee des Evokativen verliert an Bedeutung, weil das Ereignis nicht etwa etwas darstellt oder abbildet, sondern – es *ist*. Die Hervorhebung des Wörtlichen gehört zum Angriff auf den metaphysischen Ausdruck. Im Zen-Buddhismus zum Beispiel, einer Philosophie, die in den sechziger Jahren viele Maler und Dichter anzog, verzichtete man auf die Verwendung von Worten wie »hart« oder »weich«, da sie Eigenschaften oder Qualitäten einer Substanz sind, und Qualitäten und Substanz sind metaphysische Begriffe. Man soll exakt wörtlich sein, und wenn man Vergleiche anstellt, dann müssen sie sich auf spezifische taktile Erfahrungen beziehen, die durch Stein, Holz, Wasser usw. benannt werden.

Die Demokratisierung des Genialischen

Vorstellungen wie die einer Hierarchie der Künste und die eines kulturell unterschiedlichen Publikums (z. B. Intellektuelle, Normalverbraucher und geistig Anspruchslose), Vorstellungen also, die für solch repräsentative Kulturkritiker der fünfziger Jahre wie Hannah Arendt und Dwight Macdonald kennzeichnend waren, schließen notwendigerweise auch die Vorstellungen von Standards ein, ferner die Vorstellung eines Berufs, der über diese Standards wacht und sie definiert – nämlich Kulturkritik. Die vierziger und fünfziger Jahre sind tatsächlich die Epoche der Kritik und der kritischen Schulen genannt worden: die Neue Kritik von John

Crowe Ransom, die Textkritik von R. P. Blackmur, die Moralkritik von Lionel Trilling, die sozio-historische Kritik von Edmund Wilson, die dramaturgische Position von Kenneth Burke, die Sprachanalyse von I. A. Richards und die mythopoetische Kritik von Northrop Frye.

Im Gegensatz dazu war Thema der sechziger Jahre Mißtrauen gegenüber der Kritik. Susan Sontag, führende Zauberkünstlerin der neuen Sensibilität, erklärt in *Against Interpretation*, (1968) dessen Titel diese Sensibilität auf den Begriff bringt: »Heutzutage ... ist das Interpretieren weitgehend reaktionär. So wie die Abgase des Autos und der Schwerindustrie die städtische Atmosphäre verschmutzen, so vergiften heute die Ergüsse der Kunstinterpretation unsere Sensibilität ... Interpretation ist Rache des Intellekts an der Kunst. Mehr noch, sie ist Rache des Intellekts an der Welt.«

Nicht nur der Kritizismus, sondern auch Literatur mit ihrer »schweren Last des ›Inhalts‹« betäube die Sinne. Die »Modellkünste unserer Zeit«, schreibt Susan Sontag, »sind tatsächlich jene mit viel weniger Inhalt und einer wesentlich kühleren Art moralischen Urteilens – wie Musik, Filme, Tanz, Architektur, Malerei und Bildhauerei.« Die Unterschiedung zwischen hoher und niederer (Massen- oder Populär-) Kultur stieß unvermeidlich auf Hohn und Verachtung. Nach Ansicht von Susan Sontag handelt es sich um die Unterscheidung zwischen »einmaligen und massenhaft produzierten Objekten«. In einem Zeitalter technologischer Massenreproduktion messe man der Arbeit eines ernsten Künstlers besonderen Wert bei, weil sie eine individuelle, persönliche Note besitze. »Aber im Licht der gegenwärtigen Praxis in den Künsten erscheint diese Unterscheidung äußerst oberflächlich. Viele ernste Kunstwerke der letzten Jahrzehnte besitzen einen ausgesprochen unpersönlichen Charakter ... und keineswegs ... ›individuell persönlichen Ausdruck‹.«

Die neue Sensibilität ist Befreiung der Sinne vom Denken. »Sinneserregungen, Gefühle, abstrakte Formen und Stile der Sensibilität – das zählt. An sie wendet sich die zeitgenössische Kunst ... wir sind weit stärker und tiefer, was wir sehen (hören, schmecken, riechen, fühlen), als was wir an Ideengeräten in unseren Köpfen gelagert haben.«

Mehr noch, »wenn man Kunst als ... Programmierung von Sinneserregungen versteht, dann kann das von einem Rauschenberg-Gemälde ausgehende Gefühl (oder die Sinneserregung) wie ein Lied der *Supremes* sein.« Damit wurden weitere Unterscheidungen vom Tisch gewischt; anspruchsvolle Malerei und Schlagermusik galten gleich wertvoll für die »Reorganisation des Bewußtseins« (oder des »Sensoriums«), die nun als Aufgabe der Kunst ausgegeben wurde. Das alles bedeutete »Demokratisierung« der Kultur, eine Demokratisierung, die nichts mehr als hoch oder niedrig durchgehen ließ, ein Synkretismus der Stile, der alle Sinneserregungen vermischte, und eine Welt der Sensibilität, die allen zugänglich war.

Es kam zu einer Demokratisierung der Kultur, die der alten Hierarchie des Geistes einen radikalen Egalitarismus des Gefühls überstülpte, und gegen Ende der sechziger Jahre außerdem zu einer Demokratisierung des »Genialischen«. Die Vorstellung vom Künstler als Genie, als besonderen Menschen, der (Edward Shils zufolge) »die Gesetze der Gesellschaft und ihrer Autoritäten nicht beachten muß«, der nur das Ziel vor Augen hat, sich »von inneren Bedürfnissen nach Expansion des Selbst leiten zu lassen – neue Erfahrungen zu erschließen« – diese Vorstellung geht auf das frühe 19. Jahrhundert zurück. Der Künstler, so nahm man an, betrachte die Welt von einer besonderen Warte aus. Whistler erklärte, Künstler gehörten zu einer besonderen Klasse, deren Normen und Ambitionen das Fassungsvermögen des Normalmenschen übersteigen. Hegel erklärte in einem Satz, den (wie Irving Howe feststellt) Tausende von Kritikern, Schriftstellern und Publizisten über die Jahre hin nachgebetet haben, »die Allgemeinheit ist es, die zu kritisieren ist . . . die einzige Verpflichtung, die der Künstler hat, ist, der Wahrheit und seinem Genius zu folgen.«
In Frankreich, wo die »*hommes de lettres*« nach den Worten von Tocqueville seit langem führend in der Prägung des nationalen Temperaments und der Lebensauffassung waren, ist die genannte Tradition besonders fest verankert. Danach unterscheiden sich Künstler nicht nur kraft ihres Genies von anderen Sterblichen, sondern sie sollen auch, wie Victor Hugo meinte, »heilige Führer« der Nation sein. Mit dem Niedergang der Religion wurde der Schriftsteller tatsächlich mit den Vorrechten des Priesters ausgestattet, das heißt, er wurde als Mensch betrachtet, der mit übernatürlicher visionärer Gabe ausgestattet ist. In einer beschränkten, eingegrenzten Welt sei allein der Schriftsteller ein Mensch, der sich nicht anpassen lasse, sei der Wanderer, der sich – wie Rimbaud – ständig auf der Flucht vor dem Irdisch-Profanen befinde. Joyce in Triest, Pound in London, Hemingway in Paris, Lawrence in Taos, Allen Ginsberg in Indien – sie sind die Prototypen des Künstler-Helden-Typs im zwanzigsten Jahrhundert. Die Pilgerreise zu Orten fernab der bürgerlichen Heimstatt galt als notwendiger Schritt zur

Unabhängigkeit der Vision. Alledem liegt der Glaube zugrunde, daß die Kunst eine Wahrheit vermittelt, die höher ist als die mittels gewöhnlicher Denkweisen gewonnene Wahrheit, daß die »Sprache« der Kunst mit den Worten Herbert Marcuses »eine Wahrheit vermitteln muß, eine Objektivität, die der gewöhnlichen Sprache und der gewöhnlichen Erfahrung nicht zugänglich ist.«[6]

Was aber ist, wenn die Kunst, wie Lionel Trilling sarkastisch bemerkt (aus einer Sicht, die selbst ihn »ziemlich überrascht«) ».. . nicht immer die Wahrheit oder die beste Art der Wahrheit verkündet und nicht immer den richtigen Weg weist?« Was, wenn die Kunst »sogar Unwahrheit hervorbringen und uns an sie gewöhnen kann und . . . bei häufigen Gelegenheiten . . . im Interesse der Autonomie durchaus Gegenstand kritischer Prüfung durch den rationalen Intellekt sein könnte?« Die Frage ist vielleicht zu umfassend, als daß sie hier behandelt werden könnte. Doch die Erhöhung künstlerischer Vision über alle anderen führt zu einer noch dringlicheren Frage: »Wenn die Sprache der Kunst der gewöhnlichen Sprache und der gewöhnlichen Erfahrung nicht zugänglich ist, wie kann sie dann gewöhnlichen Menschen zugänglich sein? Eine Antwort der sechziger Jahre lautete, jedermann müsse zu seinem eigenen Künstler-Helden gemacht werden. Im Mai 1968 riefen die Studenten der *École des Beaux Arts* in Paris nach einer Bewußtseinsbildung, welche »die jedem Menschen innewohnende kreative Aktivität derart steuere«, daß das »Kunstwerk« und »der Künstler« »lediglich Momente dieser Aktivität« darstellten. Ein aus dem Jahre 1969 stammender Katalog über revolutionäre Kunst am *Moderna Museet* von Stockholm trieb diese Forderung noch weiter, denn dort stand zu lesen: »Revolution ist Poesie. In all den Handlungen, die das Organisationssystem zerbrechen, liegt Poesie.« Solche aktivistischen Erklärungen – und daran fehlte es in den sechziger Jahren nicht – können jedoch das Problem des Modernismus nicht lösen, sie weichen ihm lediglich aus.

Der Kern des Problems liegt in der Beziehung von Kultur zur Tradition. Wenn man zum Beispiel von einer klassischen Kultur oder einer katholischen Kultur spricht, dann denkt man an ein seit langem bestehendes Ensemble von Glaubensvorstellungen, Traditionen und Ritualen, die im Lauf der Geschichte einen deutlich ausgeprägten Stil angenommen haben. Der Stil ergibt sich aber nicht nur aus einem innerlich kohärenten Ensemble von Alltagswahrnehmungen oder formalen Konventionen, sondern auch aus einer gewissen Vorstellung von einem geordneten Universum und der Stellung des Menschen in diesem Universum. Schon aufgrund ihrer Natur bricht Modernität mit der Vergangenheit *als* Vergangenheit und tilgt sie zugunsten von Gegenwart oder Zukunft. Den Menschen wird eingeschärft, sich zu erneuern, statt sich an die lange Seinskette zu hängen.

Wo Kultur sich auf die Vergangenheit bezieht, führt der Zugang zur Kultur über die Tradition, und er findet seinen Ausdruck im Ritual. Persönliche Erfahrungen und Gefühle gelten als persönliche Eigenheiten, als irrelevant für die große Kontinuitätslinie. Doch wenn sich Kultur mit der individuellen Persönlichkeit des Künstlers statt mit Institutionen und Gesetzen beschäftigt, dann gilt die Einmaligkeit von Erfahrungen als Hauptkriterium für das Erwartete und Erwünschte; und Neuartigkeit der Sinneserregung wird zur eigentlichen Triebkraft des Wandels.

Die modernistische Kultur ist Kultur des Selbst *par excellence*. Ihr Zentrum ist das »Ich«, ihre Grenzen werden durch die Identität festgelegt. Der Kult der Einmaligkeit beginnt, wie so vieles, in der Modernität, mit Rousseau, der in den ersten Zeilen seiner *Bekenntnisse* erklärt: »Ich beginne ein Unternehmen, von dem es kein Beispiel gibt ... Ich allein! Ich kenne mein Herz und kenne die Menschen.« Diese Erklärung *ist* in der Tat ohne Beispiel in der Literatur mit ihrer Betonung absoluter Einmaligkeit (»Ich bin nicht gemacht wie irgendeiner von den Menschen ... auch nicht wie irgendeiner von allen Sterblichen.«) wie auch in ihrer Verpflichtung zur absoluten Offenheit (»Ich ... habe nichts Schlimmes verschwiegen, dem Guten nichts zugesetzt; ...«).

Es wäre jedoch ein Irrtum, wollte man das »Ich«, mit dem jeder Satz auf der ersten Seite jenes Buches beginnt, mit simplem Narzißmus gleichsetzen (wenngleich er vorhanden ist) oder wollte man das gelehrte Bemühen, den Leser mit bestürzenden Details (»... im Todeskampf flatulierte sie laut«) zu schockieren, für nichts anderes als eine Form von Exhibitionismus betrachten. Rousseau suchte nämlich in den *Bekenntnissen*, so unbarmherzig, wie es ihm notwendig schien, sein Diktum zu belegen, daß die Wahrheit durch Sentiment oder Gefühl und nicht durch rationales Urteilen oder abstraktes Denken greifbar wird. »Ich fühle, deshalb bin ich.« Damit revidiert Rousseaus Vikar das Axiom von Descartes und wirft mit einem Schlage die klassische Definition von Authentizität wie auch die sich daraus ableitende Definition von künstlerischer Schöpfung über den Haufen.

Wie kann man wissen, ob eine Erfahrung »authentisch« ist – das heißt, ob sie wahr und deshalb für alle Menschen gültig ist? Die klassische Tradition hat stets Authentizität mit Autorität gleichgesetzt, mit meisterlichem Geschick, mit dem Wissen um Form und mit dem Streben nach Perfektion, sei es in ästhetischer oder moralischer Hinsicht. Eine solche Perfektion kann nach den Worten von Santayana nur durch »Läuterung« erzielt werden, nur durch Wegwaschen aller Zufallselemente – des Sentimentalen, des Pathetischen, des Komischen, des Grotesken – bei dem Streben nach der Essenz, dem innersten Wesen, das Formvollkommenheit anzeigt; selbst wo Kunst mit Erfahrung gleichgesetzt wird, wie in den Theorien von John Dewey, bleibt Vollkommenheit das Kriterium ästhetischer Befriedigung. Für Dewey ist Kunst ein Formprozeß, in den die Interaktion zwischen »gerichteter Absicht« des Künstlers und widerstrebender Natur der Erfahrung hineinspielt. Das Kunstwerk gilt als vollkommen, wenn der Künstler »innere Integration und Erfüllung« erreicht hatte. Kunst ist, mit anderen Worten, Sache von Muster und Struktur; bei einem Kunstwerk müssen die Beziehungen zwischen ihren einzelnen Elementen spürbar sein, wenn es Bedeutung haben soll.

Die neue Sensibilität in den sechziger Jahren verwarf solche Definitionen völlig. Unter Authentizität eines Kunstwerks verstand man fast ausschließlich die Qualität der Unmittelbarkeit, sowohl der Intention des Künstlers als auch der Wirkung auf den Betrachter. Im Theater zum Beispiel war Spontaneität alles; der Text wurde praktisch abgeschafft, und Improvisation wurde zur vorherrschenden Form – wobei das »Natürliche« vor dem Erdachten, Aufrichtigkeit vor dem Urteil, Spontaneität vor der Reflexion rangierten. Als Judith Malina, die Leiterin des *Living Theater* sagte: »Ich möchte nicht Antigone (auf der Bühne) sein, ich bin und möchte Judith Malina sein«, wollte sie die Illusion vom Theater verbannen, wie die Maler sie aus der Kunst eliminiert hatten.

Doch auf die »Darstellung« eines anderen, wie in diesem Falle, zu verzichten ist nicht nur der Verzicht auf einen Text; es heißt auch Absage an die Gemeinsamkeit menschlicher Erfahrungen, Beharren auf der falsch verstandenen Einmaligkeit von Persönlichkeit. Antigone ist ein Symbol – traditionell auf einer Bühne dargestellt, die räumlich vom Publikum abgesondert ist –, das bestimmte ständig wiederkehrende menschliche Probleme neuerlich umreißt: Forderung nach geziemendem Gehorsam, Glaubwürdigkeit von Gelübden, Natur der Gerechtigkeit. Antigone eliminieren oder ihre Leiblichkeit leugnen heißt, Erinnern aufkündigen und Vergangenheit abtun. Die Schriftstellerei wurde in den sechziger Jahren nach ähnlichen Kriterien beurteilt: nach der Echtheit des Gefühls, dem Erfolg bei der Realisierung des »nicht beschönigten Phantasieimpulses« und dem Festhalten an der Forderung zur Vermittlung von Spontaneität, bei der nicht das Denken herangezogen werden solle. Allen Ginsberg erklärte, er schreibe »um meiner Eingebung freien Lauf zu lassen und aus meinem wirklichen Geist magische Zeilen zu kritzeln«. Zwei seiner bekanntesten Gedichte seien, so hörte man ohne Unterlaß, ohne vorherige Überlegung oder nachträgliche Korrektur geschrieben worden: den langen ersten Teil von *Howl* habe er an einem Nachmittag in die Schreibmaschine getippt und *Sunflower Sutra* in zwanzig Minuten fertiggestellt, »während ich am Tisch kritzelte, wartete Kerouac an der Hüttentür, bis ich fertig war«. Und in gleicher improvisierender Weise schrieb Kerouac seine Romane *nonstop* auf riesige Papierrollen – zwei Meter täglich –, ohne den Text zu korrigieren.

Die meisten Berichte über die Werkstatt des Künstlers ergingen sich in Zustimmung, zumal die Kritiker der neuen Sensibilität in ihrem Tonfall kaum weniger persönlich als die Künstler waren. Mit einem Stück, einem Buch oder einem Film konfrontiert, schienen sie weniger die Absicht zu verfolgen, die Werke nach traditionellen ästhetischen Begriffen zu beurteilen, als sich selbst darüber auszulassen: die Besprechungen dienten in der Hauptsache als Gelegenheit für eine persönliche Erklärung. Auf diese Weise wurde jedes Kunstwerk, ob Gemälde, Roman, oder Film, Vorwand für ein »weiteres« »Kunst«-Werk, für Auslassungen des Kritikers über seine *Gefühle* angesichts des ursprünglichen Kunstwerks. »Aktions«-Kunst hat folglich «Aktions«-Reaktionen ausgelöst; jeder wurde sein eigener Künstler. Bei diesem Vorgang gingen jedoch alle Begriffe objektiven Urteilens über Bord.

Demokratisierung des Genialischen ist möglich aufgrund der Tatsache, daß man zwar über Urteile, aber nicht über Gefühle streiten kann. Die von einem Kunstwerk hervorgerufenen Gefühle und Emotionen ziehen einen entweder an oder nicht, das Gefühl eines Menschen besitzt nicht mehr Autorität als das eines anderen. Mit Verbreitung der höheren Bildung, mit der Zunahme einer halbgebildeten Intelligenz, hat sich überdies im Ausmaß all der Erscheinungen ein erheblicher Wandel vollzogen. Eine große Zahl von Menschen, die in früheren Zeiten die Künste wahrscheinlich nicht beachtet hätten, bestehen heute auf dem Recht, an künstlerischen Unternehmungen teilzunehmen – nicht etwa um ihren Geist oder ihre Sensibilität zu kultivieren, sondern um ihre Persönlichkeit zu »verwirklichen«. Was den Charakter der Kunst wie auch die Art der Reaktionen auf sie angeht, so erhält die Beschäftigung mit dem Selbst den Vorrang vor allen objektiven Standards.

Diese Entwicklung ließ sich vorhersehen. Vor dreißig Jahren warnte Karl Mannheim, daß »die prinzipielle Offenheit der demokratischen Massengesellschaft mit dem Wachstum ihres Umfangs und der Tendenz zur Öffentlichkeit nicht nur die Zahl der Eliten übermäßig steigert, sondern diesen Eliten selbst die zur Ausformung ihrer geistig-seelischen Impulse erforderliche Exklusivität nimmt. Wenn einmal ein bestimmtes Mindestmaß an Exklusivität verlorengeht, kann es nicht mehr zur zielbewußten Ausformung eines Geschmacks oder eines führenden Stilprinzips kommen. Wenn die neuen Impulse, Eingebungen und Begegnungen mit der Umwelt nicht mehr in kleinen Gruppen reifen können, werden sie von den Massen nur mehr als bloße Anregung empfunden . . .«[7]

Andere Theoretiker der Massengesellschaft wie Ortega y Gasset, Karl Jaspers, Paul Tillich, Emil Lederer und Hannah Arendt, deren Schriften in den fünfziger Jahren großen Einfluß ausübten, haben sich ebenfalls mit den sozialen Konsequenzen des Autoritätsverlusts, des Aufbrechens von Institutionen und der Aushöhlung von Tradition beschäftigt, doch ihr Schwergewicht lag mehr im Politischen als im Kulturellen. Sie betrachteten die Massengesellschaft als höchst instabiles Gebilde und als Vorläufer der Heraufkunft des Totalitarismus. Ihre Theorie über die Beziehung der »Massen« zur Gesellschaft erscheint zwar aus der Retrospektive als überaus simpel hinsichtlich ihrer Beurteilung der Sozialstruktur und als krude hinsichtlich ihrer Analyse des Wesens von Politik, doch sie hat sich für einen Teilbereich der Gesellschaft als erstaunlich relevant erwiesen – nämlich für die gegenwärtige Kulturwelt. Was diese Theoretiker mit einem ihrer schwerfälligsten Begriffe »Vermassung« nannten, das spielt sich heutzutage im Bereich der Künste ab. Stil ist zu einem Synonym für Mode geworden; »neue« Kunststile wechseln einander in ständiger, verwirrender Folge ab. Die Kulturinstitutionen suchen diesem Prozeß bislang nicht zu widerstehen, um auf diese Weise die notwendigen Spannungen zur Prüfung von neuen Behauptungen und Forderungen zu erzeugen, sondern sie ziehen sich kampflos vor den wechselnden Gezeiten zurück.

Hohe Kunst ist, wie Hilton Kramer meinte, »immer schon elitär gewesen, selbst wenn die Elite nur eine Elite der Sensibilität und nicht der sozialen Stellung war. Hohe Kunst erfordert außergewöhnliche Begabung, außergewöhnliche visionäre Kraft, außergewöhnliche Übung und Hingabe – sie erfordert außergewöhnliche Individuen . . .«[8] Solche Erfordernisse laufen natürlich jeder Art populistischer Ideologie zuwider – einschließlich der gegenwärtig in der amerikanischen Kultur vorherrschenden Ideologie. Daher auch die Hast, mit der sich so viele Kritiker auf die Seite der Popularkultur geschlagen haben.[9]

Für den ernsthaften Kritiker bedeutet die Situation ein wirkliches Dilemma. »Der Kritikerberuf«, so Hilton Kramer, »hat sein historisches Debut ausgerechnet in dem Augenblick gegeben, als die hohe Kunst zum erstenmal gegen ein großes, ignorantes Publikum zu verteidigen war.« Aber diese Situation hat sich längst gewandelt. Die hohe Kunst befindet sich selbst in einem Zustand der Verwirrung, wenn nicht gar der »Dekadenz«, wenngleich dieser Begriff nie adäquat definiert worden ist; die »Öffentlichkeit« ist heute kulturell so aufnahmegierig, daß die Avantgarde, weit davon entfernt, auf Verteidiger unter den Kritikern angewiesen zu sein, dem Zugriff der Öffentlichkeit ausgesetzt ist. Die ernsthafte Kritik muß sich deshalb entweder gegen die hohe Kultur selbst wenden und dadurch ihren politischen Feinden zu Gefallen sein oder aber sich damit begnügen, um John Gross zu zitieren, »Türsteher der Diskothek zu sein«. Auf dieser Kurve bewegt sich die Demokratisierung des Genialischen.

Der Verlust des Selbst

Die Situation ist im Bereich der Literatur womöglich noch gravierender. Der Roman entstand vor etwa 200 Jahren, unter dem Eindruck des Gefühls, die Welt befinde sich in Aufruhr. Er diente als Mittel, um auf dem Wege der Phantasie über die Faktenwelt zu berichten; als Gütekriterium des Romans galt das Einlassen auf Erfahrungen in all ihrer Vielfalt und Unmittelbarkeit, auf Erfahrungen, die durch Gefühle gebrochen und durch den Verstand diszipliniert waren. Ein Romanschreiber ist, sozusagen, das Muster eines Menschen, dessen persönliche Erfahrungen eine Art *Ur*-Erfahrung sind. Wenn er sich in sein Unbewußtes zurückzieht, um in den Brandstellen seiner Psyche zu stochern, so tritt er, sofern ein guter Romancier, auch in Kontakt mit einem kollektiven Unbewußten.

Etwa in den ersten 100 Jahren seit der Geburt des Romans bestand die Aufgabe des Romanschriftstellers in der Aufklärung der Gesellschaft; sie erwies sich schließlich als unmögliches Unterfangen. Diana Trilling schreibt in dem Bemühen, die heutigen Schwierigkeiten des Romanschriftstellers zu umreißen: »Für den fortschrittlichen Schriftsteller unserer Zeit ist das Selbst das Höchste, sogar der einzige Bezugspunkt. Die Gesellschaft hat überhaupt nichts an

Struktur oder an Aufgaben vorzuweisen, die wert wären, daß man sich damit abgibt; sie existiert, weil sie auf uns lastet und weil sie uns so völlig konditioniert . . . (Der) zeitgenössische Romanschriftsteller bemüht sich nur, uns dabei zu helfen, das Selbst in Beziehung zur Welt, die uns umgibt und die es zu überwältigen droht, zu definieren.«[10]

Dies ist eine brillante, zutreffende Aussage über die erste Hälfte des Jahrhunderts; jedoch spätestens um die sechziger Jahre hatte der Romanschriftsteller sogar das Selbst als Bezugspunkt verloren, da die Grenzen zwischen dem Selbst und der Welt immer verschwommener wurden. Mary McCarthy meinte, zu dieser Zeit habe man damit begonnen, eine neue Form von Roman zu schreiben, der auf »Zustandslosigkeit beruht«, und sie führt als Beweis die Arbeiten von Vladimir Nabokow und William Burroughs an. Ich glaube, daß dies in gewissem Maße zutrifft. Auf jeden Fall wurde das Schreiben um die Mitte der sechziger Jahre immer autistischer, und die Sprache des Romanschriftstellers nahm mehr und mehr einen geisterhaften Klang an.

Bei der Lektüre von Romanen, die den Lebensnerv des Zeitalters getroffen haben, fällt einem auf, daß *Wahnsinn* das Hauptthema der sechziger Jahre war. Sobald man das soziale Leben hinter sich gelassen hat und das Selbst, als ein begrenztes Subjekt, aufgelöst ist, bleibt als einziges Thema nur die Dissoziation, und jeder bedeutende Schriftsteller dieses Jahrzehnts hat sich auf die eine oder andere Weise mit diesem Thema beschäftigt. Die Schreibweise der Romane ist gleichsam halluzinatorisch, viele ihrer Helden sind schizoid, Irrsinn und nicht Normalität ist zum Prüfstein der Realität geworden. Trotz aller sozialen Unruhe in diesem Jahrzehnt läßt sich nicht ein Roman jener Schriftsteller als politisch bezeichnen; keiner (mit der Ausnahme von Bellows *Mr. Sammler's Planet*) befaßte sich mit dem Radikalismus, mit der Jugend oder mit sozialen Bewegungen – und doch waren alle auf die eine oder andere Weise anagogisch. In der Sensibilität dieser Schriftsteller liegt über allem ein apokalyptisches Vibrieren – wie das von Schwalben vor dem Sturm –, das eine drohende Katastrophe ankündigt.[11]

Die bekannteren Schriftsteller bedienten sich des »schwarzen Humors« – Josepf Heller, J. P. Donleavy, Bruce J. Friedman, Thomas Pynchon und, für ein mehr am »Pop« orientiertes Publikum, Terry Southern. Sie schildern absurde, nihilistische Situationen, die Fabeln sind pikant, voller Bosheit, der Stil ist unterkühlt, possenhaft, voller Narretei und Klamauk. In all den Situationen ist das Individuum eine Art Federball, der durch die Hohlheit der riesigen, unpersönlichen Institutionen hin und hergetrieben wird. In Joseph Hellers *Catch 22* (Fischer Taschenbuch 1112), einem der populärsten Romane der sechziger Jahre, kann der Held der US-Luftwaffe nicht entkommen, denn in einem von ihm heraufbeschworenen Verfahren, das beweisen soll, daß er geistesgestört ist, stellt sich heraus, daß er tatsächlich normal ist. Das ist das klassische Possenthema.

In der Science-fiction und im Futurismus von Anthony Burgess, Kurt Vonnegut und William Burroughs verstärken sich die Absurditäten noch, da die Charaktere tatsächlich körperliche Wandlungen durchmachen. Der Akzent liegt auf der Grundlosigkeit von Ereignissen, und auf der Verwischung von gut und böse. In John Barths *Giles Goat-Boy* wird mit Hilfe zweier gigantischer Computer ein Weltkrieg ausgetragen. In *The Crying of Lot 49* (Die Versteigerung von No. 49) von Thomas Pynchon kreist die »Handlung« um eine weltweite Verschwörung – ein Thema, dessen sich auch Burroughs annimmt –, und der Leser wartet auf das Ende Amerikas in einem Taumel von Weltuntergangssaturnalien. Schizoide Themen werden in Ken Keseys *One Flew over the Cuckoo's Nest,* in Barths *The End of the Road* und in Mailers *An American Dream* (Der Alptraum) vorgeführt. In Keseys Buch (inzwischen verfilmt, deutscher Titel »Einer flog über das Kuckucksnest«; Anm.d.Red.), von dem Teile unter dem Einfluß von Peyote und LSD geschrieben worden sind, spielt die Hauptfigur den Wahnsinnigen, um eine Gefängnisstrafe nicht absitzen zu müssen, wird aber am Ende einer Gehirnoperation (Lobotomie) unterzogen, während ein schizoider, riesenhafter Indianer, Patient in derselben Heilanstalt, ausbrechen kann und »normal wird«. In *An American Dream* von Mailer – ein Buch mit offensichtlich symbolischem Titel – agiert der Held Stephen Rojack eine Vielfalt von Omnipotenzphantasien aus – einschließlich Auseinandersetzungen mit dem CIA und anderen mysteriösen Mächten – und preist zum Schluß ins Jenseits strahlende Denkwellen.

Bei anderen wichtigen Romanschriftstellern dieser Epoche – Nabokow, Bellow, Burroughs und Genet – dominieren phantastische Themen. *Pale Fire* (Fahles Feuer) von Nabokow, eine Art phantastische Detektivgeschichte (gleichzeitig ein melodramatisches, labyrinthisches Gedankengespinst über Macht, Liebe und Lernen), besteht aus dem weitschweifigen Kommentar einer der Hauptfiguren über ein langes Gedicht, einer Figur, die Spion oder aber auch entthronter König eines Rußland ähnelnden Phantasielandes sein kann – entscheidend ist dabei die Identitätskonfusion. *Ada* (oder *Ardor,* das Verlangen, oder auch viele andere Ableitungen) ist ein gleichermaßen komplexes Phantasieprodukt über Liebe, das bewußt mit Anachronismen spielt, um alle Unterschiede zwischen Vergangenheit und Zukunft zu tilgen.

Saul Bellow – der einzige Schriftsteller, der schließlich anti-apokalyptisch schreibt – wirft die Frage auf: »War es an der Zeit ... diesen großen, blauen, weißen, grünen Planeten in die Luft zu sprengen oder von ihm in die Luft gesprengt zu werden?« Sein Roman *Mr. Sammlers Planet* dreht sich zum großen Teil um den Plan eines indischen Physikers, den Mond zu kolonialisieren, um auf diese Weise der Übervölkerung der Erde Herr zu werden. In den Plan von Dr. Lal sind die angeblichen Lebenserinnerungen eines der führenden Futuristen, H. G. Wells, hineinverwoben. Und Mr. Sammler selbst – der so herrlich gezeichnete Romanheld – ist staatenlos, als solle er die Auflösung aller vergangenen Strukturen unterstreichen.

Nabokow und Bellow sind von Natur aus leidenschaftliche Beobachter der Welt. Mit Burroughs und Genet jedoch kommt die Apokalypse über uns. Die Welt wird wörtlich und symbolisch zerstückelt. Bei Burroughs wird die exkrementale Vision greifbar. Obwohl sich das Buch *Naked Lunch* offensichtlich mit dem Kampf des Autors gegen seine Drogenabhängigkeit beschäftigt, zieht sich das Thema Unrat und Schmutz wie eine offene Kloake durch das Buch: Das Buch beschäftigt sich weithin mit der Analität, mit körperlichen Abfuhren jeder Art, mit dem Horror vor den weiblichen Genitalien und verweilt des längeren bei Bildern wie der reflexartigen Ejakulation eines zum Tod durch Erhängen Verurteilten während seiner Hinrichtung. Menschen verwandeln sich in Krabben, riesige Tausendfüßler oder fleischfressende Pflanzen. Burroughs meint, die Romanform habe »wahrscheinlich ausgespielt«, und Schriftsteller müßten präzisere Techniken entwickeln, »um auf Leser die gleiche Wirkung zu erzielen wie gespenstische Aktionsphotos«. Seine Romane – *Naked Lunch* und die darin enthaltene Trilogie *The Soft Machine, Nova Express,* und *The Ticket that Exploded* – sind »zerschnittene« Bücher. »Man kann *Naked Lunch* hinter jedem Abschnitt zerschneiden.« Es ist eine »kontinuierliche Vorstellung«, denn *Naked Lunch* hat für Geschichte keine Verwendung. Die anderen Romane sind gleichsam in Streifen geschrieben und willkürlich aneinander montiert. Die Realität hat keine Realität, denn alle Dimensionen und Grenzen sind aufgehoben.

Um ähnliche Dinge kreist auch das Werk von Jean Genet, doch er verherrlicht vor allem die Unterwelt. Susan Sontag meint, »Genet versteht Kriminalität, sexuelle und soziale Erniedrigung und vor allem Mord als Gelegenheiten zur Glorifizierung.« Genet hält die Welt der Diebe, Vergewaltiger und Mörder für die einzig ehrliche Welt, denn hier kämen die tiefsten und verbotensten menschlichen Impulse in direkter, primitiver Weise zum Ausdruck. Für Genet stehen Phantasien über Kannibalismus und körperliche Einverleibung für die tiefste Wahrheit menschlichen Sehnens und Verlangens.[12]

Das dionysische Pack

Nirgendwo ist die apokalyptische Stimmung unermüdlicher zelebriert worden als in jener Bewegung, die sich selbst den Namen »dionysisches Theater« gab und welche die Schauspielertruppe als Art dionysisches Pack verstand. Ihr Schwergewicht lag auf Spontaneität, orgastischer Abfuhr, sinnlicher Kommunikation, östlicher Mystik und Ritual; im Unterschied zum älteren radikalen Theater wollte sie weniger die Vorstellungen des Publikums ändern, als vielmehr die Psyche sowohl des Publikums wie der Akteure durch die gemeinsame Teilhabe an den Zeremonien der Befreiung umbilden. Die Bewegung setzte sich für eine anti-disziplinäre und anti-handwerkliche Schauspielschule ein, weil nach ihrer Ansicht jedes Gestalten von Darstellung oder Text, jedwede Form der Kunstfertigkeit oder Kalkulation »unkreativ und lebensfeindlich« ist. In den wohldurchdachten Stücken des traditionellen Theaters finden sich kein offenes Ende, keine moralischen Zweideutigkeiten, keine unverarbeiteten Handlungsteile; eine dem Stück zugrunde liegende Logik lenkt die Handlung zum Abschluß, denn der Stückeschreiber hat ja ein bestimmtes Ziel vor Augen. Das »neue Theater« mißtraute jedoch allem Geordneten und verwarf es als willkürlich und selektiv. Solch ein Theater war notgedrungen kein Theater für Stückeschreiber, denn ein geschriebenes Stück ist bis zu einem gewissen Ausmaß etwas Umschriebenes und Eingegrenztes, wohingegen das neue Theater die Handlung aufbrechen, den Unterschied zwischen Zuschauer und Bühne, zwischen Publikum und Schauspieler aufheben wollte. Dem Denken mißtrauend, suchte das neue Theater ein Gefühl für primitive Rituale neu zu beleben. Prototyp der neuen Sensibilität im Drama war das von Julian Beck und Judith Malina organisierte *Living Theatre*. Nachdem die Schauspielertruppe mehrere Jahre lang durch Europa gereist war, entwickelte sie einen neuen, auf Zufallsaktionen beruhenden Stil und predigte eine Art revolutionären Anarchismus. Ihr neues Glaubensbekenntnis hieß, »das Theater muß freigesetzt« und »auf die Straße gebracht werden«. Mit an Marinettis futuristischem Manifest erinnernden Sätzen führte Beck einen Angriff gegen das Theater der Vergangenheit:

»Alle Formen des Theaters der Lügen werden verschwinden . . . Wir brauchen die objektive Weisheit Shakespeares nicht, sein Sinn für Tragödie war den Erfahrungen Hochwohlgeborener vorbehalten. Seine Ignoranz für kollektive Freude macht ihn für unsere Zeit unbrauchbar. Es ist wichtig, sich von der Dichtkunst nicht verführen zu lassen. Das wollte Artaud ausdrücken, als er sagte: ›Verbrennt die Texte‹.«

Tatsächlich wird das ganze Theater des Intellekts verschwinden. Das Theater unseres Jahrhunderts und vergangener Jahrhunderte ist ein Theater mit intellektueller Darstellung und Anziehungskraft. Man verläßt das Theater von heute, geht davon und denkt nach. Aber unser Denken, von unserem bereits konditionierten Geist seinerseits konditioniert, ist so korrupt, daß man ihm nicht mehr trauen kann . . .«

Dementsprechend wurde in *Paradise Now,* dem Glanzstück des *Living Theatre,* das Publikum dazu eingeladen, auf die Bühne zu steigen und sich unter die Schauspieler zu mischen, während gleichzeitig Darsteller durch das Theater wanderten, Marihuana rauchten und Leute aus dem Publikum in Gespräche verwickelten. Hin und wieder ging dann ein Schauspieler auf die Bühne zurück, zog sich bis auf einen Lendenschurz aus und forderte das Publikum auf, seinem Beispiel zu folgen. Die Intention dahinter (die selten verwirklich wurde) zielte auf Organisierung einer Art von Massenorgie. Zum Schluß der Aufführung wurde jeder Zuschauer angehalten, das Theater zu verlassen, die Polizei zum Anarchismus zu bekehren, die Gefängnisse zu stürmen, die Gefangenen zu befreien, den Krieg zu beenden und im Namen »des Volkes« die Herrschaft über die Städte zu übernehmen.

Als einzige Offenbarung der neuen Sensibilität im Theater dürfte der im Jahre 1948 gestorbene französische Schriftsteller und Kritiker Antonin Artaud gelten. Zunächst zum Schauspieler ausgebildet, gründete Artaud zusammen mit Robert Aron im Jahre 1928 das *Théâtre Alfred Jarry* und machte sich daran, das Publikum im Geiste Jarrys zu bekehren. Artaud war der Meinung, man müsse der Unterjochung des Theaters durch den Text »ein Ende setzen« und die Zeichen einer Art einzigartigen Sprache in der Mitte zwischen Gestik und Denken neu entdecken. Obwohl keineswegs Fürsprecher von Grausamkeit oder Sadismus im Alltagsleben, war

Artaud doch der Auffassung, die ritualisierte Gewalt seines Theaters könne eine therapeutische Funktion erfüllen, indem sie dem Publikum ein Gefühl der Erleichterung verschaffe. In dieser Hinsicht zählte er zur großen Zahl der Post-Modernisten, die der Rationalität abschworen und zu den primitiven Triebquellen zurückzukehren suchten.

In den Vereinigten Staaten der sechziger Jahre, in denen die Kinder der Überflußgesellschaft, gelegentlich auf fatale Weise, mit der Revolution spielten und, wiederum auf gelegentlich fatale Weise, mit Halluzinationen anbändelten, war es unvermeidlich, daß Theorien wie jene, die dem »Theater der Grausamkeit« von Artaud zugrunde liegen, in Mode kamen, ohne freilich je wirklich verstanden zu werden. Denn bei all dem Gerede in jener Zeit über das Theater als Ritual waren ein merkwürdiges Gefühl der Leere, fehlende Überzeugungskraft und blanke Theatralik nicht zu verkennen.[13]

Das Ritual, darauf hat Emile Durkheim hingewiesen, beruht vor allem auf einer klaren Unterscheidung von Heiligem und Profanem, über die sich alle, die an der Kultur teilhaben, einig sind. Das Ritual bewacht den Zugang zum Heiligen, und eine seiner Funktionen besteht darin, die für den Fortbestand einer Gesellschaft entscheidenden Tabus durch das Gefühl der Ehrfurcht und Scheu, das durch das Ritual hervorgerufen wird, abzusichern. Mit anderen Worten, das Ritual ist eine dramatisierte Darstellung heiliger Macht. Wie kann jedoch in einer Gesellschaft, die nicht mit dieser fundamentalen Unterscheidung zwischen zwei Seinsbereichen antritt und die jeden Gedanken an eine Hierarchie geordneter Wertvorstellungen von sich weist, wie kann in einer solchen Gesellschaft so etwas wie ein bedeutsames Ritual bestehen?

Was das neue Theater Ritual nannte, wechselte zwangsläufig zur Gewaltverherrlichung über. Zunächst beschränkte sich die Gewalt auf das Werk selbst – so im Exorzismusritus in *The Blacks,* in dessen Verlauf der von einem Schwarzen an einem weißen Mann begangene Mord symbolisch neu in Szene gesetzt wird. Als sich jedoch später die Sensationsgier zu der Forderung nach mehr Lebensnähe auswuchs, traten an die Stelle geschriebener Stücke Happenings, die sich zur Hauptstätte der Gewaltinthronisierung entwickelten. Obwohl das Theater das wirkliche Leben nur nachahmte, konnte in einem Happening echtes Blut fließen – und es floß in der Tat. In dem Symposium »Zerstörung in der Kunst«, 1968 in der Judson-Kirche in New York abgehalten, hängte einer der Teilnehmer ein weißes Huhn an der Decke auf, schaukelte es hin und her und schnitt ihm schließlich mit einer Heckenschere den

Kopf ab. Er steckte den abgetrennten Kopf in die aufgeknöpfte Hose und schlug mit dem Rumpf des Huhnes gegen den Innenraum eines Pianos. Im Jahre 1968 weidete der deutsche Künstler Hermann Nitsch auf der Bühne der Cinémathèque ein Schaf aus, goß Eingeweide samt Blut über ein junges Mädchen und nagelte den Kadaver des Tieres an ein Kreuz. Bei diesem Happening bewarfen sich Darsteller vom *Orgy-Mystery-Theater* mit großen Mengen von Blut und tierischen Eingeweiden, um angeblich den römischen *Taurobolium-Ritus* zu vollziehen, bei dem im Rahmen des Initiationsritus für den phrygischen Geheimkult ein heiliger Stier über dem Kopf eines in einer Grube stehenden Mannes geschlachtet wurde. Über beide Ereignisse wurde mit Bildern in der Zeitschrift *Art in America* berichtet. Ein anderes, ebenfalls unter dem Vorsitz von Nitsch stattfindendes Ereignis, zu dem das rituelle Töten eines Tieres gehörte, nahm die Titelseite der Zeitung *Village Voice* ein.

Als Eingeständnis von Schwäche war Gewalt in früheren Zeiten dem Intellektuellen zuwider gewesen. Im Gespräch griffen die Intellektuellen erst dann zu Zwangsmitteln, wenn sie die Kunst der Überzeugung durch Vernunftgründe im Stich gelassen hatte. Auch in der Kunst bewies der Rückgriff auf Gewalt – im Sinne einer buchstäblichen Inszenierung von Gewalt auf der Leinwand, auf der Bühne oder auf der beschriebenen Seite –, daß der Künstler in Ermangelung künstlerischer Kraft zur Erregung von Emotionen sich darauf beschränkte, Emotionen mittels Schock unmittelbar auszulösen. In den sechziger Jahren galt Gewalt jedoch nicht nur als gerechtfertigtes Mittel zur Therapie, sondern auch als notwendige Begleiterscheinung sozialen Wandels. Wer in Jean-Luc Godards Film *La Chinoise* Kinder der französischen Oberschicht Gewalt predigen und Zitate aus Maos Kleinem Roten Buch vortragen sieht, vermag sich klarzumachen, daß der korrumpierte Romantizismus eine entsetzliche Mordlust kaschiert. Bei Godards *Weekend,* in dem tatsächlich lebende Tiere geschlachtet werden, wird einem klar, daß es hier an die Wurzeln düsteren Blutdursts geht, nicht zum Zwecke der Katharsis, sondern aus Sensationslust. Die Revolutionsrhetorik – gleichviel ob in der neuen Sensibilität oder der neuen Politik – erlaubt die Aufhebung der Trennung zwischen Schauspiel und Wirklichkeit, so daß Leben (und solch »revolutionäre« Aktionen wie Demonstrationen) als Theater vorgeführt wird, wobei Gier nach Gewalt, zunächst im Theater, dann bei Straßendemonstrationen, zur notwendigen psychologischen Droge, zu einer Art Sucht wird.

Anstelle der Vernunft

Gegen Ende der sechziger Jahre trug die neue Sensibilität einen Namen (Gegenkultur) und besaß auch eine entsprechende Ideologie. Die Haupttendenz dieser Ideologie, obwohl im Gewande einer Attacke gegen die »technokratische Gesellschaft«, war der Angriff auf die Vernunft.[14]

Anstelle der Vernunft, so hieß es, sollten wir uns dieser oder jener Form prärationaler Spontaneität hingeben – sei es unter Formel »Consciousness III« (»Bewußtsein III«) von Charles Reich, der »Schamanenvision« von Theodore Roszak oder ähnlichem. »Es ist nicht mehr oder weniger zu fordern«, meinte Roszak, einer der beredtsten Sprecher der Bewegung, »als die Subversion der wissenschaftlichen Weltauffassung mit ihrer strikten Festlegung auf eine egozentrische, rein intellektuelle Bewußtseinsform. An ihre Stelle muß eine neue Kultur treten, in der die nicht verstandesmäßig orientierten Fähigkeiten der Persönlichkeit – jene Fähigkeiten, die sich vom visionären Glanz und der Erfahrung menschlicher Gemeinschaft beflügeln lassen – zum obersten Richter über das Wahre, Gute und Schöne werden.«

Revolutionärer Wandel, wurde uns wieder und wieder erklärt, müsse sowohl die Psyche wie auch die Gesellschaft erfassen. Wenn man aber nach Hinweisen suchte, die erkennen ließen, was all dies nun konkret bedeute – welche Form denn diese neue, vermeintlich post-revolutionäre Kultur annehmen solle –, erhielt man nur weitere Ermahnungen, die abtötende Wissenslast abzulegen, und hörte Lobgesänge über des »Schamanen rhapsodischen Singsang«.

Kommt in diesen Forderungen etwas anderes zum Ausdruck als das Sehnen nach den verlorengegangenen Gratifikationen einer idealisierten Kindheit? Das ist die ständige Sehnsucht aller utopischen Bewegungen gewesen. Abgesehen davon, daß sie sich in die Sprache der Psychologie und Anthropologie kleidete, war neu an der arkadischen Phantasie der sechziger Jahre, daß in jener Zeit – im Unterschied zu derartigen Sehnsüchten in der Vergangenheit, die weitgehend rhetorisch gewesen waren (man denke nur an die »Eupsychia« von Fourier) – in einem bis dahin in der Kulturgeschichte beispiellosen Umfange Phantasien und sexuelle Wünsche der Kindheit in der Adoleszenz ausagiert wurden. Was hatte die Forderung nach Negation und Unterschiedslosigkeit anderes zu bedeuten als das Leugnen jener notwendigen Unterscheidungen – zwischen den Geschlechtern und zwischen den Ideen –, die zum Erwachsensein gehören? War die Jugendkultur des Wassermann-Zeitalters, der Rock- und Drogentanz des Frühlings etwas anderes als die verzweifelte Suche nach Dionysos? Wie war dies möglich, da es weder eine Natur noch eine Religion gab, die man hätte verherrlichen oder ritualisieren können? So blieb nur die pathetische Verherrlichung des Selbst – eines Selbst, das des Inhalts entleert worden war und sich in Revolutionsspielen als vital ausgab.

Eine Koda

In den siebziger Jahren – uns hält die Dekadeneinteilung gefangen – hat sich der kulturelle Radikalismus erschöpft. In der Malerei finden wir die Rückkehr zu Figur und Darstellung, in der Plastik die Beschäftigung mit Technologie, Materialien, oder eine »begriffliche Aussage« auf dem Weg der Kommunikation. Das Theater ist verbraucht, der Roman, noch stärker nach innen gekehrt, beschäftigt sich vorwiegend mit Wahnsinn und Technologie, wie das beispielhaft Pynchons *Gravity's Rainbow* zeigt. Um mit Stephen Marcus zu sprechen, herrscht für die Kulturmasse nun »Pornotopia«, das ermüdende Schwelgen in Pornographie und verquerem Sex. Bedeutet dies nicht nur das Ende eines Jahrzehnts, sondern gar das Ende eines Kulturstils?
Wie ich bereits erklärte, war das »hemmungslose Selbst« ein Produkt der bürgerlichen Gesellschaft und ihrer Glorifizierung eines zügellosen Individualismus. Wenngleich die bürgerliche Gesellschaft zügellosen Individualismus in der Wirtschaft billigte, fürchtete sie die Exzesse des Selbst in der Kultur und suchte sie einzudämmen. Aus einer Vielzahl komplexer historischer Gründe wurde das »kulturelle Selbst« anti-bürgerlich. Teile dieser Bewegung verbündeten sich mit politischem Radikalismus. Die Impulse des »kulturellen Selbst« waren jedoch nicht wirklich radikal, sondern lediglich rebellisch. Das »kulturelle Selbst« suchte sich durch das Ablegen von Zwängen und durch das Streben nach Befreiung »auszudrücken«. Heute haben sich die Zwänge gelockert, die Suche nach Befreiung trifft weder auf Spannungen – noch auf Kreativität. Genauer gesagt, das Streben nach Befreiung ist in einer liberalen Kultur legitimiert und (wie in der Musikindustrie) durch kommerzielle Unternehmungen ausgebeutet worden, durch Unternehmungen, die einen eigenen »modischen« Lebensstil kreieren.
Die rebellischen Impulse des kulturellen Modernismus laufen jetzt geradewegs gegen ein Paradoxon an. Der Radikalismus der nichtwestlichen Welt – der von China, Algerien oder Kuba – ist ein puritanischer Radikalismus, während der Marxismus der Sowjet-

union kulturell repressiv ist. Der kulturelle Modernismus, wenngleich er sich selbst subversiv nennt, hat vor allen in der bürgerlichen kapitalistischen Gesellschaft eine Heimstatt. Die Gesellschaft ihrerseits, der eine Kultur fehlt, die sie aus leeren Glaubenshüllen und den verdorrten Religionen beziehen müßte, übernimmt als Norm den Lebensstil einer Kulturmasse, die »emanzipiert« oder »befreit« sein will, die jedoch jeder moralischen Gewißheit oder kultureller Richtlinien entbehrt, die angeben könnten, welche Erfahrungen der Mühe wert sind. Ist der kulturelle Modernismus verbraucht oder folgt noch eine weitere Wende in dem sich weitenden Kreis, ein weiteres Anziehen der Schraube, das weitere Hemmungen (vor Inzest, Päderastie und Androgynie) einebnet? Bei dem jetzigen Stand der Dinge ist die Frage wirklich irrelevant. Vor allem – und das ist eine einzigartige Tatsache – weil der Modernismus als kreative kulturelle Kraft – kreativ hinsichtlich der ästhetischen Form oder des Inhalts – erledigt ist. Der Höhepunkt war bereits vor 50 Jahren erreicht. Die Sensibilität der sechziger Jahre ist deshalb relevant, weil sie Beweis dafür ist, daß die Ästhetik des Schocks und der Sensation trivial, ermüdend und öde geworden ist. In dem Maße, wie sie Besitz der Kulturmasse wurde, ist sie ein weiterer Hinweis auf die kulturellen Widersprüche des Kapitalismus.

Anmerkungen

1 Hannah Arendt, »The Crisis in Culture«, in *Between Past and Future: Eight Exercises in Political Thought,* hrsg. v. Hannah Arendt, Viking, New York 1961, S. 202.
2 Harold Rosenberg, *The Tradition of the New,* Horizon Press, New York 1959, S. 25 f. Der Essay »American Action Painters« erschien zuerst im Jahre 1957. In einer Fußnote zu seinem Artikel »Hans Hofmann: Nature in Action« in *Art News,* Mai 1957, stellt Harold Rosenberg noch eine weitere Überlegung an: »Indem sie sich der Aktion zuwendet, gibt die abstrakte Kunst ihr Bündnis mit der Architektur auf, so wie die Malerei bereits früher mit der Musik und dem Roman gebrochen hat, und streckt nun ihre Hand der Pantomime und dem Tanz entgegen . . . In der Malerei ist der Hauptträger der physikalischen Bewegung (im Unterschied zur illusionistischen Darstellung der Bewegung bei den Futuristen) die Linie, die nicht nur als dünnste Ebene, auch nicht nur als Rand, Kontur oder Verbindung verstanden wird, sondern als Strich oder Figur (im Sinne von ›Figuren laufen‹). Mit ihrem Verlauf auf der Leinwand *kann jede derartige Linie die tatsächliche Körperbewegung des Künstlers als ästhetische Aussage hinstellen.* (Hervorhebungen von mir.)

3 James Monte und Marcia Tucker, *Anti-Illusion: Procedures/Materials,* Whitney Museum, New York 1969.

4 Harold Rosenberg, »De-aestheticization«, *New Yorker,* 24. Januar 1970, S. 62. Neuabgedruckt in *The De-definition of Art,* Horizon Press, New York 1972, S. 28–38.

5 Ibid.

6 Herbert Marcuse, *An Essay on Liberation,* Beacon Press, Boston 1969, S. 40; dt.: *Versuch über die Befreiung,* Suhrkamp, Frankfurt am Main 1969 (Zitat in der dt. Übersetzung nicht auffindbar. D. Übers.).

7 Karl Mannheim, *Man and Society in an Age of Reconstruction, Harcourt, Brace and Company, New York, 1941, S. 86 f.; dt.: Mensch und Gesellschaft im Zeitalter des Umbaus,* Darmstadt 1958, S. 102.

8 Hilton Kramer, »High Art and Social Chaos«, *New York Times,* 28. Dezember 1969; vgl. auch vom gleichen Autor *The Age of Avant Garde,* Farrar, Straus and Giroux, New York 1973, vor allem seinen vorzüglichen Essay »Art and Politics: Incursions and Conversations«, S. 522-529.

9 »Unsere Epoche ist die erste Kulturepoche«, schreibt Lionel Trilling, »in der viele Menschen hohe Leistungen von den Künsten erwarten und in ihrer Frustration eine enteignete Klasse bilden, welche die herkömmlichen Klassengrenzen überschreitet und ein Proletariat des Geistes darstellt.« »On the Modern Element in Modern Literature«, in *The Idea of the Modern in Literature and the Arts,* hrsg. v. Irving Howe, Horizon Press, New York 1967.

10 Diana Trilling, »The Moral Radicalism of Norman Mailer«, in *Claremont Essays,* Harcourt Brace and World, New York 1964, S. 177 f.

11 Die Passage läßt, wie ich sehr wohl weiß, viele prominente Romanschriftsteller des Jahrzehnts völlig außer acht – wie Updike, Salinger, Cheever, J. F. Powers, Styron, Roth, Malamud und Baldwin. Dazu kann ich nur sagen, daß sich diese Schriftsteller mehr mit traditionellen Problemen des Romanciers befaßt haben, das heißt mit Schilderungen von Handlungen des Menschen im sozialen Rahmen, obwohl Malamud sich ganz gewiß auch zu Erkundungen in das Gebiet der Phantasie hat forttragen lassen. Angesichts meiner soziologischen Studien zum Thema apokalyptische Stimmung in unserer Zeit habe ich Schriftsteller ausgewählt, welche explizitere Aussagen über die Sensibilität des Jahrzehnts von sich gegeben haben.

12 Es mag befremden, daß Genet in eine »amerikanische« Gruppe eingereiht wurde und daß er als Schriftsteller der sechziger Jahre bezeichnet wird. Wenn die Hauptschriften Genets auch in den vierziger und fünfziger Jahren dieses Jahrhunderts geschrieben wurden, so erschienen seine Bücher, die ihm ein amerikanisches Publikum sicherten – *wie Notre-Dame-des-Fleurs, Tagebuch eines Diebes, Der zum Tode Verurteilte* – erst in den sechziger Jahren als Übersetzungen ins Amerikanische. Auch Burroughs schrieb in den fünfziger Jahren, doch beide Schriftsteller eroberten sich erst in den sechziger Jahren einen Platz im amerikanischen Bewußtsein.

13 Mit seiner Abschaffung von Kostümen, Beleuchtung und Bühnenausstattung und seinem Schwergewicht in der Darstellung von Leiden und Tod erfreute sich das »arme Theater« des polnischen Direktors Jerzy Grotowski während dieser Zeit ähnlicher Aufmerksamkeit, obwohl sein Gründer – ein ernster, einsamer Mann mit einem religiösen Sinn für Berufung – sich seither von einem Großteil seiner Anhängerschaft losgesagt hat.

14 Es wäre ein Fehler und überdies eine Entstellung, wollte man diesen Angriff mit Radikalismus insgesamt gleichsetzen. Tatsächlich verachtet eine ältere radikale Tradition den Irrationalismus, und unter ihren Anhängern haben sich einige – Philip Rahv, Robert Brustein, Lionel Abel und Irving Howe – in verschiedenen Essays mit Aspekten der neuen Sensibilität kritisch auseinandergesetzt. Das Problem bei vielen ihrer Argumente liegt darin, daß sie intellektuell und ästhetisch insgesamt dem Modernismus verbunden sind und seine Voraussetzungen akzeptieren. Die neue Sensibilität hingegen hat die Prämissen des Modernismus bis zu ihren logischen Konsequenzen getrieben.

4. Die große Erneuerung: Religion und Kultur im nachindustriellen Zeitalter

Jede Gesellschaft sucht ein Ensemble von Sinngehalten zu entwikkeln, mit dessen Hilfe sich die Menschen in Beziehung zur Welt setzen können. Diese Sinngehalte legen eine Reihe von Zielen fest, erklären, wie Mythos und Ritual, den Charakter gemeinsamer Erfahrungen oder befassen sich mit Veränderungen der Natur mittels menschlicher Fähigkeiten der Magie oder *techne*. Verkörpert sind die Sinngebungen in Religion, Kultur und Arbeit. Der Schwund an Sinngehalten in den genannten Bereichen ruft tiefe Ratlosigkeit hervor, welche die Menschen nicht ertragen können und die sie energisch zur Suche nach neuen Sinngehalten antreibt, denn sonst bleibt ihnen nur ein Gefühl von Nihilismus oder Leere. Vor dem Hintergrund der früheren Kapitel über die Inkohärenz der Kultur untersucht der folgende Essay die Beziehungen der Kultur zur Arbeit und zur Religion sowie die mögliche Richtung neuer Sinngehalte.[1]

Der Charakter der Menschen und das Muster ihrer sozialen Beziehungen wird zum großen Teil durch die Art der von ihnen verrichteten Arbeit geprägt. Wenn wir die Arbeit als ein den verschiedenen Charakterformen zugrunde liegendes Prinzip ansehen, dann können wir von vorindustrieller, industrieller und nachindustrieller Arbeit sprechen. Sofern diese Elemente der Arbeit innerhalb derselben Gesellschaft nebeneinander bestehen, können wir dieses Prinzip entweder als synchrones betrachten oder aber die Elemente als zeitliche Phasen verstehen, welche die Gesellschaft durchläuft. Da es sich um analytische Konstrukte handelt, sind je nach Zielsetzung beide Vorgehensweisen gültig. Die Unterscheidung selbst soll jedoch als Grundlage für das Verständnis der aus Arbeit abgeleiteten Sinngehalte bestehen bleiben.

Das Leben in vorindustriellen Gesellschaften – noch immer die Daseinsbedingung des größten Teils der Erde – ist in erster Linie ein *Spiel gegen die Natur*. Die Arbeitskräfte sind überwiegend in

Industrien mit extraktiver Produktion tätig, das heißt in Landwirtschaft, Bergbau, Fischerei und Forstwirtschaft. Die Arbeit wird auf angestammte Weise mittels Muskelkraft verrichtet; das Weltbild ist geprägt durch die Abhängigkeit von natürlichen Bedingungen – Jahreszeiten, Bodenbeschaffenheit, Wassermenge, Unwetter, die Tiefe der Minenflöze, Dürren und Überschwemmungen. Der Lebensrhythmus bestimmt sich durch diese Abhängigkeiten. Das Zeitgefühl ist an *Dauer* orientiert, und das Arbeitstempo richtet sich nach den Jahreszeiten und der Witterung.

Die güterproduzierenden Industriegesellschaften dagegen führen ein *Spiel gegen die künstliche Natur*. Die Welt ist technisiert, rationalisiert; Maschinen geben den Ton an, und der Lebensrhythmus ist mechanisch angetrieben, die Zeit ist chronologisch, mechanisch, durch die Uhr gleichmäßig aufgeteilt. Energie hat die Muskelkraft ersetzt und bildet die Grundlage für große Produktivitätssprünge, für den die Industriegesellschaft kennzeichnenden Massenausstoß standardisierter Güter. Energie und Maschinen verändern den Charakter der Arbeit, Handwerkstätigkeiten werden in simplere Teilvorgänge zerlegt; der Handwerker der Vergangenheit wird durch zwei neue Berufe ersetzt: den für Arbeitsplanung und Arbeitsfluß verantwortlichen Ingenieur und den angelernten Arbeiter, der als menschliches Zahnrad zwischen Maschinen fungiert, bis der technische Erfindungsgeist des Ingenieurs eine neue Maschine hervorbringt, die auch ihn überflüssig macht. Es ist eine koordinierte Welt, in der Menschen, Rohstoffe und Märkte zum Zwecke der Produktion und Güterverteilung einander genau angepaßt werden, eine geplante und programmierte Welt, in der die Produktionskomponenten zum rechten Zeitpunkt im richtigen Verhältnis zusammengebracht werden müssen, um den Güterfluß zu beschleunigen, eine hierarchisch und bürokratisch organisierte Welt, in der Menschen wie »Sachen« behandelt werden, da sich Sachen leichter koordinieren lassen. Das aber führt notwendig zu einer Trennung von Rolle und Person, eine Trennung, die in den Personalplänen und Organisationsschemata der Unternehmen formalisiert wird.

In der nachindustriellen Gesellschaft, die das Schwergewicht auf Dienstleistungen legt – Gesundheits-, Bildungswesen und technische Dienstleistungen –, herrscht ein *Spiel zwischen Personen*. Die Organisation eines Forschungsteams oder die Arzt-Patient-Beziehung, die Beziehung zwischen Lehrer und Schüler, Regierungsbeamten und Antragsteller – kurzum eine Welt mit den Merkmalen exaktes Wissen, höhere Schulbildung, Gemeinschaftsorganisation und dergleichen mehr – erfordern weit mehr Kooperation und

Gegenseitigkeit als Koordination und Hierarchie. Die nachindustrielle Gesellschaft ist demnach eine *kommunale* Gesellschaft, in der nicht das Individuum, sondern vielmehr die Gemeinschaftsorganisation die unterste soziale Einheit bildet und in der Entscheidungen auf politischem Wege – in kollektiven Verhandlungen zwischen privaten Organisationen wie auch mit der Regierung – getroffen und nicht über den Markt geregelt werden. Die Kooperation zwischen den Menschen ist jedoch schwieriger als der Umgang mit Dingen. Mitbestimmung wird zur Voraussetzung des Gemeinschaftslebens; und wenn zu viele verschiedene Gruppen zu viele verschiedene Dinge wollen und zu Verhandlungen nicht bereit sind, wächst die Gefahr des Konflikts oder des Stillstands. Letztlich bleibt nur die Wahl zwischen Verständigungspolitik und einer Politik gegenseitiger Behinderung.

Diese Änderungen in der Gesellschaftsstruktur können jedoch auf unmerkliche Weise noch weitere Prozesse einleiten – einen Wandel des Bewußtseins und der Kosmologie, dessen dunkle Drohung schon immer an den Rändern des menschlichen Selbst- und Weltbewußtseins lauerte und der nun als Phänomen in den Mittelpunkt rückt. Der Mensch fühlt sich, wie die Existentialisten es formulierten, in die Welt »geworfen«, fremden, feindlichen Mächten ausgeliefert, die er zu verstehen und zu beherrschen trachtete. Der Mensch war zunächst mit der Natur konfrontiert; während der Tausende von Jahren menschlicher Existenz ist das Leben zum größten Teil Kampf gegen die Natur gewesen, Suche nach einer Strategie, um die Natur in Schach halten zu können: Schutz vor den Elementen zu finden, stürmische Meere zu befahren, dem Boden, dem Wasser und anderen Lebewesen Nahrung und Unterhalt abzuringen. Das Kodierungsmuster menschlichen Verhaltens ist von der Notwendigkeit zur Anpassung an solche Wechselfälle der Natur geprägt worden.

Doch als *homo faber* suchte der Mensch Dinge zu erschaffen und träumte dabei von einer Neugestaltung der Natur. Hieß Abhängigkeit von der Natur, sich ihren Launen und Tücken zu beugen, so steigerte die Neuschöpfung der Natur durch Herstellung und Reproduktion von Dingen menschliche Macht. Im Grunde war die industrielle Revolution der Versuch, anstelle der natürlichen eine technische Ordnung, anstelle der zufälligen ökologischen Verteilung von Rohstoffen und klimatischen Verhältnissen eine technische Konzeption von Funktion und Rationalität zu setzen. Die nachindustrielle Gesellschaftsordnung wendet sich von beiden Tendenzen ab. Das hervorstechendste Merkmal heutiger Arbeitserfahrung ist eine immer größere Entfernung von der Natur, aber auch von Maschinen und Gegenständen; die Menschen leben nur in Kontakt mit ihresgleichen, begegnen nur noch ihresgleichen. Die Probleme des Lebens in der Gruppe gehören gewiß zu den ältesten der menschlichen Kultur; sie stellten sich bereits Höhlenbewohnern und Clans. Doch inzwischen hat sich der Kontext geändert. Die Frühformen des Gruppenlebens standen im Kontext der Natur, und Kampf gegen Natur war für das Leben der Menschen ein äußeres, gemeinsames Ziel. Das an Dingen festgemachte Gruppenleben gab dem Menschen, als er erst mechanische Erzeugnisse schuf, um die Welt zu ändern, ein ungeheures Machtgefühl. Doch für die Mehrheit der Menschen sind in der nachindustriellen Gesellschaft die früheren Zusammenhänge aus dem Blickfeld geraten. Im täglichen Arbeitstrott sind die Menschen nicht mehr mit der Natur, als fremde oder wohltätige Macht, konfrontiert; nur wenige beschäftigen sich noch mit Erzeugnissen und Dingen. Im größeren historischen Kontext wurden in der vorindustriellen Gesellschaft der Charakter der Menschen und die Tradition der Gruppe durch die Gesellschaft geformt. Gesellschaft ist im Durkheimschen Sinne eine äußere Realität, die *sui generis* existiert, unabhängig vom einzelnen. Die Welt ist eine vorgefundene Welt. In der Industriegesellschaft produzieren die Menschen Dinge, aber diese Fertigprodukte sind nicht umwandelbare Wahrheiten; sie existieren als verdinglichte Entitäten mit eigener, unabhängiger Existenz außerhalb des Menschen. In der nachindustriellen Gesellschaft haben die Menschen nur sich selbst, und sie haben »einander zu lieben oder zu sterben«. Realität ist nicht »draußen«, und der Mensch ist »allein und voller Angst in einer Welt, die er nie gemacht hat«. Die Realität selbst ist heutzutage problematisch geworden, muß neu gestaltet werden.

Fragt sich nur, ob diese veränderten Erfahrungen auch einen Bewußtseins- und Sensibilitätswandel bewirken werden. Während des größten Teils der Menschheitsgeschichte war die Wirklichkeit Natur; und die Menschen suchten in Poesie und Phantasie eine Beziehung zwischen sich und der natürlichen Welt herzustellen. In den letzten 150 Jahren war die Realität Technik, von Menschenhand geschaffene, aber unabhängig vom Menschen in einer verdinglichten Welt existierende Gerätschaften und Gegenstände. Heute ist unsere Wirklichkeit in erster Linie die soziale Welt, die Natur und Gegenstände ausschließt und in erster Linie durch das Medium des Bewußtseins unserer selbst und anderer und nicht durch Realität erfahren wird. Die Gesellschaft wird mehr und mehr zu einem Bewußtseinsnetz, zu einer Art Phantasiebild, das wir als gesellschaftliche Konstruktion zu verwirklichen trachten. Doch mit welchen Regeln und mit welchen moralischen Konzeptionen? Was kann, und dies gilt mehr als je zuvor, die Menschen ohne Natur oder *techne* aneinander binden?

Bisher habe ich drei Umwelten oder Settings – die natürliche Welt, die technische Welt und die soziale Welt – und drei Formen von Beziehungen zu diesen Realitäten dargelegt. Jede von ihnen steht symbolisch auch unter einem kosmologischen Prinzip.

Die natürliche Welt

Für die natürliche Welt ist dieses kosmologische Prinzip die Kurve vom *Schicksal* zum *Zufall*. Als Beispiel ziehe ich hier das griechische Denken heran, das auf so großartige Weise die damaligen Erfahrungen widerspiegelt und sie in Religion, Mythos und Philosophie zu verkörpern sucht.

Die *Hymne an Demeter* von Homer stellt die Zeit als Zyklus dar, innerhalb dessen es Jahr für Jahr zur Wiedergeburt des abgestorbenen Weltgebäudes kommt. Diese Vision und dieses Ritual werden, zumindest in den Mysterien und der orphischen Tradition, zu dem Thema verarbeitet, daß des Menschen Geschick erst dann in sich abgerundet ist, wenn Leben und Tode durch Auferstehung und neues Leben abgelöst werden. In dem Mythos vom Er, der den Schluß von Platons *Staat* bildet, wird mit dieser Eschatologie noch eine moralische Ordnung verknüpft. Der Mythos vom Er ist eine Vision letzter Dinge, berichtet von einem erschlagenen und auf wunderbare Weise ins Leben zurückgekehrten Krieger. Wenn die Geschichte auch der Tradition verhaftet ist und vom Schicksal der Seelen und ihrer Wiedergeburt erzählt, besteht ihre entscheidende Aussage doch darin, daß des Menschen Glück oder Elend bis in alle Ewigkeit von seinen Taten in *diesem* Leben abhängt. So verbinden sich philosophische Prinzipien mit der orphischen Mythologie und Mythologie des Volkes, um den Menschen einen Weg zu weisen, auf dem er dem Zyklus der Generationen entkommen kann.

In dieser neu überdachten Konzeption ist Zeit Gegenwart. Zeit ist nicht, wie in dem Sonett von Petrarca, dem Gebot der Ewigkeit unterworfen, sondern vielmehr dem Schicksal oder dem, was die Griechen *moira* nennen. *Moira,* und das wird bereits in der *Ilias* deutlich, bedeutet »Teil« oder zugewiesener Anteil, das, was den Göttern des Himmels, des Meeres und dem nebelhaften Dunkel gehört. *Moira* ist mithin weniger etwas Zeitliches, als vielmehr Räumliches, eher etwas nebeneinander Bestehendes als Vergangenheit, Gegenwart und Zukunft.

Die gegen Ende des fünften Jahrhunderts vor Christus tief geprägte pessimistische Lebensstimmung, die sich im vierten Jahrhundert, als Griechenland, durch ständige Kriege zerfleischt, schließlich vom halbwilden mazedonischen König unterworfen wurde, noch verschärfte, diese Stimmung findet ihren Ausdruck im Auftauchen der Göttin des Zufalls. In jedem auf Notwendigkeit bestehenden System von Dingen ist das Schicksal stets mit dem Zufall verknüpft, Zufall nicht als Wahrscheinlichkeit oder Risiko, wie wir ihn sehen, sondern Tychismus, als eine von unbekannten Mächten regierte objektive Realität. Wenn Menschen nach Verlust des ihnen »zugewiesenen Anteils« immer stärker in Verzweiflung geraten und ihnen zugleich das stützende innere Prinzip fehlt, ihr Schicksal zu ändern, verliert ihr Leben Sinn und Richtung und das Schicksal weicht dem Zufall.

Im Hellenistischen Zeitalter (im Gegensatz zum Homerischen) wird Tyche, das zur Gottheit erhobene Glück, zur großen Göttin der antiken Welt. Im *Ödipus in Theben* ist der Handlungsspielraum nicht mehr an das Schicksal, sondern an den Zufall geknüpft. Da ein gesichertes Wissen fehle und Tyche regiere, sei es am besten, meint Jocaste, auf gut Glück zu leben.

Wird das Leben von Willkür beherrscht, dann wird man besessen vom Zufall, betet ihn an. Dies war, wie Professor Bernard Knox folgert, »schließlich das paradoxe Ende«; und er fährt fort: »Das brillante, forschende Denken von mehr als einem Jahrhundert bewegte sich nicht mehr vorwärts, sondern zurück zum Ausgangspunkt . . . von den homerischen Olympiern zur Göttin des Zufalls. Doch die kreisförmige Bewegung vollzieht sich nicht auf einer Ebene, sondern der Wendepunkt liegt auf einer niederen Ebene. Die Bewegung hat daher die Form einer absteigenden Spirale.«[2] So verläuft die Kurve vom zugewiesenen Anteil zur willkürlichen Handlung, von der räumlichen Ordnung zu der vom Zufall regierten Unordnung. Wenn die Grundlage des moralischen Prinzips von den Schicksalsschlägen der Natur abhängt, dann erhebt sich die Frage, ob solch eine Bewegung nicht unveränderlich ist. Auf diese Frage werden wir noch zurückkommen.

Die technische Welt

Die technische Welt definiert sich durch Rationalität und Fortschritt. Geschichte, so Hegel, sei ein immanenter Prozeß, in dessen Verlauf das Selbstbewußtsein über die beschränkte Sicht der Subjektivität triumphiere und in der Verschmelzung von Willen und Handlung zum absoluten Wissen gelange. Marx erklärte diesen historischen Prozeß als etwas Natürliches und verstand die Entwicklung des Menschen als Entfaltung seiner materiellen und technischen Fähigkeiten, als Vermehrung seiner Mittel zur Naturbeherrschung. Den allgemeinen Rahmen bildete die Vorstellung, daß man den Naturzwängen, die des Menschen Möglichkeiten beschränken, das heißt der »Notwendigkeit entkommen« müsse. Geschichte, nicht als bloße Aufzeichnung menschlicher Begebenheiten, sondern als, im philosophischen Sinne, *Demiurg,* ist danach die Instanz, mit deren Hilfe der Mensch vom »Reich der Notwendigkeit« in das »Reich der Freiheit« schreitet. Das »Ende von Geschichte« signalisiere mithin den Triumph des Menschen über alle Zwänge und seine absolute Herrschaft über die Natur und sich selbst. In dieser Vorstellung wurzelt die Moderne. Als in Wissenschaft eingebettet wird sie von Bacon durch den *governor* von *Salomon's House* oder das *College of Six Days' Work* in *Nova Atlantis* zum Ausdruck gebracht: »Abschluß unserer Wissensgrundlage ist die Kenntnis von den letzten Ursachen und der geheimnisvollen Bewegung der Dinge sowie die Ausweitung der Grenzen menschlicher Herrschaft bis zur Einflußnahme auf alle je möglichen Dinge.« In dem wahrscheinlich letzten individuellen Versuch, eine synoptische Darstellung menschlichen Wissens zu entwerfen, dem *Cours de philosophie positive* (1842 vollendet), vertrat August Comte die Ansicht, die einzigen, wahrscheinlich inhärent nicht erfahrbaren Dinge seien die chemische Zusammensetzung ferner Sterne und die Frage nach der Existenz »organisierter Lebewesen auf ihrer Oberfläche«. Binnen zweier Jahrzehnte hatte der Astronom Gustav Kirchhoff die Spektralanalyse auf Sterne angewandt und damit den ersten Teil jener Erkenntnisse erlangt, die Comte für unerreichbar gehalten hatte. Wir dürften bald in der Lage sein, auch die zweite Frage hinlänglich zu beantworten.

Als moderne Menschen stehen wir alle unter diesem Zwang zur Beobachtung und Planung des Wissens. Die vielleicht gewichtigste Anstrengung in dieser Richtung unternahm der Historiker Henry Adams, Sproß einer der großen amerikanischen Familien und einstmals Präsident der Amerikanischen Historischen Gesellschaft. Er suchte eine »Sozialphysik« zu entwerfen, eine Art historisches Gitter oder Raster aus Anziehung und Abstoßung, Bewegung und ruhende Masse, Kraftlinien und Entwicklung von Einheit zur Vielfalt. Bei seiner Suche nach der geeigneten Maßeinheit entdeckte er den »Dynamometer der Geschichte«, das heißt das Faktum, daß mit Erschließung der modernen Energiequellen alle Phänomene »Verdopplungsraten« mit Exponentialcharakter durchlaufen.

Adams war der Ansicht, den geheimen Faden der Geschichtsphilosophie entdeckt zu haben, das »Gesetz der Beschleunigung«. Doch er mußte seinen exakten Verlauf festhalten. Die Lösung fand er in »Gleichgewicht heterogener Substanzen« (»Equilibrium of Heterogeneous Substances«), einer Abhandlung von Willard Gibbs, jenem glänzenden, doch introvertierten Wissenschaftler, dessen unbeachtetes Werk den Grundstock zur statistischen Mechanik legte. In seiner Abhandlung entwickelte Gibbs die von ihm sogenannte »Phasenregel«, der zufolge eine Substanz – sein Beispiel ist die Zustandsänderung von Eis, Wasser und Wasserdampf – bei Phasenänderung den Gleichgewichtszustand verändert.

Adams war fasziniert von dem Begriff »Phase«. Turgot und Comte hatten in ihren großartigen historischen Studien die Geschichte in Phasen eingeteilt, und nun glaubte Adams, die Formel für die exakte Unterteilung historischer Zeit und ein Mittel zur Extrapolierung der Zukunft gefunden zu haben. Der zukünftige Historiker muß nach seinen Worten »seine Ausbildung auf dem Gebiet der mathematischen Physik erhalten. Vom Studium alter Methoden ist nichts mehr zu erwarten. Eine neue Generation muß mit neuen Methoden zu denken lernen . . .«

1909 schrieb Adams den Essay »The Rule of Phase Applied to History« (»Die auf die Geschichte angewandte Phasenregel«), in dem er das quadratische Reziprozitätsgesetz auf die Geschichtsperioden anzuwenden suchte. Er ging von der Annahme aus, mit dem Denken von Galilei, Bacon und Descartes habe um die Zeit von 1600 eine neue mechanische Phase eingesetzt, die bis zur nächsten, der elektrischen Phase (symbolisiert durch die Erfindung des Dynamos) 300 Jahre gedauert habe. Nach Anwendung des quadratischen Reziprozitätsgesetzes müsse die elektrische Phase – wenn die mechanische 300 Jahre gedauert hat – einer Zeitdauer von $\sqrt{300}$ oder etwa 17 Jahren entsprechen. Um 1917 werde diese Phase in die durchgeistigte, in die Phase der reinen Mathematik münden. Nach demselben Gesetz ergebe die Quadratwurzel aus 17,5 bei konstanter Beschleunigungsrate etwa vier Jahre, was bedeute, daß das Denken die äußerste Grenze seiner Möglichkeiten um das Jahr 1921 erreichen werde. Wenn wir jedoch angesichts der Tatsache, daß wir den Ausgangspunkt der Beschleunigung nicht genau bestimmen können, den Beginn der mechanischen Phase um 1500 ansetzen und sodann das quadratische Reziprozitätsgesetz anwenden, dann würden wir die Grenzen menschlichen Denkens im Jahre 2025 erreichen; demnach hätten wir zum Nachdenken noch etwas Zeit.

So sah das kosmische Bild sozialer Evolution aus, wie es sich in den

Gleichungen der Sozialphysik niederschlug. Der Phasenregel zufolge hatte die Gesellschaft Tausende von Jahren im Banne von Fetischkräften unter dem Einfluß von Religion gelebt; dann durchlief sie ein mechanisches Zeitalter und schließlich eine elektrische Phase, »ohne sich richtig klarzumachen, was da eigentlich vor sich ging, ausgenommen in Zeiten sozialer und politischer Revolutionen«. Nun erlangte die Gesellschaft ein Bewußtsein von sich selbst im wissenschaftlichen Sinne. In der Phase reiner Mathematik, in der Welt *der Meta-Physik,* könnte jedoch ein Bewußtseinszerfall eintreten und damit eine neue »unbestimmt lange dauernde Periode des Stillstandes, wie John Stuart Mill sie voraussah«.

Doch Adams gab sich einer noch weiterreichenden Vision hin. In »Letter to American Historians« (»Brief an amerikanische Historiker«), den er 1910 im Alter von 72 Jahren als Abschiedsgruß schrieb, machte Adams auf Lord Kelvins Abhandlung »On an Universal Tendency in Nature to the Dissipation of Mechanical Energy« (»Über eine universale Tendenz in der Natur zur Dissipation mechanischer Energie«) aufmerksam. Adams wies darauf hin, daß sieben Jahre nach Kelvin Darwin seine Arbeit »Über den Ursprung der Arten« veröffentlicht und die »Gesellschaft sich natürlich und instinktiv die Ansicht zueigen gemacht hatte, daß die Evolution eine aufsteigende Linie verfolgen müsse«. Doch wenn es tatsächlich eine Sozialphysik gibt, die auch die Geschichte bestimmt, wäre die Gesellschaft dann nicht letztlich zu Entropie oder zufälliger Unordnung verdammt? Müßte dann nicht der Energieschwund seine Entsprechung – und hier bemühte Adams Beispiele aus Gustave Le Bons *Psychologie der Massen* – im Aufruhr der Massen finden?

Das technische Zeitalter steht unter dem Zeichen der Uhr. Wenn dem so ist, dann läuft das Uhrwerk ab. »Der Universum ist durch die Thermodynamik schrecklich zusammengerückt«, schrieb Adams. »Geschichtswissenschaft und Soziologie ringen bereits nach Luft.« Als letztes suchte Adams den Gedanken zu vermitteln, daß der Zug der Geschichte, angetrieben durch die Beschleunigung des Wissens, entgleisen werde.

Die Menschheit verliere immer mehr die Fähigkeit, die auswuchernden Probleme zu lösen, da das schnelle Tempo des Wandels uns der endgültigen Grenze der Energie zutreibe und wir unfähig sein würden, auf die Herausforderung der Zukunft kreativ zu reagieren.[3] So beginnt die technische Welt mit Fortschritt und endet in Stagnation.

Wird die natürliche Welt von Schicksal und Zufall regiert, die technische von der Rationalität und Entropie, dann kann die soziale Welt nur als Leben in »Furcht und Schrecken« charakterisiert werden.

Jede Gesellschaft wird, um Rousseau zu paraphrasieren, durch Zwang, durch Armee, Miliz und Polizei oder durch ein Moralgesetz zusammengehalten, durch die Bereitschaft der einzelnen, sich zu respektieren und die Regeln des Gewohnheitsrechts zu achten. In einer starken Moralordnung beruht die Rechtfertigung jener Regeln auf einem System gemeinsamer Wertvorstellungen. Geschichtlich war Religion, als Bewußtseinsform, die sie an letzten Werten orientiert, Grundlage einer gemeinsamen Moralordnung.

Die Kraft von Religion stammt nicht von einer nützlichen Qualität (Eigennutz oder individuelles Bedürfnis); Religion ist weder Gesellschaftsvertrag noch bloß allgemeines System kosmologischer Sinngehalte. Die Macht der Religion gründet auf dem Faktum, daß sie, vor allen Ideologien und anderen weltlichen Glaubensvorstellungen, den Zweck erfüllte, gleichsam in einem übermächtigen Gefäß das Sakrale zu sammeln und zu binden, das als Kollektivbewußtsein eines Volkes aufbewahrt wird. Ausgangspunkt der Frage nach dem Schicksal der sozialen Welt ist die Unterscheidung zwischen Sakralem und Profanem, ein Thema, das in neuer Zeit, vor allem von Emile Durkheim erforscht worden ist. Wie kam der Mensch dazu, sich zwei radikal unterschiedliche, heterogene Bereiche, das Sakrale und das Profane, vorzustellen? Die Natur selbst ist ein einheitliches Kontinuum in einem großen, vom Mikrokosmos zum Makrokosmos sich spannenden Seinsbogen. Nur der Mensch hat Dualitäten geschaffen: die von Geist und Materie, Natur und Geschichte, Heiligem und Weltlichem. Nach Durkheim sind gemeinsame Gefühle und affektive Bindungen zwischen Menschen für jede gesellschaftliche Daseinsweise von zentraler Bedeutung. Religion ist so gesehen Bewußtsein der Gesellschaft. Und da Gesellschaftsleben in all seinen Aspekten nur durch ein Symbolsystem ermöglicht ist, fixiert sich jenes Bewußtsein auf ein Objekt, das dann als heilig angesehen wird.

Wenn Durkheims Auffassung zutrifft, kann man die »Religionskrise« von einer anderen als der üblichen Warte her betrachten. Sobald Philosophen, und neuerdings auch Journalisten, über den Niedergang der Religion oder über Glaubensverlust schreiben, dann meinen sie damit für gewöhnlich, das Gefühl für das Übernatürliche – die Bilder von Himmel und Hölle, von Strafe und

Erlösung – hätte seine Macht über die Menschen verloren. Durkheim ist jedoch der Ansicht, daß Religion nicht auf den Glauben an das Übernatürliche oder an Götter zurückgehe, sondern auf eine Aufteilung der *Welt* (Dinge, Zeiten, Personen) in Sakrales und Profanes. Wenn Religion zerfalle, dann, weil der weltliche Bereich des Sakralen geschrumpft sei und weil die gemeinsamen Gefühle und affektiven Bindungen zwischen den Menschen diffus und kraftlos geworden seien. Die grundlegenden Elemente, die den Menschen gemeinsame Indentifikationsmöglichkeiten und affektive Beziehungen zueinander gewähren – Familie, Synagoge und Kirche, Gemeinde – haben ständig an Verbindlichkeit und Einfluß verloren; die Menschen besitzen nicht mehr die Fähigkeit, dauerhafte Beziehungen zueinander, sowohl zeitlich als räumlich, aufrechtzuerhalten. Wenn man also erklärt, »Gott ist tot«, dann heißt das in Wirklichkeit, daß die sozialen Bindungen zerrissen sind und daß die Gesellschaft tot ist.

Vom Sakralen zum Profanen

Zu den drei Settings und den drei Kosmologien gehören auch drei Zugehörigkeits- oder Identitätsformen, mit denen die Menschen sich in Bezug zur Welt zu setzen suchen; es sind dies Religion, Arbeit und Kultur.

Die traditionelle Form des Weltbezugs ist natürlich Religion, als über das Irdische hinausweisendes Mittel zum Verständnis seiner selbst, seines Volkes, seiner Geschichte und seines Platzes im Schema der Dinge. Im Verlauf der Entwicklung und Differenzierung der modernen Gesellschaft – wir bezeichnen diesen Prozeß als *Säkularisierung* – schrumpfte der gesellschaftliche Bereich der Religion; mehr und mehr wurde Religion persönlicher Glauben, den man akzeptieren oder ablehnen kann, nicht als Schicksal, sondern als Sache des Willens, rationaler oder sonstiger Entscheidung. Dieser Prozeß läßt sich an den Schriften von Matthew Arnold deutlich ablesen. Arnold verwarf Theologie und Metaphysik, den »alten Gott«, den »unnatürlichen verherrlichten Menschen«, und fand Sinn einzig in der Moral und im emotionalen Subjektivismus, einer Mischung aus Kant und Schleiermacher. Wenn es dazu kommt, dann wird Religion zu etwas Ethischem und Ästhetischem, wird unweigerlich substanz- und kraftlos. So gesehen fand Kierkegaard gleichsam mit einer Schrittwendung den Weg zurück zur Religion.

Als Beruf oder Berufung verstanden, ist Arbeit eine Übertragung von Religion auf ein diesseitiges Zugehörigkeitsgefühl, durch persönliche Anstrengung gelieferter Beweis eigener Rechtschaffenheit und eigenen Wertes. Das ist nicht nur protestantische Auffassung; sie wird auch von Männern wie Tolstoi oder Aleph Daled Gordon (des Theoretikers der Kibbuz-Bewegung) geteilt, die sich vor der Verderbtheit des Luxuslebens fürchteten. Der Puritaner wie auch das Kibbuzmitglied wollen Arbeit als Berufung betreiben. Wir hingegen haben das Gefühl, daß wir arbeiten, weil wir dazu gezwungen sind, oder daß Arbeit zur Routine geworden und entwürdigend ist. Max Weber schreibt auf den von Melancholie überaschatteten letzten Seiten seines Werkes *Die protestantische Ethik und der Geist des Kapitalismus:* »Wo die ›Berufserfüllung‹ nicht direkt zu den höchsten geistigen Kulturwerten in Beziehung gesetzt werden kann – oder wo nicht umgekehrt: sie auch subjektiv einfach als ökonomischer Zwang empfunden werden muß –, da verzichtet der Einzelne heute meist auf ihre Ausdeutung überhaupt.« Das Streben nach Luxus verdrängt das Asketische, die hedonistische Lebensweise verdeckt die Berufung.

Für den modernen, kosmopolitisch orientierten Menschen hat die Kultur, als Mittel zur Selbstverwirklichung oder als Lebensrechtfertigung – eine ästhetische Rechtfertigung –, sowohl die Religion als auch die Arbeit ersetzt. Hinter diesem Wandel, im wesentlichen von Religion zur Kultur, steht eine ungewöhnliche Wende der Bewußtseinshaltung, vor allem bezüglich der Sinngehalte expressiven Verhaltens in der menschlichen Gesellschaft.

In der Geschichte der westlichen Gesellschaft war schon immer die Dialektik von Entbindung und Enthaltsamkeit am Werk. Die Idee der befreienden Entbindung geht zurück auf dionysische Feste, bacchanalische Gelage, Saturnalien, gnostische Sekten des ersten und zweiten Jahrhunderts unserer Zeitrechnung und andere erst jüngst entdeckte geheime Elemente; auch auf biblische Legenden, die Geschichte von Sodom und Gomorra oder die Ereignisse von Babylon.

Die großen historischen Religionen des Westens sind Religionen der Enthaltsamkeit gewesen. Im Alten Testament finden sich nachdrückliche Verweise auf das Gesetz und Angst vor der unkontrollierten menschlichen Natur: Befreiung wird mit Wollust, sexueller Konkurrenz, Gewalt und Mord assoziiert. Die Angst gilt dem Dämonischen – der rasenden Verzückung (ex-stasis) in der Aufgabe des Körpers und im Überschreiten der Grenzen zur Sünde. Selbst das Neue Testament, welches das Gesetz außer Kraft setzt und Liebe verkündet, schreckt vor den weltlichen Konsequenzen der Gesetzesaufhebung zurück und errichtet Barrieren. In den Korintherbriefen schreibt Paulus, die Gemeinde von Korinth wegen einiger ihrer Praktiken rügend: Die Liebe, die wir bringen, die Gemeinschaft, die wir pflegen, sind nicht Erlösung und Liebe des Leibes, sondern Erlösung und Liebe des Geistes (1. Korinther, 5,7–14).

In der westlichen Gesellschaft hatte Religion zwei Funktionen. Zum einen bewachte sie die Pforten des Dämonischen und suchte es durch Einkleidung in symbolische Formen zu entschärfen, sei es als symbolisches Opfer, wie es im *Akedah* von Abraham und Isaak vorgeführt wird, oder als rituelles Opfer Christi am Kreuz, das in Brot und Wein als Leib und Blut Christi verwandelt wird. Andererseits stellte Religion Kontinuität mit der Vergangenheit her. Prophetie, deren Autorität stets in der Vergangenheit verlegt worden war, wurde Grundlage, um die Gültigkeit antinomischer progressiver Offenbarung zu bestreiten. Kultur, sobald mit der Religion verschmolzen, beurteilte die Gegenwart auf der Grundlage der Vergangenheit und stellte mittels Tradition zwischen beiden Kontinuität her. Mit diesen beiden Funktionen sicherte Religion in der Vergangenheit fast die gesamte westliche Kultur ab.

Die Wende, von der ich spreche – und die sich nicht an irgendeinen Menschen oder einem genauen Zeitpunkt festmachen läßt, sondern die vielmehr ein allgemeines kulturelles Phänomen darstellt –, vollzog sich mit dem Zerfall theologischer Autorität der Religion um die Mitte des 19. Jahrhunderts. Die Kultur – vor allem die aufkommende Strömung, die wir heute Modernismus nennen – nahm die Beziehung zum Dämonischen auf. Aber anstatt, wie die Religion, das Dämonische zu zähmen, begann die modernistische Kultur, es zu akzeptieren, es zu erforschen, darin zu schwelgen und es (mit Recht) als Quelle bestimmter Kreativität zu betrachten.

Religion erlegt nun der Kultur stets moralische Normen auf. Sie besteht auf Grenzen, vor allem auf Unterwerfung ästhetischer Impulse unter moralisches Verhalten. Als die Kultur es aber übernommen hatte, sich mit dem Dämonischen zu befassen, da erhob sich die Forderung nach »Autonomie des Ästhetischen«, entstand die Vorstellung, Erfahrungen seien an und für sich von höchstem Wert: Alles muß erforscht, alles erlaubt sein (zumindest in der Phantasie), einschließlich dessen, was das modernistische *Sur-Reale* beherrscht hat: Wollust, Mord und dergleichen. Wie wir in den früheren Kapiteln gesehen haben, besteht der zweite Aspekt in der Verankerung jeder Autorität, jeder Rechtfertigung in den Ansprüchen des »Ich«, des »gebieterischen Selbst«. Wenn man der Vergangenheit den Rücken zukehrt, dann stört oder zerschneidet man die Fäden, die Kontinuität erzwingen; man erhebt das Neue und Neuartige zur Quelle des Interesses und die Wißbegierde des Selbst zum Prüfstein der Urteilens. Auf diese Weise ist der Modernismus, als kulturelle Strömung in die Bezirke der Religion eingedrungen und hat das Zentrum der Autorität vom Sakralen zum Profanen verlagert.

Die drei Versionen des Faust

Das Profane kann nur in zwei Richtungen führen: in ein Leben von Neuartigkeit und Hedonismus (und schließlich Ausschweifung) oder zu dem von Hegel als »sich unendlich setzenden Geist« bezeichneten Streben des Menschen nach dem absoluten, gottähnlichen Wissen. Menschen haben häufig beides zu erlangen gesucht. Symbol des Trachtens nach menschlicher Selbsterhöhung ist natürlich Faust, eine Figur, in der ein ganzes Zeitalter seinen Geist, seine Seele, sein unglückliches, gespaltenes Bewußtsein, wenn nicht gar sein Schicksal erkannte. Und es sollte nicht überraschen, wenn man erfährt, daß sich in Goethe, der uns diese moderne Figur gegeben hat, nicht nur ein Faust, sondern gleich drei verbargen.

Da ist zunächst der *Urfaust,* eine frühe Fassung des ersten Teils, die Goethe, damals 26 Jahre alt, im Jahre 1776 schrieb, die jedoch erst 1887 entdeckt wurde, obwohl ein Abschnitt bereits 1790 als Fragment veröffentlicht worden war. Thema des *Urfaust,* das noch nicht die Geschichte Gretchens enthält, ist ausschließlich das Streben des Menschen nach bis dahin ungeahnter Macht über die materielle Welt auf dem Wege über das Wissen. Wie sollte dies geschehen? Die Natur ist nach dem jungen Goethe keine bloße Maschine. Wissenschaft mit ihrer Suche nach Regeln und Gesetzen zum Verständnis der Natur sei eine phantasielose, prosaische Angelegenheit. Nur eine poetische Kunst wie Magie könne die Geheimnisse des Wesens der Natur lüften. Santayana meint dazu: »Die Künste der Magie sind das Sakrament, das Faust in seine neue Religion, die Religion der Natur, einführen wird.«

Faust schlägt das Buch der Magie beim Symbol für den Makrokosmos auf, und so offenbart sich ihm der Weltmechanismus in seiner komplexen Seinsfülle. Faust hat das Gefühl, die Welt in ihrer Totalität erfaßt zu haben, bis ihm schließlich aufgeht, daß er nicht das tiefste Wissen um das Dasein, sondern lediglich eine Theorie entdeckt hat. Was er zu fassen trachtete, entzog sich ihm fürderhin, nämlich die Wirklichkeit selbst.

Alle Erfahrungen ziehen Faust an. Er scheut vor nichts zurück, ist bereit, alles zu erleben, was je ein Sterblicher erlebt hat. Er ist unersättlich. Der Erdgeist, angezogen von diesem ungestümen Mann, zeigt sich Faust und hält ihm den brodelnden, kochenden Kessel des Lebens vor. Doch angesichts seiner Bereitschaft, sich hineinzustürzen und alles aufzunehmen, was ihm widerfährt, sieht er sich jedoch mit zwei bestürzenden Erkenntnissen konfrontiert: Seine *Einbildungskraft* kann ihm zwar das Universum erschließen, sein *Leben* vermag dies nicht. Und da der Geist Erkenntniswerkzeug ist, wäre es durchaus denkbar, daß Vernunft und nicht Natur des Menschen höchstes Gut ist. Diese Wahrheiten kann Faust nicht ertragen, und als er den scheidenden Erdgeist rufen hört: »Du gleichst dem Geist, den du begreifst, nicht mir«, bricht er zusammen. Doch eine solche unwillkommene, demütigende Erkenntnis gedenkt er keineswegs hinzunehmen. Für den Rest seines Lebens sucht er – und das ist die Essenz von Faust II und Faust III – diese Erkenntnis zu widerlegen. Am Ende sind wir immer noch nicht sicher, daß seine lange, qualvolle Suche ihn je von der Wahrheit dieser Erkenntnis überzeugt hat.

Der Tragödie erster, allgemein bekannter Teil, wurde 1808 veröffentlicht. Das Thema ist bekannt; nach Faust ist der Fluch des Menschen sein unstillbarer *Wissensdrang,* der ihn niemals zur Ruhe kommen lasse. Er hat vom Denken und Studieren genug. Die Wette, die er mit Mephisto eingeht, hat zum Inhalt, daß er ewige Verdammnis auf sich nehmen will, wenn er nach Genuß aller Sinnesfreuden des Lebens, der ganzen Lebens- und Erfahrungsfülle ein Gefühl dauerhafter Befriedigung zugeben muß und auf ewig strebendes Bemühen verzichtet.

Wenn mit Hegel der *Urfaust* das erste Bewußtseinsmoment verkörpert, nämlich Selbstverwirklichung durch Eingedenken der eigenen Zwangslage, so ist der Tragödie erster Teil das zweite Moment, seine Negation, das Sichhineinstürzen in die Ausschweifung, in »den trunkenen Wirbel einer sich unaufhörlich selbsthervorbringenden Unordnung«. In Auberbachs Keller, in der Hexenküche, beim dionysischen Festtaumel der *Walpurgisnacht* und bei der Verführung Gretchens werden primitive Triebe und Impulse freigesetzt. Thema ist die christliche Vorstellung der Erlösung durch Opfer; der Tod des Gretchens ist Sühneopfer als Folge von Sünde. Gretchens Reinheit wird gegen Wagners Pedanterie und den Zynismus von Mephisto ausgespielt. Am Ende findet Gretchen, die Sünderin, Rettung; doch dies ist keine Lösung; denn die Leidenschaft, als Leiden, ist Auslieferung an einen Erlöser, und diesen Weg kann Faust nicht einschlagen.

Sechzig Jahre mühte sich Goethe um einen Abschluß. 1831 versiegelte er im Alter von 82 Jahren ein Päckchen mit dem Manuskript des zweiten Teils der Tragödie. Dieses *Sorgenkind* sollte vor seinem Tode nicht geöffnet werden (doch eitel wie er war, brach er einmal das Siegel, um seiner Schwiegertochter aus dem Manuskript vorzulesen), weil es keine Lösungen gibt, wie er zwei Monate vor seinem Lebensende in seinem Tagebuch festhält. Goethe hat 60 Jahre gebraucht, um zu diesem dritten Faust zu gelangen; doch am Ende ist die Lösung keineswegs schlüssig, sie ist voller Frömmelei, Plattheit, Ironie und Mehrdeutigkeit.

Im zweiten, kaum gelesenen Teil, begibt sich Faust aus seinem privaten Bezirk in den größeren Bereich der menschlichen Gesellschaft. Er erkundet Reiche, die Wissenschaft (die Erschaffung des künstlichen Menschen Homunculus) und den Sensualismus der Griechen (wie in der Begegnung mit Helena). Am Ende faßt er den Entschluß, sein Leben praktischer Arbeit zu widmen, Land dem Meere zu entreißen, Sümpfe zu entwässern und die Gezeiten zu bändigen, die Natur für den Menschen zu beherrschen.

Doch trotz solcher Vorsätze keimt das Übel, steigt auf aus der Ungeduld der Triebe und dem Übermaß an Tat. In der Nähe des von Faust zur Urbarmachung beanspruchten Landes steht eine kleine Kapelle, und nicht weit davon eine Hütte, bewohnt von einem freundlichen alten Paar, Philemon und Baucis. Die alten Leute wollen ihr Land nicht verkaufen, Faust befiehlt, sie gewaltsam zu vertreiben und ihnen eine bessere Behausung anderswo zuzuweisen. Im Tumult dieses brutalen Vorgehens kommen die alten Leute im Feuer um, das die Häuser vernichtet. Faust zeigt darüber nur geringes Bedauern; dies, meint er, seien die unglückseligen Folgen des Strebens nach Verbesserung menschlichen Daseins.

Zum Schluß ist Faust ein blinder, in die Irre geführter Mann, unverzagt, die Gedanken auf die von ihm in Angriff genommene Arbeit und in die Zukunft gerichtet. Er vernimmt die Geräusche von Erdarbeiten und treibt die Geister an, sich ausmalend, daß sie die Kanäle ausheben, die er sich in der Phantasie vorstellt; doch das Graben, das er hört, gilt lediglich seinem eigenen Grabe.

Faust hat man den modernen Prometheus genannt, Goethes Tragödie die »Bibel des Promethianismus«. Wenn wir unter Tragödie das Eingeständnis eigenen Hochmuts und das letztliche Anerkennen menschlicher Grenzen verstehen, können wir dann von einer Tragödie sprechen? Und ist Faust prometheisch? Er will seinen Willen, sein unermüdliches Streben nicht aufgeben. Dazu Erich Heller: »Worin besteht die Sünde Fausts? In der Ruhelosigkeit des Geistes. Und worin besteht seine Erlösung? In der Ruhelosigkeit des Geistes.« So singen denn auch die Engel, die Fausts Seele gen Himmel tragen, in der letzten Szene:

>»Wer immer strebend sich bemüht,
> Den können wir erlösen.«

Faust ist modern, gerade weil er strebend sich bemüht – allerdings ohne Erinnern, ohne Kontinuität mit der Vergangenheit. Das Eingangsthema zu Beginn des zweiten Teils von Ariel, dem Naturgeist, angeschlagen lautet: »Dann badet ihn in Lethes Fluten.« Santayana meint, die Geister des Chores scheinen zu sagen: »Mitleid und Reue . . . sind müßig und von Übel; Mißlingen ist nebensächlich, Irrtum harmlos. Denn die Natur hat kein Gedächtnis; vergebe dir selbst, und dir ist verziehen.«
Und nach 60 Jahren sind Fausts erste Worte:

> Des Lebens Pulse schlagen frisch lebendig,
> Ätherische Dämmrung milde zu begrüßen;
> Du Erde warst auch diese Nacht beständig . . .

Er ist weder ein besserer Mensch geworden, noch hat er die Welt klarer erkannt. Er beginnt ganz einfach von neuem, noch einmal das Neue suchend, diesmal freilich auf einer höheren Stufe, in Geschichte und Zivilisation. »Wie die Stürme des vergangenen Jahres, so sind auch seine alten Lieben vergangen. An seine früheren Irrtümer erinnert er sich nur wie im Traume, und er schreitet voran, um dem neuen Tag zu begegnen.«
Ohne Erinnern ist jedoch keine Reife möglich. Für den Menschen kann dieser Romantizismus, dieses nicht enden wollende Leben ohne Erfüllung, nur ein Weg in Tragödie oder Tragikomödie sein. Denn es zählen nur unablässige Suche nach neuen Interessen, neuem Zeitvertreib, neuen Sensationen, neuen Abenteuern, neuen Genüssen, neuen Revolutionen, neuen Freuden, neuen Schrecken – und nach abermals Neuem.
Das ist also nicht Prometheus, sondern vielmehr Proteus, ein Proteus, der niemals lange genug vor uns haltmacht, als daß wir seine wahre Gestalt oder seine letzten Ziele erkennen könnten. Da es kein Entrinnen gibt, wissen wir am Ende, daß das Leben Fausts auf Erden und das Leben jener, die ihm gleichen, nur eine Widerspiegelung der siebenstufigen Hölle ist.

Ursachen und letzte Dinge

Die Suche nach Sinngebungen führt uns zurück zu den Kernfragen. Den Ausgangspunkt unseres Versuchs zu erkunden, wo der Mensch ein archimedisches Prinzip finden kann, ist eine Frage mit Doppelgesicht: Gibt es einen unwandelbaren menschlichen Charakter und wenn nicht, wie kann dann die Philosophie (betraut mit der Formulierung, wenn nicht der Lösung des Problems) das »bloß« Historische vom Dauerhaften sondern, um festzustellen, wie die Menschen den Wert ihrer Existenz verstehen oder gar beurteilen?[6] Jede derartige Suche geht von drei Grundlagen aus: Natur, Geschichte oder Religion.

Erste Grundlage der Erörterung ist die Natur. Dies hat auch Leo Strauss in seiner Arbeit *Natural Right and History* klar herausgestellt und zur Leitlinie all seiner Einwände gegen historisierende oder religiöse Grundlagen von Sinngehalten gemacht. »Die Entdeckung der Natur ist das Werk des Philosophen«, schreibt Strauss. Das Alte Testament, zu dessen Prämisse die Ablehnung von Philosophie gehört, kennt keine »Natur«; auch findet sich im Alten Testament keine Voraussetzung für Naturrecht. Grundlage der biblischen Religion ist Offenbarung, nicht die Natur, und Quelle moralischen Verhaltens ist *Halakah* (das Gesetz oder »der Weg«). Im griechischen Denken ist Natur genaue Ordnung der Dinge (*physis*) und deshalb gesellschaftlicher Konvention oder positivem Recht (*nomos*) übergeordnet. Die Natur ist »verborgen«, muß entdeckt werden; das Recht hat den Anleitungen der Natur zu folgen. »Die Natur«, schreibt Strauss, »ist älter als jede Tradition; folglich ist sie auch ehrwürdiger als Tradition. Mit der Entwurzelung der Autorität des Althergebrachten erkennt die Philosophie die Natur als *die* gültige Autorität an.« »Natürliches« Ziel ist die moralische und geistige Perfektion. Wenn dies Grundlage des Naturrechts ist, dann sind die Prinzipien des Rechts unwandelbar. Strauss folgert daher: »Die Entdeckung der Natur ist mit der Verwirklichung einer menschlichen Entwicklungsmöglichkeit identisch, die, zumindest ihrer eigenen Interpretation nach, über das Historische, Soziale, Moralische und Religiöse hinausweist.« Die Grundlagen der Natur sind somit unwandelbar und zeitlos.

Bei dieser These stellt sich mir eine dreifache Schwierigkeit. Der Vorstellung vom »natürlichen Ziel« liegt die Annahme eines *telos* (im Aristotelischen Sinne eines Plans, der in der Form selbst angelegt ist, oder in der Hegelschen Bedeutung der »Verwirklichung« von Philosophie am Ende der Geschichte) zugrunde, das den Menschen unweigerlich in Richtung »moralischer und geistiger

Perfektion« treibt. Doch ich zweifle, daß sich eine solche Lehre von Immanenz angesichts unserer Kenntnisse über menschliche Geschichte aufrechterhalten läßt. Und wenn Strauss, wie ich glaube, den Begriff »natürliches Ziel« als »Ideal« versteht, das außerhalb des Menschen liegt, und wenn er dieses Ideal als »Maßstab« zur Beurteilung menschlicher Wirklichkeit verwendet – so ist das nichts weiter als klassische Utopie. Doch wenn dem so wäre, so hätten wir, ohne viel Gewinn, entweder einen Pantheismus, der anstelle von Gott die Idee der Natur setzt, oder aber irgendein starres menschliches Ideal, das entweder formal (weil es allgemein und abstrakt sein müßte) oder aber einengend wäre, sofern es ein bestimmtes Moralgesetz festlegt. Mein dritter Einwand, zu dem ich noch zurückkehren werde, wäre, daß die Menschen in Anbetracht ihrer biologischen und soziologischen Lebensbedingungen keine adäquate Identität in irgendeinem universalen Kodex finden können, sondern notwendigerweise in der Spannung zwischen Besonderem und Universalem leben müssen. Jedes Ensemble von Sinngehalten, das im täglichen Leben verwirklicht werden soll, muß diese menschliche Bedingung in Rechnung stellen.

Eine andere Erklärung zieht Geschichte mit heran und hält wiederum ein unwandelbares Muster parat. Es handelt sich um die Erklärung von Vico, um die Theorie der Wiederkehr, die später, in anderer Form, von Nietzsche aufgegriffen wurde.

Nach Vico sind die kulturellen Elemente jedes Zeitalters Religion, Ehe und die angemessene Achtung vor den Toten. Danach nimmt jedes Zeitalter seinen Verlauf; Zerfall wird offenkundig, wenn Gesellschaften ihr Schamgefühl verlieren, so daß alles durchgeht – wenn Sitten und Gesetze nicht mehr geachtet werden, Gleichheit zur Zügellosigkeit führt sowie niederträchtige neidische Gefühle die humanen verdrängen. Die Folgen sind innerer Zusammenbruch oder Eroberung von außen und Rückfall in die Barbarei, dem sich ein neuer Zyklus aus drei Zeitaltern anschließt.

Nach dieser Theorie hat die Menschheitsgeschichte zwei solcher Zyklen erlebt, einen in der Vorgeschichte, einen in der modernen Geschichte; jeder mit gemeinsamer Entelechie, beide jedoch von verschiedenen Bewußtseinsformen geprägt. Dort die poetische Logik der Alten, die malerische Fülle von Mythen und Bildern, und hier die rationale Logik der Moderne, die auf Vermutungen beruhende Welt theoretischer Vernunft und Abstraktion. Zwei Welten also, ein ähnlicher Zyklus mit drei Stadien.

Im ersten Zyklus ist das erste Zeitalter geprägt von primitiven Menschen, die sich gegen die nackte Natur stellen, in Furcht lebend vor den Göttern, die ihr Schicksal bestimme, und ihr Geschick weitgehend über Religion verstehe. Das zweite Zeitalter gehörte den Clans, den Bündnissen von Patrizierfamilien, als deren Werte Kämpfen, Ehre und Tapferkeit galten. Das dritte schließlich ist das Zeitalter der Plebs, der Gleichheit und Demokratie, ein stärker von Begierden als von natürlichen Bedürfnissen beherrschtes Zeitalter. Nach Vico waren dies die Zeitalter der Götter, der Helden und der Menschen.

Im zweiten Zyklus, dem der westlichen Welt, entspricht den »Schreckensreligionen« des unter dem Zeichen der Götter stehenden ersten Zeitalters das Christentum; die Bündnisse der großen Familien und Häuser im Heldenzeitalter spiegeln sich in der Feudalordnung des Mittelalters wider; das »Naturgesetz der Philosophen« schließlich kündet die dritte Phase an. Doch bereits zu Vicos Zeit, in der ersten Hälfte des 18. Jahrhunderts, sind Zeichen von Verrohung sichtbar: im übertriebenen Skeptizismus und anmaßendem Materialismus, im Akzent auf Nützlichkeit, im Vertrauen auf Technologie (wenn Vico das Wort gekannt hätte), in den »Dienern einer vom Gewissen nicht beratenen Wissenschaft«. Philosophie hatte die Religion verdrängt und Wissenschaft die Philosophie. Doch Wissenschaft verlor sich mehr und mehr in der abstrakten Jagd nach dem Bauplan der Natur und vergaß menschliche Zielsetzungen, so daß es an Anleitungen für menschliches Verhalten fehlte.

Gibt es aus diesem deterministischen Kreislauf kein Entkommen? Für Vico war Wissensquelle das Prinzip des *verum factum* – »das Wahre (*verum*) und das Hergestellte (*factum*) sind gleichbedeutend.« Bedingung des Wissens ist folglich das Machen, Herstellen; man kann nur das verstehen, was man geschaffen hat. Die Möglichkeit des Entkommens aus dem Zyklus des Fatums liegt mithin in der Fähigkeit des Menschen, seine eigene Geschichte zu *machen*. So kann es keine immanente Verwirklichung eines zielgerichteten Planes, keine trügerische »List der Vernunft« oder ein *marche générale* einer Klasse geben, sondern nur gemeinsames Bemühen der Menschen, ihr Leben bewußt zu lenken. Entkommen aus endloser Wiederkehr heißt folglich, sich in eine neue Art der Geschichte zu stürzen.

Dieser Leitfaden führt uns unweigerlich zu Marx, der der Auffassung war, die Menschen könnten im Rahmen der Zwänge gegebener historischer Möglichkeiten ihre Geschichte gestalten. Marx legt ein Doppelkonzept menschlicher Natur vor. Da ist zunächst der natürliche oder *Gattungs*mensch, dessen Wesen oder Menschsein biologisch begründet ist und auf Bedürfnis nach Nahrung, Kleidung, Obdach, Fortpflanzung beruht – auf Produktion und Reproduktion der Lebensbedürfnisse. Dann ist da noch der historische Mensch, dessen Natur sich erst *entfaltet*. Der Mensch *bemeistert* mittels *techne* die Natur und entwickelt bei der Verwirklichung dieser Macht neue Bedürfnisse, neue Wünsche, neue Kraft mit wachsendem Bewußtsein seiner selbst. Die Geschichte ist daher offen; durch den Sprung aus dem Reich der Notwendigkeit in das Reich der Freiheit wird der Mensch zum *Übermenschen*.[7]

In dieser historisierenden Auffassung ist der Mensch nicht durch Natur, sondern durch Geschichte bestimmt; Geschichte ist Aufzeichnung der stufenförmig aufeinander folgenden Ebenen sich entwickelnder Macht des Menschen. Das Problem dieser Auffassung besteht darin, daß sie weder unsere fortdauernde Wertschätzung der Vergangenheit noch den neuen Gebrauch, den wir von ihr machen, erklären kann. Wenn man daran glaubt, daß die jeweils spezifische historische Basis die Kultur eines Zeitalters prägt (und was wäre der historische Materialismus ohne diese Auffassung?), wie läßt sich dann im Vergleich mit heutigen Formen die Qualität griechischer Kunst und griechischen Denkens erklären, wie die Nachwirkungen griechischer Dichtung und der von Griechen gestellten, heute noch relevanten philosophischen Fragen? Wenn man, wie Marx, ein solches Denken lediglich als frühreifes Kindheitsstadium des Menschengeschlechts betrachtet, das wir »auf einer höheren Ebene« zu reproduzieren suchen (mit anderen Worten meint, das Denken habe sich »entwickelt«), dann geht man von völlig falschen Sachverhalten aus.

Die historisierende Erklärung ist eine Marotte. Antigone ist kein Kind, und ihre Totenklage am Leichnam ihres Bruders ist kein nur der Kindheit des Menschengeschlechts eigenes Gefühl. Noch ist die zeitgenössische Geschichte der Nadeschda Mandelstam, die nach dem Leichnam ihres Mannes (des russischen Dichters Osip Mandelstam, der in Stalins Konzentrationslagern verschwand) sucht, um ihn in Ehren bestatten zu können, ein Fall von Frühreife »auf einer höheren Ebene«.

Sollte daher an der Marxschen Unterscheidung etwas nicht stimmen? Doch die Fakten der Geschichte und des Wandels, das Entstehen neuer Macht, sind Realität. Ich möchte die Marxsche Erklärung dahingehend revidieren: Die Macht des Menschen wird durch *techne* vergrößert, wir können mehr und mehr Dinge herstellen, wir verändern die Natur. In der Sozialstruktur (der technoökonomischen Ordnung) herrscht das Prinzip linearen Wandels und der Anhäufung. Es spiegelt sich in den Ideen der Produktivität, der technischen Effizienz und der funktionalen Rationalität wider, in Regeln, die uns, im Rahmen des vorgegebenen Wertsystems der

Gesellschaft, beim Einsatz von Ressourcen lenken. In dem Maße, wie der Mensch von der Natur immer unabhängiger wird, verfügt er über Mittel, die Gesellschaft zu konstruieren, die er sich wünscht.

In der Kultur herrscht jedoch nicht ein Prinzip der Anhäufung, sondern vielmehr ein *ricorso,* ein Rückgriff auf Urfragen, die sich den Menschen zu allen Zeiten und an allen Orten stellten, Fragen, die sich aus der Endlichkeit menschlichen Daseins herleiten sowie aus den Spannungen, die hervorgerufen werden durch das Bestreben, ständig *über* etwas *hinaus*zugelangen. Es handelt sich um existentielle Fragen, die sich allen Menschen im Bewußtsein von Geschichte stellen: Wie man mit dem Tode, dem Wesen von Treue und Pflicht, dem Charakter der Tragödie, dem Sinn des Mutes und der Erlöserkraft von Liebe oder Gemeinschaft umgeht. Die Antworten sind verschieden, doch die Fragen bleiben immer die gleichen.[8]

Ständiger Rückgriff ist das Prinzip der Kultur – nicht in ihren Formen, sondern vielmehr in ihren Inhalten –, Rückgriff auf die Seinsweisen, die auf der Endlichkeit menschlicher Existenz beruhen. Reinhold Niebuhr meint: »Es gibt folglich einen Fortschritt in der menschlichen Geschichte; aber es ist ein Fortschritt aller menschlichen Kräfte, der guten wie der bösen.«

Welches sind also die Richtlinien menschlichen Verhaltens? Sie können nicht in der Natur liegen; sie ist in einem Extrem ein Ensemble materieller Zwänge, im anderen ein Ensemble existentieller Fragen; und der Mensch sucht zwischen beiden seinen Weg ohne Orientierungshilfen. Geschichte kann ihm auch keine Anleitungen geben, denn sie hat kein *telos,* sondern nur instrumentalen Charakter, ist Erweiterung menschlicher Macht über die Natur. Dann ist da noch die altmodische, traditionelle Erklärung: Religion nicht als gesellschaftliche »Projektion« des Menschen auf ein äußerliches Symbol, sondern, vielmehr als transzendentale, außerhalb des Menschen liegende Vorstellung, die ihn auf etwas Jenseitiges bezieht.

Nach Max Weber ist keine bekannte Gesellschaft ohne Vorstellung einer Erfahrung, die wir religiös nennen würden. Der Auffassung von Talcott Parsons zufolge besitzt jede Gesellschaft »gewisse Vorstellungen von übernatürlicher Ordnung, von Geistern, Göttern oder unpersönlichen Mächten, die sich von jenen Kräften unterscheiden, die man als beherrschende Kräfte übergewöhnlicher, ›natürlicher‹ Ereignisse und als ihnen in gewisser Hinsicht überlegen versteht und deren Natur und Wirken den ungewöhnlichen, versagenden und rational nicht faßbaren Erfahrungsaspekten Sinn verleihen. Religion ist etwas ebenso universell Menschliches wie Sprache.«[9]

In den letzten 100 Jahren hat der Einfluß der Religion abgenommen. In der Morgendämmerung menschlichen Bewußtseins war die Religion das kosmologische Prisma des Menschen, fast die einzige Methode der Welterklärung. Im Ritual, dem Mechanismus zur Bindung gemeinsamer Gefühle, war Religion das Mittel zur Förderung sozialer Solidarität. In der traditionellen Gesellschaft umschloß Religion als Idee und Institution die Lebensgesamtheit des einzelnen. Doch in der modernen Gesellschaft ist dieser Lebensraum gewaltig zusammengeschrumpft. Die entscheidende Verankerung der Religion, die Offenbarung, wurde durch Rationalismus angegriffen und der Kern ihrer Glaubensvorstellung ins Historische »entmythologisiert«. Was in der orthodoxen Religion Gültigkeit behielt – ihre zäh festgehaltene Auffassung menschlicher Natur, ihre Auffassung vom Menschen als *homo duplex,* als Kreatur mit mörderischen Aggressionen und zugleich dem Harmoniestreben –, ist für den utopischen Glanz der modernen Kultur eine viel zu trostlose Ansicht.

Der Prozeß des Zerfalls vollzog sich auf doppelte Weise: Auf der institutionellen Ebene war die *Säkularisation* wirksam, der Verlust institutioneller Autorität und der Rolle von Religion als Gemeinschaftsverhalten und auf der kulturellen Ebene die *Profanierung,* die Abschwächung der Theodizee, die ein Ensemble von Sinngehalten zur Erklärung der Beziehung des Menschen zum Jenseitigen bereithielt. Nach Durkheim ist »im Denken des Menschen die Idee des Sakralen von der Idee des Profanen immer und überall getrennt, und da wir uns zwischen beiden eine Art logische Kluft vorstellen, weigert sich der Verstand auf unwiderstehliche Weise, diese beiden miteinander korrespondierenden Dinge zu vermengen oder sie auch nur miteinander in Beziehung zu bringen.«[10]

Das Überraschende an Durkheims Konzeption ist, wie wenig sie sich offensichtlich auf das moderne Leben und besonders auf dem kulturellen Bereich anwenden läßt. Sofern sich ein zentrales psychologisches Faktum hinsichtlich der modernistischen Kultur finden läßt, dann dürfte es in der Formel »nichts ist heilig« liegen. Man könnte meinen, der Impuls zum *Überschreiten* setze die Existenz getrennter Welten voraus; doch während die Vorstellung des Überschreitens im 19. Jahrhundert noch gewagt erscheinen mochte, findet sich heutzutage kaum noch ein Tabu, das noch zu überschreiten wäre.

Der deutsche Philosoph Eduard Spranger schreibt, wir seien heute mit der letzten religiösen Frage konfrontiert: »Was geschieht, wenn im innersten Herzen eines Menschen mit Gewißheit jeder Wert fehlt? Darin liegt die völlige Aufkündigung der religiösen Einstellung beschlossen ... Jeder, der keinen Gott mehr sein eigen nennen kann, überantwortet sich dem Bösen. Sein Wesen ist nicht wirkliche Wertindifferenz, sondern Wertumkehrung. Nur wenn jemand sagen kann: ›Es gibt keinen wahren Wert‹, kann der Unglaube ganz von ihm Besitz ergreifen. Doch ein solcher Mensch existiert nicht.«

Wo Religion versagt, kommen Kulte zum Vorschein. Eine solche Situation ist die Umkehrung der frühen Geschichte des Christentums, als eine neue kohärente Religion mit zahlreichen Kulten im Wettstreit lag und sie verdrängen konnte, weil sie die überlegene Kraft einer Theologie und einer Organisation besaß. Wird die Theologie untergraben und zerfällt die Organisation, beginnt der institutionelle Rahmen der Religion zu zerbrechen, dann begünstigt die Suche nach unmittelbarer, von den Menschen als religiös empfundener Erfahrung das Entstehen von Kulten. Der Kult unterscheidet sich von formaler Religion auf vielfältige, bedeutsame Weise. Zum Kult gehört der Anspruch auf ein esoterisches Wissen, das angeblich lange Zeit verschüttet (oder vom orthodoxen Glauben unterdrückt) worden war, aber nun plötzlich neu erstrahlt. Häufig tritt eine vom orthodoxen Glauben abgefallene Person auf, die, verhöhnt und verachtet von den Orthodoxen, die neuen Lehren verbreitet. Gemeinschaftsriten erlauben dem einzelnen häufig das Ausagieren bislang unterdrückter Impulse oder stacheln ihn sogar dazu an. Beim Kult hat man das Gefühl, als erprobe man neue oder bislang tabuisierte Verhaltensweisen. Zum Kult gehört mithin, daß er implizit das Schwergewicht auf Magie und nicht auf Theologie legt, auf die persönliche Bindung an einen Guru oder eine Gruppe und nicht auf eine Institution oder ein Glaubensbekenntnis. Sein Sehnen gilt dem Ritual und dem Mythos. Führt all dies zu einer »neuen Reformation«? Analogien sind immer verführerisch, aber häufig irreführend. Wenn man Erikson und seiner psychologischen Deutung folgt, dann war die Reformation nicht nur der Versuch, korrupte Institutionen aufzubrechen, sondern auch die Suche des Sohnes nach unmittelbarer Beziehung zum Vater, ohne Vermittlung durch die Kirche. Die neue kultische Religiosität unterscheidet zwischen persönlichem Glauben und kumulativer historischer Tradition. Der Akzent der »neuen Reformation« liegt auf persönlicher Erfahrung und persönlichem Glauben ohne Verbindung zur Vergangenheit. Können solche Erfahrungen und solcher Glaube ohne Bindungen zu anderen – zu den Vätern –, die ähnliche Schicksale hatten, überhaupt Sinn und Bedeutung haben? Kann ein Glaube so einfach, naiv neu begründet werden, ohne Elemente der Erinnerung?

Heute strebt man nichts anderes an als eine »vaterlose Gesellschaft«, um eine Formulierung von Alexander Mitscherlich zu verwenden. Ablehnung von Autorität heißt heute Ablehnung jedes Elternbegriffs, der nicht mit der Gleichaltrigen-Gruppe (*pear group*) in Einklang steht. Man fragt sich freilich, ob eine solche Gesellschaft, theologisch oder gar psychologisch überhaupt möglich ist. Der religiöse Glaube bedarf nach den Worten von Clifford Geertz »keiner Baconschen Induktion von Alltagserfahrung – sonst wären wir nämlich alle Agnostiker –, sondern vielmehr vorhergehender Hinnahme von Autorität, die diese Erfahrung transformiert.« Wenn die Gleichaltrigen-Gruppe des Kults an die Stelle der Gesamtgesellschaft tritt, dann sind wir wieder einmal im Durkheimschen Zirkel – wie verengt er nun auch sein mag – mit seiner verhängnisvollen Inthronisierung der Vergötzung.

Trotz des Schlachtfelds der modernen Kultur wird sicherlich eine religiöse Antwort zum Vorschein kommen, denn Religion ist kein (oder nicht mehr) »Merkmal« von Gesellschaft im Durkheimschen Sinne. Sie ist ein konstitutiver Bestandteil menschlichen Bewußtseins: als kognitive Suche nach der Struktur der »allgemeinen Ordnung« menschlicher Existenz, als emotionales Bedürfnis, Rituale zu entwickeln und sie zu heiligen; als Urbedürfnis nach Beziehung zu anderen Menschen oder zu einem Ensemble von Sinngehalten, das dem Selbst eine transzendentale Antwort gibt; schließlich als existentielles Bedürfnis nach Konfrontation mit Leid und Tod.

Max Scheler meint: »Da die religiöse Handlung zur Grundausstattung menschlichen Geistes und der menschlichen Seele gehört, kann man nicht danach fragen, ob sie dieser oder jener Mensch vornimmt . . . Es steht fest: jeder sterbliche Geist glaubt entweder an Gott oder an Götzen.« Max Weber, der dieser Auffassung zustimmt, fügt hinzu, die Antwort könne nur in persönlicher Entscheidung bestehen, die zugleich willkürlich und vorbehaltlos sei. Angesichts des Charakters zeitgenössischer politischer Religionen und dem Anspruch der »Besessenen« auf letzte Wahrheiten besteht das wahre Problem, möchte ich hinzufügen, nicht im Angebot von Alternativen, sondern in der Frage, wer Gott und wer das Böse ist.

Religion ist, wie Max Weber dargelegt hat, in entscheidenden historischen Wendepunkten bisweilen die revolutionärste aller Kräfte. Wenn Traditionen und Institutionen erstarren und Unterdrückungsinstrumente werden oder wenn Stimmenlärm und das Geplapper widersprüchlicher Glaubensvorstellungen unerträglich werden, dann gehen die Menschen auf die Suche nach neuen Lösungen. Da Religion im Seinsurgrund nach lebendigen Sinngehalten forscht, wird sie zur Erklärung gleichsam in vorderster Linie. Unter solchen Umständen halten wir Ausschau nach neuen Propheten. Prophetie zerbricht ritualistischen Konservatismus, sobald er jede Bedeutung verloren hat, und bietet eine neue *Gestalt* an, wenn es allzu viele Sinngebungen gibt. Der Prophet tritt sowohl dem Priester, der allein die Autorität der Vergangenheit ins Feld führt, wie auch den Mystagogen gegenüber, der Macht als Mittel der Erlösung aus magischen Manipulationen bezieht.

Dennoch kann es durchaus sein, daß wir in der falschen Richtung nach Hinweisen suchen. Laut Weber ist Prophetie charismatisch, da sie von persönlichen Merkmalen des Propheten herrührt, des Propheten, der in der Lage ist, aus Gnadenquellen der *»außeralltäglichen«* Welt zu schöpfen. Solch eine revolutionäre Kraft muß notwendigerweise charismatisch sein, da die Propheten, wie etwa Hegels »welthistorische Figuren«, als Menschen stark genug sein müßten, um die Heiligkeit von Tradition oder die Kruste der Gewohnheit über der Vergangenheit zu zerbrechen. Doch ein solcher Prophet würde heute, wie ein Sprichwort sagt, offene Türen einrennen. Wer verteidigt denn heute die Tradition? Und wo ist die Macht der Vergangenheit, die den Ansturm des Neuen aufhielte? Es mag durchaus eine doppelte Antwort geben. Wenn existentielle Fragen eine der Quellen von Verzweiflung bilden, dann können wir ihnen vielleicht begegnen, indem wir unseren Blick nicht nach vorn, sondern in die Vergangenheit richten. Menschliche Kultur ist Schöpfung von Menschen, Konstruktion einer Welt zur Aufrechterhaltung von *Kontinuität,* zur Aufrechterhaltung eines »un-tierischen« Lebens. Tiere, die Artgenossen sterben sehen, stellen sich nicht vor, daß ihnen das gleiche geschehen könnte; nur Menschen wissen um ihr Schicksal und schaffen Rituale, nicht um Sterblichkeit abzuwehren, sondern um ein »Bewußtsein der Gattung«, der Vermittlungsinstanz des Schicksals, zu bewahren. In diesem Sinne ist Religion Bewußtsein von Transzendenz, Fahrt und Reise aus der Vergangenheit, der man entstammt (und an die man gebunden ist), zu einer neuen Konzeption vom Selbst als moralischer Instanz, welche die Vergangenheit aus freien Stücken akzeptiert (anstatt nur von ihr geprägt zu werden) und auf die Tradition zurückgreift, um die Kontinuität moralischer Sinngehalte zu gewährleisten. In jeder Gesellschaft finden wir Eingliederungs- und Freisetzungsriten. Das Problem der modernen Gesellschaft liegt darin, daß

Freiheit und Freisetzung bis zur Schrankenlosigkeit getrieben worden sind. Die neuen Kulte bereiten insofern Schwierigkeiten, als sie, wenngleich religiös in ihren Impulsen, da sie dem Heiligen einen neuen Sinn geben wollen, ihre Riten weitgehend als Freisetzungsriten behandeln. Meiner Ansicht nach rufen die tieferen Ströme des Sinns nach einem neuen Eingliederungsritus, der die Mitgliedschaft in einer Gemeinschaft anzeigt, die Bindungen zur Vergangenheit wie auch zur Zukunft unterhält. Nach den Worten von Goethe: »Was du ererbt von deinen Vätern hast, erwirb es, um es zu besitzen.«[11]

Eine Religion der Eingliederung ist in diesem Sinn auch ein Erlösungsprozeß, durch den der einzelne seine aus den moralischen Imperativen seiner Gemeinschaft abgeleiteten Verpflichtungen zu erfüllen sucht: Ableisten von Schuld gegenüber Pflegepersonen, von Schuld gegenüber Institutionen, die moralisches Bewußtsein aufrechterhalten. Zur Religion gehört notwendig wechselseitige Erlösung und Versöhnung von Vätern und Söhnen, gehört ferner das Eingeständnis, daß mit den Worten Yeats' »die Gesegneten segnen können«, daß zur Kontinuität von Generationen segnende Hände notwendig sind. Doch eine solche religiöse Verpflichtung ist eine Herausforderung des modernen liberalen Charakters; die Antworten, die er sucht, sind ethische Antworten. Das Problem der verpflichtenden Einlassung auf die Ethik allein besteht darin, daß sie das Besondere – die ursprünglichen Bindungen zwischen Vater und Sohn oder zwischen Individuum und Stamm – im Universalen auflöst. Bei unserer Kenntnis über die Natur des Menschen ist der Traum der Erleuchtung, der Traum der Vernunft, die Menschheit zu einer einzigen zu vereinen, unsinnig und fruchtlos; wer in der Kontinuität von Generationen lebt, muß notwendigerweise im Rahmen konfessioneller Identifizierungen leben, die ihn tragen. Doch nur Kirchturmdenken wäre sektiererisch, brächte Verlust von Bindungen zu anderen Menschen, anderem Wissen und anderen Glaubensvorstellungen; nur kosmopolitisch sein hingegen wäre Wurzellosigkeit. So muß man notgedrungen in der Spannung zwischen Besonderem und Universalem leben und die quälende Doppelbindung der Notwendigkeit auf sich nehmen.

Wir müssen unser Leben aber noch längs einer anderen Achse führen und uns vom Zeitlichen (Vergangenheit, Gegenwart und Zukunft, die derart Besitz von uns ergreift) zum Räumlichen begeben, das heißt, die Welt so sehen, wie sie ist, als Raum mit »bemessenen Anteilen«, als in Bereiche aufgeteilt. Zum Verständnis des Transzendenten braucht der Mensch Sinn für das Sakrale. Zur Neugestaltung der Natur kann der Mensch in das Profane vordringen. Wenn die Bereiche aber nicht mehr getrennt sind, wenn das Sakrale zerstört ist, dann bleiben uns nur das Trümmerfeld der Begierden, Eigennutz und Zerstörung des die Menschheit umgürtenden moralischen Bandes. Können wir – müssen wir nicht – das Sakrale und das Profane wiederaufrichten?

Anmerkungen

1 Dieser Essay kann als Ergänzung dienen zu dem Essay »Technology, Nature and Society: The Vicissitudes of Three World-Views and the Confusion of Realms«, der im Dezember 1972 vor der *Smithonian Institution* vorgetragen und anschließend, versehen mit einem Vorwort von Daniel Boorstin, in den Band: *Technology and the Frontiers of Knowledge* (Doubleday, Garden City, N.Y. 1975) der *Frank N. Doubleday series* aufgenommen wurde. Den Essay habe ich hier nicht aufgenommen, da sein Hauptaugenmerk mehr auf das Entstehen philosophischer Weltanschauungen in Beziehung zur Gesellschaft als auf die der Kultur eigentümlichen Probleme liegt; beide Arbeiten sind dennoch als gegenseitige Ergänzung zu verstehen. Im Einleitungsabschnitt dieses Kapitels habe ich einige Formulierungen aus meinem Buch *Die nachindustrielle Gesellschaft* aufgegriffen, um den Rahmen für die Erörterung von Religion und Kultur abzustecken.

2 Bernard M. W. Knox, *Oedipus at Thebes,* Yale University Press, New Haven 1975, S. 167 f.

3 »Kein Student der Geschichtswissenschaft«, schrieb Adams, »ist so ignorant, daß er nicht wüßte, daß ganze 50 Jahre, ehe Chemiker die Phasen zu studieren begannen, August Comte bereits in ausreichend exakten Begriffen das Phasengesetz der Geschichte niedergeschrieben hat und dafür den wärmsten Zuspruch zweier Autoritäten – die hervorragensten dieser Tage – erhielt, nämlich von Emile Littré und John Stuart Mill. Fast 150 Jahre bevor Willard Gibbs Chemikern und Physikern seine mathematischen Phasenberechnungen vorlegte, hat Turgot das Gesetz der historischen Phase ebenso klar aufgestellt wie Franklin das Gesetz der Elektrizität. Was die Theorie betrifft, so sind wir heute nicht viel weitergekommen als 1750, und wir wissen nur wenig mehr darüber, was Elektrizität oder Denken ist, als Franklin und Turgot bereits wußten, doch dieses Scheitern des Versuchs, die letzte Synthesis der Natur zu erschließen, kann den Geschichtsprofessoren keine Entschuldigung sein, ihren angestammten Arbeitsbereich zu verlassen, und noch weniger können sie sich mit mangelnder Ausbildung im Bereich der Mathematik und Physik entschuldigen, die doch wahrzunehmen ihre Pflicht war.«

In einem Satz, der eine Bemerkung von Vico aufgreift, kam Adams zu dem Schluß: »Die Theorie der Geschichte ist viel leichter zu studieren als die Theorie des Lichts.«

»The Rule of Phase Applied to History; und »Letter to American Historians« sind beide in dem Band *The Degradation of the Democratic Dogma,* Macmillan, New York 1919, aufgenommen; vgl. dort S. 284 f., 252 f. u. 141 f.

4 Beim Text habe ich vor allem die Übersetzung von Walter Kaufmann herangezogen: *Goethe's Faust,* Doubleday Anchor, Garden City, N.Y. 1963. Doch bei meiner Lektüre bin ich stark von George Santayanas Essay »Goethe's Faust« beeinflußt worden, der in *Three Philosophical Poets,* Doubleday Anchor, 1953, aufgenommen ist; Erstausgabe: Harvard University Press, Cambridge 1910.

5 Es sei hier angemerkt, daß Marx, auch er ein Bewunderer der Gestalt des Prometheus, den *Faust* ebenfalls prometheisch verstand.

6 Dies ist auch Gegenstand der tiefgründigen und esoterischen Erörterung zwischen Leo Strauss und Alexander Kojève in dem Buch *On Tyranny,* Free Press, New York 1963; dt. *Über Tyrannis* (1963). Ich habe mit Absicht den Begriff »menschliche Natur« vermieden und statt dessen den schwerfälligen Begriff »menschlichen Charakter« gewählt, da der Begriff »menschliche Natur« impliziert, daß die Menschen irgendwelche festgelegten Eigenschaften besitzen. Darüber hinaus leidet der Begriff unter all den Mehrdeutigkeiten des Wortes »Natur«, das abwechselnd physikalische Umwelt, Gesetze der Materie, Natur als aktive Kraft (wie in »die Natur formt« oder »die Natur bringt hervor« deutlich wird) und dergleichen mehr heißen kann. Eine Erörterung der durch diese Mehrdeutigkeiten entstehenden Probleme wie auch eine umfassendere Erörterung der Probleme des Historismus, die an späterer Stelle dieses Kapitels angeschnitten werden, findet sich in meinem Essay »Technology, Nature and Society« in *Technology and the Frontiers of Knowledge,* Frank-Nelson-Doubleday-Vorlesungen, Doubleday, Garden City, N.Y. 1975.

7 Trotzki schreibt in *Literatur und Revolution* mit großer Sprachgewalt: »Der Mensch wird unvergleichbar viel stärker, klüger und feiner; sein Körper wird harmonischer, seine Bewegungen werden rhythmischer und seine Stimme wird musikalischer werden. Die Formen des Alltagslebens werden dynamische Theatralik annehmen. Der durchschnittliche Menschentyp wird sich bis zum Niveau des Aristoteles, Goethe und Marx erheben. Und über dieser Gebirgskette werden neue Gipfel aufragen.« Vgl. Leo Trotzki, *Literatur und Revolution,* München 1972, S. 212.

8 In dieser Hinsicht sind Fragen Tragödien, Antworten Komödien. Wie jener weise Philosoph Groucho Marx einst meinte, ist es leichter, Tragödie zu spielen als Komödie, denn alle Menschen weinten über die gleichen Dinge, lachten aber über verschiedene.

9 Max Weber, »Religionssoziologie«, in *Wirtschaft und Gesellschaft,* Tübingen 1972, S. 227 ff.

10 Emile Durkheim, *Le Formes élémentaire de la vie religieuse* (1912).

11 Im modernistischen Kanon wurde daraus folgende Lesart: Wenn du besitzen willst, was du von deinen Vätern ererbt hast, mußt du es erst einmal zerstören. Vgl. zum Beispiel »Futurist Manifesto«, in *Futurism,* hrsg. v. Joshua Taylor (*Museum of Modern Art,* New York 1961).

Zweiter Teil

Das Dilemma der politischen Ordnung

Vorbemerkung:
Von der Kultur zur politischen Ordnung

Im Rahmen des Auseinanderfallens der Bereiche finden wir nicht nur verschiedene Rhythmen in der Bewegung von Kultur, politischer Ordnung und Sozialstruktur, sondern ebenfalls unterschiedliche Zeiteinteilungen. Einzelne Moden sind vergänglich, aber tiefergreifende Veränderungen der Kultur und der Religion – in der Sprache unserer Zeit würden wir wohl eher von Veränderungen der Sensibilität und der moralischen Haltung sprechen – spielen sich in langen historischen Zeitabschnitten ab. Wie ich schon ausführte, werden diese Veränderungen nicht durch Manipulationen oder gesellschaftliche Eingriffe verursacht, denn sie entspringen gemeinsamen Erfahrungen und werden dann ritualisiert; oder sie finden ihren Ausdruck in symbolischen Begriffen, die eine starke, zwanghafte Macht ausüben, und deshalb dauert es lange Zeit, bis sie verschwinden oder durch neue Haltungen abgelöst werden. Das Christentum benötigte fast 300 Jahre, um sich im Römischen Reich durchzusetzen, und Gibbon hat am Beispiel der Bekehrung Konstantins dargestellt, daß Rom in der Folge eine unerträgliche Phase seiner Geschichte durchlebte – eine Phase, die immerhin 250 Jahre dauerte.

Die politische Ordnung stellte eine völlig andere Dimension dar. Während Religion und Kultur grundlegende Sinngehalte festzulegen suchen, muß sich die politische Ordnung mit den weltlichen Problemen des Alltagslebens abmühen. Sie muß Normen für die allgemeingültige Gerechtigkeit aufstellen sowie Ansprüche und Rechte durchsetzen. Sie entwickelt die Regeln des Tauschs und garantiert die tagtägliche Sicherheit ihrer Bürger. Unweigerlich ist sie gleichzeitig eine Arena, in der konkurrierende Parteien gegeneinander antreten, und eine unabhängige Gewalt – das Kontrollsystem der Gesellschaft bei der Durchführung ihrer Außenpolitik, der Stabilisierung des Währungssystems und, in immer stärkerem Ausmaß, der Lenkung des gesamten Wirtschaftssystems.

Gerade diese neuen, erweiterten Funktionen lassen eine Reihe von

»Widersprüchen« innerhalb der Gesellschaft entstehen, die sich von jenen im kulturellen Bereich unterscheiden. Die politischen Widersprüche lassen sich aus der Tatsache ableiten, daß der Aufbau der liberalen Gesellschaft ursprünglich dazu dienen sollte, in ihrem Ethos, ihren Gesetzen und ihren Gratifikationssystemen *individuelle Ziele* zu fördern, daß sie sich aber dann zu einer Wirtschaftsordnung mit zahlreichen gegenseitigen Abhängigkeiten weiterentwickelte, einer Ordnung, die die *kollektiven Ziele* in den Vordergrund stellen muß. Zusätzlich kompliziert wird diese Situation durch die Tatsache, daß diese Kollektive manchmal Untergruppen der Gesellschaft sind, während in anderen Fällen die Gesamtgesellschaft selbst dieses Kollektiv darstellt. Auf einen geläufigeren Begriff gebracht, bedeutet dies: Auf Kosten der privaten Güter muß sich die Gesellschaft mehr und mehr der Produktion öffentlicher Güter widmen und den öffentlichen Sektor stärker als den privaten fördern. Auf dem entscheidenden Gebiet der Gleichheit muß die Gesellschaft Rechte und Ansprüche von Gruppen (statt von Individuen) beachten.

Wie diese Aufgaben bewältigt werden, wenn sie überhaupt zu bewältigen sind, das betrifft die unmittelbare Existenz jedes einzelnen. Wenn die Gesellschaft nicht gelenkt werden kann, wenn die Institutionen keine Flexibilität und Reaktionsfähigkeit zeigen, dann verstärken sich die desintegrierenden Tendenzen – in manchen Fällen Polarisierung, in anderen Fragmentierung. Gelingt es der Gesellschaft, auf diese Anforderungen mit einer neuen, allgemein anerkannten Grundhaltung und Weltanschauung sowie mit funktionierenden Institutionen zu reagieren, dann ist eventuell genügend Zeit vorhanden für den anderen, langsameren Prozeß der kulturellen Rekonstruktion.

Im zweiten Teil dieses Buches beschäftige ich mich zunächst mit den unmittelbaren Ereignissen der letzten 25 Jahre und einer Perspektive für das nächste Vierteljahrhundert, um zwischen strukturellen und vorübergehenden Elementen zu unterscheiden, soweit sie für die gesellschaftliche Instabilität verantwortlich sind. Im sechsten Kapitel befasse ich mich wieder mit dem zentralen kulturellen Thema des Hedonismus, dieses Mal in einem politischen Zusammenhang; im Anschluß daran beschreibe ich einige Möglichkeiten, den politischen Liberalismus, den ich für ein unentbehrliches Wertsystem in einer gerechten, modernen Gesellschaft halte, mit den notwendigen gemeinschaftlichen Erfordernissen gesellschaftlicher Lenkung zu vereinbaren. Diese Vorstellung bezeichne ich mit dem Begriff *öffentlicher Haushalt.*

5. Transitorische und permanente Faktoren einer Krise

I

Wer Anfang der 60er Jahre die Lage der Vereinigten Staaten beschreiben sollte, wäre kaum auf den Gedanken gekommen, die Frage nach den Ursachen politischer und gesellschaftlicher Instabilität zu stellen. Die USA erweckten den Anschein, als stünden sie auf der Höhe der Macht. Nach den Erschütterungen der Jahre 1956 und 1957 in Polen und Ungarn schien sich in der Kommunistischen Welt das Chaos auszubreiten. Innenpolitisch hatten die Vereinigten Staaten acht Jahre relativ hohen Wohlstandes bei stabilen Preisen erlebt. Die von Senator Joseph R. McCarthy verkörperte Drohung eines rechtsradikalen Extremismus war wieder verschwunden. Die Bewegung mit dem Ziel sozialer Gerechtigkeit für die schwarze Bevölkerung hatte einen ersten Anlauf genommen; der erste Schritt war 1954 die epochemachende Entscheidung des Obersten Gerichts (in der Sache *Brown versus Board of Education*) gewesen, die den Anspruch der Schwarzen auf Integration legitimiert hatte, und in deren Gefolge entschloß sich die Regierung Eisenhower zu dem symbolisch äußerst wichtigen Schritt, Bundestruppen in eine Südstaatengemeinde (Little Rock im Staat Arkansas) zu entsenden, um das Recht schwarzer Kinder, eine weiße Schule zu besuchen, durchzusetzen. Das ganze Land erschien wie ein Abbild des öffentlichen Auftretens seines Präsidenten Eisenhower: sanft, selbstsicher und geradezu versessen, die breitangelegten, wenn auch banalen, Ideale des Universalismus in der Außenpolitik und des Fortschritts im Inneren zu fördern.

Nur ein paar kleine Wolken bedeckten den Horizont. Das Wirtschaftswachstum hatte sich verlangsamt, und Ende der 50er Jahre stieg es nicht mehr in genügendem Ausmaß, um das Wachstum des Arbeitskräfteangebots und der Produktivität auszugleichen. In dem Zeitraum von 1953 bis 1960 wuchs das Angebot an Arbeitskräften jährlich um 1,5 Prozent, und die Produktivität steigerte sich um 3,2 Prozent. Das Wachstum des Bruttosozialprodukts hätte daher 4,5 Prozent betragen müssen, um die notwendige Anzahl an

Arbeitsplätzen zu schaffen; aber die Produktionssteigerung, die zwischen 1947 und 1953 die Höhe von jährlich 5,2 Prozent erreicht hatte, sank zwischen 1953 und 1960 auf 2,4 Prozent. Das Ergebnis war ein Ansteigen der Arbeitslosigkeit. Am Ende des Jahrzehnts betrug die Arbeitslosenquote bereits mehr als 6 Prozent, der verfügbaren Arbeitskräfte. Da der größere Teil der Arbeitslosen jedoch schwarz oder unausgebildet war und daher nur über geringe Möglichkeiten politischer Durchsetzung verfügte, blieb die Arbeitslosenfrage noch eine Weile unbeachtet. Gegen Ende seiner Amtszeit nahm Präsident Eisenhower ein hohes Haushaltsdefizit in Kauf, um die Nachfrage zu steigern, aber dieser Versuch erreichte den zunehmenden »harten Kern« der ständig Arbeitslosen überhaupt nicht.

In der Außenpolitik war es vor allem Fidel Castros Sieg in Kuba und die Unmöglichkeit, eine Einigung mit ihm zu erzielen (was ebenso Castros Schuld war wie die des dilettantisch herumtappenden Außenministeriums in Washington), die der Furcht Nahrung gaben, die Sowjetunion könne sich einen Stützpunkt in der westlichen Hemisphäre sichern. Die Vereinigten Staaten begannen, geheime Versuche zum Sturz des kubanischen Führers zu organisieren.

Die Regierung unter John F. Kennedy wurde durch eine paradoxe Situation gekennzeichnet: ausgerechnet der von ihr praktizierte außen- und innenpolitische Elan und Aktivismus – der Zwang, erfolgreich zu erscheinen und es auch zu sein – förderte und befreite jene turbulenten Kräfte, die dann in den sechziger Jahren die Vereinigten Staaten erschütterten. Außenpolitisch war zunächst die Katastrophe der Invasion in der Schweinebucht zu verzeichnen – eine Demütigung des amerikanischen Machtanspruchs und ein Anlaß, die Frage nach der amerikanischen Entschlossenheit neu zu stellen. In Wien dachte Chruschtschow, er habe die Oberhand über John F. Kennedy gewonnen, und er gewann den Mut, Raketenbasen auf Kuba zu errichten; vor der drohenden Konfrontation wich er allerdings zurück und stellte damit das Vertrauen zu Kennedy wieder her. In Vietnam, wo Eisenhower (trotz des Drängens von Außenminister John Foster Dulles und Stabschef Radford) sich großangelegter Verpflichtungen entzogen hatte, traf Kennedy nach Diems Sturz die verhängnisvolle Entscheidung, die amerikanischen Aktionen im Lande zu steigern und Berater sowie Waffen aus den USA direkt in den Kämpfen einzusetzen.

Im eigenen Land begann die Regierung Kennedy mit einem ungestümen Versuch, die Lage der Armen und der Schwarzen zu verbessern; aber eine der paradoxen Folgen dieses Ansatzes bestand darin, daß die Regierung – vor allem mit ihrem Programm gegen die Armut – eine große Zahl an Arbeitsplätzen sowie eine politische Basis und einen Apparat für Aktivisten bereitstellte, die ihre Positionen dazu benutzten, Aktionsgruppen in den einzelnen Gemeinden aufzubauen und die politische Agitation unter der armen und der schwarzen Bevölkerung voranzutreiben. Jede revolutionäre Bewegung steht vor dem Problem, wie sie ihre Aktivitäten finanzieren und Funktionäre für die organisatorische Arbeit freistellen soll.[1] Eine der erstaunlichen Auswirkungen des von den Regierungen Kennedy und Johnson geführten »Krieges gegen die Armut« war die Hilfestellung beim Aufbau einer Bewegung, die später verstärkten politischen Druck auf eben diese Regierung ausübte, wenn nicht manchmal sogar einen regelrechten politischen Krieg gegen sie führte.

Es wäre absurd anzunehmen, diese Unruhe und Erregung wären ansonsten ausgeblieben. Tocqueville sprach zuerst von der Erwartungskurve, und seitdem wurde das Bild unzählige Male von Sozialwissenschaftlern aufgenommen, deren klassische Illustration uns deutlich macht: Eine Gesellschaft, die Gerechtigkeit verspricht, die Legitimität der Ansprüche anerkennt und sich daran macht, sie auch allmählich in die Tat umzusetzen, kann niemals erwarten, den aus diesem Prozeß resultierenden Wirbelwind bequem zu überstehen. Aber gleichzeitig mit dem Aufstand der Schwarzen und der Unterprivilegierten erlebten die USA einen zweifelhaften Krieg; und die Kombination dieser beiden Elemente, die sich gegenseitig verstärkten, führte zu wachsender Gewalttätigkeit auch innerhalb des Landes, zur Entfremdung der Jugend, zu zunehmenden Herausforderungen an die Legitimität des Systems von seiten der Intellektuellen und der jugendlichen Führungskader. Und all diese Faktoren reichten aus, die Stabilität des gesamten Systems in Frage zu stellen.

Es wäre ebenso unsinnig zu vermuten, diese unmittelbaren und erkennbaren Ursachen könnten eine so weitverzweigte und mächtige Gesellschaft wie die der Vereinigten Staaten durcheinander bringen. Unter der Oberfläche haben sich – soziologische wie technologische – Umwälzungen vollzogen, welche die Sozialstruktur dieser Gesellschaft neu geformt haben. Diese vier Veränderungen – die gleichzeitige Entstehung einer städtischen Gesellschaft, einer nationalen politischen Ordnung, einer gemeinschaftlich orientierten Gesellschaft und einer nachindustriellen Welt – werden die unmittelbaren Wandelerscheinungen überdauern und auch weiterhin Erschütterungen und Spannungen innerhalb der Gesellschaft verursachen. Und jenseits dieser strukturellen Veränderungen der Gesellschaft liegen drei andere problembeladene Bereiche, welche die Zukunft der Vereinigten Staaten grundsätzlich berühren werden: die Beziehung zwischen Demokratie und Imperium sowie die Frage, ob eine Demokratie überhaupt eine imperiale Rolle behaupten kann; die Mitbestimmungs-Revolution mit ihrer Herausforderung an die technokratischen und meritokratischen Modelle der Entscheidungsfindung; schließlich ein grundlegender kultureller Wandel, der geprägt ist durch die Entwicklung einer grundsätzlich anti-rationalen und anti-intellektuellen Tendenz in den Künsten sowie in den Formen des Ausdrucks und der Sensibilität.

Jede Einschätzung der Zukunft der Vereinigten Staaten müßte diese drei Dimensionen in Betracht ziehen: die unmittelbaren politischen und sozialen Erschütterungen, die strukturellen Veränderungen und die grundlegenden Fragen der Wertbestimmung sowie der kulturellen Entscheidungen. In diesem Rahmen kann ich mich mit jeder dieser Dimensionen nur schematisch beschäftigen. Und eine Behandlung dieser Fragen unter dem Aspekt der sozialen und politischen Instabilität erfordert auf der Ebene der soziologischen Theorie zunächst eine Betrachtung jener Faktoren, die in einer bestimmten Gesellschaft Instabilität und Revolution (oder Konterrevolution) herbeiführen.

Ursachen der Instabilität

Die Kernfrage an jedes politische System – das ist Max Webers Triumph über Karl Marx in der Entwicklung der Gesellschaftstheorie unserer Zeit – ist die Frage nach der Legitimität dieses Systems. Dazu stellt S. M. Lipset fest:

»Legitimität beinhaltet die Fähigkeit des Systems, den Glauben hervorzubringen und aufrechtzuerhalten, die bestehenden politischen Institutionen seien die für die Gesellschaft angemessensten. Das Ausmaß, in dem demokratische politische Systeme unserer Zeit legitim sind, ist weitgehend abhängig von den Methoden, die gefunden worden sind, um die Kernfragen, welche die Gesellschaft historisch gespalten haben, zu lösen.

Während Effizienz primär instrumental bestimmt wird, ist Legitimität ein Wertbegriff. Gruppen beurteilen Legitimität oder Illegitimität eines Systems danach, inwieweit seine Wertvorstellungen mit ihren eigenen übereinstimmen.«[2]

Wer die politische Gesellschaft des Westens im 20. Jahrhundert betrachtet, kann mindestens sieben Faktoren identifizieren, die – in unterschiedlichen Kombinationen – politische Instabilität der Gesellschaft und in der Folge Legitimitätsverlust des politischen Systems verursacht haben:

1. *Die Existenz eines »unlösbaren« Problems.* Das Arbeitslosenproblem der dreißiger Jahre wurde von den meisten Gesellschaften für unlösbar gehalten. Es war eindeutig, daß nur wenige der bürgerlich-demokratischen Regierungen eine Vorstellung davon besaßen, wie sie die Depression überwinden könnten. Jede westliche Gesellschaft war zu dieser Zeit in eine Krise gestürzt. Nur die Übernahme unorthodoxer wirtschaftspolitischer Methoden konnte diese Volkswirtschaften sanieren. Die Rezession war eindeutig einer der Faktoren, die in den 30er Jahren dem Faschismus in den Sattel halfen.

2. *Ausweglose Situation im Parlament.* Italien, Portugal und Spanien erlebten in den zwanziger und dreißiger Jahren ausweglose parlamentarische Situationen als Resultat der Polarisierung der gesellschaftlichen Kräfte. Diese Krise des Parlaments behinderte jede effektive Regierungsarbeit und trug zu einem Gefühl der Hilflosigkeit in der Bevölkerung bei, das dann seinen Ausdruck in Aktionen des Mobs, einem autoritären Diktator oder einem Militärputsch fand.

3. *Die Zunahme privater Gewalttätigkeit.* In Deutschland und anderen Ländern führte der Aufbau privater »Armeen« und die Zunahme offener Gewaltanwendung in den Straßen außerhalb der staatlichen Kontrolle zum Zusammenbruch der Autorität.

4. *Das Auseinanderfallen der Sektoren.* Rasche Industrialisierung einiger Gebiete und weitgehende landwirtschaftliche Rückständigkeit in anderen verursachte ständige Instabilität.

5. *Konflikte zwischen Rassen und Stämmen.* Offensichtliche Ursachen von Instabilität waren die Konflikte zwischen Hindus und Moslems sowie die darauf folgenden Kämpfe zwischen verschiedenen Sprachgruppen in Indien bis zur Teilung des Landes; in Nigeria die Auseinandersetzungen zwischen den verschiedenen Gebieten, die verschiedene Stämme repräsentierten; zwischen Flamen und Wallonen in Belgien; zwischen Englisch- und Französischsprechenden in Kanada; und so weiter.

6. *Die Entfremdung der Intelligenz.* Die kulturellen Eliten sind Träger der integrierenden Symbole einer Gesellschaft, und Desillusionierung und Enttäuschung dieser Gruppen waren Bestandteil fast jeder revolutionären Situation; Batistas Niederlage

war weitgehend ein Resultat der Opposition der kubanischen Mittelklassen gegen sein Regime.

7. *Demütigung im Krieg.* Eine vernichtende Niederlage kann häufig zum Zerbrechen eines politischen Systems führen; das war der Fall im wilhelminischen Deutschland und im zaristischen Rußland. Aber eine teilweise (oder eine als erniedrigend dargestellte) Niederlage kann ebenso desintegrierend wirken. Rußlands Niederlage gegen Japan im Jahre 1905, als eine westliche Macht zum erstenmal seit den Invasionen von Dschingis-Khan und Tamerlan gegen eine orientalische Nation verlor, bedeutete eine einschneidende psychologische Demütigung für das Land. Zu der ersten Revolution in Lateinamerika seit dem Sturz des alternden mexikanischen Diktators Profirio Díaz (im Jahre 1910) kam es erst 1952, als Boliviens nationale Revolution sich durchsetzte – obwohl vorher Bewegungen von Sozialisten, Kommunisten, Populisten und *Indigenistas* zwischen den beiden Weltkriegen und während der Weltwirtschaftskrise rasch angewachsen waren. Diese Revolution siegte nach der Niederlage Boliviens im Chaco-Krieg, dessen Verlust die traditionellen Erwartungen und Wertvorstellungen vernichtet hatte und die Masse der jungen Weißen und *cholos* aus den Mittelklassen dazu brachte, die herkömmlichen Parteien und ihre Politik rundweg abzulehnen.

Eine solche Liste ist nicht vollständig, aber sie umreißt die wesentliche politische Erfahrung des Jahrhunderts. Was können wir in diesem Rahmen über die Vereinigten Staaten sagen und besonders über jene Faktoren, die wir als Ursachen von Instabilität und Spannungen identifizieren können? Also über den Krieg in Vietnam, die Entfremdung der Jugend, die Erbitterung der Schwarzen und die Vielzahl sozialer Probleme, die sich aus den strukturellen Veränderungen der Gesellschaft ergeben? Welche dieser Probleme sind »lösbar«, und unter welchen Bedingungen? Welche dagegen enthalten Ansätze zu neuen Spannungen?

Das Zerbrechen des Konsensus

Wir wollen mit offenen und sichtbaren Faktoren beginnen. In den fünfziger Jahren waren die USA eine mobilisierte Gesellschaft. Diese Mobilisierung richtete sich in erster Linie gegen die Bedrohung des internationalen Kommunismus. Auf die ursprüngliche Entmobilisierung der Jahre 1946 und 1947 folgte eine rasche Aufrüstung der Waffenarsenale. Der Korea-Krieg führte zu einer weitgehenden Ausdehnung konventioneller Streitkräfte. Durch

NATO und SEATO wurde dieser Waffengürtel – unter einem angenommenen atomaren Schild – rund um die Welt gelegt: zum erstenmal in der Geschichte Amerikas war ein ständiges Militär-Establishment geschaffen worden. Auch die Wissenschaft wurde in beträchtlichem Ausmaß mobilisiert. Die weitreichende Revolutionierung der militärischen Technologie – die Entwicklung von Wasserstoffbomben, Atomraketen, neuen Antriebsmodellen für Sprengköpfe – ging immer Hand in Hand mit der weitreichenden Erweiterung der Forschung sowie der Verquickung von Instituten und Universitäten mit der Regierung.

Wenn eine Bedrohung von außen eindeutig zu bestimmen ist, vereint die Mobilisierung gegen eine solche Bedrohung ein Land. Innere Gegensätze werden heruntergespielt oder übergangen, Kompromisse geschlossen, und die Politik konzentriert sich ganz auf die Außenpolitik. Es ist verblüffend, wenn man sich die Tatsache ins Gedächtnis ruft, daß die Vereinigten Staaten in den dreißiger Jahren von heftigen Arbeitskämpfen erschüttert worden waren, die in ihrer Intensität an die Marxsche Vorstellung unverhüllter Klassengegensätze heranreichten. Sobald jedoch der Zweite Weltkrieg ausbrach, wurden diese Gegensätze dem nationalen Einsatz untergeordnet; die Arbeiterorganisationen wurden in die Regierung integriert, und die Beziehungen zwischen Kapital und Arbeit erlebten den Übergang vom Konflikt zur Anpassung. Vor allem nach den osteuropäischen Säuberungsprozessen, der Eroberung der Tschechoslowakei (und Masaryks Fenstersturz) und der Berlin-Blockade brachte die Bedrohung durch ein aggressives kommunistisches System die liberale Gemeinde Amerikas dazu, die Regierung gegen diese Drohung zu unterstützen.

Gegen Ende der fünfziger Jahre hatte sich die Situation verändert. Der internationale Kommunismus hatte aufgehört, eine monolithische Einheit zu bilden. Das Böse erschien nicht mehr als einhelliges Phänomen; unterschiedliche Spielarten des Kommunismus waren in Erscheinung getreten. Die USA waren in eine Situation geraten, die an Don Quijote erinnerte: sie gewährten Tito und selbst Gomulka finanzielle Unterstützung. Wenn die Sowjetunion noch expansionistisch vorging, so definierte sie diese Aggressivität zunehmend in Begriffen traditioneller Großmachtpolitik, statt in Vorstellungen des ideologischen Eifers. Der Moralismus, der – vor allem in der Rhetorik eines John Foster Dulles – ein Jahrzehnt lang die amerikanische Außenpolitik beseelt hatte, war dünner geworden. Dabei mutet es fast ironisch an, daß der Moralismus, ein Bestandteil des klassischen amerikanischen Stils, zunehmend von denjenigen übernommen wurde, die diese Gesellschaft ablehnten:

die Neue Linke begann, die Vereinigten Staaten mit denselben »totalistischen« Begriffen (als böse, krank, bankrott) zu charakterisieren, welche die Vereinigten Staaten vorher benutzt hatten, um ihre politischen Feinde zu kennzeichnen; die jungen Linken brandmarkten nun die amerikanische Gesellschaft selbst mit so monolithischen Begriffen wie »das System.«

Das Auseinanderbrechen der kommunistischen Welt machte es daher schwierig, mit ideologischen Begründungen eine mobilisierte Einstellung der Bevölkerung aufrechtzuerhalten. Das Auftreten solcher Gestalten wie Castro und Ho Tschi Minh bot die idealen Symbole, auf die sich der latente revolutionäre Romantizismus der Jugend beziehen konnte. Zusammen mit Che Guevara hatte Castro gezeigt, daß der leninistische Mythos von einer Handvoll entschlossener Revolutionäre, die eine Gesellschaft umstürzen können, auch in einer von Großmächten bestimmten Welt wieder Gültigkeit gewinnen konnte. Trotz der Tatsache, daß 1956 beispielsweise in Nordvietnam Bauernaufstände unterdrückt und abweichende Revolutionäre ermordet worden waren, wurde »Onkel Ho« für viele ein Symbol für Reinheit und Selbstlosigkeit, eine idealistische Onkelfigur in einer rauhen und unpersönlichen Welt.

Integration voller Spannungen

Innenpolitisch war die Rassenfrage das unmittelbarste Spannungsfeld der amerikanischen Gesellschaft. Die Radikalität der Schwarzen, die Realität der Aufstände in den Gettos und die Drohung weiterer Auseinandersetzungen wurden allgegenwärtig. Wie war es dazu gekommen?

Ausgangspunkt jeder gesellschaftlichen Untersuchung ist die Frage: Warum gerade zu diesem Zeitpunkt und zu keinem anderen? Warum an einem bestimmten Ort und nicht an einem anderen? Der erste Schlüssel zu der veränderten Rolle der schwarzen Amerikaner ist eine bemerkenswerte demographische Veränderung. 1910 lebten etwa 90 Prozent aller Schwarzen in den Südstaaten. Selbst 1950 wohnten dort noch 68 Prozent. Aber 1960 war das »Ausgleichsjahr«; jetzt lebte die Hälfte der schwarzen Bevölkerung im Norden. Im Verlaufe der sechziger Jahre erfuhr dieses Gleichgewicht noch eine deutliche Verschiebung.

Aber die Schwarzen hatten nicht nur den Süden verlassen, sie waren auch urbanisiert worden. 1910 lebten noch etwa Dreiviertel der Schwarzen in landwirtschaftlichen Gebieten; 1960 wohnten Dreiviertel in den Städten. Zu diesem Zeitpunkt waren die Schwarzen zum erstenmal in der Geschichte Amerikas *stärker urbanisiert* als die Weißen.

Dabei entwickelte sich auch ein bedeutendes neues Modell: die Konzentration von Schwarzen in einigen Großstädten. So gab es 1960 über eine Million Schwarze in New York City, etwa 890 000 in Chicago, 670 000 in Philadelphia, 560 000 in Detroit und mehr als 335 000 in Los Angeles. Im Gegensatz hierzu waren Houston mit 215 000 und Atlanta mit 186 000 Schwarzen bereits die größten Konzentrationspunkte in den Südstaaten.

Diese Konzentration der schwarzen Bevölkerung ereignete sich gleichzeitig mit einer anderen sozialen Entwicklung – der Bewegung, manchmal der Flucht, der weißen Stadtbewohner in die Vorstädte, die *suburbs*. Dies bedeutete, daß die Negerbevölkerung innerhalb der engeren Stadtgrenze einen bedeutenden Teil des Ganzen bildete. Symbolisch für diese Veränderung ist vielleicht die Tatsache, daß Schwarze Mitte der sechziger Jahre bereits mehr als 55 Prozent der Bewohner von Washington D.C., der Hauptstadt des Landes, stellten.

Durch diese Bevölkerungsdichte und ihr soziales Gewicht erhielt die schwarze Gemeinde einen potentiellen politischen Einfluß, den eine geeinte politische Ordnung erfolgreich ausnutzen konnte. Diese wachsende politische Macht ist der wichtige Grund dafür, daß die Schwarzen die Möglichkeit gewannen, erfolgreicher als je zuvor eine Veränderung der Machtstruktur zu verlangen.

Diese Veränderungen der politischen und demographischen Landkarte lassen uns erkennen, wie die schwarze Gemeinde in die Lage versetzt wurde, reale gesellschaftliche Macht zu mobilisieren. Aber in sich erklären sie noch nicht den Verlauf der »Bürgerrechtsrevolution«, den fortschreitenden schwarzen Nationalismus oder die Haltung der schwarzen Aktivisten.

Angelpunkt der Bürgerrechtsrevolution war eindeutig die Entscheidung des Obersten Gerichtshofes im Mai 1954, die das Prinzip der Rassentrennung in staatlichen Schulen beseitigte. Damit betonte das Gericht die Symbolkraft des Begriffs *Gleichheit* als übergeordneten Wert in der Beurteilung sozialen Wandels. Es hielt fest, daß Schwarze vollständigen und gleichberechtigten Zugang zu öffentlichen Einrichtungen und Dienstleistungen des Landes bekommen sollten. Aber diese Entscheidung zeitigte zwei weitere soziologische Konsequenzen. Zum einen die Tatsache, daß das höchste Gericht der Nation die Forderungen der Schwarzen *legitimiert* hatte; zweitens war die moralische Initiative nun in deren Hände übergegangen. Die Beweislast lag jetzt nicht mehr bei den Schwarzen, sondern bei den Weißen.

Kurz, das Gericht hatte die historischen Ungerechtigkeiten gegen die Schwarzen zugegeben (insbesondere eine Entscheidung des Obersten Gerichtshofes von 1883, welche die Gesetzgebung des Kongresses unmittelbar nach dem Bürgerkrieg für illegal erklärt hatte, denn diese Gesetze hatten den Schwarzen volle Bürgerrechte zugestanden; diese Gerichtsentscheidung also hatte die auf Rassentrennung beruhenden Gesetze der Südstaaten legalisiert). Mit diesem Eingeständnis machte es das Gericht 1954 schwierig für jede Person oder Gruppe, die Forderungen der Schwarzen abzulehnen, selbst wenn einige davon nach früheren Maßstäben als »extrem« gegolten hätten (z. B. die Bevorzugung bei der Zulassung zu Schulen oder Bevorzugung bei der Arbeitsvergabe). Wenn eine Nation sich öffentlich zu einer moralischen Schuld bekennt, fällt es schwer, denjenigen, an denen dieses Unrecht begangen worden war, etwas zu verweigern. Und wenn eine Nation eine moralische Schuld eingesteht, aber nur langsam die Wiedergutmachung in Angriff nimmt, dann wird diese explosive Mischung noch leichter entzündbar.

Das wesentliche Dilemma hierbei ist natürlich die Definition dessen, was »langsam« heißt. Wenn die Erwartung von Veränderungen rasch ansteigt, wird der Druck der Hoffnung unweigerlich die Realität überholen. Ebenso unvermeidlich werden objektive Veränderungen und die subjektive Bewertung von Veränderungen auseinanderfallen. Viele Schwarze behaupteten beispielsweise, ihre Lage habe sich »verschlechtert«. In Wirklichkeit meinten sie damit jedoch, daß sie nicht erreicht haben, was sie erwartet hatten. Ein Konservativer mißt sozialen Wandel an der Entfernung zur Vergangenheit, ein Revolutionär an der zu irgendeinem Punkt in der Zukunft.

Die Statistik zeigt, daß eine Anzahl deutlicher Fortschritte zu registrieren war; die größten kamen der schwarzen Mittelklasse zugute. 1960 hatten 36 Prozent der männlichen Schwarzen und 63 Prozent der Weißen über 25 Jahren die Schule abgeschlossen; 1966 betrugen die Zahlen 53 Prozent für schwarze und 73 Prozent für weiße Männer. Im Hochschulwesen hatten 1960 3,9 Prozent der schwarzen und 15,7 der weißen Männer ein College mit Abschluß besucht. 1966 lagen die Zahlen bei 7,4 und 17,9 Prozent, und das bedeutet eine Zunahme der schwarzen College-Absolventen um fast 90 Prozent.

Die hier aufgeführten Faktoren behandeln Veränderungen der demographischen und politischen Einflüsse sowie die Legitimierung von Forderungen. Hinzukommen muß selbstverständlich eine wichtige Überlegung, die alle sozialen Bewegungen betrifft: das

Wesen ihrer Führung. Die neuen Führer der Schwarzen, die jetzt an Bedeutung gewannen, waren jung, radikal und aggressiv. Darin zeigt sich ein seltsames psychologisches Paradox: eine zweite Generation, welche die ihren Vorfahren zugefügte direkte Erniedrigung *nicht* erlebt, sondern häufig (wie im Falle literarischer Intellektueller) besondere Großzügigkeit erfahren hat, ist selbstsicherer, unverblümter und extremer. Dafür gibt es mehrere Gründe, die miteinander verwoben sind. Angesichts der schwierigen Umstände mußten sich die Älteren stärker anpassen, um etwas zu erreichen, und im Verlauf dieses Prozesses entwickelten sie oft eine stoische innere Haltung; die Jüngeren können extremer sein, da sie weniger »Strafen«, sondern sogar mehr »Belohnungen« zu erwarten haben, wenn sie ihren Zorn ganz ausleben. Da die Gesellschaft im Prinzip offen für Veränderungen ist, können Einzelpersonen sich gegenseitig leichter übertreffen, indem sie weiter »links« und extremer sind. Andere Faktoren sind jedoch wichtiger für den Aufbau eines inneren Zusammenhangs und einer Gruppenidentität: die ausdrückliche Betonung der Nationalität, der gemeinsamen Vergangenheit und der positiven Aspekte der schwarzen Existenz werden notwendige Schritte, um ein Gefühl psychischer Unabhängigkeit zu erreichen. Im Verlauf dieses Prozesses nehmen die Beteiligten vielleicht rauhe Züge an, aber er ist notwendig für jede Gruppe, die ein zusammenhängendes Bewußtsein ihrer selbst als Gruppe zu erlangen sucht.

Trotzdem war der Angriff der Schwarzen gegen Politik und Wirtschaft Amerikas kein Versuch, die Gesellschaftsordnung umzustürzen, sondern ein Vorstoß, die Klassenstruktur zu verändern. Es war ein Kampf um die Integration, dessen Heftigkeit von einer kulturellen und psychologischen Grundstimmung geprägt wurde, die den Schwerpunkt auf revolutionäre Rhetorik legte. In den siebziger Jahren ist diese aufrührerische Rhetorik verschwunden, aber ihr Abebben war in den sechziger Jahren keineswegs vorhersehbar.

Die Krise der Glaubwürdigkeit

In den sechziger Jahren verbreitete sich überall in den Vereinigten Staaten ein Gefühl der Orientierungslosigkeit. Der rasche Ablauf sozialen Wandels ist für große Massen der Bevölkerung immer beunruhigend, und überall war zu verspüren, daß diese gesellschaftlichen Veränderungen – die technologischen wie die soziologischen – rapide voranschritten. Will man feststellen, ob die daraus entstandene Stimmung nur vorübergehend war oder nicht, so ist es weniger sinnvoll, von Unruhen bestimmte Bereiche zu untersuchen, denn dort werden sich unweigerlich Hinweise auf Entfremdungserscheinungen finden, sondern viel aufschlußreicher, *traditionelle* Bereiche der Gesellschaft zu betrachten. Denn dort – vor allem auf religiösem Gebiet – finden sich in allen Kulturen die Quellen der Stabilität. Nun ist die Interpretation von Meinungsumfragen stets eine schwierige Angelegenheit, aber sie können wertvolle Hinweise auf die Veränderung von Haltungen geben, wenn die gleiche Frage während eines bestimmten Zeitabschnitts wiederholt wird. Zu verschiedenen Zeitpunkten zwischen 1957 und 1968 stellten die Meinungsforscher von Gallup folgende Frage: »Glauben Sie, daß die Religion gegenwärtig im amerikanischen Leben insgesamt an Einfluß zunimmt oder abnimmt?«

Der Einfluß der Religion

	Abnehmend	Zunehmend	Gleichbleibend
April 1957			
Nationale Auswahl	14%	69%	10%
Protestanten	17%	66%	10%
Katholiken	7%	79%	8%
April 1962			
Nationale Auswahl	31%	45%	17%
April 1965			
Nationale Auswahl	45%	33%	13%
April 1967			
Nationale Auswahl	57%	23%	14%
Protestanten	60%	21%	13%
Katholiken	48%	31%	16%
April 1968			
Nationale Auswahl	67%	19%	8%
Protestanten	69%	17%	8%
Katholiken	61%	24%	8%

Verblüffend ist dabei natürlich, daß diese Verschiebung der Haltung parallel läuft mit den Jahren der Regierungen Kennedy und Johnson, den Jahren der *New Frontier* (Neue Grenzen) und der *Great Society* (Große Gesellschaft). Die einzigartige Qualität der

New Frontier bestand in ihrem Gefühl der Versprechungen, das seinen Ausdruck in den bewegten Worten von Kennedys Antrittsrede und in der für den Beginn einer »neuen« Generation in der Politik charakteristischen Energie fand.

Wie läßt sich die emotionale Veränderung im Laufe dieses einen Jahrzehnts erklären? Wir müssen schematisch bleiben und uns auf vier Faktoren beschränken:

1. *Die große Zahl sozialer Probleme.* Die bemerkenswerte Leistung der amerikanischen Industrie (und der psychologische Auftrieb wegen der ausgebliebenen Wirtschaftskrise nach dem Krieg, obwohl zahlreiche Ökonomen eine solche Krise vorausgesagt hatten) schienen darauf zu verweisen, daß Wirtschaftswachstum zu gegebener Zeit alle sozialen Probleme lösen werde. Der Begriff »Gesellschaft im Überfluß«, wie er von J. K. Galbraith geprägt wurde, schien diese Prognose zu bestätigen.

Lange Zeit wurde dagegen die andere Seite von Galbraiths Argumentation ignoriert, daß mit dem Anstieg des persönlichen Konsums auch das öffentliche Elend zunehmen werde. Und das wachsende Bewußtsein dieses öffentlichen Elends wurde dann weitgehend verantwortlich für das zunehmende Gefühl des Erschreckens. Mit größerer Bereitschaft als die vorangegangenen republikanischen Regierungen wandte sich die Regierung Kennedy innenpolitischen Problemen zu; sie versuchte, in diesem Bereich Rekorde aufzustellen. Gerade diese Bemühungen lenkten die Aufmerksamkeit der Öffentlichkeit auf Fragen, die vorher nie beachtet worden waren: Armut, Wohnungssituation, Gesundheitsversorgung, Ausbreitung der Stadtgebiete, Umweltverschmutzung und ähnliches. Ob derartige Probleme »lösbar« sind, bleibt strittig; eindeutig ist dagegen, daß das rasch geschärfte Bewußtsein dieser zahlreichen sozialen Fragen eine wesentliche Rolle dabei spielt, ein Gefühl der Unsicherheit in der Gesellschaft hervorzurufen.

2. *Die schwarzen Aufstände und das Verbrechen.* Von 1963 bis 1967 erlebten die Städte der USA fünf »heiße Sommer«; jedes Jahr brachte ein Crescendo der Unruhen, der Aufstände in den schwarzen Gettos. Es begann im Süden, dehnte sich aber schnell auf den Norden aus, bis in Los Angeles, Detroit, Newark und Washington D.C. ganze Stadtviertel in Flammen aufgingen. Der Bericht der Kerner-Senatskommission beweist, daß *keiner* dieser Aufstände organisiert war. Der Ablauf war jedes Mal ähnlich: Ein geringfügiger Anlaß, meistens ein Fall von tatsächlicher oder vermeintlicher Polizeibrutalität, löste wilde Gerüchte aus, und dann explodierte die Sprengladung. Wie bei jeder sozialen Bewegung kennzeichnete wildes, episodisches, tobendes Verhalten eine erste

Phase der Aktionen. Die nächste Phase besteht in dem Versuch, diszipliniertere, radikalere Aktionen zu organisieren. Dabei waren in den schwarzen Gemeinden zahlreiche gegensätzliche politische Tendenzen am Werk. Zum einen gab es den schwarzen Nationalismus, dessen Anhänger unabhängige schwarze Institutionen aufzubauen suchten; sie stellten radikale Forderungen nach Mitteln zur Durchsetzung dieses Ziels. Daneben waren jedoch Gruppierungen wie die *Black Panther Party* entstanden, die sich auf den Guerillakrieg beriefen und bereit waren, Bündnisse mit radikalen weißen Bewegungen einzugehen.[3]

Das Anwachsen des schwarzen Radikalismus führte zu unterschwelligen weißen »Gegenschlägen«, den bekannten *backlashes,* die ihren lebhaftesten Ausdruck in der Wahlkampagne von Gouverneur Wallace fanden. Bezeichnenderweise erhielt George Wallace in den Nordstaaten vor allem die Unterstützung von manuellen Arbeitern und solchen ethnischen Gruppen, in denen Arbeiter besonders zahlreich vertreten sind. In ihrem sozialen Status standen sie den Schwarzen am nächsten, und deshalb fühlten sie sich am stärksten bedroht. Die soziale Mobilität hatte ihnen ermöglicht, eigene Häuser zu erwerben, und jetzt fürchteten sie, die Schwarzen könnten ihnen ihren Aufstieg wegnehmen.

Viele dieser Ängste wurden in den Worten *law and order,* dem Ruf nach Ruhe und Ordnung, zusammengefaßt und konzentrierten sich im wesentlichen auf das Verbrechen. Dabei ist es schwierig zu bestimmen, in welchem Ausmaß das Verbrechen tatsächlich zugenommen hat. Die Verbrechensstatistik des FBI ist notorisch unzuverlässig und statistisch ungenau. Aber obwohl wir die reale Verbrechenszunahme nicht messen können, steht eindeutig fest, daß eine überproportional hohe Anzahl der Verbrechen von Schwarzen begangen wurde. Diese Tatsache sollte erst einmal keine Überraschung bereiten. Verbrechen sind eine »unorganisierte« Form des Klassenkampfes, und die untersten Schichten der Gesellschaft haben immer eine überproportional hohe Zahl von Verbrechen begangen. Was in der Vergangenheit für Iren und Italiener in den USA galt, gilt heute für die Schwarzen. Wegen der Konzentration in den Städten ist das schwarze Verbrechen jedoch »sichtbarer«, und deshalb sind die allgemeinen Befürchtungen stark angestiegen.

3. *Die Entfremdung der Jugend.* In allen fortgeschrittenen Industriegesellschaften lassen sich zahlreiche Ursachen für die wachsende Entfremdung der Jugend finden. Vereinfacht könnte man sagen, die Studentenrevolten waren die anfänglichen »Klassenkämpfe« der nachindustriellen Gesellschaft, ebenso wie die Maschinenstürmerbewegung in der Epoche zwischen 1815 und 1840 ein Vorbote

des Klassenkonflikts zwischen Arbeitern und Unternehmern in der Industriegesellschaft gewesen war.

Daneben gab es auch einige besondere Kennzeichen, z. B. eine auffallende Gruppenveränderung, einen zahlenmäßigen Zuwachs um etwa 50 Prozent innerhalb eines Jahrzehnts und in der Folge ein verstärktes Konkurrenzbewußtsein um die Plätze in der Gesellschaft.[4] Der Status der Hochschulausbildung ist zurückgegangen. Noch für eine Generation vorher hatte es in den Vereinigten Staaten ein besonderes Statusmerkmal bedeutet, wenn man ein College besucht hatte. Aber jetzt besuchten 85 Prozent aller College-Absolventen in den Elitehochschulen weiterführende Universitätskurse, so daß das College in diesen Institutionen nur noch eine Zwischenstation darstellte. All dies bedeutete verstärkten Druck auf die Jugendlichen. Auf der Schule entstand bereits die Angst: »Komme ich auf ein College? Komme ich auf ein gutes College . . .?«

In früheren Zeiten war ein Hochschulabschluß eine sichere Garantie für einen Platz in der Gesellschaft. Aber im Rahmen der modernen technologischen Revolution ist ein solcher Abschluß keineswegs mehr das Mittel, um die höheren Ebenen der Gesellschaft zu erklimmen. Vorwärtskommen erfordert einen ununterbrochenen Prozeß beruflicher Bildung und Weiterbildung, um mit den neuen Techniken und dem neu produzierten Wissen Schritt zu halten. Kurz, ein beträchtlicher Teil der Entfremdung der Jugend war eine Reaktion auf die soziale Revolution, die sich in ihrem eigenen Status vollzogen hatte.

4. *Der Krieg in Vietnam*. Wenn sich ein einzelner Faktor als Katalysator der sozialen Spannungen in den Vereinigten Staaten – vielleicht auch in der ganzen Welt – benennen läßt, so ist es der Krieg in Vietnam. Dieser Krieg war ohne Parallele in der amerikanischen Geschichte. Ein großer Teil, vielleicht gar die Mehrheit der Bevölkerung, empfand ihn als moralisch unklar, wenn nicht gar zweifelhaft. Und durch die Kriegführung stellte sich das kritische Problem der Glaubwürdigkeit, das schließlich sogar die Legitimität des Präsidentenamtes bedrohte.

In den meisten Ländern wird eine Unterscheidung zwischen der Nation und der gerade amtierenden Regierung getroffen. Man kann Gegner einer *Regierung* sein, ohne die loyale Zugehörigkeit zur *Nation* in Frage zu stellen. In den Vereinigten Staaten ist diese Entscheidung nie notwendig gewesen, weil die Regierung stets einen weitgehenden Konsens widerspiegelte. Aber während des Vietnam-Krieges brachte die Ablehnung der Regierung zahlreiche Amerikaner dazu, auch die Nation abzulehnen.

Es begann mit der Frage der Glaubwürdigkeit. Zunächst stellte sich diese Frage, weil der offizielle Optimismus der Regierung Johnson (besonders 1964 und 1965) immer stärker von den Ereignissen Lügen gestraft wurde. Die Entscheidungen, die Anzahl der Truppen zu erhöhen (bis zu einer halben Million Amerikanern), Nordvietnam zu bombardieren und Verhandlungen abzulehnen, wurden ständig mit der Begründung gerechtfertigt, »ein weiterer Schritt« werde den USA den Sieg eintragen. Bis zu einem gewissen Grade spielte dabei auch Präsident Johnsons Persönlichkeit eine Rolle, da seine Geheimnistuerei viele Enttäuschungen verursachte. So geriet einmal die Glaubwürdigkeit des *Council of Economic Advisers,* des beratenden Wirtschaftsgremiums der USA, als Quelle ökonomischer Daten in Gefahr, weil der Präsident seinen Beratern Angaben über Ausgaben in Vietnam vorenthalten hatte, und daher führten die öffentlichen Schätzungen des Gremiums die Industrie in die Irre.

Aber es ging nicht nur um die Glaubwürdigkeit. Es ging um die moralische Frage der Beziehung zwischen unangemessenen Mitteln und dem Zweck. Die Massenbombardements, die Entlaubung großer Gebiete, die Umsiedlung der Bevölkerung, die hohe Zahl der Todesopfer – all diese Tatsachen stellten entscheidende moralische Probleme, denen die Regierung gemeinhin auszuweichen pflegte.

Das letzte Element der *dégringolade* von Johnsons Politik war die offensichtliche Impotenz der militärischen Strategie. Die Bombenangriffe waren weitgehend erfolglos. Die Taktik »Suchen und Zerstören« dehnte die amerikanischen Frontlinien aus und überließ die Städte hilflos der erstaunlichen Tet-Offensive, die gleichzeitig an fast hundert Punkten ausbrach. Für die amerikanische Rechte war diese Machtlosigkeit ein besonderer Anlaß zu Wutausbrüchen. Daher forderten ihre Vertreter, z. B. General Curtis Lemay, der als Vizepräsident in der Wahlkampagne von 1968 zusammen mit George Wallace kandidierte, die Erweiterung der Flächenbombardements und die Vernichtung von Haiphong, weil sie davon ausgingen, nur noch massivere Aktionen könnten den Sieg erringen. Aber die Regierung ließ sich nicht auf diese Forderungen ein, da eine weiter Eskalation der amerikanischen Seite mit einer gleichwertigen Eskalation der nordvietnamesischen Truppen und der sowjetischen Waffen beantwortet worden wäre. Doch dieses Eingeständnis verstärkte das Gefühl, die USA seien hilflos und befänden sich in einer ausweglosen Situation.

Für die Jugend war Vietnam die unmittelbarste Einzelursache ihrer Entfremdung. Die zunehmenden Einberufungsbefehle steigerten die Angst um Karriere und Zukunft. Der Wehrdienst wurde im besten Fall als Zeitvergeudung, schlimmstenfalls als unmoralische Komplizenschaft angesehen. Da sie unfähig waren – oder sich zumindest dafür hielten –, die politischen Entscheidungen der Regierungen zu beeinflussen, richteten die Studenten ihren Zorn gegen die Universität als ein Symbol dieser Gesellschaft.

Der Krieg führte dazu, daß ein großer Teil der zukünftigen Elite sich der Gesellschaft entfremdete. Ob diese Entfremdung überwunden werden kann, ist eine der großen Fragen über die zukünftige Stärke – und den Willen – der Vereinigten Staaten als Großmacht.

Die strukturellen Revolutionen

Bei der Betrachtung einer Gesellschaft läßt man sich leicht von den aufsehenerregenden und vorübergehenden Phänomenen verführen; sie binden unsere Energien und unsere Leidenschaften, sie konzentrieren unsere Aufmerksamkeit auf das Gegenwärtige. Einige dieser Probleme sind folgenreich für die Zukunft, andere flammen lodernd auf, verfallen aber schnell zu trockener Asche. Jede sinnvolle Analyse einer Gesellschaft muß hingegen versuchen, tieferliegende, fortbestehende Elemente zu identifizieren, denn sie sind die prägenden Kräfte der Gesellschaft. Sie bestehen in drei Bereichen: in den Wertvorstellungen als den legitimierenden Faktoren der Gesellschaft; in der Kultur, der Stätte des symbolischen Ausdrucks und der Sensibilität; und in der Sozialstruktur als der Gesamtheit sozialer Vereinbarungen, deren Aufgabe in der Verteilung der Menschen im Arbeitsbereich und in der politischen Ordnung besteht sowie in der Zuteilung von Gütern zur Befriedigung vereinbarter sozialer Bedürfnisse. In diesem Essay konzentriere ich mich auf die tiefergreifenden Strömungen in der Sozialstruktur; notwendigerweise werde ich auch hierbei schematisch vorgehen.

Unter den vier wesentlichen Stukturveränderungen in der Gesellschaft finden wir zuerst die demographische Veränderung, zweitens den Aufbau einer nationalen Gesellschaft, drittens das Entstehen einer gemeinschaftlichen Gesellschaft und viertens die Entwicklung einer nachindustriellen Gesellschaft. All diese Veränderungen haben fast gleichzeitig stattgefunden, und das synchrone Zusammentreffen dieser verschiedenen Revolutionen ist die Ursache der zahlreichen gesellschaftlichen Spannungen.

Zwischen dem Ende des Zweiten Weltkrieges und 1970 erlebten die Vereinigten Staaten drei wichtige demographische Veränderungen. Zunächst ein starkes Bevölkerungswachstum, als nächstes die rapide Urbanisierung des Landes und drittens schließlich die Umverteilung der Rassenzugehörigkeit unter den Bewohnern der Stadtzentren in den wichtigsten Großstädten.

Während des Jahrzehnts 1950 bis 1960 wuchs die amerikanische Bevölkerung um 28 Millionen Menschen, eine Zahl, die dem gesamten Bevölkerungswachstum der *sieben* Dekaden von 1790 bis 1860 entspricht. Zwischen dem Ende des Zweiten Weltkrieges und dem Jahre 1970 vergrößerte sich die Bevölkerung der USA von 140 auf 200 Millionen, also um mehr als 42 Prozent innerhalb eines Vierteljahrhunderts. Neunzig Millionen Kinder wurden geboren, und wenn man die Todesfälle abzieht, bleibt ein reiner Zuwachs um 60 Millionen.

In der ersten Hälfte des 19. Jahrhunderts betrug der Bevölkerungsanstieg pro Jahrzehnt etwa 25 Prozent, nach dem Zweiten Weltkrieg wuchs die Bevölkerung in einem Jahrzehnt um etwa 20 Prozent. Aber zwischen den früheren und den späteren Perioden bestehen zwei entscheidende soziologische Unterschiede. Zum einen die *Veränderung der Größenordnung*. In Prozentzahlen ausgedrückt war das Bevölkerungswachstum von fünf auf sieben Millionen zwischen 1800 und 1810 beträchtlich, aber das Wachstum von 150 auf 180 Millionen zwischen 1950 und 1960 war prozentual zwar geringer, in der Größenordnung jedoch ungeheuer. Der zweite Unterschied bestand in der Veränderung der institutionellen Struktur. Der frühe Bevölkerungsanstieg war weitgehend segmentär, da die neu hinzugekommenen Einheiten einfach die gesellschaftliche Kette räumlich in verschiedene Richtungen ausweitete. Das neue Wachstum war pyramidenförmig, da die neuen Einheiten auf dem gleichen Territorium zusätzlich zu der vorhandenen Bevölkerung verkraftet werden mußten; so entstanden neue Abhängigkeiten untereinander.

Dieses konzentrierte Bevölkerungswachstum wurde zusätzlich kompliziert durch eine erstaunliche und weitgehend unbemerkte Tatsache, eine Revolution auf dem Gebiet der landwirtschaftlichen Produktivität. Von 1900 bis zur Mitte der vierziger Jahre war die Produktivität der Landwirtschaft mit leichten Schwankungen jährlich um etwa zwei Prozent gestiegen. Zum Teil unter dem Einfluß der steigenden Nachfrage, vor allem jedoch wegen des neuen und weitgehenden Einsatzes von Düngemitteln und Nitraten stieg die

Produktivität auf dem Land während des Zweiten Weltkrieges jährlich um sechs bis acht Prozent. Als Ergebnis dieser Entwicklung verließen über 25 Millionen Menschen innerhalb des folgenden Vierteljahrhunderts die landwirtschaftlichen Gegenden und siedelten sich in den Städten an.[5]

Im Gefolge dieser demographischen Veränderungen (und der sinkenden Zahl der Kohlenbergarbeiter) verloren weite Gebiete in der Mitte der Vereinigten Staaten – von Dakota bis West-Texas – Teile ihrer Bewohner. Familien zogen an die »Ränder« des Landes. In tausend von dreitausend Verwaltungsbezirken der USA nahm die Bevölkerung zwischen 1960 und 1970 ab, meistens zugunsten der Großstadtgebiete an den Küsten oder im Gebiet der Großen Seen.

Eine Gesellschaft mit hohem Konsum und komplexer Infrastruktur schafft immense neue Bedürfnisse nach Dienstleistungen wie Gesundheitsversorgung, Spielplätzen, Schulen und Transportmitteln. Das regionale Planungsbüro in New York schätzte 1968, daß pro Bewohner ein Kapital von 18 000 Dollar erforderlich ist, um die infrastrukturellen Dienstleistungen bereitzustellen: Straßen, Kanalisation, Wasser, Schulen, Wohnungsbeschaffung etc. Mehr als 40 Prozent der Nachkriegsbevölkerung war jünger als 20 Jahre. Wenn man den Zuwachs dieser großen Gruppe sowie die von der landwirtschaftlichen Revolution hervorgerufene Abwanderung in die Städte bedenkt, so erhält man eine Vorstellung von dem riesigen Kapital und den anderen sozialen Kosten, die aufgebracht werden mußten, um die weitgehenden Wandlungen der Bevölkerungsstruktur während des Vierteljahrhunderts nach dem Zweiten Weltkrieg aufzufangen.

Neben der Bevölkerungsexplosion kam es auch zu einer Erscheinung, die sich als »Bevölkerungsimplosion« bezeichnen ließe: zu der Konzentration der Bevölkerung in den riesigen Stadtgebieten. 1970 lebten etwa 70 Prozent aller Amerikaner in städtischen Einzugsgebieten. (1980 werden dort bereits Dreiviertel der Bevölkerung wohnen, und es wird 165 Großstädte mit mehr als 100 000 Einwohnern geben, während es 1960 nur 100 gab. Entsprechend wird sich die Anzahl der Automobile eventuell von 59 Millionen 1960 auf 120 Millionen im Jahre 1980 steigern.) Innerhalb der Stadtzentren gab es gleichermaßen bedeutende Verschiebungen. Von 1960 bis 1966 kam es zu einer *absoluten Verminderung* der weißen Bevölkerung in den Zentren (um 0,3 Prozent), während die weiße Bewohnerschaft der Vororte um 21,3 Prozent zunahm. Während dieser Zeit wuchs die nichtweiße Bevölkerung der Stadtzentren um 23,9 Prozent und der Vororte um 10,1 Prozent.

Obwohl die Geburtenrate sich seit 1956 verlangsamt hat, ging das Wachstum der amerikanischen Bevölkerung weiter. Zum einen, weil es weniger alleinstehende Frauen gab. 1950 hatten 15 Prozent aller weiblichen Erwachsenen nie geheiratet; zwei Jahrzehnte später waren nur 7 Prozent der Frauen ledig geblieben. Zum anderen stieg die Zahl der Einwanderer, vor allem nach der Reform des Einwanderungsgesetzes, das nun die legale Immigration von jährlich 400 000 Personen erlaubte. Und schließlich erweiterte sich in Folge des Babybooms der Nachkriegsjahre auch die Basis der Bevölkerung. Daher ist zwar die Wachstums*rate* zurückgegangen, aber die Bevölkerung der USA wird im Jahr 2000 wahrscheinlich trotzdem 280 Millionen betragen.

Die nationale Gesellschaft

Im Verlauf des Vierteljahrhunderts nach dem Zweiten Weltkrieg wurden die Vereinigten Staaten zum erstenmal zu einer nationalen Gesellschaft. Sie waren schon lange eine »Nation«, da sie eine nationale Identität und nationale Symbole erlangt hatten. Aber erst im Gefolge der Revolutionierung von Kommunikation und Verkehrswesen nach dem Kriege entwickelten sie sich zu einer nationalen *Gesellschaft* – in dem umfassenden Sinne, daß Veränderungen in einem Bereich der Gesellschaft nun begannen, eine unmittelbare und widerhallende Auswirkung auf alle anderen Bereiche zu haben.

Diese Umwälzung wird verständlich, wenn man sie mit einer früheren Umwandlung vergleicht, mit der Herausbildung einer nationalen Wirtschaft. Zwischen 1910 und 1930 entwickelten sich die USA objektiv zu einer nationalen Ökonomie; aber sie verfügten nur über ungenügende institutionelle Mechanismen, um mit einer Wirtschaft dieser Größenordnung fertigzuwerden. Ein historischer Rückblick zeigt uns, daß die hervorragende Bedeutung des *New Deal* darin bestand, Institutionen zu schaffen, die eine nationale Wirtschaft lenken und festigen konnten. Franklin D. Roosevelts Verdienst war vor allem, daß er die Größenordnung der ökonomischen Aktivitäten durch eine entsprechende politische Größenordnung ergänzte. Die Finanzmärkte wie die Beziehungen zwischen Gewerkschaften und Unternehmern wurden von Regierungsinstanzen reguliert, die Kapitalflucht wurde durch Devisenkontrolle und Aufgabe des Goldes eingeschränkt, die Aufrechterhaltung des Beschäftigungsniveaus durch Steuermaßnahmen und staatliche Defizitfinanzierung gesichert.

Die Entstehung der nationalen Gesellschaft nach dem Zweiten

Weltkrieg stellte soziale Probleme, für deren Lösung es auf nationaler Ebene keine entsprechenden institutionellen Mechanismen gab. Und eines der Probleme der politischen Ordnung ist das eklatante Versagen der Regierungen Kennedy, Johnson und Nixon bei dem Versuch, derartige Mechanismen zu schaffen, vor allem auf jenen Gebieten, die die Lebensqualität steigern könnten: Gesundheit, Ausbildung, Aufstiegschancen, Erholung, Landverwertung etc.

Drei weite Problemkreise lassen sich als Folgen der Entstehung einer nationalen Gesellschaft identifizieren.

Erstens haben die sozialen Probleme nationale Ausmaße erreicht. Die geringen Schwierigkeiten des Wohnungswechsels und die Unbeständigkeit der Verhältnisse bürden einigen Gegenden besondere Lasten auf. Ein Beispiel ist das Anwachsen der Sozialhilfe-Ausgaben in New York City. 1959 lebten 240 000 Menschen von der Wohlfahrt und bezogen 325 Millionen Dollar. 1968 erhielten bereits fast eine Million Bürger Sozialhilfe, und die Kosten betrugen 1,7 Milliarden Dollar. Ohne nationale Richtlinien muß New York die Last eines großen Teils des Landes tragen.

Zweitens zeigt sich die Unangemessenheit der gegenwärtigen Verwaltungsstruktur. Die Vereinigten Staaten bestehen aus 50 Staaten, die nach der Verfassung die Verantwortung für Gesundheit, Ausbildung und Wohlergehen ihrer Bürger tragen. Aber worin besteht in einer nationalen Gesellschaft die Existenzberechtigung so kleiner Einheiten wie Rhode Island, Delaware, New Jersey und Maryland? Sie erhalten nur geringe Steuern, ihre Bewohner arbeiten häufig in anderen Staaten, aber ihre Verwaltungskosten sind unverändert hoch. Auf der anderen Seite gibt es in den USA 80 000 Gemeinden, die jeweils eigene Steuern beziehen und souveräne Macht ausüben. Das ist keine Dezentralisierung, sondern einfach reines Chaos. Erstaunlich ist dabei, daß die Vereinigten Staaten über die modernste Volkswirtschaft der Welt verfügen, während ihre politische Ordnung eher dem Wesen der Tudorzeit entspricht. Sie ist antiquiert und kopflastig mit einer Vielzahl einander überschneidender Zuständigkeiten: Stadtgemeinden, Kreise, Großstädte neben besonderen Einheiten wie Gesundheitsbezirken, Parkbezirken, Kanalisationsbezirken, Wasserbezirken usw. Das Fehlen einer leistungsfähigen Verwaltungsstruktur hat selbst dazu beigetragen, daß Großstädte oder Bezirke nicht in der Lage waren, erfolgreiche Planungen anzustellen.

Drittens ist das Ansteigen plebiszitärer Politik zu verzeichnen. Die Vereinigten Staaten haben einen weitgehenden Wegfall der räumlichen Entfernungen erlebt. Eine der Folgen davon besteht darin, daß Washington zum zentralen Kampfplatz für alle politischen Auseinandersetzungen geworden ist und der gesamte Druck sich auf eine Gegend konzentriert.

Wenn man die Geschichte der Vereinigten Staaten mit der Europas vergleicht, so hat es in Amerika wahrscheinlich mehr Gewalttätigkeiten bei Arbeitskämpfen gegeben als in irgendeinem Land des Kontinents. Darüber stehen nur wenige Statistiken zur Verfügung, aber wenn man so grobe Hinweise heranzieht wie die Zahl der getöteten Personen, die Militäreinsätze, die Zahl der Streiks und der verlorenen Arbeitstage, so wird meines Erachtens offensichtlich, daß die USA mehr Gewalt erlebt haben, aber mit geringerer politischer und ideologischer Wirkung als in Europa. Ein Grund für diesen Umstand besteht darin, daß im Gegensatz zu Europa ein Großteil dieser Gewalt nicht im Zentrum der Gesellschaft stattgefunden hat, sondern eher an deren Peripherie; daher dauerte es beträchtliche Zeit, bis sie sich auswirkte. Heute sind die Probleme des Arbeitskampfes institutionalisiert, aber andere Streitpunkte sind erhalten geblieben. Und es bestehen weitgehende Möglichkeiten, »Mobilisierungspolitik« zu betreiben, also direkten Druck auszuüben. Dazu ein Vergleich: 1894, inmitten einer schweren Wirtschaftskrise, unternahm eine Gruppe von Arbeitslosen, die sogenannte »*Coxey's Army*«, einen Marsch von Massilon im Staat Ohio nach Washington. Zu Beginn marschierten 10 000 Männer mit dem Zug, aber als er einige Wochen später in der Hauptstadt eintraf, war er auf eine Handvoll Demonstranten zusammengeschmolzen. 1963 riefen die Bürgerrechtsführer Martin Luther King und A. Philip Randolph zu einem Marsch nach Washington auf; innerhalb einer Woche war fast eine Viertelmillion Menschen in der Hauptstadt eingetroffen.

Angesichts der Tatsache, daß die politischen Konflikte sich zwangsläufig vervielfachen werden (die Gründe hierfür werden im nächsten Kapitel ausgeführt), entwickeln sich die gestiegenen Möglichkeiten massenhaften Drucks als Mittel zur Durchsetzung von Gruppenforderungen zu einer zusätzlichen Quelle struktureller Spannungen in der Gesellschaft. In Anbetracht des Gewaltpotentials, das in diesem System endemisch ist, hat die Entstehung einer nationalen Gesellschaft zusätzliche Spannungen geschaffen.

Die gemeinschaftliche Gesellschaft

Die Entstehung einer gemeinschaftlichen Gesellschaft ist ein Ergebnis des Wachstums öffentlicher Entscheidungsfindungsprozesse außerhalb des Marktes sowie der Definition sozialer Rechte in

Gruppenkategorien statt in individuellen Kategorien. In diesem Ausmaße sind beide neu auf der amerikanischen Szenerie, und beide stellen neue Probleme für die Gesellschaft dar. Mit öffentlichen Entscheidungsfindungsprozessen außerhalb des Marktes meine ich einfach das Anwachsen von Problemen, die durch staatliche Instanzen gelöst werden müssen und nicht durch den Marktmechanismus. Straßenbau, Stadtplanung, Organisation des Gesundheitswesens, Ausbildungsfinanzierung, Beseitigung von Umweltschäden – all diese Fragen betreffen die gesamte Gesellschaft und sind daher öffentlich. Niemand kann seinen Anteil »saubere Luft« auf dem Markt *kaufen;* man muß gemeinschaftliche Mechanismen einsetzen, um die Umweltverschmutzung zu bewältigen.

Der Vorteil des Marktes besteht darin, daß er die Verantwortung verteilt. Wenn Tausende oder Millionen individueller Konsumenten unabhängig voneinander auf dem Markt agieren und durch ihre vielfache Wahl eine »Entscheidung« treffen, so ist keine einzelne Person und keine Gruppe für diese Entscheidung verantwortlich zu machen. Wenn eine Ware sich nicht verkaufen läßt, wenn die Mode wechselt und wenn Firmen oder ganze Industrien wegen solcher Marktentscheidungen zusammenbrechen, kann diese Entwicklung keiner einzelnen Gruppe zur Last gelegt werden. Anders verhält es sich bei öffentlichen Entscheidungen außerhalb des Marktes. Die Entscheidungen sind sichtbar, und man weiß, wer die Schuld trägt. Tatsächlich sind Entscheidungsfindungen »politisiert« worden, und jetzt sind sie dem gleichen Druck ausgesetzt wie politisches *decision making.*

Dabei geht es um einen einfachen Tatbestand: In dem Ausmaß, in dem öffentliche Entscheidungsfindungen notwendiger werden, da verschiedene Aufgaben nicht von Einzelpersonen bewältigt werden können, erhöhen solche neuen Mechanismen das Potential an Konflikten unter Gruppen und Gemeinden. Wenn man die politische Ordnung mit immer neuen politischen Fragen »belastet«, wenn Wohnungsvermittlung, Gesundheit, Ausbildung und ähnliches politisiert werden, treten zwangsläufig Spannungen auf. Die simple Voraussage, die ich 1967 in einem Bericht an die Kommission über das Jahr 2000 getroffen habe, besagte, daß es in den kommenden Jahren mehr und mehr Gruppenkonflikte in der Gesellschaft geben werde.

Mit dem Wort Gruppenrechte bezeichne ich Ansprüche an die Gemeinschaft, über die eher auf der Grundlage von Gruppenzugehörigkeiten als wegen individueller Eigenschaften entschieden wird. Das amerikanische Wertsystem beruhte auf der Grundvoraussetzung individueller Leistungen und der Chancengleichheit für

Individuen. In der Vergangenheit wurde verschiedenen zweckge-
richteten Gruppen ein kollektiver Charakter (z. B. Gewerkschaften) zuerkannt, und diese Gruppen erhielten auch bestimmte
Rechte (z. B. Tarifautonomie). Aber diese Gruppen waren freiwillige Zusammenschlüsse, und ein Mitglied verlor diesen Schutz,
wenn es seinen Status veränderte. Einige Konflikte der letzten Zeit
sind das Ergebnis der Forderungen von Schwarzen, die bestimmte
Rechte als »Eigentum« ihrer Hautfarbe verlangen. Paradox ist
daran die Tatsache, daß schwarze Rechtsanwälte 1954 vor dem
Obersten Gerichtshof genau umgekehrt argumentiert hatten: sie
gingen davon aus, daß die Formel »getrennt, aber gleichberechtigt«
diskriminierend sei und daß die Schwarzen ein Recht darauf hatten, als *Individuen* behandelt zu werden (und auf dieser Grundlage
Gleichberechtigung zu erlangen) und nicht als *Kategorie*. Aber der
langsame Verlauf der Integration und das psychologische Selbstbewußtsein einer Gruppenidentität haben die Zielrichtung der
schwarzen Forderungen verwandelt. Die Schwarzen verlangen
nicht mehr Chancengleichheit, sondern Gleichheit des Ergebnisses.
Und dieses gleiche Ergebnis für Schwarze und Weiße kann nach
ihrer Argumentation nur erreicht werden, wenn den bisher unterprivilegierten Schwarzen ein bestimmter Prozentsatz in Institutionen zugesichert wird, wenn sie bei der Anstellung bevorzugt behandelt werden, kompensatorische Erziehung erhalten etc.
Die Forderung nach Gruppenrechten wird noch heftiger werden,
da das gesellschaftliche Leben immer stärker auf Gruppenebene
organisiert wird. Die Notwendigkeit, weltanschauliche Legitimationen und politische Mechanismen zur Entscheidung über diese
miteinander konfligierenden Gruppenforderungen auszuarbeiten,
wird in den kommenden Jahren eine weitere gesellschaftliche
Spannungsquelle darstellen.

Die nachindustrielle Gesellschaft

In einer nachindustriellen Gesellschaft, die nach meiner Auffassung noch in den ersten Stadien ihrer Entstehung steckt, werden
wir vielleicht grundlegende Veränderungen im System der sozialen
Schichten erleben, vor allem in den Grundlagen von Klassenposi-
tionen und den Zugangsmöglichkeiten zu diesen Positionen.
In meinem letzten Buch habe ich fünf verschiedene Dimensionen
einer nachindustriellen Gesellschaft erforscht.[6] Hier möchte ich nur
zwei davon betonen. Die erste bezieht sich auf die Zentralisierung
des theoretischen Wissens als Quelle von Innovation und Verfah-
rensanalyse in der Gesellschaft.

Weil theoretisches Wissen nur in den Universitäten festgeschrieben und erprobt wird, haben sich diese zu einer zentralen Institution der Gesellschaft entwickelt. Der Universität wurden schwerere Aufgaben aufgebürdet als je zuvor in ihrer langen Geschichte. Sie muß gegenüber dem Wissen eine objektive, unparteiische Rolle beibehalten und trotzdem die wesentliche Dienstleistungsagentur für die Gesellschaft darstellen – nicht nur zur Ausbildung von Menschen, sondern ebenfalls als Beratungsgremium bei allen wichtigen Entscheidungen.

Die zweite Veränderung ist die Verschiebung von der güterproduzierenden Gesellschaft zur Dienstleistungsgesellschaft. In den Vereinigten Staaten waren 1970 etwa 65 Prozent aller Beschäftigten auf dem Dienstleistungssektor tätig. Von zentraler Bedeutung ist hierbei der Schwerpunkt auf technischen und beruflichen sowie auf sozialen Dienstleistungen. Die Ausdehnung dieser Sektoren verursacht die wesentlichen Verschiebungen in der gesellschaftlichen Beschäftigungsstruktur.[7]

Die nachindustrielle Gesellschaft beginnt, alle modernen Volkswirtschaften neu zu formen. Die Betonung der Ausbildung als Schlüssel zu Können und Macht, die Rolle technischer Entscheidungen, die Konflikte zwischen Spezialistengruppen und neuen Eliten (z. B. Wissenschaftlern und Militärs) prophezeien neue Arten von Schwierigkeiten für die fortgeschrittenen westlichen Gesellschaften und besonders für die Vereinigten Staaten.

Kurzfristige und langfristige Zukunftsperspektiven

Gegen Ende der sechziger Jahre stand die amerikanische Gesellschaft vor allem vor zwei unmittelbar wichtigen Fragen: den Problemen der Schwarzen und der Entfremdung der sensiblen Jugend. In den siebziger Jahren haben diese beiden Brennpunkte der vorhergegangenen Dekade – Schwarze und Jugendliche – jedoch an Bedeutung verloren.

Die Bewegung der Schwarzen zielte – und zielt noch – auf die Integration in die Gesellschaft, auch wenn viele diese Integration zu ihren eigenen Bedingungen verlangten (z. B. eine den »schwarzen Bedürfnissen« angepaßte Erziehung), und das Problem bleibt bestehen, wie die Mittel zur Erfüllung dieser Forderungen aufzubringen sind.

Die Stimmung unter den Jugendlichen war diffuser und unreifer. Sie folgten keiner einheitlichen, zusammenhängenden Ideologie, höchstens einem von den Elite-Universitäten Amerikas ausgehenden Generalangriff auf die vorherrschenden Wertvorstellungen der Mittelklasse, also – in bürgerlicher Terminologie ausgedrückt – Aufschub von Triebbefriedigung, psychologische Zwänge und rationalistische sowie technokratische Denkmodelle. Eine winzige Gruppe verlor jeden Bezug zu den bestehenden Verhältnissen und war sogar bereit, als »Stadtguerilla« an der Zerstörung der Gesellschaft mitzuwirken. Als Gruppe durchläuft die Jugend jetzt den Alterszyklus und beschäftigt sich primär mit Arbeits- und Familienproblemen. Als Gruppe sind sie liberaler als ihre Eltern, aber nicht revolutionär.

Die Probleme, die sich aus den Struktuveränderungen der amerikanischen Gesellschaft ergeben, bleiben bestehen. Darunter befinden sich die Neuorganisierung der Regierungs- und Verwaltungsstruktur der Gesellschaft; der Aufbau einer den Anforderungen nationaler Gesellschaften angemessenen Politik für die Bereiche Gesundheit, Ausbildung und Wohlfahrt; der Ausgleich zwischen den konfligierenden Rechten der einzelnen Gemeinden und Gruppen; die Entwicklung einer umfassenden Wissenschafts- und Forschungspolitik, welche die positiveren Aspekte einer nachindustriellen Gesellschaft fördern kann. Werden in diesen Bereichen keine Lösungen gefunden, so wird auch das aktuelle politische Leben der Gesellschaft noch schwieriger werden.

Darüber hinaus bestehen vier Problemkreise allgemeinerer Art, die eine beunruhigte Gesellschaft erst gerade zur Kenntnis genommen hat und die sie noch bewältigen muß.

Die Beziehung zwischen Demokratie und Imperium. Nach dem Zweiten Weltkrieg konnten die Vereinigten Staaten nicht mehr zu ihrem früheren Status einer kleinkarierten Provinzmacht zurückkehren, deren nationales Leben (wie in den zwanziger Jahren und vorher) von der lange vorherrschenden Kleinstadtmentalität bestimmt war. Eine neue Perspektive als weltorientierte Metropole war entstanden, und die amerikanische Politik wurde in zunehmendem Ausmaß von imperialen Überlegungen geprägt. Die Vereinigten Staaten wurden eine imperiale Macht. Dies geschah weniger aus ökonomischen Beweggründen denn als Folge der Tatsache, daß die USA als wichtigste Weltmacht in die bevorstehenden Kraftproben in allen Teilen der Welt hineingezogen wurden (und sich dann hineinbegaben). So begann Amerika, einen vorherrschenden Einfluß, wenn nicht gar die Hegemonie auszuüben.

In Krisenzeiten ist es lehrreich, Thukydides zu lesen; verblüffend ist vor allem die Lage Athens nach den Persischen Kriegen. Thukydides untersucht das Dilemma einer Demokratie, die sich für das

Imperium entscheidet, statt sich auf eine provinzielle Rolle zurück-zuziehen.[8] Auch wenn Parallelen nie ganz zutreffen, so sind die Probleme Athens und des Bundes von Delos dennoch sehr auf-schlußreich für die Lage der Vereinigten Staaten gegenüber ihren eigenen Verbündeten sowie für ihre Probleme mit dem sowjeti-schen (spartanischen) Block. Aber das tatsächliche Problem be-steht in der Frage, ob eine Demokratie, die potentiell durch die Konflikte zwischen Fraktionen gespalten ist, vor allem auch in der Niederlage die Einheit erhalten kann, oder ob sie sogar im Falle eines Sieges eine expansive Rolle als Führer und Beschützer ande-rer Staaten spielen kann, ohne der Versuchung weitreichender Risiken zu erliegen (so geschah es jedenfalls mit Kleon, dem Nachfolger des Perikles, den man mit Lyndon Johnson vergleichen kann).

Die imperiale Rolle ist für jede Nation schwierig, denn sie bedeutet den großangelegten Einsatz von Ressourcen, von Menschen und Kapital; und wenn dieser Einsatz nicht mit Gewinn zurückgezahlt wird, entstehen tiefgreifende Spannungen innerhalb des Landes. Besonders mißlich ist dabei die Beziehung zwischen Demokratie und Imperium, und es zeichnet sich immer deutlicher ab, daß die imperiale Rolle überhaupt nicht zu der politischen Struktur und der nationalen Tradition der Vereinigten Staaten paßt.

Die Entstehung einer neuen politischen Elite. Im besten Fall fungiert eine Elite (wie ein *Establishment*) als Quelle moralischer Autorität und politischer Klugheit. Wichtig für die Vereinigten Staaten war, daß sich während der anderthalb Jahrzehnte nach dem Zweiten Weltkrieg eine mehr oder weniger kohärente politische Elite her-ausbildete, die auf außenpolitischem Gebiet eine konsequente Führungsrolle übernehmen konnte.

Eine Elite wird mitunter durch ihre strukturelle Position in einer bestimmten Gesellschaft definiert, aber die bloße Tatsache, daß Menschen über wirtschaftliche, politische oder militärische Macht verfügen bzw. an der Spitze einer Organisation stehen, bedeutet nicht unbedingt, daß sie eine Elite in dem Sinne bilden, daß ihre Führungsrolle auch anerkannt wird. In den Vereinigten Staaten war die entstehende Elite stärker durch ihre Auffassungen, ihre kosmopolitische und weltweite Perspektive, definiert als bloß durch ihre strukturelle Position. Männer wie General Marshall, Henry Stimson, John McCloy, Robert Lovett, Dean Acheson, Douglas Dillon und andere Angehörige des »außenpolitischen *Establishments*« rekrutierten sich primär aus den Finanzkreisen New Yorks, aber nicht ihre *Interessen* definierten sie als Elite, sondern ihr Charakter und ihre Urteilsfähigkeit. Wichtig war die

Überlegung, daß ihre Auffassungen Gewicht besaßen, weil sie respektiert wurden. Eine wechselseitige Beziehung zwischen Urteilskraft und Respekt ist eine notwendige Bedingung, wenn die Politik durch die Relevanz der Auffassungen einer Elite berichtigt werden soll.

Die amerikanische Außenpolitik nach dem Zweiten Weltkrieg konzentrierte sich weitgehend auf Europa, weil die Aufgaben des Wiederaufbaus nirgendwo so dringlich waren wie dort. Aber diese Politik, vor allem der Marshall-Plan, entstand auch aus der Erfahrung und dem Interesse dieser Männer an Europa. Was Asien betrifft, so hat es nie eine ähnliche Elite mit vergleichbarer Erfahrung und Urteilsfähigkeit gegeben, und dieser Mangel ist einer der Gründe für das Versagen der amerikanischen Außenpolitik in jener Region.

Im letzten Jahrzehnt ist diese wichtige politische Elite verschwunden, und es hat sich keine vergleichbare Gruppe herausgebildet, die einen mäßigenden Einfluß auf die Politik ausüben und ihr Urteilsvermögen zur Verfügung stellen könnte. Mit ihrer Prahlerei und ihrem Elan unternahm die Regierungsmannschaft Kennedys einen zaghaften Versuch, sich als Elite zu konstituieren; unter Intellektuellen und Jugendlichen gewann sie damit auch eine begeisterte Anhängerschaft, wenn auch keine moralische Autorität. Aber das endete mit dem Krieg in Vietnam.[9]

Schließt man sich den Einsichten eines Bagehot an, so ist die Existenz einer solchen Elite ein notwendiges Element bei der Entwicklung politischer Autorität in der Gesellschaft. Ohne eine Elite besteht das Problem, ob sich die Führung auch durchsetzen kann. Angesichts der Spaltungen innerhalb der Gesellschaft ist die Frage, ob jetzt eine Elite entstehen kann, allerdings strittig.

Hat der Liberalismus versagt? Liberale Gesellschaftspolitik war in beträchtlichem Ausmaß mit dem Aufstieg des Keynesianismus und der makroökonomischen Planung verbunden. So wie der *New Deal* wegen der Bedeutung regulierender Instanzen eine Domäne junger Rechtsanwälte war (ihre symbolischen Paten waren Felix Frankfurter und die juristische Fakultät der Universität Harvard), so wurden die *New Frontier* und die *Great Society* von Anfang an mit einer Reihe von Ökonomen und Politikwissenschaftlern in Zusammenhang gebracht.

Unter der Leitung von Walter Heller entwickelte sich das wirtschaftliche Beratungsgremium *Council of Economic Advisers* zu einer professionell hochqualifizierten Instanz, und vor allem nach dem durchschlagenden wirtschaftlichen Erfolg der Steuersenkung des Jahres 1962 gewann dieses Team großen Einfluß auf die

Regierung. Aber die Wirtschaftswissenschaftler blieben nicht einfach Wirtschaftswissenschaftler, sie wurden auch zu Managern. So war die vielzitierte »McNamara Revolution« im Pentagon im wesentlichen das Werk von Ökonomen unter der Leitung von Charles Hitch.

Die Fähigkeit der Wirtschaftswissenschaftler, die Wirtschaft zu lenken, wird allerdings seit einigen Jahren mit wachsender Skepsis beurteilt. So wurde die britische *Labour*-Regierung der sechziger Jahre von bedeutenden Wirtschaftswissenschaftlern wie Nicholas Kaldor und Thomas Balogh (die von Michael Postan als »Ökonomenpest« bezeichnet wurden) beraten, erwies sich jedoch trotzdem als unfähig, die Schwierigkeiten des Landes zu lösen. Professor John Vaizey, ein der *Labour Party* nahestehender Ökonom, beendet einen Aufsatz über die »Inkohärenz der Wirtschaftstheorie nach Keynes« mit der pessimistischen Prognose: »Widerstrebend muß man wohl zugeben, daß es außerhalb der analytischen Kapazität heutiger Volkswirtschaftler liegen mag, eine Volkswirtschaft erfolgreich zu lenken.« In den Vereinigten Staaten hat die Steuerpolitik, das Instrument des Keynesianismus, schon lange vor der Rezession der siebziger Jahre ihren Glanz verloren.

Noch bedrückender ist das Erfolgsregister der Sozialwissenschaftler in der Sozialpolitik, vor allem in den Vereinigten Staaten. Widerwillig beginnen sie allmählich zuzugeben, daß die Probleme auf den Gebieten Ausbildung, Sozialfürsorge und Sozialplanung komplexer sind, als sie angenommen hatten. Das Versagen des Liberalismus ist daher zum Teil ein *Versagen der Theorie*. Diese Feststellung ist nicht nach dem Geschmack der Neuen Linken, die noch immer auf leicht verdaulichen Vereinfachungen beharrt. Aber dieses Versagen der Wissenschaft ist wiederum auch eine Ursache intellektueller Verwirrung und Besorgnis, wenn man erkennt, daß eine große komplexe Gesellschaft – und vor allem eine, die notwendig zukunftsorientiert sein muß – soziale Planung benötigt, um den rapide sich vollziehenden sozialen Wandel zu bewältigen.

Die Mitbestimmungsrevolution. Überall in der Gesellschaft ist eine Rebellion gegen die Bürokratie und die Forderung nach Mitbestimmung deutlich zu beobachten; diese Haltung findet ihren Ausdruck in dem Satz: »Die Menschen müßten die Möglichkeit haben, Entscheidungen, die ihr Leben unmittelbar betreffen, zu beeinflussen . . .«

Diese Basis-Revolte nimmt zahlreiche Formen an. Zum Teil richtet sie sich gegen meritokratische Vorstellungen, nach denen technische Leistungen das einzige Kriterium für die gesellschaftliche

Stellung bilden; teilweise (z. B. bei den schwarzen Amerikanern) ist sie eine Form der gemeinschaftlichen Selbstbewußtwerdung.

In beträchtlichem Umfang haben die Regierungen der Demokratischen Partei in den sechziger Jahren dazu beigetragen, neue soziale Verkehrsformen zu schaffen, in denen die Bürger an zentralen Entscheidungen beteiligt werden. Das Programm gegen die Armut verlangte den Aufbau von Aktionsgruppen der Gemeinden. (In New York wurden in diesem Rahmen beispielsweise 26 Stadtteilgemeinderäte geschaffen, aus denen später eine neue politische Basis – vor allem für Bürgermeister Lindsay – entstanden ist.) Das Wohnungsprogramm der *Model Cities,* der Modellversuche für die Großstadt der Zukunft, beinhaltete die Beteiligung der Gemeinde bei der Planung neuer Stadtviertel. Die großangelegten psychiatrischen Programme verlangen die Mitbestimmung lokaler Instanzen bei der Planung von Methoden und Programmen. Auf dem Erziehungssektor haben Dezentralisierungsprogramme den Grad der Kontrolle durch die Gemeinde erweitert.

In beträchtlichem Ausmaß ist die Mitbestimmungsrevolution eine Form der Reaktion gegen die Professionalisierung der Gesellschaft und gegen die Ansätze zu technokratischen Entscheidungsfindungen der nachindustriellen Gesellschaft. Jede fortgeschrittene Industriegesellschaft wird mit diesem Phänomen konfrontiert werden. Was vor Jahren in den Fabriken durch die Gewerkschaften begonnen hatte, hat sich jetzt auf die Stadtteile ausgedehnt und wird in den kommenden Jahren auch die Organisationen erreichen.

Trotzdem ist die »Mitbestimmungsdemokratie« nicht das Allheilmittel, als das sie von ihren Anhängern gerne dargestellt wird; ebensowenig wie es die früheren Ansätze zu plebiszitären politischen Mechanismen gewesen waren (z. B. Initiativen, Volksabstimmungen zu Einzelproblemen, Abberufungen von Mandatsträgern etc.). Angesichts des Wirbels um die Mitbestimmungsdemokratie ist es erstaunlich, daß nur wenige ihrer Gegner versucht haben, auf der einfachsten Ebene die Bedeutung dieser Veränderungen zu durchdenken. Wenn Bürger die Entscheidungen, die ihr Leben unmittelbar betreffen, beeinflussen sollen, dann hätten natürlich auch die Anhänger der Rassentrennung in den Südstaaten das Recht, schwarze Kinder aus ihren Schulen auszuschließen. Dagegen würde man jedoch argumentieren, daß der amerikanische Süden keine unabhängige politische Einheit ist, sondern Bestandteil einer größeren politischen Ordnung, und daher muß er sich den moralischen Normen der Gesellschaft fügen. Und ist es vernünftig, wenn eine Stadtteilgruppe das Recht hat, ihr Veto gegen ein

Stadtplanungsvorhaben einzulegen, das die Bedürfnisse einer weitergehenden politischen Ordnung berücksichtigt?[10]

Kurz gesagt, ist die Mitbestimmungdemokratie eine weitere Form, die klassische Frage der politischen Philosophie zu stellen: Wer sollte auf welcher Regierungsebene welche Art von Entscheidungen für eine wie große gesellschaftliche Einheit treffen? Und auf diese Fragen gibt es keine allgemeingültige Antwort. Aber die Spannungen bleiben bestehen, und sie werden sich noch verschlimmern.

Aus einer langen Folge politischer Handbücher – von Thukydides bis Machiavelli – wissen wir, daß jede Einschätzung der Fähigkeit einer gegebenen Gesellschaft, ihre Probleme zu bewältigen, von der Qualität der Führung und dem Charakter des Volkes abhängt. Auch wenn wir unsere gesamte Aufmerksamkeit gesellschaftlichen Kräften widmen, würde nur ein Narr (und einige Marxisten wie G. W. Plechanow) behaupten, das Individuum spiele keine Rolle und die Geschichte bringe die Führer hervor, die der Lage angemessen sind. Wie Sidney Hook in *The Hero in History* ausgeführt hat, gibt es »Personen, die Ereignisse schaffen«, ebenso wie bedeutende Menschen, und eine solche Person, die Ereignisse schafft, kann einen Wendepunkt in der Geschichte herbeiführen. Lenins unerschütterliche Willenskraft und sein taktisches Gespür für den richtigen Zeitpunkt waren für den Sieg der Bolschewiki im Oktober 1917 entscheidend. In einer anderen Größenordnung war es die Macht von Charles de Gaulles Autorität, welche 1958 die Drohung einer Machtübernahme durch die französische Armee in Algerien abwendete, während ein Guy Mollet dort sicher gescheitert wäre. So ist die Qualität der Führung des nächsten Jahrzehnts eine der unabsehbaren, aber entscheidenden Variablen der Zukunft.

Aber die Fähigkeit, in Ereignisse einzugreifen und sie unter Kontrolle zu bringen, ist abhängig von dem Zusammenhang, in dem man lebt. Ausschlaggebend für den Rest des Jahrhunderts ist die Tatsache, daß die nationale Stätte nicht mehr den Entscheidungszusammenhang darstellt, gleichgültig, wie mächtig eine Nation scheinen mag. Wir sind vollständig in eine Weltwirtschaft eingetreten. Und gerade dieser Punkt wirft die Frage auf, ob Amerika in der nächsten Dekade in der Lage sein wird, seine gesellschaftlichen Probleme zu lösen.

Bei der Zukunftsforschung unterscheiden wir – gewiß willkürlich – zwischen *Prophezeiung* und *Voraussage*. Prophezeien heißt Festsetzen von »wichtigen Ereignissen«, d. h., daß sich irgend etwas zu dieser oder jener Zeit und an diesem oder jenem Ort ereignet. Voraussagen heißt Ausmachen von strukturellen Zusammenhängen, aus denen sich Probleme ergeben, oder von Tendenzen, die sich verwirklichen können. Eine Kette von Ereignissen, das, was man also vorhersagen will, ist häufig ein Zusammentreffen von strukturellen Tendenzen mit besonderen, unvorhersehbaren Ereignissen. Da solche zufälligen Ereignisse nicht voraussagbar sind (d. h. sie können nicht Regeln unterworfen oder in einem Algorithmus ausgedrückt werden), kann man beim Prophezeien »Scharfsinn« (Insiderinformation) oder Weisheit bemühen und schlaue Vermutungen anstellen, aber keine sozialwissenschaftliche Methodologie anwenden. Kurzum, man kann sich mit Zuständen, aber nicht mit plötzlich auftretenden Faktoren befassen, mit Strukturen, aber nicht mit unvorhersehbaren Ereignissen. Dies ist auch die Schranke jeder Voraussage, wenn nicht gar Analyse.

In den Jahrzehnten nach dem Zweiten Weltkrieg waren, wie bereits angedeutet, die entscheidenden strukturellen Zusammenhänge, die den Rahmen für das Aufkommen sozialer Probleme in den Vereinigten Staaten bildeten, die Schaffung einer nationalen Gesellschaft als neue Entscheidungs- und Konfliktarena der innenpolitischen Kräfte, und der plötzliche, gewaltsame Eintritt der Vereinigten Staaten in eine Vormachtrolle auf weltpolitischer Ebene, als sie in Asien, Afrika und dem Mittleren Osten eine Ordnungsfunktion übernahmen, welche die Engländer und Franzosen verloren hatten. Zu Beginn der siebziger Jahre hatten sie immer noch kein einziges Problem der Nationalgesellschaft gelöst; vor allem war kein nationales System geschaffen worden, um mit den Erziehungs-, Gesundheits- und Wohlfahrtsproblemen fertig zu werden; und sie hatten damit begonnen, sich überstürzt aus ihrer früheren Rolle als vorherrschende politische Macht in *allen* Teilen der Welt zurückzuziehen. Für dieses Jahrzehnt und darüber hinaus wurde jedoch immer deutlicher, daß sich der strukturelle Kontext der Entscheidungen zunehmend erweiterte und daß die meisten bedeutenden Fragen, mit denen sich eine Gesellschaft konfrontiert sieht, vor allem die ökonomischen, nicht länger mehr einzig im Rahmen der Macht Amerikas zu entscheiden waren.

In diesem Abschnitt möchte ich die beiden wichtigsten Veränderungen in Betracht ziehen, mit denen die Vereinigten Staaten für den Rest dieses Jahrhunderts konfrontiert sind. Eine Veränderung ist in der neuen Rolle gegeben, welche die internationale Arena als entscheidender struktureller Kontext spielt; die andere betrifft ein amerikanisches »Klimakterium« und die Aussicht, daß die wirtschaftliche und politische Macht Amerikas in der Welt unwiderruflich abnimmt. Da mein Hauptaugenmerk auf den strukturellen Zusammenhängen liegt, habe ich die wichtigen, jedoch im Höchstmaß politisch bedingten Fragen wie die der Öl- und anderen Warenkartelle beiseite gelassen.

Der internationale Zusammenhang

Die Wirtschaft. Die wohl entscheidenste Tatsache im Kontext ökonomischer Entscheidungen liegt darin, daß die Festlegung solcher Entscheidungen nicht länger mehr allein in den Händen eines einzigen Landes liegt, und sei dieses Land noch so groß und mächtig. Folglich entzieht sich das ökonomische Geschick eines Landes in wachsendem Maße der eigenen Kontrolle.

Im Zeitraum von 1830 bis 1930 hatte, ganz allgemein gesprochen, ein »sich selbst regulierender«, internationaler Markt bestanden, der auf dem Goldstandard beruhte. Die nationalen Wirtschaftssysteme waren den Regeln dieses Marktes unterworfen. Wenn die Preise zu stark anstiegen, dann pflegten Rückgang im Handel, Defizit in der Zahlungsbilanz, Goldabfluß und neuer Ausgleich die Folge zu sein. Der »Preis« für solch eine Anpassung war unweigerlich Beschäftigungsrückgang. Theoretisch suchten auf einem sich selbst regulierenden Markt Kapital und Arbeitskräfte nach günstigeren Gelegenheiten. Kapitalabfluß gefährdet jedoch die Wirtschaft einer Gesellschaft, und die Länder versuchen folglich, sofern sie können, ihn aufzuhalten; und das Abwandern von Arbeitern, zuvor ein Sicherheitsventil, kam nach dem Ersten Weltkrieg praktisch zum Stillstand. Einzelne Nationen begannen eine »Freistellung« von den marktinduzierten Anpassungsrisiken anzustreben, indem sie den Freihandel beschränkten und bei der einheimischen Wirtschaft intervenierten, um das Beschäftigungsniveau beizubehalten. Hauptopfer solcher Maßnahmen war das internationale Wirtschaftssystem. Das erste Signal war die Annahme eines Systems des Meistbegünstigungstarifes für den Warenimport durch Großbritannien im Jahre 1930. Englands Aufgabe des Goldstandards im folgenden Jahr, dem die Vereinigten Staaten folgten, kündigte eine neue Ära wirtschaftlichen Nationalismus an.

Aus den Erfahrungen der dreißiger Jahre zogen die nationalen Regierungen mehr oder weniger die Lehre, wie sie Volkswirtschaft durch fiskalische und währungspolitische Vorkehrungen lenken konnten. Aber seit dem Ende des Zweiten Weltkriegs, vor allem seit dem wirtschaftlichen Wiederaufbau Westeuropas und Japans in den sechziger Jahren, haben Expansion des Welthandels und weltweite Investitionen das internationale Wirtschaftssystem noch stärker in das Entscheidungszentrum gerückt.

Eine Reihe kritischer Veränderungen haben in allen hochentwickelten Wirtschaftssystemen zu Schwankungen und Problemen geführt. Zwanzig Jahre lang beruhte das internationale Wirtschaftssystem auf Dollarstabilität und -konvertabilität anderer Währungen als Medium internationalen Zahlungsverkehrs und Bilanzausgleichs. Doch als die Vereinigten Staaten sich mit einem gravierenden Zahlungsbilanzdefizit konfrontiert sahen und als andere Länder angesichts ihrer großen Dollarreserven unruhig wurden, da schwand auch diese Stabilität dahin.[11]

Ein zweiter Faktor war das Auftauchen multinationaler Konzerne, die fortan als Hauptakteure auf der Weltszene in Erscheinung traten. Beweis ihrer Größe – wenn man die 300 großen Konzerne herausgreift – ist die Tatsache, daß ihre Produktion an Gütern und Dienstleistungen zusammengenommen größer ist als das Bruttosozialprodukt jedes Landes mit Ausnahme der Vereinigten Staaten. Wenn man die heutigen Wachstumsraten in die Zukunft projiziert, dann werden bis zum Ende des Jahrhunderts die multinationalen Unternehmen mehr als ein Drittel der gesamten Weltproduktion bestreiten. Die entscheidende Auswirkung der multinationalen Konzerne besteht im Transfer von Kapital, Technologie und Lenkungsfunktionen (nicht jedoch im Transfer von Facharbeitern; daher auch die Opposition der Gewerkschaften) im globalen Maßstab. Die Märkte sind nicht länger nationale Märkte. Währungspolitische Vorkehrungen werden nicht zum Schutz der Zahlungsmittel eines Landes, sondern zum Schutz der Bilanzen von Konzernen getroffen. Die Pläne der multinationalen Konzerne stehen nicht immer mit den ökonomischen Interessen jedes einzelnen Landes in Einklang.

Ein drittes Element ist die Internationalisierung des Kapitalmarktes; der Welthorizont schrumpft zu einem Zelt zusammen, da das Finanzkapital zunehmend empfindsam auf Zinsdifferenzen reagiert und schnell die nationalen Grenzen überschreitet, um höhere Zinsgewinne zu erzielen. Selbst die nationalen Wertpapierbörsen, verschiedenen Einflüssen ausgesetzt, haben sich im vergangenen Jahrzehnt zunehmend in die gleiche Richtung bewegt. Richard N. Cooper meint dazu:

»Diese wachsende gegenseitige Abhängigkeit kann (beim Fehlen harter Regierungsmaßnahmen, die den Prozeß hemmen) getrost als in die Zukunft verlängert gedacht werden, da ihr Ursprung jene technologischen Fortschritte im Verkehrs- und Kommunikationswesen sind, die sowohl Tempo als auch Zuverlässigkeit des Transfers von Gütern, Wertpapieren, Personen, Informationen und Ideen über nationale Grenzen hinweg erhöhen – kurzum, es sind die gleichen Kräfte, die in wirtschaftlicher wie auch psychologischer Hinsicht die so vielzitierte kleiner gewordene Welt erzeugen.«[12]

Solche wirtschaftliche Mobilität untergräbt die Fähigkeit einer nationalen Regierung zur Verfolgung eigener wirtschaftlicher Ziele. Kontraktive Währungspolitik läßt sich von Konzernen und Banken mit Hilfe von Auslandsanleihen als Ersatz für inländische Geldquellen umgehen. Gewinne lassen sich durch Transaktionen unter Ausnutzung unterschiedlicher Kurswerte derart verschieben, daß weniger Steuern anfallen. Lenkungsmaßnahmen werden unterlaufen, indem man Geschäfte über Tochtergesellschaften abwickelt.

Nationale Regierungen müssen sich zum einen gegen die Unabhängigkeit der Konzerne, zum anderen gegen Schwankungen infolge von Ungleichgewichten im Zahlungsverkehr zu schützen suchen. Die Länder können Zuflucht zu unilateralen Abwertungsmaßnahmen nehmen, oder aber nach geeigneten Mitteln des Zusammenspiels im internationalen Konzert suchen. Doch wer gibt die internationalen Ziele vor?

Nach logischen Erwägungen stehen drei Alternativen offen. Die Nationen können ihre Abhängigkeit von der Weltwirtschaft verringern, indem sie den Kapitalabfluß drosseln, Importquoten auferlegen, die Zahl ausländischer Arbeiter reduzieren und dergleichen. Eine zweite Maßnahme (und eine Nation wie die Vereinigten Staaten wäre dazu in der Lage) könnte darin bestehen, die Kontrollen über multinationale Konzerne mit Sitz im Lande rigoros zu verstärken oder einen einzigen Weltwährungsstandard (den Dollar) aufrechtzuerhalten suchen. Ein dritter Weg wäre die Schaffung einer internationalen Instanz mit Regierungsgewalt auf breiter Grundlage, die gemeinsame Wirtschaftsmechanismen und -strategien zu definieren hätte.

Die meisten Länder streben jedoch, so unlogisch dies auch erscheinen mag, auf den verschiedensten Gebieten eine Kombination aller drei Maßnahmen an. Nationale Autorität, das mußte selbst die Europäische Gemeinschaft erfahren, wird nicht so leicht aufgegeben. Einzelne Länder werden mittels bilateraler Maßnahmen in Wirtschaftsfragen noch aggressiver auftreten, und die Macht internationaler Gremien, wie zum Beispiel des Internationalen Währungsfonds, dürfte sich wahrscheinlich verstärken. Hauptfrage wird jedoch sein, ob man gewisse partnerschaftliche Beziehungen herstellen kann, die – auch wenn sie nicht das größtmögliche Ensemble gemeinsamer Wirtschaftsziele zu erreichen vermögen – Spannungen aufgrund der Verfolgung unvereinbarer politischer Linien auf ein Minimum reduzieren.[13]

Die Gesellschaft. Infolge der Revolutionen im Bereich des Verkehrs und der Kommunikation war in den meisten Ländern der entscheidende soziale Prozeß der letzten 25 Jahre die Schaffung nationaler Gesellschaften. In den nächsten 25 Jahren wird sich dieser Prozeß in internationalem Maßstab wiederholen. Die Revolutionen im Verkehrs- und Kommunikationsbereich sind offenkundig. Noch mehr Jumbo-Jets und der Einsatz von Flugzeugen des Typs »Concorde« werden die Zahl der Reisenden in aller Welt erhöhen und den Zeitverlust von Reisen noch weiter verringern. Die Vermehrung internationaler Kommunikationssatelliten wird die Expansion kostengünstiger internationaler Datenübermittlung beschleunigen und den internationalen Austausch von Fernsehprogrammen, vor allem von Direktübertragungen aktueller Ereignisse vervielfachen. Ein solcher struktureller Wandel trägt zwangsläufig die Möglichkeit einander widerstreitender Auswirkungen in sich. Einerseits ermöglicht der Ausbau von Kommunikationsnetzen sowohl in territorialer als auch in funktionaler Hinsicht einen höheren Grad an Zentralisation und Kontrolle. Andererseits wird es für jede Gesellschaft zunehmend schwieriger, sich gegenüber der restlichen Welt abzuschirmen. Condorcet, der in seinem Versuch *Esquisse d'un tableau historique des progrès de l'esprit humain* (1794) einige Voraussagen über die Verbreitung der Ideen von Gleichheit und Demokratie in der Welt anstellte, nannte als Hauptinstrument des Wandels billigen Buchdruck. Heutzutage verbreiten Radio und Fernsehen trotz Zensur Neuigkeiten und Ideen international weiter.

Die Auswirkungen dieses Prozesses sind gleichfalls deutlich: Mit den neuen Verkehrs- und Kommunikationsmöglichkeiten verstärkt sich die Interaktion zwischen Menschen, intensiviert sich der Austausch von Ideen, wächst die Zahl von Bindungen und nimmt das zu, was Durkheim, diesen Prozeß voraussehend, »moralische Dichte« der Gesellschaft genannt hat. Aber auch damit ist eine doppelte, oft in sich widersprüchliche Reihe von Auswirkungen verbunden: Da über Ereignisse unverzüglich berichtet wird, verstärken sich einerseits Charakter und Mannigfaltigkeit von »Schocks«, und außerdem kommt es bei den Individuen zu einer Verkürzung der »Reaktionszeit« auf diese Ereignisse. Es scheint Beweise dafür zu geben, daß die täglichen Bilder vom Kriegsschauplatz Vietnam auf den amerikanischen Fernsehschirmen ein Faktor des heftigen Umschwungs der Einstellung zum Kriege gewesen sind. Andererseits besteht die Möglichkeit, daß eine solche Vielfalt von Schocks und die Bilder auf den Mattscheiben zur Distanzierung von Ereignissen und zur Gefühlsabstumpfung führen. Eine Bombermannschaft in 9000 Meter Höhe empfindet nicht, welche Vernichtungen Bomben mit sich bringen. Szenen von Zerstörung tagtäglich im Fernsehen stumpfen die Fähigkeit zu emotionalen Reaktionen ab. Kurz, wie bei so vielen Gesellschaftsvorgängen besteht auch hier die Gefahr der Überlastung, in diesem Falle sensorischer Überlastung.

Ganz deutlich jedoch ist die Distanzverringerung. In militärischer Hinsicht bedeutet das, daß von den USA aus Zehntausende von Soldaten auf Anhieb zu fast jedem Punkt der Erde geflogen werden können, wobei militärische Operationen vom politischen Zentrum des Landes gelenkt werden. Unter wirtschaftlichem Aspekt heißt das: Die Länder können große Mengen von Rohstoffen zu relativ niedrigen Kosten von entlegenen Lieferquellen beziehen, wie zum Beispiel Japan, das, mehr als 16 000 Kilometer von den Vereinigten Staaten entfernt, große Mengen Kohle von dort importierte. In psychischer und sozialer Hinsicht sind »Übertragungseffekte« feststellbar, wie im Falle der Protestbewegung der Jugend in den sechziger Jahren; aktuelle Fragestellungen, Themen und Taktiken werden schnell aufgegriffen und in unterschiedlichen Situationen zur Debatte gestellt.

Institutionell hat all dies zu einer ungeheuren Vervielfältigung und Verbreitung *internationaler* und *transnationaler* Organisationen geführt. (Eine Organisation ist international, wenn sich in ihre Lenkung explizit Vertreter zweier oder mehrerer Staaten teilen. Eine Organisation ist – auch wenn die Kontrolle von einer einzigen Nation ausgeübt wird – transnational, wenn ihre Tätigkeiten sich auf das Gebiet von zwei oder mehreren Nationalstaaten erstrecken.) Es hat immer beide Organisationsformen gegeben, doch es fällt auf, daß auf Regierungsebene wie auch auf anderen Ebenen die Zahl internationaler Organisationen ungeheuer angewachsen ist. Der entscheidende Wandel vollzog sich jedoch im Charakter und Umfang von Transaktionen. Samuel P. Huntington meint dazu:

»Während der 25 Jahre nach dem Zweiten Weltkrieg haben sich jedoch die transnationalen Organisationen a) der Zahl nach so stark vermehrt, daß sie das in der Vergangenheit nur vage Bestehende weitaus übertreffen; b) sind sie in ihrem Umfang so gewachsen, daß sie alles Vorherige weit hinter sich lassen; c) nehmen sie zuvor nie dagewesene Funktionen wahr und d) operieren sie in einem wahrhaft weltweiten Maßstab, wie das in der Vergangenheit nie möglich gewesen wäre. Der Zuwachs an Zahl, Größe, Reichweite und Vielfalt transnationaler Organisationen nach dem Zweiten Weltkrieg macht es nicht nur möglich, sondern läßt es auch sinnvoll und nützlich erscheinen, von einer *Revolution transnationaler Organisation* in der Weltpolitik zu sprechen.«[14]

Das Heranwachsen einer Weltwirtschaft und Weltgesellschaft rückt die Probleme der Steuerung von Ressourcen auf internationaler Ebene in den Mittelpunkt. Es erhebt sich die allgemeine Frage nach den Auswirkungen technologischer und ähnlicher Prozesse auf die Umwelt und nach der Notwendigkeit internationaler Beobachtung und Überwachung von Umweltveränderungen, Fragen, die 1972 auf der Konferenz der Vereinten Nationen in Stockholm erörtert worden sind. Darüber hinaus bedürfen die neuen, weit schwierigeren Fragen internationaler Hoheit über die allen Staaten zugänglichen Ressourcen der Klärung. Drei Problembereiche sind von besonderer Wichtigkeit: die Meere, das Wetter und die Energie.

Eine Konferenz der Vereinten Nationen zum Seerecht, 1974 in Caracas eröffnet, wird zu entscheiden haben, wie etwa 70 Prozent unserer Erdoberfläche besitzmäßig aufgeteilt und kontrolliert werden sollen, und muß sich unter anderem mit der Frage beschäftigen, ob die nationalen Hoheitsrechte auf eine Breite von 12 oder gar 200 Meilen vor den Meeresküsten ausgedehnt werden. Weniger klar abgegrenzte Fragen, von Bedeutung vor allem angesichts des weltweiten Proteinmangels, betreffen Umfang und Ausmaß der Fischereirechte und die drohende Vernichtung des Weltbestandes an Walen und Seehunden. Wie will man mit solchen Problemen fertig werden?

Noch ungewisser ist die Wetterproblematik. In den nächsten 25 Jahren dürften großangelegte technologische Vorstöße zur Wetterbeeinflussung eingeleitet werden, angefangen von Methoden zur Wolkenabregnung bis hin zur Umleitung von Meeresströmen durch Schmelzen von Eisbergen, durch die Blockierung arktischer Meerengen oder aber durch Änderung des Salzgehaltes der Gewässer. Sollen solche Versuche einzelnen Ländern überlassen bleiben oder wird dazu eine internationale Behörde eingerichtet? Offene Fragen!

Drittens erhebt sich die Frage nach einem Energie-Pooling. Dies kann die Form einer allgemeinen Partizipation an Reserven, z. B. an Erdöl, annehmen; oder auch eines womöglich für die Zukunft noch wichtigeren Systems, etwa eines weltweiten »Energiegitters«, das eine Umpolung elektrischer Energieversorgung von einem Teil der Welt zum anderen gestattet, je nachdem welcher gerade schläft oder arbeitet. All dies läßt sich jedoch nur mit internationalen Mechanismen, wie im Kommunikationsbereich, durchführen.

Aufgrund von Ressourcen, Umwelt, Umweltverschmutzung und Bevölkerungsdichte verlangt unsere Welt notgedrungen auf allen Gebieten nach mehr Autorität und Lenkung. Gegen Ende des Jahrhunderts wird schließlich wohl ein einziges Zeit-Raum-Netz die ganze Welt umspannen. Wir werden dann die große Ökonome – den weltweiten Wirtschaftshaushalt – erreicht haben, die sich die Griechen als Grenze der zivilisierten Welt vorgestellt hatten. Im Prinzip stehen uns viele der die Griechen bedrängenden Probleme ebenfalls bevor. Der entscheidende Unterschied – der auch die moderne von der antiken Welt unterscheidet – ist die *Größenordnung*. Wieviel kann man von einem einzigen Zentrum aus steuern? Wie groß kann ein politisches und wirtschaftliches Unternehmen sein, ohne ein Behemoth zu werden, den sein eigenes Gewicht zu Fall bringt? Wie viele Nationen können effektive Teilnehmer eines Weltparlaments sein? Die Kernfrage, vor der die internationale Gesellschaft steht, betrifft die Konstruktion neuer Formen, deren Proportionen der Größenordnung, in der wir heute leben, entsprechen. Kernfrage in den kommenden 25 Jahren, aufgeworfen von der Ausdehnung der internationalen Gesellschaft, ist die Bewältigung der Größenordnung.

Ein amerikanisches »Klimakterium«?

Die Weltwirtschaft. Das Glücksspiel von Vorhersagen wird nirgendwo deutlicher als in den wild wuchernden Äußerungen zur Einschätzung wirtschaftlicher wie politischer Macht Amerikas. Vor beinahe zehn Jahren schrieb Jean-Jacques Servan-Schreiber einen europäischen Bestseller mit dem Titel *Die amerikanische Herausforderung,* ein Buch, das eine mächtige, fast allgewaltige amerikanische Unternehmerschicht beschreibt, die unter Ausnutzung eines immer größer werdenden technologischen Vorsprungs überlegene Managementqualitäten und hohe Organisationsfähigkeit zur Eroberung des europäischen Marktes einsetzt. Innerhalb von wenigen

Jahren war die »technologische Kluft« beinahe verschwunden, und die Vereinigten Staaten versuchten verzweifelt, mit Hilfe der Dollarabwertung aus einem tiefen Abgrund von Zahlungsbilanzproblemen herauszukommen, die Flut europäischer und japanischer Waren (Autos, Radios, Schreibmaschinen, Fernsehgeräte, optische Instrumente) zu bändigen, die über den amerikanischen Markt hereinbrach. Heute spricht man bereits von einem amerikanischen Klimakterium, von einer kritischen Lebenswende, als einer Wegkreuzung in die Zukunft – so als hätte die amerikanische Wirtschaft (mit ihren überlegenen Vorteilen in der Weltwirtschaft) den Höhepunkt bereits überschritten, als hätte ein »Alterungs«-Prozeß eingesetzt und als sei der Verlust der Führungsstellung nicht wieder wettzumachen.[15]

Die Vorstellung eines Klimakteriums ist, zugegeben, ein wenig vage und irreführend. Es handelt sich um eine biologische Metapher, es ist problematisch (siehe Spengler), sich Gesellschaften im Sinne eines Lebenszyklus vorzustellen. Es trifft natürlich zu, daß manche Wirtschaftssysteme von anderen überholt werden, daß Erstarrungen oder Verknöcherungen, alte Gewohnheiten oder veraltete Verfahrensweisen überhandnehmen und daß das Wirtschaftssystem hinter aggressiveren Konkurrenten zurückbleibt. Der Begriff wirtschaftliches Klimakterium wurde zuerst auf Großbritannien angewandt, um jenen Zeitraum – heute gewöhnlich auf das Jahr 1890 angesetzt – zu kennzeichnen, als es offenkundig wurde, daß das Vereinigte Königreich der ökonomischen Herausforderung Deutschlands nicht gewachsen war. Trotz allem dauerte es noch ziemlich lange, bis die endgültigen Weichenstellungen sichtbar wurden. In den neunziger Jahren des vergangenen Jahrhunderts hatte England nur eine jährliche Wachstumsrate von 2 bis 3 Prozent, Deutschland dagegen von 6 Prozent, doch im Einkommensniveau lag England immer noch weit vor Deutschland. Deutschland benötigte immerhin noch fast 70 Jahre (weitgehend aufgrund der Rückschläge in zwei Kriegen), um England zuerst in der Produktion und schließlich auch im Prokopfeinkommen zu überholen.

Bereits vor längerer Zeit hat Thorstein Veblen in seinem Buch *Imperial Germany and the Industrial Revolution* (1915) die These aufgestellt: Ein später in die Industrialisierungsphase eintretendes aggressives Land kann sich bei der Anlage von Fabriken die neueren Technologien und die Erfahrungen anderer Länder zunutze machen, während Länder mit früherer Industrialisierung ältere, ineffiziente und überdies noch nicht völlig amortisierte Fabriken besitzen. In jüngerer Zeit hat Raymond Vernon diese

These in seiner Analyse des »Produktzyklus« in der internationalen Wirtschaft ins Allgemeine erhoben. Ein Innovationen durchführendes Land hat so lange einen komparativen Vorsprung, wie es ein Monopol an neuer Technologie besitzt. Die jeweilige Technologie geht zunächst an die geschicktesten und erfahrensten Nachahmer und schließlich an die übrige Welt weiter (wie z. B. bei den Baumwolltextilien). Doch wenn die Technologie weit genug verbreitet ist, kommt der traditionelle Vorteil der »Faktor-Proportion« ins Spiel, das heißt, ein Land exportiert jene Waren, die auf Produktionsfaktoren beruhen, die es im Überfluß hat.

Wie Kindleberger hervorhebt, begann der amerikanische Produktzyklus im Außenhandel in den sechziger und siebziger Jahren des vergangenen Jahrhunderts mit Exporten von Revolvern und Gewehren, mit Nähmaschinen und setzte sich dann mit Mähmaschinen und Mähdreschern, mit Schreibmaschinen und Registrierkassen fort. Während der zwanziger und dreißiger Jahre waren die USA in Vorteil mit Automobilen, Filmen und Radios. Nach dem Zweiten Weltkrieg führten sie in Pharmazeutika, Fernsehgeräten, Halbleitern, Computern und Flugzeugen.

Außer bei Computern und Flugzeugen mit 75 Prozent Anteil am Weltmarkt verlieren die Vereinigten Staaten in den genannten hochentwickelten Branchen immer mehr an Boden; es scheint an neuen Produkten zu mangeln, die ihren Platz einnehmen könnten. Da wir die üblichen Ressourcen schnell erschöpfen, ist es durchaus möglich, daß die neue, notwendige Abhängigkeit von hochentwickelter Technologie zur Bereitstellung neuer Energiequellen – zum Beispiel Kernenergie, Ölgewinnung aus Ölschiefer, Gasgewinnung aus Kohle – den Vereinigten Staaten neue Vorteile verschafft, doch all dies ist sehr problematisch.

Doch bei dem Problem handelt es sich um mehr als um hochentwickelte Technologie. In den nächsten Jahrzehnten braucht die amerikanische Industrie große Kapitalmengen, um die primäre Verarbeitungskapazität zu erhöhen. Die Kapitalknappheit aufgrund der niedrigen Sparrate der Haushalte und der zurückgehenden Gewinnspannen amerikanischer Firmen wird sich zu einem äußerst ernsten Problem ausweiten. Die amerikanische Industrie hat ihren Produktvorteil (z. B. bei der Automobilherstellung, bei Fernseh- und Haushaltsgeräten) in vielen entscheidenden Bereichen verloren, so daß die Vereinigten Staaten nicht nur auf den ausländischen Märkten an Boden verloren haben (etwa beim Autoabsatz), sondern sich heute sogar mit einer »Überschwemmung« durch eben solche Produkte konfrontiert sehen. Bei den zur Zeit hohen Kosten für Rohstoffe, die eingeführt werden müssen, steht noch nicht fest, ob der gegenwärtige Vorsprung hochentwickelter Technologie die anderen Verluste an Dollarvolumen ausgleichen kann, so daß für die siebziger Jahre Handelsbilanzdefizite zum Dauerproblem werden könnten.

Größer noch als die Defizite in der Handelsbilanz sind freilich die riesigen Löcher in der Zahlungsbilanz gewesen, Defizite, die durch Expansion von Auslandsinvestitionen, allerdings noch entscheidender durch die immensen Kosten der amerikanischen Militärpräsenz in so vielen Teilen der Welt entstanden sind. Bis zu Beginn der siebziger Jahre hatte die Verwendung des Dollars als internationale Reservewährung – die Bereitschaft anderer Länder zur Hinnahme von Dollarüberschüssen – die Vereinigten Staaten vor Zahlungsbilanzdisziplin bewahrt. Doch 1973 erlitten sie einen heftigen Schock im wörtlichen – und mehr noch symbolischen – Sinne, als die amerikanischen Touristen feststellen mußten, daß Hoteliers und Ladenbesitzer im Ausland zur Begleichung von Rechnungen keine Dollars annehmen wollten. Der Dollar hatte all seine magische Kraft verloren. Er konnte nicht länger der Währungsstandard der Welt sein.

Ob Japan den Vereinigten Staaten die Rolle als führende Wirtschaftsmacht der Welt entreißen wird, ist eine strittige Frage. Die komparativen Wachstumsraten (10 Prozent für Japan im Zeitraum von 1960 bis 1970, 3 Prozent für die Vereinigten Staaten) lassen sich extrapolieren, das heißt, der zukünftige Wendepunkt, da dieses symbolische Ereignis sich vollzieht, ist zu ermitteln. Dabei sind freilich die Fehlerquellen von Extrapolierungen zu berücksichtigen; »exogene« politische Ereignisse, etwa Schwankungen der Öl- und Energiepreise, können den Verlauf von Wachstumskurven gleichfalls verändern.

Doch man wird das Gefühl nicht los, daß die wirtschaftliche Vormachtstellung Amerikas in der Welt ihren Höhepunkt überschritten hat und daß die Vereinigten Staaten gegen Ende des Jahrhunderts wie ein *Rentier* von den Gewinnen der Auslandsinvestitionen seiner Unternehmen in dem friedlichen Vierteljahrhundert nach dem Zweiten Weltkrieg wird zehren müssen. Werden die Länder, vor allem die der »dritten Welt« es zulassen, daß diese Umstände bestehen bleiben, ohne Schritte wie etwa die der ölproduzierenden Länder zur Kontrolle dieser Investitionen zu unternehmen?

Die politische Weltordnung. Samuel P. Huntington hat 1966, allerdings vom fiktiven Ausgangspunkt des Jahres 2000 her, einmal geschrieben, das hervorstechendste Merkmal internationaler Politik während der 30 Jahre nach dem Zweiten Weltkrieg sei weder die Konfrontation der Vereinigten Staaten mit den kommunistischen Ländern noch die Spannungen zwischen entwickelten und unterentwickelten Ländern gewesen, sondern die Expansionsbewegung der Vereinigten Staaten »in das nach dem Zerfall des europäischen Einflusses in Asien, Afrika und sogar Lateinamerika entstandene Vakuum hinein«. Engländer, Franzosen und Holländer hätten sich fast völlig aus Südostasien zurückgezogen; die Engländer hätten den Mittleren Osten und Argentinien vollständig und die Franzosen Nordafrika zum größten Teil geräumt. »Der Niedergang Europas und die (politische, wirtschaftliche und militärische) Expansion amerikanischen Einflusses gingen Hand in Hand.« Um das Jahr 2000 werde die amerikanische Hegemonie jedoch allmählich auseinanderbrechen. Huntington beschreibt den Prozeß:

»Im Jahr 2000 wird sich das in den letzten 20 Jahren entwickelte amerikanische Weltsystem im Zustand der Desintegration und des Zerfalls befinden. Wie in der laufenden Epoche der amerikanische Einfluß den europäischen ersetzt hat, so wird auch während des letzten Viertels dieses Jahrhunderts die amerikanische Macht immer mehr dahinschwinden, werden andere Länder die entstehende Lücke ausfüllen. Zu den Ländern, die in dieser Hinsicht eine führende Rolle spielen werden, dürften auf dem asiatischen Festland China, in Südostasien Indonesien und in Lateinamerika Brasilien gehören; ich weiß nicht, welches Land im Mittleren Osten und in Afrika dazu zählen wird. Im Unterschied zum Untergang des europäischen Weltreichs (der relativ friedlich verlief) wird der Zerfall des amerikanischen Einflusses zahlreiche Kämpfe mit sich bringen, da die Beziehung zwischen den aufstrebenden Mächten und den Vereinigten Staaten (was Wertvorstellungen und die Kultur betrifft) weniger eng sein wird als die Beziehung, die zwischen den Vereinigten Staaten und den europäischen Mächten bestanden hatte; da es weniger gemeinsame Interessen gegenüber einer dritten Macht geben wird, als es der Fall zwischen den Vereinigten Staaten und Europa in ihrer Konfrontation mit der Sowjetunion gewesen war. Die den Desintegrationsprozeß der amerikanischen Weltordnung begleitenden Auseinandersetzungen werden sich in starkem Maße auf die politische Entwicklung der daran beteiligten Staaten auswirken. Diese Auseinandersetzungen dürften vermutlich die Hauptrolle bei der Förderung nationalen Zusammenhalts und der Entwicklung von Institutionen spielen. Gleichzeitig dürfte der Zerfall amerikanischen Einflusses die amerikanische Politik untergraben und sprengen. Womöglich vermag sich das politische

System Amerikas weniger erfolgreich als die Vierte Republik an den Verlust des Weltreichs anzupassen.«[16]

In der Mitte der siebziger Jahre, also ein Vierteljahrhundert vor dem Jahre 2000, hat der Desintegrationsprozeß bereits begonnen. Von Indochina bis Indien ist dem amerikanischen Einfluß in Südostasien übel mitgespielt worden. Nach einem kurzen Einfall in den Kongo, Mitte der sechziger Jahre, schienen sich die Vereinigten Staaten aus dem Afrika südlich der Sahara zurückgezogen zu haben. Während der Schaukelpolitik mit der Sowjetunion um den Einfluß auf die arabische Welt ergab sich als entscheidende Tatsache für den Mittleren Osten aus dem Yom-Kippur-Krieg – und der konzertierten Aktion der ölproduzierenden Länder zur Regulierung der Weltversorgung mit Öl per politischer Verordnung – die wachsende Autonomie und Macht jener Länder als unabhängige Akteure. Im Jahre 1956 – dem Jahr des Suezkrieges – konnten sich England und Frankreich noch insgeheim mit Israel zu einer gemeinsamen Aktion verbünden, um das ägyptische Regime zu stürzen (was freilich von den Vereinigten Staaten vereitelt wurde); solche Art von »Kanonenboot-Diplomatie« seitens einer der westlichen Mächte war jedoch 1974 nicht mehr denkbar.
Huntington hat in seiner fingierten Retrospektive nicht erklärt, warum die amerikanische Hegemonie sich zu desintegrieren beginnen werde. Es mag durchaus sein, daß den Amerikanern mit den Worten von André Malraux der «imperiale Stil» fehlt und daß sie niemals ein Weltreich führen könnten. Denis Brogan hat allerdings bereits 1952 behauptet, die Vereinigten Staaten hätten sich schon immer von einem »Mythos der Omnipotenz« leiten lassen. Sie hätten sich als geliebtes Gotteskind betrachtet, dessen großer, wunderbarer Kontinent als die Stätte der Entfaltung des historischen Planes Gottes anzusehen sei. Die Amerikaner seien immer die »größten« und »besten«. Ihre Energien, vergleichbar denen asiatischer und türkischer Reiterstämme, welche die Steppen Eurasiens und den Mittleren Osten überrannten, um klassische Kriegerreiche zu schaffen, hätten die Vereinigten Staaten um die Mitte des zwanzigsten Jahrhunderts zu ihrer ungeheuren Industriemacht verholfen.
Der »Mythos der Omnipotenz« geriet zuerst 1952 ins Wanken, als die Vereinigten Staaten in Korea praktisch ein Patt hinnehmen mußten. Zwanzig Jahre später erlitten sie in Vietnam eine demütigende Niederlage. Der Vietnamkrieg war in zweierlei Hinsicht ein Schlag. Er bewies zu einem, daß ein großes Land seine Macht nicht einsetzen konnte, um einem kleinen Land seinen Willen aufzu-

zwingen: Die öffentliche Meinung, in den Vereinigten Staaten und in der übrigen Welt, und auch die bedrohliche Aussicht eines Gegenschlags der kommunistischen Mächte setzten der amerikanischen Feuerkraft Grenzen, einer Feuerkraft, die zur völligen Zerstörung Hanois hätte eingesetzt werden können; so lähmten die eingeschränkte Waffenkraft und die politischen Nachteile aufgrund der Unterstützung eines beim Volke unbeliebten Regimes die amerikanische Politik in gravierender Weise. In Amerika selbst löste der Krieg eine große Welle des Protests und der Unzufriedenheit aus und ließ auch Zweifel an der Legitimität des Landes und seiner obersten Behörden entstehen; Auswirkungen sind noch nicht abzuschätzen.

Wie im ersten Teil dieses Kapitels betont, ist als Bewährungsprobe für jedes Land seine Fähigkeit anzusehen, Demütigungen nach Kriegsniederlagen zu verwinden. Die Vereinigten Staaten werden sich noch im nächsten Jahrzehnt mit den Auswirkungen ihrer Einmischung in Vietnam herumzuschlagen haben. Trotz aller gegenteiligen Beteuerungen ihrer Präsidenten dürften die Erfahrungen von Vietnam die Vereinigten Staaten wirksam in ihrer Fähigkeit zur Durchsetzung ihres »Willens« beeinträchtigen und sie daran hindern, in jeder Situation der Bewährung oder bei jeder Herausforderung ihrer Macht gleich Gewalt anzuwenden. Ohne »Wille« und ohne Gewaltandrohung ist jedoch keine Hegemonie möglich.

Daher dürften aus politischen und wirtschaftlichen Gründen die nächsten Jahrzehnte einen Rückzug der Vereinigten Staaten aus dem Weltmachtzentrum erleben. Welche Form ein neues Weltsystem annimmt, ist schwer zu sagen, da vor allem im nächsten Jahrzehnt viel von Zufällen und noch unwägbaren Ereignissen abhängen wird: von der politischen Nachfolge im Kommunistischen China und der Möglichkeit eines offenen Konflikts oder aber einer Annäherung zwischen den kommunistischen Hauptmächten; vom Anwachsen politischer Unzufriedenheit in Lateinamerika, welche die Vereinigten Staaten vollauf beschäftigen und ihre Aufmerksamkeit weitgehend auf die Aufrechterhaltung ihrer Hegemonie in dieser Hemisphäre lenken würde; von der politischen Stabilität in Indien; von der Ausdehnung kommunistischer Macht im Mittelmeerraum und schließlich vom friedlichen Gleichgewicht im Mittleren Osten. All diese Fragen sind höchst problematisch.

Die Vereinigten Staaten dürften auch in vorhersehbarer Zukunft die ausschlaggebende Macht sein, doch sie können nicht mehr als Hegemonialmacht auftreten, weder vom Standpunkt einer altruistischen, einer Wilsonschen Vision von »Weltpolizisten«, noch von einem kalten, berechnenden Standpunkt »kapitalistisch-wirtschaftlichen Vormachtstellung«. Wie ich im nächsten Kapitel erörtern möchte, haben die USA genügend Schwierigkeiten, wenn sie ihre politische Stabilität sichern wollen.

Aufgrund der wachsenden Zahl wirtschaftlicher und sozialer Probleme und des Unvermögens der Gesellschaften, mit ihnen fertig zu werden, könnten die auffälligsten Charakteristika der siebziger Jahre durchaus Zentrifugalkräfte mit Sprengwirkung für bestehende nationale Gesellschaften sein. Im Zeitraum von 1975 bis 1985 könnte Großbritannien auseinanderbrechen, sofern lang schlummernde, engstirnige nationalistische Gefühle anschwellen, zum Beispiel in Schottland, und Unabhängigkeit (vor allem wirtschaftliche Unabhängigkeit) von Westminster fordern. Unklar ist ferner, ob in Jugoslawien, aufgrund der bestehenden Spannungen zwischen den Teilstaaten, nach dem Tode Titos die föderative Republik Bestand hat. In China könnte das Fehlen einer stabilen politischen Infrastruktur – denn weder Partei noch Armee besitzen zur Zeit ausreichende Autorität – zum Entstehen eines neuen Regionalismus, zu einer Militärdiktatur oder zu neuen Kulturrevolutionen mit ihrem wilden Auf und Ab führen, bis sich eine neue Autorität herausbildet. Produktionsrückgang, Schwierigkeiten mit der Lenkung einer so großen, komplexen Gesellschaft und, besonders wichtig, wachsende Bedeutung ethnischer Zugehörigkeit sowie Änderungen der Bevölkerungsanteile von Großrussen, Ukrainern, Usbeken und anderen Minoritäten (aufgrund unterschiedlicher Geburtsraten) – all diese Umstände können in der Sowjetunion ungeheure politische Spannungen hervorrufen. Ob Indien angesichts großer Rückschläge bei der Getreideernte – teilweise aufgrund der Unfähigkeit zur Bewältigung von Großflächenanbau, teilweise aufgrund rapide steigender Ölpreise und den daraus resultierenden Lücken in der Versorgung mit Energie und Düngemitteln – heil und ohne größere Zerrüttung davonkommt, erscheint höchst fraglich. Arbeitskämpfe, niedrige Produktivität, große Handels- und Zahlungsungleichgewichte und zweistellige Inflationsraten könnten Italien und England an den Rand des nationalen Bankrotts und polarisierter Sozialkonflikte treiben. Angesichts dieses düsteren Szenarios – wobei es sich nicht um eine Prophezeiung, sondern um eine Möglichkeit handelt – nimmt sich der Zustand der Vereinigten Staaten vergleichsweise prächtig aus. Die Vereinigten Staaten dürften bei entsprechendem Aufwand ein beträchtliches Maß an wirtschaftlicher Unabhängigkeit erzielen. Das wirtschaftliche Hauptproblem, Inflation kann unter Kontrolle gebracht werden. Die entscheidende soziologische Problematik besteht darin, daß die Vereinigten Staaten, derart individualistisch ihrem Naturell nach und so bürgerlich in ihren Wünschen, die Kunst kollektiver Lösungen nie völlig zu beherrschen verstanden und die Vorstellung eines Gemeinwohls als eines Gegensatzes zum privaten Wohl nie zu akzeptieren lernten.[17] Zum Schluß möchte ich die Behauptung aufstellen, daß die Fähigkeit der Vereinigten Staaten – oder jedes anderen demokratischen Systems –, ihre Probleme angemessen zu lösen, von der Fähigkeit ihrer politischen Ordnung abhängt, sich mit dem Gedanken an einen »öffentlichen Haushalt« zu befreunden. Dieser Frage wende ich mich nunmehr zu.

Anmerkungen

1 Huey Newton und Bobby Seale, die Gründer der *Black Panther Party,* arbeiteten beide für das Programm gegen die Armut; während sie die Manifeste der Partei verfaßten und ihre ersten Aktivitäten in Gang brachten, standen sie auf der Gehaltsliste der Regierung.

2 S. M. Lipset, *Political Man,* Garden City, N.Y. 1960, S. 77.

3 Nach 1970 spaltete sich die *Black Panther Party.* Die von Eldridge Cleaver geführte Fraktion befürwortete die Taktik des bewaffneten Aufstandes, und Cleaver selbst floh nach Algerien, um derartige Aktionen aus dem Ausland zu organisieren. Unter der Führung von Newton und Seale entschied sich die andere Fraktion für politische Aktionen innerhalb des Systems und für den Aufbau von Institutionen in der schwarzen Gemeinde.
Derartige Alternativen stellen sich für jede extreme Bewegung an bestimmten kritischen Wendepunkten. Die Verlaufskurve des Radikalismus zwingt eine Bewegung zu immer extremeren Aktionen, um die Begeisterung und den Zusammenhalt beizubehalten. Wenn die Situation für revolutionäre Aktionen jedoch nicht »reif« ist, droht der Bewegung die Auflösung, wenn sie nicht die notwendige Kehrtwendung vollzieht und die Arbeit innerhalb des Systems beginnt. Das parallele Problem der extremistischen Studentenbewegung behandele ich in meinem Aufsatz »Columbia and the New Left«, in *The Public Interest,* Nr. 13 (Herbst 1968), S. 61–101.

4 Von 1940 bis 1950 gab es keinen Zuwachs der Altersgruppe von 14 bis 24; die Zahl blieb bei 27 Millionen stehen. Zwischen 1950 und 1960 blieb die Zahl ebenfalls konstant. Aber in den sechziger Jahren stieg die Zahl als Folge des Babybooms der Nachkriegsjahre wie eine Flutwelle auf 40 Millionen an.

5 Eine Folge war der Rückgang der Zahl der *sharecroppers* (im amerikanischen Süden Pächter, die einen Teil ihrer Ernte als Pacht entrichteten); sie sank von vier Millionen auf 500 000. Und auch diese Abwanderer zogen in die Städte.

6 Daniel Bell *Die nachindustrielle Gesellschaft,* Campus, Frankfurt 1975. Ich möchte darauf hinweisen, daß die nachindustrielle Gesellschaft die Industriegesellschaft oder gar die Agrargesellschaft nicht »ersetzt«. Nahrungs-

mittel bilden weiterhin das Fundament jeder Gesellschaft. Einführung von Industrie heißt jedoch, daß sich die Zahl der in der Landwirtschaft Beschäftigten verringern und Erträge durch chemische Düngemittel erhöhen lassen. Die nachindustrielle Gesellschaft besitzt darüber hinaus eine neue Dimension, vor allem in der Verarbeitung von Daten und Informationen als notwendigen Bestandteilen einer komplexen Gesellschaft. Im folgenden Schema lassen sich Unterschiede der Sozialstrukturen – es sind Idealtypen – erkennen:

	Vorindustrielle Gesellschaft	Industrielle Gesellschaft	Nachindustrielle Gesellschaft
Ressourcen	Rohstoffe	Energie	Information
Produktionsweise	Extraktive Produktion	Güterproduktion	Verarbeitende Produktion
Technologie	Arbeitsintensiv	Kapitalintensiv	Wissensintensiv
Design	Spiel gegen die Natur	Spiel gegen die technisierte Natur	Spiel zwischen Personen

7 Eine ausführliche Erörterung der Rolle meschlicher Dienstleistungen findet sich bei Alan Gartner und Frank Riessman in *The Service Society and the Consumer Vanguard*, Harper & Row, New York 1974.

8 Vor allem in seiner Schilderung der Ereignisse von Kerkyra findet sich auch bei Thukydides eine Vorwarnung hinsichtlich dessen, was mit einer Gesellschaft geschieht, wenn Gewalt die Leidenschaften der Bürger freisetzt. »Bei dieser allgemeinen Verwirrung in der Stadt, wo die Gesetze von den natürlichen Neigungen der Menschen, die es schon gewohnt sind, auch bei wirklicher Gültigkeit der Gesetze dagegen zu sündigen, gänzlich besiegt wurden, zeigte sich's frei, daß der Mensch, so wie er von Natur beschaffen ist, nicht Meister über seine Leidenschaften sei, daß er sich nicht durch die Begriffe von der Gerechtigkeit in Schranken halten lasse und daß er keinen über sich leiden könne. Gewiß, man würde nicht die heiligsten Pflichten dem Vergnügen an der Rache, noch das Bewußtsein, niemand Unrecht getan zu haben, zeitlichen Vorteilen aufopfern, wenn nicht der Neid eine so schädliche Gewalt über die Menschen hätte.« *Geschichte des Peloponnesischen Krieges*, Lambert Schneider, Berlin [1938], S. 252.

9 Korrekterweise wäre zu sagen, daß der Vietnamkrieg die nachrückende politische Elite der sechziger Jahre diskreditierte. Einer meiner Kollegen in Harvard, der ein wichtiger Regierungsberater gewesen war, formulierte es nicht sehr elegant, aber kurz und bündig: »Wir haben es verpatzt. Es bestand die herausfordernde Aufgabe, ein dauerhaftes Establishment wie in England zu bilden, doch das ist alles dahin.« Was man auch immer über die faktische Genauigkeit sagen kann, die Tatsache des Versagens ist mit dem höhnischen Titel des Buches *The Best and the Brightest* von David Halberstam auf den Begriff gebracht.

10 1974 haben die irischen Bewohner von Südboston Schülerbusse für weiße und schwarze Kinder mit dem Argument abgelehnt, die Auflösung von nahegelegenen Schulen werde auch zur Auflösung von traditionellen Nachbarschaftsbeziehungen führen. Soll man den Bewohnern von Südboston das Recht einräumen, über Entscheidungen, die ihr Leben betreffen, mitzubestimmen?

11 Die Situation entbehrt nicht der Ironie. In den Jahren unmittelbar nach dem Zweiten Weltkrieg beschäftigten sich viele Ökonomen mit dem Problem, wie man *überhaupt* einen Welthandel herstellen könne, da nur so wenige Länder Dollars besaßen und viele Länder auch keine Dollars in ihren Besitz bringen würden. Folglich regten verschiedene Reformpläne für den internationalen Handel die Verwendung von Güterreserven als Stütze des internationalen Handels an, um jenen Ländern eine gewisse Basis für die Weitergabe ihrer Währungen im internationalen Handel zu geben.

12 Richard N. Cooper hat diese These in seinem Buch *The Economics of Interdependence* (McGraw-Hill, für den *Council on Foreign Relations,* New York 1968) ausführlich dargelegt; ferner erörterte er sie in einigen unveröffentlichten Arbeiten für eine Forschungsgruppe des *Council on Foreign Relations.*

13 Ich sollte betonen, daß ich mich hier mit den Problemen und Strategien der westlichen industriellen Wirtschaftssysteme befasse, kurz, mit den OECD-Ländern und nicht mit der gesamten Welt. Wir haben natürlich auch noch den größeren Kontext der Comecon-Länder, den Mittleren Osten mit seinem neuerdings höheren Einkommen und schließlich noch die unterentwickelten Länder.

So läßt sich auch nur ein allgemeiner Kontext skizzieren, wobei besondere Umstände die Situation beträchtlich stören können. So stellt sich etwa die Frage nach dem Schicksal der in die Länder der OPEC fließenden Kapitalsummen, die sich 1973 bereits auf etwa 50 Milliarden Dollar beliefen. Wenn man die gegenwärtige Nachfrage- und Preiskurve in die Zukunft projiziert, dann wird der investierbare Kapitalüberschuß der OPEC-Länder 1974 100 Milliarden Dollar erreichen, gegen 1980 auf 500 Milliarden Dollar ansteigen und im Jahre 1985 mehr als 600 Milliarden Dollar ausmachen, Summen, die fast das gesamte Weltwährungssystem absorbieren würden. Doch auch hier kann das Extrapolieren eine mögliche Fehlerquelle enthalten. Die Nachfrage nach Rohöl kann zurückgehen, das Produzentenkartell zerbrechen, die Preise können fallen, andere Energiequellen (Öl, Kohle, Kernenergie und dergleichen) könnten die Bilanzen erheblich verändern. Trotz alledem bleibt jedoch der weitgehende strukturelle Wandel im Zentrum des internationalen Kontexts wirtschaftlicher Entscheidungen.

14 Samuel P. Huntington, »Transnational Organization in World Politics«, *World Politics,* 25, April 1973. S. 333.

15 Vgl. zum Beispiel Charles P. Kindleberger, »An American Climacteric?« in *Challenge,* Januar-Februar 1974. Hier folge ich der These Kindlebergers.

16 Samuel P. Huntington, »Political Development and the Decline of the American System of World Order«, in *Toward the Year 2000,* hrsg. v. Daniel Bell, Houghton Mifflin, Boston 1968, S. 316.

17 Die Frage eines amerikanischen »Klimakteriums« habe ich, im Kontext der amerikanischen Geschichte und Erwartungen, in dem Aufsatz »The End of American Exceptionalism«, in *The Public Interest,* Nr. 40, Herbst 1975, untersucht.

6. Der öffentliche Haushalt: Über »Finanzsoziologie« und die liberale Gesellschaft

In der klassischen Tradition der Volkswirtschaftslehre gibt es zwei Bereiche wirtschaftlicher Aktivität: erstens, den *Privathaushalt,* einschließlich der landwirtschaftlichen Betriebe, dessen Produkte nicht veranschlagt werden (eine Hausfrau wird nicht bezahlt; die im landwirtschaftlichen Betrieb konsumierten Erzeugnisse werden im Bruttosozialprodukt nicht immer mitgerechnet), weil man sie nicht auf dem Markte tauscht; zweitens, die *Marktwirtschaft,* in welcher der Wert von Waren und Dienstleistungen durch die relativen, in Geldwährung angebbaren Preise gemessen werden. Doch heute haben wir noch einen, den beiden anderen an Bedeutung überlegenen dritten Sektor, der in den letzten 25 Jahren in den Vordergrund getreten ist und in den kommenden 25 Jahren eine noch wichtigere Rolle spielen wird: den *öffentlichen Haushalt.*[1] Aus Gründen, die ich unten erläutere, ziehe ich den Begriff »öffentlicher Haushalt« mit seinen soziologischen Nebenbedeutungen wie Familienprobleme und Gemeinschaftsleben neutraleren Begriffen wie »öffentliche Finanzen« oder »öffentlicher Sektor« vor. Der öffentliche Haushalt, wie er im Regierungsbudget zum Ausdruck kommt, ist Lenkung der Staatseinnahmen und -ausgaben. Allgemeiner formuliert ist er die Instanz zur Befriedigung öffentlicher Bedürfnisse und Wünsche im Gegensatz zu privaten Wünschen. Es ist ferner Stätte des Niederschlags politischer Kräfte der Gesellschaft. Wie Rudolf Goldscheid, ein sozialistischer Ökonom, vor fast 60 Jahren schrieb, ist »das Budget ... das Skelett des Staates, (das) aller irreführenden Ideologien entkleidet (ist).«

Merkwürdig genug haben wir keine soziologische Theorie des öffentlichen Haushalts; hingegen eine umfassende Theorie des Privathaushalts. Aristoteles eröffnet seine *Politik* mit der Theorie »über die Hausverwaltung«: *oikonomía* oder Haushaltsführung bildet die Grundlage seiner Diskussion der privaten und politischen Wirtschaft und der beiden angemessenen Grundsätze. Für die Marktwirtschaft besitzen wir eine Theorie der Unternehmen, eine

Theorie des allgemeinen Gleichgewichts, zur Erklärung des Verrechnungsverkehrs aller Märkte, ferner eine Reihe von philosophischen Rechtfertigungen – Förderung individuellen Nutzens durch Wechselseitigkeit des Austauschs – in den Werken von John Locke und Adam Smith. Wir besitzen jedoch keine geschlossene Theorie über Wirtschaft und Politik der öffentlichen Finanzen, keine Soziologie struktureller Konflikte zwischen Schichten und sozialen Gruppen über die entscheidende Frage der Besteuerung, keine politische Philosophie (mit Ausnahme des jüngsten Versuchs von John Rawls, hingegen nichts von sozialistischen Autoren), die eine Theorie über Verteilungsgerechtigkeit in der Gesellschaft auf der Basis der Zentralität des öffentlichen Haushalts in Angriff nähme.[2]

Für das Verständnis der grundlegenden politischen und soziologischen Zwangslagen entwickelter Industriegesellschaften sind, wie ich meine, diese Unterscheidungen von Privathaushalt, Marktwirtschaft und öffentlichem Haushalt und der ihnen zugrunde liegenden charakteristischen Prinzipien von ausschlaggebender Bedeutung.

Das Wesen eines Haushalts besteht im Aufteilen gemeinsamer Dinge – der häuslichen Güter, der Grünanlagen der Gemeinde, der Verteidigung der Stadt – und muß notwendigerweise zu einem gemeinsamen Verständnis von Gemeinwohl führen. Doch der Haushalt ist noch mehr. Aristoteles hat bereits im ersten Kapitel des ersten Buches seiner *Politik* geschrieben: »Nun ist aber offenbar, daß die Tätigkeit der Hausverwaltung (oikonomía) ihre Bestrebungen im höheren Grade auf die Menschen als auf den leblosen Besitz richtet und mehr auf die Tugend (areté) als auf die Anhäufung von Besitztümern, die man Reichtum nennt . . .«

In der antiken Welt kannte man kein *ökonomisches* Prinzip im modernen Sinne des Wortes.[3] Ziel des Privathaushalts ist Produktion für den Gebrauch, für den Selbstbedarf. Man bemüht sich nicht, zu veranschlagen, ob man mit Spezialisierung oder Arbeitsteilung besser wegkäme. Der Handwerker oder Kunsthandwerker produziert auf Bestellung für einen bestimmten Kunden, fertigt das Produkt nach dessen Vorstellung von Größe und Form an, statt die Produktion für abstrakte »Kunden« oder den Markt zu generalisieren.

Das Verteilerprinzip ist einfach: Der Kopf der Familie trifft die notwendigen Entscheidungen, doch am Tisch wird einfach geteilt. Niemandem wird ein genau nach den Leistungen bemessener Anteil zubemessen (wenngleich der Haushaltsvorstand den Löwenanteil für sich beanspruchen mag). Jeder empfängt entsprechend seinen Bedürfnissen.

Beherrschende Vorstellung ist die der *Bedürfnisse*. Nach Aristoteles haben die Menschen natürliche Bedürfnisse wie die nach genügend Nahrung, Kleidung und Schutz vor den Elementen, Versorgung bei Krankheit, sexuellem Verkehr und Geselligkeit und dergleichen mehr. Diese Bedürfnisse biologischer Herkunft sind jedoch begrenzt und zu befriedigen. Die Kunst der Haushaltsführung in der privaten und politischen Wirtschaft verlangt Beachtung dieser natürlichen Grenzen. Erwerb ist im Umfang begrenzt, hat Grenzen, die von den Zwecken (d. h. den natürlichen Bedürfnissen) des Haushalts festgelegt werden. Unbeschränkter, im wesentlichen auf selbstsüchtigen Geldgewinn abzielender Erwerb ist nach Aristoteles chrematistisch; er sei genau deshalb »unnatürlich«, weil er schrankenlos sei. Es sei hier angemerkt, daß im Griechischen der Wortstamm von *chremata* Dinge bedeutet. In der Marktwirtschaft, also in einer durch das Prinzip der Verbrauchersouveränität definierten Wirtschaft, wird die Produktion durch den Konsens aller konsumierenden Individuen oder Haushalte und in Einklang mit deren Geschmack bestimmt. In einer – privaten oder staatlichen – kapitalistischen Martkwirtschaft werden die Profite aus der Produktion nicht für persönliche Zwecke oder persönlichen Luxus ausgegeben, sondern in Produktionsanlagen investiert, um noch mehr und noch billigere Produkte für noch mehr Konsumenten herstellen zu können. In einer privaten Unternehmenswirtschaft treffen Einzelpersonen Entscheidungen über den Kapitaleinsatz gemäß ihrer Einschätzung des zu erwartenden höchsten Gewinns; in einer öffentlichen Unternehmenswirtschaft werden solche Entscheidungen von gewählten Vertretern oder politischen Funktionären getroffen.

Es ist wichtig, sich zu vergegenwärtigen, daß die Marktwirtschaft, auch wenn sie historisch mit der Entstehung des modernen Privatkapitalismus verknüpft ist, als *Mechanismus* nicht notwendig auf dieses System beschränkt ist. Autoren wie Enrico Barone und später auch Oskar Lange sind der Ansicht, daß durchaus auch eine sozialistische Marktwirtschaft möglich ist und daß dieser Markt unter sozialistischen Bedingungen leistungsfähiger funktionieren würde als unter dem modernen Kapitalismus, der seine Wirkungsweise ständig durch Monopol oder Oligopol beeinträchtige.

Das Charakteristische der modernen Marktwirtschaft, jedenfalls unter soziologischen Gesichtspunkten, besteht darin, daß sie eine *bürgerliche* Wirtschaft gewesen ist. Dies hieß zweierlei: erstens waren die Produktionsziele nicht gemeinschaftliche, sondern private, und zweitens standen als Motive hinter dem Gütererwerb nicht Bedürfnisse, sondern *Wünsche*.

In der bürgerlichen Gesellschaft ist das Individuum, nicht der Staat die Einheit, deren Ziele für die Gesellschaft vorrangig sind. Die Vorstellung des 19. Jahrhunderts von Freiheit meinte Freiheit von den Zuschreibungsmechanismen der Familie, Gemeinschaft oder des Staates, Eigenverantwortung, Gestaltung des eigenen Lebens in Einklang mit seinen Ambitionen. Im ökonomischen Sinne arbeitete jeder für sich selbst und sparte selbst für die Ziele, die er gewählt hatte (wenn er aus der Mittelschicht stammte, dann häufig für Ziele, die sich den Maßstäben der Oberschicht anpaßten).[4]

Aber wie der sich ausweitende geographische Horizont wurden auch die Wünsche, das Gefühl für Wünsche, unbegrenzt. In der bürgerlichen Gesellschaft trat Psychologie als Grundlage der »Bedürfnis«-Befriedigung an die Stelle der Biologie. Es ist auch, wenn man so will, kein Zufall, daß Utilitarismus die Philosophie der bürgerlichen Gesellschaft ist, ein hedonistisches Kalkulieren von Lust und Schmerz, oder daß Bentham, der Begründer des Utilitarismus, die schwerfällige Wortschöpfung *Maximierung* prägte. Im Sinne von Aristoteles ersetzten die *Wünsche* die *Bedürfnisse* – und die Wünsche sind ihrer Natur nach unbegrenzt und unersättlich. Als sich die protestantische Ethik, eine zur Beschränkung der Luxusakkumulation (wenn auch nicht der Kapitalakkumulation) dienende Ethik, von der modernen bürgerlichen Gesellschaft absonderte, blieb nur der Hedonismus übrig. Das ökonomische Prinzip – rationale Kalkulation von Effizienz und Gewinn – gab den Ausschlag bei der Wahl der Mittel zur Produktionssteigerung (d. h. zur effizientesten Kombination von Arbeit und Kapital oder zur Spezialisierung von Aufgaben und Funktionen), doch der das sozio-ökonomische System (in seiner sowjetkommunistischen wie auch westlich-bürgerlichen Spielart) antreibende Motor war der auf Verschwendung beruhende Gedanke privater Wünsche und unbegrenzter Ziele.

Der öffentliche Haushalt hatte (im Unterschied zum Markt, der verschiedensten Privatwünschen zu dienen sucht) immer die Aufgabe, allgemeine Bedürfnisse zu befriedigen, Güter und Dienstleistungen bereitzustellen, welche die Individuen sich nicht selbst beschaffen können, z. B. militärische Verteidigung, Straßen, Eisenbahnen und dergleichen.[5] In den letzten 40 Jahren hat er jedoch aufgrund der Übernahme von drei Aufgabenbereichen eine Wandlung durchgemacht.[6] Die erste Aufgabe bestand in der Konsolidierung einer normativen Wirtschaftspolitik in den dreißiger Jahren. Die Wirtschaftskrise hatte deutlich gemacht, daß nur bewußte Steuerung seitens behördlicher Autorität das Land aus der überwältigenden Krise befreien konnte. Seit dieser Zeit ist Wirtschaftslenkung zur zentralen Regierungsaufgabe geworden. Regierungsaufgaben beeinflussen das Niveau der Wirtschaftsaktivität; Steuer- und Geldpolitik bestimmen das Timing von Investitionen; Finanzmittelvergaben auf dem Wege von Maßnahmen zur sozialen Sicherheit, Subventionen, Kapitalrenten beeinflussen partielle Einkommensumverteilung. Im allgemeinen sind alle modernen politischen Systeme mit Allokation, Umverteilung, Stabilisierung und Wachstum beschäftigt. Die zweite Aufgabe, in den fünfziger Jahren heraufziehend, bestand in der Förderung von Wissenschaft und Technologie. Wenn diese Aufgabe infolge der Revolutionen in der Militärtechnologie auch weitgehend mit der Verteidigung verbunden war, so hat doch als wichtiger Tatbestand die zentrale Stellung der Wissenschaft sowie die systematischen Nutzung und der Einsatz von Forschung zu gelten, angefangen von den Grundlagenwissenschaften über die Systemanalyse und wirtschaftliche Innovation (d. h. der Entwicklung von wissenschaftlich begründeten Industrien wie die Herstellung von Computern, elektronischen sowie optischen Geräten und Polymeren) bis hin zur Verwaltungs- und Wirtschaftspolitik. Die Beziehung von Wissenschaft und Technologie ist unauflöslich geworden (während der industriellen Revolution war dies noch nicht der Fall). Die zahlenmäßige Vergrößerung der Techniker- und Verwaltungsschichten ist weitgehend irreversibel, mag ihre Zuwachsrate auch zurückgegangen sein. Als Folge solcher Veränderungen ist die Regierung unmittelbar mit Wissenschaftspolitik (nach Schätzungen hängen etwa zwei Drittel aller wissenschaftlichen Arbeiten sowohl hinsichtlich ihrer Kosten wie ihres Personals direkt oder indirekt von der Regierung ab) und höherer Bildung befaßt. Wer ausgebildet werden soll und wie weitgehend, wieviel für Fortbildung ausgegeben werden soll und in welchen Bereichen – dies ist, in seinen Größenordnungen, nicht mehr Sache individueller Wahl, sondern von Regierungspolitik.

Die dritte Aufgabe war der Einsatz für eine normative Sozialpolitik in den sechziger Jahren. Dazu gehörten Bürgerrechtsfragen, Wohnungs- und Umweltpolitik, Gesundheitsfürsorge und Einkommensverbesserung (ein vornehmer Begriff dieser Tage für Sozialfürsorge, der jedoch wesentlich mehr bedeutet als nur Hilfe für Bedürftige). Zwar wurden viele dieser Aufgaben übereilt und bruchstückhaft angepackt, doch man hat sich nicht ganz klar gemacht – und tut dies heute noch nicht –, daß die Regierung die Verpflichtung eingegangen war, nicht nur einen inhaltlich soliden Wohlfahrtsstaat zu schaffen, sondern auch die *Auswirkung aller wirtschaftlichen und sozialen Ungleichheiten zu beseitigen*. Die Verwirklichung dieser Vorsätze ist ins Stocken geraten; für das alltägliche Leben dürfte bislang wenig erreicht worden sein. Doch der historische Wendepunkt liegt in der Tatsache, daß eine normative gesellschaftliche Verpflichtung eingegangen worden ist, die, gleichfalls, weitgehend nicht mehr rückgängig zu machen ist.

Diese Verpflichtungen stellen die Gesellschaft vor neue, weitreichende Dilemmas. Zunächst traten alle Fragestellungen und Konflikte deutlich und intensiv hervor. Für niemanden waren Marktwirtschaft und industrielle Revolution »Wahlkampfthemen«, doch heutzutage sind Fragen der Wirtschaftslenkung, sind Kosten, Wiedergutmachungen, Prioritäten und Ziele allesamt Angelgenheiten bewußter und offen ausgetragener Sozialpolitik geworden.[7] Darüberhinaus wird der öffentliche Haushalt heute zum Austragungsort nicht nur öffentlicher Bedürfnisse, *sondern auch privater Wünsche.* Das äußert sich als Verantwortlichkeit der Regierung für wirtschaftliches Wachstum oder in verschiedenen sozialen Forderungen an die Gemeinschaft wie etwa nach höherer Schulbildung für alle. Vor allem ist die grundlegende Allokationsinstanz heute *politischer* und nicht *wirtschaftlicher* Natur. Das wirft natürlich die fundamentale Frage von Grenzen, Zwängen und Beschränkungen auf. Als wirtschaftliche Einschränkung privater Wünsche erweist sich die Geldmenge, über die ein Mensch verfügt oder der Kredit, den er aufnehmen kann. Doch welches sind die den politischen Forderungen auferlegten Grenzen?

»Eines der größten Rätsel des zwanzigsten Jahrhunderts«, so Charles Lindblom, »besteht darin, daß die Wählermassen in wesentlich demokratischen Gesellschaften ihre Stimmen nicht dazu benutzen, eine gerechtere Verteilung von Einkommen und Reichtum wie auch vieler anderer von den Menschen erstrebten Werte zu erzielen . . . Es bedarf also der Erklärung, warum sie das nicht versuchen.« Nach meiner Auffassung wird nunmehr ein solcher Versuch unternommen. Bislang war der öffentliche Haushalt noch nicht der Austragungsort effektiver Bemühungen in dieser Hinsicht. Doch heute ist der öffentliche Haushalt mehr als nur ein dritter Sektor; er absorbiert in zunehmendem Maße die zwei anderen Sektoren der modernen politischen Ordnung. Den Hauptaspekt des öffentlichen Haushalts bildet die zentrale Stellung des Budgets, die Höhe der Staatseinnahmen und -ausgaben als den Mechanismen der Neuverteilung und des Ausgleichs. Höhe und Adressat von Ausgaben der Regierung sind offensichtlich politische Kernfragen der kommenden Jahrzehnte.

Daß der öffentliche Haushalt zum »politischen Markt« wird, heißt nicht unbedingt, daß der Druck zum Ausbau von Dienstleistungen auch von Mechanismen zur Bezahlung solcher Leistungen aufgefangen wird, sei es in Form höherer Schulden oder höherer Steuern. Das zentrale Thema der Gesellschaftsanalyse, und dies läßt sich nicht mehr verleugnen, ist »Finanzsoziologie« (der Begriff stammt von Schumpeter), und Steuerkonflikte sind die neue Form des Klassenkampfes (dieser Gedanke stammt von Marx).

Das Entstehen der Finanzsoziologie

In einem bemerkenswerten, aber wenig beachteten Artikel mit dem Titel »Die Krise des Steuerstaates« schreibt Joseph Schumpeter 1918, daß die Geschichte der Finanzen einer Gesellschaft Einblick gewährt »in die Gesetze des gesellschaftlichen Seins und Werdens und in die schicksalhaften, treibenden Kräfte der Nationen, wie auch in die Beschaffenheit *konkreter* Bedingungen, insbesondere in das Werden und Vergehen von Organisationsformen.« Weiter schreibt er:

»Die öffentlichen Finanzen sind einer der besten Ausgangspunkte für eine Untersuchung der Gesellschaft, und zwar besonders dann, wenn man deren politisches Leben mit einbeziehen will. Die ganze Ergiebigkeit dieser Methode erkennt man insbesondere an jenen Wendepunkten . . ., wo die bestehenden Formen abzusterben und sich in etwas Neues zu verwandeln beginnen und die immer eine Krise der hergebrachten fiskalischen Methoden mit sich bringen . . . Ungeachtet aller Einschränkungen, die stets vorgenommen werden müssen, können wir sicherlich von einer besonderen Folge von Tatsachen, einer besonderen Reihe von Problemen und einer besonderen Methode sprechen – kurz von einem besonderen Gebiet: der Finanzsoziologie, an die man große Erwartungen knüpfen kann.«

Der moderne Steuerstaat, Schumpeter zufolge Kern der »Finanzsoziologie«, entstand im 16. Jahrhundert und in der Folgezeit vor allem aufgrund der sich den Fürsten und Monarchen europäischer Staaten stellenden Notwendigkeit zur Zahlung von Kriegsaufwendungen, besonders als nach dem Zusammenbruch des feudalen Vasallensystems die Anwerbung von Söldnerheeren dringend erforderlich schien. Folglich erhob man Steuern, und so entstand ein bürokratischer Verwaltungsapparat zur Eintreibung und zur Ausgabe der eingetriebenen Gelder. Als dann der neu entstehende Staat feste Gestalt angenommen hatte, verwandte man die Steuer auch für andere als die ursprünglichen Zwecke.[9]

Es ist unmöglich, hier das Schicksal des Staates nachzuzeichnen – seinen Einfluß auf die monarchischen Gesellschaften und seinen Zerfall in den bürgerlichen, sich einen »armen« Staat wünschenden Gesellschaften. Der allgemeine Prozeß jedoch, von Schumpeter als Ursprung des Systems bezeichnet, ist als ein soziologischer Prozeß ganz klar erneut möglich. Schumpeter meint dazu:

»Es versteht sich von selbst, daß zu einem Staat mehr als nur das Eintreiben von Steuern gehört, das sich aus einer anfänglich bestehenden allgemeinen Notlage ergab. Sobald der Staat als Realität und als gesellschaftliche Institution erst einmal besteht, sobald er zum Mittelpunkt für jene Personen geworden ist, welche die Regierungsmaschine besetzen und deren Interessen sich darauf richten, sobald ihn schließlich selbst jene, denen er sich in den Weg stellt, in vielerlei Hinsicht für brauchbar halten – wenn all dies erst einmal geschehen ist, dann entwickelt sich der Staat weiter und verwandelt sich in etwas, dessen Wesen man nicht mehr ausschließlich vom fiskalischen Standpunkt her verstehen kann und das sich der Finanzen lediglich als Hilfsmittel bedient. Wenn die Finanzen den modernen Staat geschaffen haben, so gibt der Staat ihnen heute seinerseits Form und Gestalt und erweitert sie – tief in das Mark der Privatwirtschaft hinein.«[10]

Macht des Staates (ja, seine mögliche, autonome Rolle) ist zentraler Tatbestand der modernen Gesellschaft. Doch diese besondere Rolle des Staates, vor allem in ökonomischen Belangen, hat in der Marxschen Kapitalismusdiskussion fast keinerlei Berücksichtigung gefunden. Der marxistische Autor Rudolf Goldscheid schrieb dazu bereits vor 50 Jahren:

»Die fiskalische Ausbeutung ist neben der offenen Sklaverei eine der ältesten Formen der Ausbeutung ... fast alle Vorrechte der privilegierten Klassen waren Steuerprivilegien, die Klassen waren hauptsächlich Steuerklassen ... Bei all diesen ursprünglichen Formen der Ausbeutung und frühen Formen des Kapitalismus hat das System der öffentlichen Finanzen und Steuern eine entscheidende Rolle gespielt. Marx hat dies sehr klar erkannt, als er das Schuldenmachen als Hebel der ursprünglichen Kapitalakkumulation beschrieb. Es ist jedoch merkwürdig, daß er es verabsäumte, diese profunde Einsicht funktional in seine Gesamtanalyse einzubauen. ... Marx hat in seinen Schlußfolgerungen in der Tat den Staat so sehr außer acht gelassen, daß ihm die Beobachtung entging, wie seine Expropriation den privaten Expropriateuren nutzte.«[11]

Die Gründe für dieses Versäumnis, übrigens von entscheidender Bedeutung, wenn man die Grenzen der Marxschen Theorie verstehen will, sind zweifacher Art. Erstens betrachtete Marx die Gesellschaft (die ökonomische Basis) und nicht den Staat (einen politischen Überbau) als wahre Stätte gesellschaftlicher Beziehungen. Die ökonomischen Beziehungen der Produktion seien für das Verständnis von Macht entscheidend. Der Staat sei nur Widerspiegelung der ihm zugrunde liegenden ökonomischen Klassen. Der im 17. Jahrhundert entstandene Staat sei ein Aspekt der monarchischen Feudalordnung, die der bürgerlichen Gesellschaft untergeordnet werden sollte.[12]

Zweitens hatte Marx den Eindruck, der bürgerliche Kapitalismus werde die Produktionsprobleme lösen – habe sie bereits gelöst – und habe die notwendigen Mechanismen für Überfluß, wenn nicht das ökonomische Faktum des Überflusses selbst geschaffen. Marx sah den Widerspruch des Kapitalismus in der Diskrepanz zwischen gesellschaftlicher Arbeit und Privateigentum, zwischen kooperativer Natur der Produktion und persönlichem Besitz. Deshalb bilde der Sozialismus im Verlauf der gesellschaftlichen Evolution das zwangsläufig *auf* den Kapitalismus folgende Stadium. Nach Auffassung der ersten Generation marxistischer Schriftsteller ist der Sozialismus eine *Verteilungs*konzeption, keine Theorie der Wirtschaftslenkung. Man hielt die Verwaltung für eine einfache Angelegenheit, für so einfach, daß jeder Schuhmacher – so Lenin in *Staat und Revolution* – Verwaltungsaufgaben in die Hand nehmen könne. (Sein Modell ist letztlich das Postamt.)

Die beiden von Marx aufgestellten Theoreme sind in grundlegendem Sinne irrelevant. Das Problem *Kapital* – seine Aufbringung und Verwendung – stellt sich uns in den entwickelten Industriegesellschaften wie auch in den unterentwickelten Volkswirtschaften noch immer als bedrängende Frage. Als ökonomischer Tatbestand wird es sich uns *immer* stellen. Goldscheid meint zu Recht:

»Jedes gesellschaftliche Problem und freilich auch jedes ökonomische Problem ist letztendlich ein finanzielles Problem. Welche Frage auch immer erörtert wird, sei es die Intensivierung der Landwirtschaft, um die erstaunlichen Möglichkeiten auszuschöpfen, die durch den Fortschritt der Chemie eröffnet wurden, sei es die Rationalisierung der Industrieproduktion oder der Versuch zur Vermeidung der enormen Vergeudung menschlichen Lebens und menschlicher Gesundheit im Verlauf unseres kulturellen Prozesses – immer benötigen wir Kapital, um es für Anlagen vorzuschießen, die später erst Gewinn abwerfen. In diesem Sinne ist der Kapitalismus eine zeitlose ökonomische Kategorie, und es ist unerheblich, ob es sich um Aufgaben öffentlicher oder privater Wirtschaft handelt.«

Darüber hinaus haben wir die »Rückkehr« des Staates erlebt. Marx – und orthodoxe Marxisten – war der Ansicht, der Staat könne in den unvermeidbaren Krisen des Kapitalismus nicht intervenieren, um wirtschaftliche Stabilität und Lenkung zu gewährleisten. Als während der Depression der dreißiger Jahre in Deutschland und England Sozialisten in der Regierung saßen (unter ihnen auch der ehrfurchtgebietende sozialistische Ökonom Rudolf Hilferding, Deutschösterreicher und Autor des sozialistischen Klassikers *Das Finanzkapital*), unternahmen die Regierungen keinerlei Schritte, um der Krise Herr zu werden (außer der klassisch-kapitalistischen Abwertung, welche die Krise nur vertiefte), da ihrer Ansicht nach die »Überproduktionskrise« ihren Lauf nehmen mußte. Das hatte Marx gelehrt.[13]
James O'Connor, der eine marxistische Staatstheorie mit Bezug auf die zentrale Bedeutung des Staatshaushaltes zu begründen sucht und sich dabei auf Goldscheid stützt, hat das Dilemma so beschrieben:

»Unsere erste Prämisse besteht darin, daß der kapitalistische Staat versuchen muß, zwei grundlegende und oft einander widersprechende Funktionen zu erfüllen – *Akkumulation* und *Legitimation*. Dies bedeutet, daß der Staat versuchen muß, die Bedingungen zu erhalten oder zu schaffen, in denen eine gewinnträchtige Kapitalakkumulation möglich ist. Der Staat muß jedoch auch die Bedingungen für eine soziale Harmonie zu erhalten und zu schaffen versuchen. Ein kapitalistischer Staat, der mit Zwangsmitteln einer Klasse auf Kosten anderer Klassen hilft, Kapital zu akkumulieren, büßt seine Legitimation und die Grundlage von Loyalität und Unterstützung ein. Aber ein Staat, der die Notwendigkeit ignoriert, den Prozeß der Kapitalakkumulation zu unterstützen, riskiert es, die Quelle seiner eigenen Macht, den volkswirtschaftlichen Surplus an Produktionskapazitäten und die aus diesem Surplus (und anderen Formen des Kapitals) gezogenen Steuern zum Versiegen zu bringen.«[14]

O'Connor hat nur zur Hälfte recht. Er weist zwar auf ein zentrales Dilemma des kapitalistischen Staates hin, doch es trifft auf *alle* anderen Industriegesellschaften oder sich industrialisierenden Gesellschaften zu, in denen der Staat eine Lenkungsrolle übernommen hat; und so gilt es auch für die Sowjetunion und Algerien. Jeder Staat muß Kapitalakkumulation (und Konsumtionsbeschränkung) gegen die gesellschaftlichen Bedürfnisse und Forderungen der Bevölkerung abwägen. In dieser Hinsicht ist auch die Sowjetunion eine staatskapitalistische Gesellschaft, wie Algerien und die meisten Länder, die sich sozialistisch nennen.

Der entscheidende Unterschied zwischen den sogenannten sozialistischen und den westlich-kapitalistischen Staaten betrifft eher die Frage der Eigentumsbeziehungen (wenn auch das Privateigentum der herrschenden ökonomischen Klasse einen unangemessenen Grad an politischer Macht verschafft haben mag) als den Charakter der politischen Ordnung, als die Art und Weise der Vorstellungen in der Bürgerschaft über den öffentlichen Haushalt. O'Connor schreibt: »Ein kapitalistischer Staat, der offen seine Zwangsmittel einsetzt, um einer Klasse auf Kosten anderer Klassen zu helfen, Kapital zu akkumulieren, verliert seine Legitimität und die Grundlage seiner Loyalität und seiner Unterstützung.« Nun ist es aber gerade nicht der »kapitalistische Staat«, der dieses Risiko eingeht, sondern das *demokratische* politische System. In der Sowjetunion wird zur Kapitalakkumulation offen Zwang angewandt (die Löhne werden niedrig gehalten, Streiks sind verboten); und eine neue bürokratische Klasse hat ihren Nutzen daraus gezogen. Die Sowjetunion war nur deshalb dazu in der Lage, weil sie eine Ideologie (das Versprechen eines kommunistischen Utopia) mit Terror (der Geheimpolizei) verband, den ein totalitärer oder quasi-totalitärer Staat einzusetzen vermag. (Da aber gegenwärtig die Ideologie immer mehr verblaßt und es schwerlich möglich ist, ständig totalen Terror auszuüben, läuft die Kommunistische Partei Gefahr, ihre Legitimität zu verlieren, es sei denn, sie findet neue Wege, die Machtbasis zu erweitern und andere Mitglieder der Managerklasse an der Entscheidungspolitik zu beteiligen.) Es ist ein soziologisches Faktum der modernen demokratischen Regierungsformen im Westen, daß das politische System den Austragungsort aller als Antragsteller auftretenden Interessen – ethnischer, ökonomischer, funktioneller (z. B. des Militärs) und bürokratischer – darstellt. Das politische und philosophische Problem des öffentlichen Haushalts liegt in der Tatsache, daß der Staat die Doppelfunktion der Akkumulation und Legitimierung zu bewältigen hat, das heißt, er muß dafür sorgen, daß die Wirtschaft in Übereinstimmung mit einer Vorstellung von Allgemeinwohl eine einheitliche Orientierung erhält (und auch in der Außenpolitik eine einheitliche Konzeption nationaler Interessen entwickelt); und er muß – auf der Basis von Machtanwendung oder normativer philosophischer Kriterien – als Schiedsrichter über die einander widerstreitenden Forderungen seiner verschiedenen Wählergruppen auftreten. Bei der ersten Aufgabe hat der Staat eine autonome Führungs- und Lenkungsfunktion, bei der zweiten ist er schlimmstenfalls Austragungsort von Macht, bestenfalls normatives Schiedsgericht.

Das soziologische Dilemma des modernen öffentlichen Haushalts besteht nicht allein darin, daß er im herkömmlichen Sinne Vorkehrungen zur Befriedigung öffentlicher Bedürfnisse zu treffen hat, sondern daß er sich auch zwangsläufig zum Austragungsort zur Erfüllung *privater Wünsche und Gruppenwünsche* entwickelt. Und hier lassen sich naturgemäß Forderungen nicht so ohne weiteres über Steuereinnahmen oder ein diesen Forderungen entsprechendes soziologisches Wissen erfüllen oder abwehren. Diesen Sachverhalt hat Schumpeter bereits vor 55 Jahren vorausgesehen:

»Die Finanzkapazität des Staates hat nicht nur in dem auf der Hand liegenden, übrigens auch für eine sozialistische Gemeinschaft geltenden Sinne ihre Grenzen, sondern auch in einem viel engeren und für den Steuerstaat weitaus schmerzlicheren Sinne. Wenn der Wille des Volkes immer höhere öffentliche Ausgaben verlangt, wenn mehr und mehr Mittel auf Zwecke verwandt werden, für die Privatpersonen sie nicht aufgebracht haben, wenn sich mehr und mehr Macht hinter diesen Willen stellt, und wenn schließlich alle Bevölkerungsteile von gänzlich neuen Ideen über Privateigentum und Lebensformen ergriffen werden – dann wird der Steuerstaat ausgedient haben, und die Gesellschaft wird sich bei ihrer Wirtschaft auf andere Triebkräfte verlassen müssen als auf den Eigennutz. Diese Grenze, und mit ihr die Krise, die der Steuerstaat nicht überleben dürfte, kann gewiß erreicht werden. Es besteht überhaupt kein Zweifel daran, daß der Steuerstaat zusammenbrechen *kann.*«

Die Revolution der steigenden Rechtsansprüche

Condorcet und Tocqueville sahen die Forderung nach Gleichheit als das Charakteristische der modernen Gesellschaft an. Das Gleichheitsstreben ist 150 Jahre, nachdem es zum erstenmal als mächtige politische Kraft in Erscheinung trat, unvermindert am Werk. Im letzten Drittel dieses Jahrhunderts jedoch hat sich die Forderung nach Gleichheit zur Forderung nach einem breiteren

Spektrum von Rechten – politischer, bürgerlicher und sozialer – als Anspruch an die Gemeinschaft erweitert.[15]

Offenkundig wird sich die Revolution steigender Erwartungen, eines der Hauptmerkmale der westlichen Gesellschaft in den vergangenen 25 Jahren, in den kommenden 25 Jahren in eine *Revolution steigender Rechtsansprüche* verwandeln. Das kann sich als Forderung nach einem Mindestfamilieneinkommen äußern, nach einem Grundeinkommen, das jeder Familie einen bescheidenen Lebensstandard beschert, oder als Forderung nach »Ziehungsrechten zur Ausbildung«, die jedem Menschen Anspruch auf eine 12, 14 oder 16 Jahre dauernde kostenlose Ausbildung gewähren, wobei der einzelne entscheiden könnte, wann er sich aus- und weiterbildet; oder als Forderung nach Gewährleistung lebenslanger Arbeit mittels Kombination privater und staatlicher Garantien. Die jeweiligen Forderungen dürften sich nach Zeit und Ort unterscheiden. Es handelt sich jedoch nicht nur um Forderungen von Minoritäten, von Armen oder Benachteiligten, es sind vielmehr Forderungen *aller* Gruppen der Gesellschaft, Forderungen nach Schutzmaßnahmen und Rechten – kurz *Rechtsansprüche*.

Dies heißt zwangsläufig, daß die Dienstleistungen der Gesellschaft – humanitäre, berufliche und technische Dienstleistungen – sich ungeheuer ausweiten werden. Im letzten Jahrzehnt sind Erziehung und Gesundheitswesen sowie der öffentliche Dienst in den westlichen Gesellschaften die am schnellsten wachsenden Beschäftigungssektoren gewesen.[16] In einem Artikel der Zeitschrift *Science* vom 22. Februar 1974 wurde darauf hingewiesen, daß in Kalifornien an jedem beliebigen Tag etwa 7,2 Millionen der insgesamt 19,5 Millionen Bewohner des US-Staates irgendwelche institutionellen Zuwendungen erhalten, in Tageskrippen, Schulen (jedoch nicht Hochschulen), Krankenhäusern, Gefängnissen, Altenheimen und dergleichen. Die Gesamtzahl der Betroffenen war fast genauso groß wie die aller Beschäftigten des Bundesstaates in jenem Jahr.

Das Hauptdilemma in der Finanzsoziologie ergibt sich aus dem strukturellen Ungleichgewicht zwischen technologischem (industriellem und wissenschaftlichem) Sektor und dem Sektor humanitärer und staatlicher Dienstleistungen in Relation zur Produktivität, zu Lohnerhöhungen, Kosten je Produktionseinheit und zur Inflation. Mit einem einfachen Beispiel läßt sich dies verdeutlichen. Angenommen, Arbeiter der Automobilindustrie fordern und erhalten eine Lohnerhöhung von zehn Prozent. In der Automobilherstellung betragen die Lohnkosten aber nur 30 Prozent der Produktionskosten; folglich erhöhen sich die Kosten je Produktionseinheit nur um drei Prozent. Wenn die Produktivität der

Industrie um drei Prozent oder mehr steigt (für gewöhnlich ist dies der Fall), dann bedeutet das keinen inflationären Ausstieg, und auch die Lohnkosten können ohne weiteres aufgefangen werden. Doch was geschieht, wenn die Polizeibeamten und mit ihnen Feuerwehrleute und Arbeiter im sanitären Bereich ebenfalls Lohnerhöhungen von zehn Prozent fordern? Bei diesen Beispielen betragen die Lohnkosten etwa 70 Prozent der Betriebskosten, und eine Lohnerhöhung von zehn Prozent bedeutet eine Erhöhung der Kosten je Produktionseinheit um sieben Prozent. Angenommen, die Produktivität in solchen Beschäftigungsbereichen steigt um zwei Prozent, dann heißt das, daß im Gefolge der parallelen Lohnerhöhungen eine Inflationsspanne von fünf Prozent entsteht. Angesichts des enormen Wachstums im öffentlichen Dienst der Vereinigten Staaten, vor allem auf bundesstaatlicher und kommunaler Ebene (zurückzuführen auf die wachsenden Forderungen nach besserer Ausbildung, Gesundheitsversorgung und persönlicher Sicherheit) kann man sich die Faktoren einer anhaltenden, tiefgehenden urbanen Krise vergegenwärtigen.[17]

Der öffentliche Haushalt steht vor zwei wichtigen Problemen. Ein Problem ist die wachsene »Überlastung« mit zu behandelnden Fragen, die das politische System ganz einfach überfordern. Der Vorteil des Marktes liegt in der Streuung von Verantwortlichkeiten für Entscheidungen und Konsequenzen. Der öffentliche Haushalt konzentriert Entscheidungen und läßt die Folgen sichtbar werden. Das zweite Problem besteht in der aufgrund des Drucks steigender Rechtsansprüche ständig vorhandenen Tendenz zur Erhöhung der Staatsausgaben, die ihrerseits mehr Steuermittel zur Bezahlung von Dienstleistungen erfordert und aufgrund der Ungleichgewichte in der Produktivität die Inflation weiter ankurbelt. Beide Probleme sind schlicht Vorboten wachsender politischer Instabilität und Unzufriedenheit.
Darin steckt auch eine ideologische Ironie. Seit der Erstveröffentlichung des *Kapital* vor mehr als 100 Jahren sagen Marxisten den Untergang des Kapitalismus voraus. Die »erste« Theorie sagte den Untergang voraus, weil nach ihrer Auffassung die planlose, anarchische Natur des Marktes zu einer extremen Industriekonzentration führt, die ihrerseits (da der Arbeitsanteil rückläufig sei) die Gewinnspannen schmälert oder große Ungleichgewichte zwischen Produktion und Konsumtion mit sich bringt. Wo Marxisten, wie in den dreißiger Jahren und danach, weitgehende Staatsintervento-nen und die Beseitigung genannter Ungleichgewichte erlebten, behaupteten sie anschließend, Kapitalisten und Gesetzgeber seien

bereit, zur Stützung der Wirtschaft Mittel für Waffen und Verteidigung, nicht jedoch für Sozialausgaben zu bewilligen. Der Kapitalismus sei mithin völlig von der Kriegswirtschaft abhängig. Derzeit argumentiert eine dritte Gruppe, die Neo-Neo-Marxisten, zur Aufrechterhaltung des Kapitalismus sei eine Ausweitung des staatlichen Sektors bei besonderer Berücksichtigung von Sozialausgaben notwendig. James O'Connor schreibt dazu: »Die Finanzkrise des kapitalistischen Staates ist die unausbleibliche Folge der strukturellen Lücke zwischen staatlichen Ausgaben und Einkünften.«

Jede der drei Auffassungen hält den Untergang des Kapitalismus für unausweichlich. Da sich irgendwann alle Gesellschaftssysteme einmal ändern, dürfte auch der Kapitalismus zu Ende gehen, und dann wird die »marxistische« Theorie dies als Sieg für sich beanspruchen. Aber wenn man als Grund für das Absterben des Kapitalismus wachsende Sozialausgaben anführt, ist dies eine irreführende Etikettierung. Den Kern dieser These als »Marxismus« zu bezeichnen, gehört zu jener unverbesserlichen radikalen Mythenbildung, die jede Krise als Beweis für die Gültigkeit einer (ständig neu definierten) Ideologie ausgeben will.[18] O'Connor bemerkt, daß »die einzig dauerhafte Lösung der Finanzkrise der Sozialismus ist«, ein Begriff, der im Grunde nicht definiert wird. Es bleibt nämlich unklar, weshalb der »Sozialismus« besser als jedes andere System über die »wirksame« Verteilung zwischen »Akkumulation und sozialen Forderungen« entscheiden oder besser mit jenen strukturellen Ursachen der Inflation umgehen könnte, die sich auf Ungleichgewichte der Produktivität in den verschiedenen Sektoren zurückführen lassen.

Doch ganz ohne Ironie: Dem öffentlichen Haushalt stehen in allen Gesellschaften reale Krisen bevor. Sie unterliegen jedoch letztlich nicht »ehernen« Wirtschaftsgesetzen, sondern sind vielmehr ein ständig wiederkehrendes Dilemma vor dem Hintergrund privater Auswüchse und gegenwärtig groß geschriebener öffentlicher Interessen. Die Lösung kann im wesentlichen nur in einer auf Konsens beruhenden Absprache über die normativen Fragen von Verteilungsgerechtigkeit liegen, die im Gleichgewicht zwischen Wachstum und sozialer Konsumtion hergestellt werden muß. Doch kann es weiter Wachstum geben?

Dilemma des Wachstums: die ökonomischen Widersprüche des Kapitalismus

Kern aller modernen Industriegesellschaften, der kapitalistischen wie der kommunistischen, ist die Fähigkeit, einen erheblichen Anteil des Nettosozialproduktes für Investitionen und wirtschaftliches Wachstum einzusetzen. Abgesehen von der Frage einer möglichen Verringerung der Kapitalakkumulation aufgrund wachsender Sozialausgaben ist das Engagement für wirtschaftliches Wachstum oder selbst die Fähigkeit hochentwickelter Wirtschaftssysteme zur Aufrechterhaltung von Wachstum aus einer Unzahl weiterer Gründe fragwürdig geworden, unter anderem wegen unzureichender Ressourcen und wegen der Umweltverschmutzung.

In den nächsten Jahrzehnten wird der grundlegende Rahmen sozio-ökonomischer Politik durch das Wechselspiel zwischen Ressourcen (Nahrungsmittel, Energie, Rohstoffe), Bevölkerung und Umwelt festgelegt. Ob die Ressourcen ausreichen werden, ob die Umwelt (einschließlich Atmosphäre und Klima) zerstört wird, ob das Bevölkerungswachstum vor allem in Asien und Lateinamerika verlangsamt werden kann – das alles sind Fragen, über die unsere Experten geteilter Meinung sind.[19] Aus soziologischer Sicht lassen sich über den Charakter »wirtschaftlichen Wachstums« in Relation zu den westlichen Gesellschaften – und vielleicht aller Gesellschaften, mit der möglichen Ausnahme von China und kleineren auf Stammeskultur beruhenden Ländern Afrikas drei Feststellungen treffen.

Erstens ist das Wirtschaftswachstum zur säkularen Religion aller hochentwickelten Industriegesellschaften geworden, zum Auslöser individueller Motivationen, zur Basis politischer Solidarität und zur Grundlage für die Mobilisierung der Gesellschaft auf ein gemeinsames Ziel hin. Wie bereits betont, hat vor hundert oder mehr Jahren niemand die industrielle Revolution »gewählt«, etwa in ähnlicher Weise, wie unterschiedliche politische Parlamente einst die französische Erklärung der Menschenrechte, die Verfassung der Vereinigten Staaten oder das Programm der Sowjetunion verkündeten. Mit steigendem Lebensstandard gingen den Gesellschaften jedoch die sicheren Möglichkeiten wirtschaftlichen Wachstums auf; und der vormals zum größten Teil ungeordnete Marktprozeß wurde nun zum Gegenstand konzertierter Regierungspolitik. Das den Bürgern Überfluß versprechende Wachstum ist in gewisser Weise zum »moralischen Äquivalent« des Krieges geworden, nach dem William James einst gesucht hatte.

Früher war Reichtum durch Plünderung, Annexion, Enteignung

gesammelt worden; heute sind Gesellschaften statt zum Krieg gegen Nachbarstaaten zu konzertierten innenpolitischen Anstrengungen mobilisiert. Muß Wirtschaftswachstum auch nicht die emotionale Bindekraft des Nationalismus oder anderer ideologischer Anreize zur gesellschaftlichen Mobilisierung haben, so ist es doch zu einem entscheidenden Glaubensbekenntnis westlicher Industriegesellschaften geworden. Was kann die Sowjetunion – oder Japan oder die Vereinigten Staaten – ihrem Volk denn als gesellschaftliches Ziel vor Augen halten, wenn nicht den Einsatz für wirtschaftliches Wachstum?

Zum zweiten ist Wirtschaftswachstum »politischer Kredit«. Wenn Wachstum stets Erwartungen weckt, so stammen die Mittel zur Finanzierung von Ausgaben für Soziales und Verteidigung – ohne Einkommensumverteilung (immer eine politisch schwierige Angelegenheit) oder Belastung der Armen (zu einer fast ähnlich schwierigen Sache geworden) – im wesentlichen vom Wirtschaftswachstum. In einer Wirtschaft mit einem Finanzvolumen von einer Billion Dollar bedeutet die Steigerung der wirtschaftlichen Wachstumsrate von einem Prozent einen Nettozuwachs von 100 Milliarden Dollar am Ende dieses Jahrzehnts. Wie die Regierungen Kennedys und Johnsons feststellen mußten, war der Kongreß (jedenfalls bis zur Eskalierung der Ausgaben für den Vietnamkrieg) angesichts zusätzlicher Einnahmen aufgrund des Wirtschaftswachstums eher bereit, den Sozialausgaben einer Politik der *New Frontier* und der *Great Society* zuzustimmen, als die Steuerstruktur zu reformieren oder die Steuerlast der Gesellschaft zu erhöhen.

Dennoch könnte paradoxerweise – und dies ist der dritte Punkt – Wirtschaftswachstum die Quelle eines charakteristischen »Widerspruchs« im Kapitalismus sein, eines Widerspruchs, der seinen wirtschaftlichen Untergang herbeiführen könnte. Wirtschaftswachstum ist unauflöslich mit Inflation verknüpft, und es dürfte ziemlich unwahrscheinlich sein, daß irgendein demokratisches Wirtschaftssystem seine Inflation ohne katastrophale politische Folgen beseitigen kann.

Inflation, Plage der Industriewirtschaften in den letzten Jahren, scheint aus konvergenten Faktoren zu bestehen: aus einem gleichzeitigen Ansteigen der Nachfrage im Weltmaßstab, aus Mangel an Primärgütern und Rohstoffen (z. B. Nahrungsmitteln), aus Engpässen bei der primären Verarbeitungskapazität (z. B. bei Stahl und Papier), aus der Lohn-Kosten-Inflation als Funktion der Beschäftigungsverlagerung vom Industrie- zum Dienstleistungssektor, aus dem Produktivitätsrückgang im Dienstleistungssektor und schließlich aus der Unfähigkeit der Regierungen zur Reduzierung der Ausgaben. Manche dieser Faktoren sind wahrscheinlich vorübergehender Art – so heißt es jedenfalls über die Engpässe in der Versorgung mit Primärgütern und in der primären Verarbeitungskapazität. Andere Faktoren liegen in der Struktur begründet; dies gilt sicherlich für die unterschiedliche Produktivität des Industrie- und des Dienstleistungssektors.

Hinter all dem steckt jedoch ein grundlegender Wandel im Charakter von Gesellschaft, der es jeder politischen Ordnung erschwert, traditionelle Formen des Zwangs oder der »Disziplin« (im archaischen Sinne des Wortes) einzusetzen, um Forderungen abzuwehren, die Arbeitslosigkeit zu erhöhen oder die Regierungsausgaben zu reduzieren. In den letzten zwei Jahrzehnten war das Wirtschaftswachstum an verschiedene soziale Zielsetzungen gebunden, deren wichtigste Vollbeschäftigung und ständige Konsumsteigerung waren. Im großen und ganzen hatte die Keynesianische Revolution – dies ist das einfachste symbolische Kürzel für Wandel – auch zu einer mächtigen, irreversiblen Revolution sozialer Erwartungen geführt. Mit einfachen Worten, wo einst die Arbeiter Angst vor dem Verlust des Arbeitsplatzes hatten, die allgemeine Erfahrung der Depression, erwarten sie jetzt Arbeitsplatz und wachsenden Lebensstandard. Und keine Regierung kann diese Erwartungen ignorieren.

Praktisch bedeutet das, daß Regierungen bei steigender Arbeitslosigkeit notwendigerweise die Ausgaben erhöhen und noch größere Haushaltsdefizite in Kauf nehmen müssen. Weiter wird von Regierungen verlangt, die Sozialleistungen, vor allem im Bereich des Gesundheitswesens, der Sozialfürsorge und der sozialen Dienstleistungen, zu erhöhen. Unterdessen üben die Gewerkschaften, sowohl aus defensiven Gründen (wenn die Preise steigen) als auch aus aggressiven Gründen (um am wirtschaftlichen Wachstum teilzuhaben), ständig Druck zur Durchsetzung von Lohnerhöhungen aus. So ist eine ständige, wenngleich zu bewältigende Inflationsrate von jährlich 4 bis 5 Prozent unvermeidliche Begleiterscheinung von Wirtschaftswachstum; sie ist der für den sozialen Frieden zu zahlende Preis der politischen Ordnung. Wenn aber eine solche Inflation mit anderen strukturellen oder zufälligen Elementen einhergeht und eine Inflationsspirale in Gang setzt – wie das bei den zweistelligen Inflationsraten vieler westlicher Gesellschaften der Fall ist –, dann greifen die »normalen« Wirtschaftsinstrumente der Regierung nicht mehr. Die normalen Maßnahmen bestehen entweder in Verknappung der Geldzufuhr (was aber zu Liquiditätskrisen und möglichen Pleiten von Firmen führen kann und überdies entscheidende, auf Zinssätze hochempfindlich reagierende Sektoren wie das Bauwesen und den Wohnungsbau beeinträchtigt) oder in einschneidender Reduzierung des Volumens der Staatsausgaben. Die Regierungen tun sich aber beim Einsatz dieser Instrumente schwer, denn eine solche Abwertung hat vor allem einen Anstieg der Arbeitslosenzahl zur Folge – in einem politisch nicht tragbaren Ausmaß. Eine Alternative besteht in der Entwicklung einer »Einkommenspolitik«, die auf dem Verwaltungswege innerhalb der politischen Ordnung Gleichheitsebenen einzuziehen sucht; doch Einkommenspolitik ohne steuerliche Belastung der Reichen ist für die Gewerkschaften nicht akzeptierbar. Schließlich kann man sich noch auf starke Lohn- und Preiskontrollen verlegen, die jedoch Verzerrungen der Gesamtwirtschaft nach sich ziehen und am Ende häufig zu Steuerhinterziehungen in großem Ausmaß führen. Doch es ist einfach so, daß niemand für die Inflation zahlen möchte; und für moderne demokratische Regierungen ist es politisch höchst prekär, eine bestimmte Gruppe der Bevölkerung für die Kosten aufkommen zu lassen.

Des weiteren haben wir noch ein grundlegendes Dilemma. Eine anhaltende zweistellige Inflationsrate zermürbt die Mittelschicht. Eine scharfe Deflationspolitik führt zum Anstieg der Arbeitslosenzahl und kann nur auf Kosten eines Teils der Arbeiterklasse Erfolg haben. Wenn *beides,* Inflations- und Arbeitslosenrate, anhält, bestünde der einzige Ausweg in scharfen Lohn-Preis-Kontrollen und einer Einkommenspolitik, die Ungleichheiten zu beseitigen sucht. Doch bedürften solche Kontrollen, wenn sie greifen sollen, einer Durchführungsinstanz mit polizeiähnlicher Gewalt, um Steuerhinterziehungen größeren Ausmaßes zu verhindern. Und wenn solche Kontrollen, wie zu erwarten, für längere Zeit in Kraft bleiben, würden zwangsläufig auch wichtige Investitionsentscheidungen von der Regierung gefällt. Kurz, dieser Ausweg aus dem Dilemma, ohne Zuflucht beim Klassenkampf, wäre Verwandlung der privaten Unternehmerwirtschaft in eine korporative Gesellschaft. Wo die Inflation weiter um sich greift, entsteht ein neuer Klassenkampf, der in erster Linie nicht zwischen Arbeitgebern und Arbeitern in den Unternehmen, sondern zwischen der Mittel- und der Arbeiterschicht in der Arena des Staatshaushalts ausgetragen wird. Schumpeter meinte, stationärer Feudalismus sei ein historisch reales Gebilde, stationärer Sozialismus eine historische Möglichkeit, stationärer Kapitalismus hingegen schon dem Begriff nach ein historischer Widerspruch. Es ist die zentrale Erkenntnis von Marx, daß eine kapitalistische Wirtschaft durch Akkumulation und Reinvestierung von Kapital ständig expandieren müsse. Verfechter einer »Stagnations«-These in den späten dreißiger Jahren meinten, eine kapitalistische Wirtschaft komme aufgrund der Erschöpfung der Investitionsmöglichkeiten notwendig an eine Expansionsgrenze, eine Auffassung, welche Technologie und technologische Innovation Lügen gestraft haben, worauf wiederum Schumpeter als erster hingewiesen hat. Was das Wachstum angeht, so besteht das Hauptproblem darin, daß die Wirtschaft bei anhaltender Inflation unter chronischer Kapitalknappheit leidet und die Unternehmen immer wieder in Liquiditätskrisen geraten, da die für Geld zuständigen Stellen und Instanzen in ihrem Bestreben, die Inflation zu drosseln, das Geld verknappen.

Wenn eine Gesellschaft eine anhaltende Inflation erwartet, dann sind offenbar nur wenige Leute willens, ihr Geld zu sparen (da es ständig an Wert verliert) oder langfristig in festverzinslichen oder nicht-festverzinslichen Wertpapieren anzulegen. Die Unternehmen ihrerseits müssen in wachsendem Maße auf Bankanleihen, Wertpapiere oder andere kurzfristige Kreditmittel zurückgreifen, um nicht nur das arbeitende Kapital zu erhöhen, sondern um auch für langfristige Vorhaben liquide zu sein.

Als gravierende Folge der Inflation fällt die Kapitallast in zunehmendem Maße den Banken oder der Regierung zu. Das amerikanische Bankengesetz aus dem Jahre 1933 trennte das Investitionsbankwesen vom Handelsbankwesen, um jene Bankenkontrolle von Unternehmern einzuschränken, zu der es in den zwanziger Jahren gekommen war. Die Verabschiedung eines neuen Gesetzes im Jahre 1971 gestattete es dann den größeren Banken, Dachgesellschaften zu gründen, die mit Verve in das Geschäft mit Konsumentenkrediten, mit Finanzierungen von Bauvorhaben der Immobilienbranche und selbst mit langfristigen Handelskrediten einstiegen. Um ihr Eigenkapital zu erhöhen, traten die Banken miteinander um Geldbeschaffung in Konkurrenz, indem sie Depotscheine von Unternehmen, Eurodollareinlagen und brachliegende Reserven kleinerer Banken »aufkauften«. Zu Beginn der siebziger Jahre befanden sich die Banken in einer angespannten Lage, da sie sich durch Anleihen, vor allem im Immobiliengeschäft, verausgabt hatten. Als Folge rückte die Regierung in eine noch zentralere Stellung, nicht nur als »Kautionssteller« für Konzerne, sondern sogar, wie von einer Reihe erfahrener Finanziers vorgeschlagen, als direkte Bezugsquelle von Anteilskapital für Industrien wie die Gebrauchsgüter- und Wohnungsbauindustrie, die auf den regulären Kapitalmärkten keine Geldmittel auftreiben können.[20]

In England mußte die Labour-Regierung mit Bürgschaften einspringen, um *Leyland Motors Corporation,* die größte Automobilfirma Englands, und *Burmah Oil,* eine Ölgesellschaft, die in der Nordsee mit Versuchsbohrungen begonnen hatte, aus bedrohlichen Schwierigkeiten zu retten. 1974 rettete die französische Regierung *Le Nickel,* der Welt zweitgrößte Nickelgesellschaft, durch Aufkauf einer Anteilshälfte von Betrieben der Gesellschaft in Neukaledonien, das, obwohl im Pazifischen Ozean liegend, zu Frankreich gehört. Und in den Vereinigten Staaten hat die Regierung Eisenbahngesellschaften, der Raumfahrt- und selbst der Autoindustrie direkte oder indirekte Hilfe geleistet, und zwar durch indirekte Steuervergünstigungen oder direkte Kapitalspritzen.

Die Regierung wird ihre Macht auf den Kapitalmärkten unweigerlich ausdehnen, indem sie entweder zum »Investor letzter Zuflucht« wird, den Kapitalmarkt durch Kreditzuweisungen (d. h. durch Auftrag an Banken, Gelder bestimmten Industrien wie etwa dem Wohnungsbau zuzuweisen) beeinflußt oder indem sie direkt bei Firmen investiert (und eine starke Anteilsposition aufgrund von Aktienbeteiligung erwirbt). Bei welchem Grade man von »Staatskapitalismus« oder »korporativer Wirtschaft« sprechen will, dürfte eher eine semantische Frage als eine Frage der Realität sein. Der springende Punkt ist, daß sich der Entscheidungsspielraum der privaten Unternehmen in dem wichtigsten aller Bereiche – der Lenkung des Kapitals – in wachsendem Maße verringert. Immer mehr beginnen Natur und Qualität staatlicher Politik sowie Ausmaß der Mitsprache des Volkes bei der Festlegung gesellschaftlicher Ziele zu zählen.

Es stellt sich jedoch noch eine umfassendere »kulturelle« Frage, in der diese ökonomischen Fragestellungen eingebettet sind. Der amerikanische Kapitalismus hat in den zwanziger Jahren dieses Jahrhunderts durch nachdrückliche Ermunterung des Konsumenten zur Schuldenaufnahme und zu einem Leben in Schulden als Lebensform seinen Charakter verändert. In den sechziger Jahren fanden schlaue Leute heraus, daß man beträchtliche Reichtümer durch »Hebelkraft« scheffeln konnte, d. h. indem man sich tief in Schulden stürzte, um mit dem geliehenen Geld in Finanzierungsgesellschaften einzusteigen, Investmentgesellschaften für Immobilien zu gründen und den Schulden-Anteilssatz von Unternehmen zu erhöhen, und nicht mittels interner Finanzierung oder mittels Anteilskapital zu expandieren. Damit veränderte sich auch die basale Finanzstruktur der Wirtschaft. Aufgrund neuer Bankengesetze konnten Bankengesellschaften die Finanzstruktur der Wirtschaft in auffälliger Weise strecken. Es war jedoch eine im hohen Maß auf Hebelwirkung beruhende Wirtschaft – eine auf einem Berg von Schulden gebaute Wirtschaft. Eine von Einkünften und

Profiten (vieles davon »Forderungen«) handelnde Einkommenserklärung ist für den Wirtschaftsprüfer von Interesse, bei einem großen Unternehmen für den Investor. Wo der Schuldenberg steigt, wirkt der »Bargeldfluß« als entscheidende Variable, Gelder, die entweder als laufende Einkünfte oder geliehenes Geld hereinkommen und mit denen die steigenden Kosten bestritten werden. Wenn Geldmittel knapp werden, wird der Bargeldfluß problematisch, und Liquiditätskrisen sind die Folge. Und abermals erwächst aus diesen Hebeloperationen und Liquiditätsflauten zusätzlicher inflationärer Druck.

Es stellt sich nun die Frage, ob die Wirtschaft ebenso wie Familien, die lernen müssen, im Rahmen ihrer Mittel zurechtzukommen, dahingehend »diszipliniert« werden kann – Oberhaupt hätte die Regierung zu sein –, im Rahmen der verfügbaren Geldmittel zu leben und keine Schulden zu machen. Wenn man aber, sowohl bei Konsumtion wie Investition, Schulden vermeidet, was geschieht dann mit dem Wachstum? Es muß zwangsläufig zurückgehen.

Mithin verstricken Wirtschaftswachstum und Inflation die kapitalistischen demokratischen Wirtschaftssysteme in einen eigentümlichen Widerspruch. In kommunistischen Staaten wie der Sowjetunion hat sich das Wirtschaftswachstum im wesentlichen auf die Expansion der Schwerindustrie-Sektoren und nicht auf den Konsumbereich erstreckt; dort werden Löhne und Forderungen der Arbeiter kontrolliert, und die bestehende Inflation wird durch Unterbeschäftigung oder chronische Engpässe verschleiert.

Marx meinte, der Kapitalismus müsse ständig expandieren, andernfalls breche er zusammen. Die innere Dynamik des Systems bestand für ihn im Bemühen der im Wettbewerb stehenden Kapitalisten um Aufrechterhaltung der Mehrwertrate, indem sie das Verhältnis Technologie zur Arbeit erhöhten. Kapitalakkumulation galt daher als Motor des Systems. Die Ironie liegt nun darin, daß das Wirtschaftswachstum, als Ergebnis der Kapitalakkumulation, eine Reihe von wirtschaftlichen und kulturellen Erwartungen hervorgerufen hat, die zu reduzieren dem System Mühe bereitet und die, sofern sie mit anderen unregelmäßig auftretenden Faktoren (wie wildwuchernden, freilich ständig wiederkehrenden Inflationen, die auf Schwankungen der Weltwirtschaft zurückgehen) zusammentreffen, Bedingungen wirtschaftlicher und politischer Instabilität schaffen, mit denen die Regierungen zunehmend größere Schwierigkeiten haben. All dies führt zu Desorientierungen und Unsicherheiten, die den Glauben der Menschen an ihre Gesellschaft erschüttern.

Die Glaubenskrisen

Glaubenskrisen treten in der Menschheitsgeschichte immer wieder auf, doch das verleiht ihnen, selbst wenn das Thema banal zu werden droht, nicht weniger Relevanz. Weil die Folgen etwas Reales sind, auch wenn sie sich nicht sofort zeigen, und weil niemand viel zu ihrer Verhinderung beitragen kann, sind Verzweiflung und Resignation eine ständige Versuchung. Es lassen sich technische Vorkehrungen treffen, Programme entwerfen, Institutionen errichten – doch der Glaube besitzt organische Natur und kann nicht per Dekret ins Leben gerufen werden. Sobald er einmal erschüttert ist, dauert es eine lange Zeit, bis er wieder wächst – denn sein Nährboden ist Erfahrung – und Wirksamkeit entfaltet.

Die Sowjetunion, in der sich eine messianische Weltanschauung in einem Volk zu verkörpern suchte, erlebt eine Glaubenskrise dreifacher Art: Die meisten Menschen glauben nicht mehr an dieses Bekenntnis (will jemand das Ende der Ideologie in der Sowjetunion bestreiten?); auch ist das Vertrauen in die Führer abgebröckelt (die Kritik an Stalin und das Eingeständnis *seiner* Verbrechen seitens seiner Erben hat den Sockel dieses Idols nachhaltig erschüttert); schließlich scheinen nur mehr wenige Menschen an die »Zukunft« zu glauben – mit anderen Worten, der Glaube funktioniert nicht mehr.

In den Vereinigten Staaten hat das Establishment die Nerven verloren; ein wesentliches Merkmal des Establishment ist seine Bereitschaft, die eigene Existenzberechtigung zu leugnen. Die Legitimität der Institutionen wird weithin in Frage gestellt, vor allem von der Jugend, die normalerweise in Elitepositionen aufrücken würde. Die breite Masse der Bevölkerung hat das Vertrauen in die Zukunft des Landes verloren.

In Japan werden die Institutionen der Gesellschaft durch einen »Rahmen« oder, anders gesagt, ein kompliziertes Ensemble gegenseitiger Verpflichtungen zwischen einzelnen in einer Gruppensituation zusammengehalten. Die japanische Religion ist eine Erweiterung jener vermittelnden Bindungen zwischen Menschen, nicht Glaube an Transzendenz wie im Westen. Vor dem Zweiten Weltkrieg waren diese Bindungen auf die Nation (und die Armee) und den Kaiser als den Verkörperungen der Religion zentriert. Nach der vernichtenden militärischen Niederlage wurden sie auf die säkularen Aufgaben wirtschaftlichen Wiederaufbaus und Wachstums übertragen. Doch es taucht ein doppeltes Problem auf: Wenn das Wirtschaftswachstum ausbleibt, was könnte es ersetzen (etwa die Erneuerung eines aggressiven Nationalismus?); oder wenn das

Wirtschaftswachstum den Wohlstand steigert, wird dann nicht das diesen Wohlstand begleitende beliebige Sozialverhalten dazu neigen, diesen Rahmen zu sprengen?

Eine wichtige Konsequenz dieser Krise – ich lasse hier das tiefere kulturelle Dilemma außer acht – ist der Schwund an *civitas,* jener spontanen Bereitschaft, dem Gesetz zu gehorchen, die Rechte anderer zu respektieren und der Versuchung zu widerstehen, sich auf Kosten des Allgemeinwohls zu bereichern – kurzum, der »Stadt«, deren Bürger man ist, Ehre zu erweisen. Statt dessen geht jeder seinen eigenen Weg, sucht seine privaten Wünsche zu befriedigen, denen man nur auf Kosten des öffentlichen Wohles frönen kann.

Grundlage jeder liberalen Gesellschaft ist die Bereitschaft aller Gruppen, bei der Verfolgung persönlicher Ziele Kompromisse zugunsten des öffentlichens Wohls einzugehen. Schwund an *civitas* heißt daher entweder Polarisierung von Interessen und Aufstachelung von Leidenschaften in einem solchen Maß, daß sich Terrorismus, Kampf unter Gruppen und politische Anomie einstellen, oder aber Abgleiten jedes öffentlichen Austauschverkehrs zum zynischen Handel, bei dem sich die Mächtigen der Gesellschaft auf Kosten der Schwächeren Vorteile verschaffen. Selbst wenn, wie in England, weiterhin ein Gefühl für *civitas* vorhanden ist, sind unter Umständen die Wege in die Zukunft so weitgehend von der Vergangenheit losgelöst – die Zwänge so stark, Bewegungsfreiheit und Wandlungsspielraum so eingegrenzt, Institutionen, vor allem die der Wirtschaft, so verknöchert –, daß keine Regierung die Abwärtsbewegung erfolgreich bremsen kann und sich Gefühle von Langeweile und Verzweiflung einstellen. Dies sind, grau in grau, die Krisen der politischen Ordnung in den nächsten 25 Jahren.

Mehrere Generationen von Idealisten haben, wie viele junge Leute heutzutage, den Ausweg aus der bürgerlichen Gesellschaft im Sozialismus gesucht. Der Tod des Sozialismus ist jedoch ein noch nicht voll erkannter Tatbestand dieses Jahrhunderts. In der sowjetischen Welt sehen wir die grausame Verfälschung gemeinsamer Träume der Radikalen des 19. Jahrhunderts. Der »Sozialismus« der meisten Länder der Dritten Welt ist ebenfalls eine Täuschung, insofern Rechte und Freiheit verneint werden, während gleichzeitig neue Eliten das Volk im Namen wirtschaftlicher Entwicklung antreiben. In China verschmilzt das Volk zu einer einzigen »moralischen Persönlichkeit«, die im Denken Maos verkörpert ist, so daß jedes Ich ausgelöscht und jede Form individuellen Ausdrucks, vor allem in der Kultur, unterdrückt wird. Ob sich dies als neue »Religion« behaupten kann – oder ob nach dem Tode Maos neue Kräfte der Individuation auftreten werden –, das bleibt abzuwarten.

In den kommunistischen Ländern Europas stellt sich mit dem Glaubenszerfall die Frage der *civitas* noch dringlicher; *civitas* wird hier mit öffentlichen Freiheiten gleichgesetzt. Die kommunistischen Länder stehen vor dem Problem, daß sie kein institutionelles Ventil für abweichende Meinungen, keine öffentlichen Debatten, keinen Austragungsort für die Interessen von »Splitterparteien« (der Begriff hier im Sinne Madisons, nicht Lenins verwendet) haben und zulassen. In einer komplexen Gesellschaft vervielfachen sich jedoch unvermeidlich Wählergruppen und Interessen, und folglich muß ein legitimierter Ort der Vermittlung von Forderungen vorhanden sein. Die beiden wichtigsten Probleme der Sowjetunion in den nächsten 25 Jahren dürften Forderungen der Nationalitäten nach größerer Autonomie (und Beteiligung an der Macht) und die Ausweitung des politischen Systems sein.

Der Westen dürfte wahrscheinlich im nächsten Jahrzehnt eine wachsende Frustration der Mittelschichten erleben, deren politische Auswirkungen im einzelnen nur schwer abzuschätzen sind. Höherbezahlte Arbeitnehmer beginnen bereits gegen die als Folge egalitärer Tendenzen angestrebten Einebnungen von Gehaltsdifferenzen aufzumucken; war der Streik von Beamten des gehobenen öffentlichen Dienstes in Schweden von 1973 ein Vorbote weiterer Aktionen dieser Art? Die steigenden Kosten von Dienstleistungen schränken die täglichen Annehmlichkeiten ein, einschließlich der Postzustellung und der Müllabfuhr.[21] Doch das sind nur geringe Mißhelligkeiten im Vergleich zu dem doppelten Druck von Inflation und Steuern.

Die Mittelschicht sorgt sich aus zwei Gründen: Der Preisanstieg erfordert entsprechende Gehaltserhöhungen[22]; doch der Einkommensanstieg versetzt den Angehörigen der Mittelschicht in eine höhere Steuerklasse mit proportional zur Gehaltserhöhung größeren »Steuerbrocken«, womit die Einkommenserosion sich weiter verstärkt. Wenn außerdem die Inflation galoppiert und das Steuersystem nicht reformiert wird, entwickelt sich aus der Spirale eine geometrische Progression. Der *Economist* meint dazu: »Wenn Sie 10 000 Dollar im Jahr verdienen und die gegenwärtige 19prozentige Inflationsrate und die Steuersätze von 1974/1975 beibehalten werden, dann benötigen Sie um das Jahr 1984 allein 40 000 Dollar im Jahr, um Ihren augenblicklichen Lebensstandard zu sichern. Die werden Sie aber nicht bekommen.«

Ironie all dessen ist, daß die Inflation Mittel zur Finanzierung öffentlicher Ausgaben bereitstellt, da immer größer werdende Anteile der Bevölkerung automatisch in höhere Steuerklassen aufrükken. Und die Basisressourcen der Gesellschaft werden, wie bereits gesagt, in noch größerem Maße für die Bereitstellung öffentlicher Güter verwandt.

Doch wie Anthony Downs festgestellt hat, ist es häufig schwierig, die Öffentlichkeit davon zu überzeugen, daß solche Güter notwendig sind, weil sie zumeist ein uniformes Aussehen haben und dem individuellen Geschmack nur selten entsprechen. Mancur Olson meint, daß viele Menschen sich davor drückten, für ein kollektives Gut, das für alle dasein muß, zu zahlen, da sie hoffen, eine »Freifahrt« zu ergattern.[23] Doch der springende Punkt ist, daß die Vermehrung solcher Güter und das Anwachsen der Staatskosten und Dienstleistungen am Ende doch durch Steuern bestritten werden müssen. Die meisten Menschen betrachten die Steuern nicht unter dem Gesichtspunkt notwendiger Beschaffung von Gütern, die der einzelne nicht herstellen kann, sondern als Beschneidung des persönlichen Einkommens. Privatkonsum ist demnach Sache individueller Wahl, öffentlicher Konsum Sache legislativer Verordnung; die meisten Menschen betrachten letzteres als Beschneidung ihrer »Freiheit zum Geldausgeben«.

Wenn der effektive Steuersatz einer Gesellschaft auf 35 und mehr Prozent des Einkommens ansteigt und der Betroffene sich diesen Anstieg klarmacht, dann sieht er einen weiteren Grund zur Unzufriedenheit, sofern die Gründe für derart hohe Steuern nicht überzeugend dargelegt werden. Doch nur wenige Politiker haben gewöhnlich die Courage dazu; es ist leichter, der Unzufriedenheit Vorschub zu leisten.

Folge ist eine starke Zunahme politischer Instabilität. Im nächsten Jahrzehnt erleben wir unter Umständen das Zerbrechen des Parteisystems, wie wir es in den westlichen Gesellschaften kennen. Vor allem unter den Mittelschichten scheint eine heftige Abneigung gegen Politik zu grassieren, eine Stimmung, die in der Vergangenheit zur Schwächung straffer Parteiherrschaft und zur Aufsplitterung der gesetzgebenden Körperschaften geführt hat. Auffallend ist, daß 1974 in den Legislaturperioden von Norwegen, Schweden, Dänemark, Frankreich, der Bundesrepublik, Holland, Belgien, Italien oder England keine Partei die absolute Mehrheit besaß. Dänemark, Norwegen und Schweden, die sich 40 Jahre lang des »Mittelweges« rühmten, erlebten eine scharfe Polarisierung der Wählerschaft, die sich auf die etablierten Parteien alarmierend auswirkt. In Dänemark und Norwegen entstanden Anti-Steuer-Parteien, die gegen zu hohe Steuern, »nachgiebiges« Sozialwesen, das Anwachsen der Regierungsbürokratie, Entwicklungshilfe und sogar gegen die hohen Verteidigungsausgaben Protest anmeldeten. In den Wahlen von 1973 stieg buchstäblich aus dem Nichts Mogens Glistrups Fortschrittspartei auf und wurde zur Verwirrung der traditionell Konservativen zur zweitgrößten Fraktion im dänischen Parlament. Auch in Norwegen errang eine von Anders Lange geführte ähnliche Partei einen überraschenden Wahlerfolg. Die Sozialdemokratischen Parteien beider Länder reagierten mit der Behauptung, die Proteste seien ihren Zielen nach »populistisch« und ihren Methoden nach demagogisch, da sie sich an die niedersten Instinkte des Volkes wendeten und sich auf gänzlich unskandinavische Weise gerierten!

In den Vereinigten Staaten befindet sich die politische Partei in einem Zerfallszustand. Die meisten Parteiapparate sind schwach, was Finanzen, Personal und Ressourcen betrifft. Identifikation mit der Partei geht zurück. Vierzig Prozent der Wählerschaft bezeichnet sich selbst als »unabhängig«; immer weniger Personen unterziehen sich der Mühe zu wählen.

Gewiß, die Parteiensysteme sind mit dem institutionellen Leben der westlichen Gesellschaft tief verwurzelt: Häufig sind sie gesetzlich verankert, etwa das Zweiparteiensystem in den Wahlgesetzen der meisten amerikanischen Bundesstaaten, und haben Gönner und Kader. Doch wahrscheinlich werden die Parteien mehr »Invasionen« seitens extremer Splittergruppen über sich ergehen lassen müssen, etwa nach dem Muster der »Neuen Politik« McGoverns in der Demokratischen Partei oder der Jungsozialisten in der bundesdeutschen SPD. Und wahrscheinlich werden wir bei Wahlen größere Frontenwechsel zwischen den Parteien oder Abwanderungen zu außerpolitischen Parteiorganisationen erleben.

All dies birgt eine doppelte Gefahr. Politik besteht immer aus einem Konglomerat von Interessen und symbolischen Ausdrucksformen (Ideologien oder emotionale Bindungen an Individuen oder Institutionen). Man kann Interessen aufgeben und dennoch seine Überzeugung beibehalten oder aber seine Überzeugung verlieren und trotzdem Interesse an der Gesellschaft haben: Wo aber das Vertrauen in die Gesellschaft und ihre Institutionen erschüttert ist und wo Interessen nicht die Anerkennung finden, auf die sie ein Recht zu haben glauben, da bildet sich eine explosive Mischung, die jeden Augenblick in die Luft gehen kann. Menschen können zuviel Unsicherheiten in ihrem Leben nicht ertragen, und die schlimmsten Gradmesser von Unsicherheit sind rapide und fluktuierende Wertminderungen des von den Menschen zum Austausch benötigten Geldes (die wachsenden Diskrepanzen zwischen Einkommen und notwendigen Ausgaben, die Erosion des Vermögens, das man unter Mühen zusammengetragen hat) sowie fluktuierende Arbeitslosigkeit. In solchen Situationen bekommen die traditionellen Institutionen und demokratischen Verfahrensweisen Risse; irrationale, emotional aufgeladene Wutgefühle und der Wunsch nach einem politischen Retter steigen ans Licht. Im letzten Viertel dieses Jahrhunderts könnten der Zerfall der liberalen Demokratie, vor allem in Europa, und die Hinwendung zu politischen Extremen durchaus die einschneidendsten Tatbestände darstellen.

Das wirtschaftliche Dilemma, vor dem die westlichen Gesellschaften stehen, beruht auf der Tatsache, daß wir vieles in einen Topf geworfen haben: bürgerliche Forderungen und Wünsche, die sowohl moralischen als auch steuerlichen Einschränkungen des Erwerbstriebs entgegenstehen, eine demokratische politische Ordnung, die, verständlicherweise und im wachsenden Maße, mehr und mehr soziale Dienstleistungen als Rechtsansprüche fordert, und ein individualistisches Ethos, das im günstigsten Fall die Idee der persönlichen Freiheit verteidigt und im schlimmsten Fall den notwendigen sozialen Verantwortlichkeiten und den sozialen Opfern, die eine gemeinschaftliche Gesellschaft fordert, aus dem Wege geht. Mit einem Wort, wir fühlen keine normative Verpflichtung gegenüber einem öffentlichen Haushalt oder einer öffentlichen Philosophie, die zwischen den privaten Konflikten vermitteln könnte.

Man macht es sich zu einfach, wenn man, wie viele Radikale, behauptet, all dies sei Folge des »Kapitalismus«. Noch trügerischer ist die darin stillschweigend mitgemeinte Ansicht, daß wir ja eine normative Alternative, nämlich den »Sozialismus«, hätten, eine Alternative, die ökonomisch lebensfähig und philosophisch zu rechtfertigen sei. Die Radikalen sind jedoch lediglich dem wahren Sachverhalt ausgewichen. Ob der Sozialismus in einer hochentwickelten Industriegesellschaft und in einer auf unterschiedliche Bedürfnisse und Wünsche verschiedener Gruppen eingehende Demokratie ohne *Zwang und Freiheitsverlust* ökonomisch lebensfähig ist, darüber läßt sich wahrlich streiten. Außer der Verheißung eines alle sozialen Konflikte lösenden »Überflusses« kennen wir kein politisches oder philosophisches Ordnungsschema unter dem Namen des Sozialismus, das die neuen Verteilungsformen einer solchen Gesellschaft rechtfertigte.[24]

Letztlich ist jede Gesellschaft eine moralische Ordnung, die ihre Allokationsprinzipien sowie das Gleichgewicht zwischen Freiheit und notwendigem Zwang zur Erleichterung oder Durchsetzung solcher Grundsätze zu rechtfertigen (im soziologischen Jargon, zu legitimieren) hat. Das Problem liegt unvermeidlich im Verhältnis von Eigeninteresse und öffentlichem Interesse, von persönlichen Antrieben und Erfordernissen der Gemeinschaft. Ohne explizit formulierte öffentliche Philosophie fehlt es an der fundamentalen Voraussetzung für eine moderne politische Ordnung sowie ein Leben auf der Grundlage von Konsens (ohne den es nur fortdauernde Konflikte gibt) und Gerechtigkeit.

Vormals herrschte in den Vereinigten Staaten ein »unausgesprochener Konsensus«; die öffentliche Philosophie brauchte nicht ausdrücklich artikuliert werden. Es gab, so Louis Hartz, eine liberale, von Locke kommende Tradition, die das politische System prägte. Da kein Robespierre aufstand, fehlte auch ein de Maistre, und so sind Revolution wie auch die Reaktion als einander bekämpfende Kräfte in Amerika nie auf fruchtbaren Boden gefallen. Der amerikanische Lebensstil beruhte auf *ad hoc* eingeräumten Kompromissen. Außer während der Zeit des Bürgerkrieges ließ sich bei politischen Auseinandersetzungen in Amerika nur selten eine Hinwendung zu »ursprünglichen Prinzipien« feststellen, wie etwa in Frankreich, wo jede politische Spaltungsbewegung auf Gruppierungen der Französischen Revolution zurückgeht. Die Vereinigten Staaten kannten drei unausgesprochene Annahmen –: daß die Werte des Individuellen zu maximieren seien, daß der steigende materielle Wohlstand alle aus der Ungleichheit herrührenden Spannungen beseitigen und daß schließlich Erfahrungskontinuität für alle zukünftigen Probleme Lösungen bereithalten werde. Überfluß war der amerikanische Ersatz für Sozialismus.

Doch heute sind all diese Annahmen erschüttert. Gruppen und die Gemeinschaft stellen ihre Forderungen. Der wachsende Reichtum hat keineswegs die Ungleichheiten beseitigt, sondern hat vielmehr neue Probleme mit sich gebracht. Erfahrung ist kein sicherer Führer mehr durch die komplexen technischen Probleme einer modernen Gesellschaft. Auch die den Annahmen materiellen Wohlbefindens und materieller Leistung zugrunde liegenden Wertvorstellungen werden heute in Zweifel gezogen.

Neue Ziele und Zwecke müssen aufgestellt, neue Annahmen festgelegt werden. Die implizierten Übereinstimmungen der Vergangenheit waren eine große Stärke, denn Artikulierung legt stets die Widersprüche zwischen Ideologie und Realität bloß und verlangt nach Lösungen, die sich nicht immer finden lassen. Doch einer solchen Aufgabe kann man sich nicht entziehen. Die konsumentenorientierte Gesellschaft freien Unternehmertums vermittelt den Bürgern nicht mehr wie früher moralische Zufriedenheit. Auch muß eine neue öffentliche Philosophie erarbeitet werden, damit das von uns als liberale Gesellschaft verstandene Sozialsystem Bestand hat.[25]

II Die öffentliche Philosophie

In einer modernen interdependenten Wirtschaft hat der öffentliche Haushalt unausweichlich eine zentrale Stellung inne. Mehr noch, der öffentliche Haushalt ist, wie ich zu zeigen versuchte, nicht nur »die Regierung« oder ein öffentlicher Wirtschaftssektor neben Marktwirtschaft und Privathaushalt; er ist vielmehr beiden übergeordnet und für jeden richtungweisend. Er ist die *polis* in Großformat. Doch wir haben immer noch keinerlei theoretische Untermauerung dieser Sachlage –: eine politische Ökonomie des öffentlichen Haushalts, welche die ökonomischen und politischen Dimensionen verknüpfte, oder eine politische Philosophie des öffentlichen Haushalts, die Entscheidungskriterien für die normative Lösung widerstreitender Forderungen und eine philosophische Rechtfertigung des Resultats bieten könnte. Walter Lippmann hat dazu bitter bemerkt, daß »es Leute gibt, die sagen würden . . ., es sei die charakteristische Illusion der Sanftmütigen, an die Philosophie zu glauben.«
Der Vorzug der Philosophie besteht jedoch darin, daß sie eine rationale Richtschnur festlegt und für die Folgerichtigkeit der Anwendung sorgt, damit die Handlungen nicht willkürlich oder nach Laune erfolgen; sie stellt ferner eine normative Rechtfertigung bereit, die das Gerechtigkeitsgefühl der Menschen befriedigt. Nur auf dieser Basis sind gewisse auf Konsens beruhende Prinzipien politischen Lebens möglich; ohne sie gäbe es nur nackte Gewalt.
Die politische Philosophie der klassischen *polis* wurde von Aristoteles formuliert. Ihr Modell ist die Familie: Wie es die natürliche Autorität der Eltern gibt, so auch die natürliche Autorität jener, die am geeignetsten zum Herrschen sind, nämlich die rationalen Menschen. Basis der *polis* bildet die Befriedigung natürlicher Bedürfnisse. Unbeschränkter Erwerbstrieb kann danach nur verderblich für den Haushalt sein; erklärtes Ziel der Haushaltsführung ist Wunschbeschränkung. Für das demokratische Ethos und den modernen Charakter ist eine solche Anschauung ausgesprochen unsympathisch.
Abgesehen von solchen Fragen, die soziologische Beschränkung der aristotelischen *polis* liegt in der *Größenordnung*. Eine Gesell-

schaft, in der die einzelnen auf der Basis gemeinsamer Prinzipien einander helfen und miteinander teilen wollen, ist darauf angewiesen, daß die einzelnen einander gut kennen und daß sie ihre Interessen füreinander bekunden können. Grundlage einer solchen Gesellschaft ist gegenseitige Liebe oder gegenseitiges Vertrauen. Daher ist Rousseau in seinem Werk *Über den Gesellschaftsvertrag* der Ansicht, die moralische Gesellschaft könne nur eine kleine Gesellschaft sein. Aus dem gleichen Grund vertritt auch Freud in *Das Unbehagen in der Kultur* die Auffassung, Kommunismus oder gerechtes Teilen sei in einer großen Gesellschaft unmöglich, da Liebe, welche die Menschen verbinde, nur sinnvoll und bedeutsam sei, wenn sie sich auf jeden einzelnen unmittelbar und spezifisch beziehe und nicht »zielgehemmt« oder auf die »Menschheit« allgemein gerichtet sei. Leo Strauss schreibt: »Nur eine Gesellschaft, die klein genug ist, um gegenseitiges Vertrauen zu gestatten, ist klein genug, um gegenseitige Verantwortung und Überwachung zu erlauben – Überwachung von Handlungen oder Sitten, die für eine Gesellschaft, die nach Vervollkommnung ihrer Mitglieder strebt, unabweislich ist. In einer großen Stadt, in ›Babylon‹, hingegen kann jeder mehr oder weniger nach seinem Belieben leben.«[26] (Und die moderne Gesellschaft ist, wie auch F. Scott Fitzgerald wußte, ein Babylon.)

Im Gegensatz zu dieser gemeinschaftsbetonten Ethik stehen die Rechtfertigungen der liberalen Gesellschaft, wie Locke, Adam Smith und Kant sie formuliert haben. Im Lockeschen Denken nimmt die Theorie individuellen Besitzes eine zentrale Stellung ein. Besitz ist Ergebnis eigener Arbeit; er schützt vor Ausbeutung durch andere und es ist natürliche Folge des Rechts auf Selbsterhaltung. Für Adam Smith ist der individuelle Tauschverkehr, bei dem jeder Mensch sein eigenes Interesse verfolgt, Grundlage von Freiheit, Selbstzufriedenheit und gegenseitigen Vorteilen; rational durch Arbeitsteilung betrieben, ist er auch Grundlage für Kapitalakkumulation und Reichtum. Für Kant hat das öffentliche Recht in erster Linie *prozessualen* und nicht materiellen Charakter; sein Zweck ist Festlegung der Spielregeln, innerhalb derer die Menschen in freien Wettbewerb um das von ihnen Gewünschte treten können, und nicht Vorschreibung spezifischer Ergebnisse.

Die Logik der drei Argumente liegt darin, den öffentlichen Haushalt mit den Worten von Adam Smith »innerhalb des Systems der natürlichen Freiheit« auf drei Aufgaben zu beschränken: Schutz der Gesellschaft vor Gewalt und Invasion durch andere Gesellschaften, Aufrechterhaltung der inneren Sicherheit und der Rechtspflege zu gewährleisten und »Errichtung und Unterhaltung derjenigen öffentlichen Werke und Anstalten, die einer großen Gesellschaft äußerst nützlich sind, aber von einer kleinen Anzahl von Personen nicht errichtet und unterhalten werden können, weil für diese der Aufwand, den sie erfordern, nie durch den Vortheil, den sie erbringen, vergütet wird«.

Die »große Gesellschaft«, eine Formulierung, die in der *Untersuchung über die Natur und die Ursachen den National-Reichthums* dreimal vorkommt, bedeutet in diesem Zusammenhang (der im Schlußteil des fünften Buches im ersten Kapitel hergestellt wird) »gesamte Gesellschaft«.[27] Die Errichtung jener »öffentlichen Werke und Anstalten« ist seit den ursprünglichen Vorschlägen eine immer wichtigere Aufgabe der »großen Gesellschaft« geworden, und das frühere Gleichgewicht zwischen den drei Aufgaben hat sich heutzutage drastisch in diese eine Richtung verschoben. Doch diese neue »kollektivistische« Wirklichkeit schwebt in einem theoretischen Vakuum.

Der Sozialismus – ich denke hier in der Hauptsache an die marxistische Tradition – hat es nie für notwendig erachtet, eine normative Rechtfertigung seiner Philosophie zu liefern, auch wenn er beansprucht, Lehre vom öffentlichen Haushalt par excellence zu sein. Das rührt zum Teil daher, daß diese Lehrmeinung unter einem evolutionären Gesichtspunkt konzipiert wurde, der den Sozialismus als nächsthöhere Stufe des Bewußtseins oder der Rationalität verstand; und zum Teil daher, daß nach Marx Voraussetzung der Kommunismus die *Abschaffung der Nationalökonomie selbst* ist. Quelle allen Übels in der Welt ist für Marx Mangel, der zu Neid, Wettbewerb und mörderischer Jagd nach privatem Vorteil führe. Natur ist in Marxscher Sicht (im Gefolge von Hegel) Notwendigkeit und Zwang, Nationalökonomie notwendige Arbeit, um der Natur Güter zu entreißen. Sobald der Mensch technische Macht über die Materie gewinnt, begibt er sich aus dem Reich der Natur in das der Geschichte, und das Ende der Geschichte, jene letztendliche Unabhängigkeit von der Natur, ist Freiheit. Wenn der Mensch nicht mehr arbeiten muß, wenn Überfluß für alle herrscht, dann ist sozusagen auch der Überbau abgeworfen, und der Mensch, frei von Notwendigkeit und Zwängen, kann sich bewegen, wohin er will. Im Kommunismus sind die Verteilungsprobleme aufgehoben.[28] Doch wir erkennen heute die unabweisbare Tatsache, daß keine Gesellschaft der »Nationalökonomie« entrinnen kann. Der Mensch definiert Bedürfnisse ständig neu, so daß frühere Wünsche zu Notwendigkeiten werden. Engpässe der Ressourcen sind förmlich greifbar, und sollten die benötigten Mengen sich auch physikalisch nicht erschöpfen, so steigen doch die Kosten ihrer

Ausbeutung; relative Kosten, nicht physikalische Quantitäten, werden zu Maßstäben der Knappheit.[29]

Der öffentliche Haushalt hat gegen die ständig auftretenden Zwänge des »Mangels« und weniger gegen die Schaffung von Überfluß eine normative politische Philosophie als Grundlage seiner zwei Aufgaben zu stellen:

1. Definition des Gemeinwohls, das klassische Problem der *polis;* und

2. Erfüllung privater Rechte und Wünsche, die von einzelnen und Gruppen beansprucht werden.

Die klassische Lehre von der *polis* hob die Bürgertugend hervor, als deren Hauptbestandteile Mäßigung von Bedürfnissen und Beschränkung des Erwerbsstrebens galten; Freiheit war untergeordnetes Gut. Die Philosophie der Modernität hingegen legte den Akzent auf Freiheit oder auf uneingeschränkte Jagd nach Vergnügen und Glück; dabei wurde das öffentliche Interesse zum untergeordneten Gut.

Diesen Charakter der Modernität hat zuerst Rousseau erkannt, und sein Bemühen galt im Grunde der Neuformulierung einer Philosophie des öffentlichen Haushalts. Das Problem, wie Rousseau es verstand, liegt darin, daß der Mensch in der modernen Gesellschaft gleichzeitig *Bourgeois* und *Citoyen* (Staatsbürger) ist. Als Staatsbürger habe er öffentliche Pflichten, als Bourgeois folge er jedoch privaten Interessen, Begierden und Leidenschaften. Rousseau suchte diese Aufspaltung in seinem *Gesellschaftsvertrag* – dessen Voraussetzung sich erst ergab, nachdem der Mensch aus dem Naturzustand in die Gesellschaft überwechselte – durch Absage an alle privaten individuellen Interessen, durch Aufgehen aller Ichs in einer einzigen, die Gemeinschaft oder den allgemeinen Willen verkörpernden moralischen Persönlichkeit zu überwinden. In unserer Gegenwart ist das kommunistische China ein Beispiel für diese Alternative, seine Bürgerreligion – auch von Rousseau als Glaubensbindung für notwendig erachtet – zeigt sich in der Vergöttlichung des Denkens von Mao.

Die moderne Gesellschaft des Westens hat eine andere als die von Rousseau angestrebte Richtung eingeschlagen: Verfolgung individueller, eigennütziger Interessen in der Wirtschaft und Überhöhung und Erweiterung des Selbst in der Kultur. Private Wirtschaftsinteressen der Kapitalakkumulation beherrschen den Markt, häufig auf Kosten des öffentlichen Haushalts. Selbst-»Gestaltung« vollzog sich aufgrund freier Auswahl eines persönlichen Lebensstils aus dem Repertoire von Kulturen der Welt, aufgrund von Mischungen verschiedener Artefakte, als wären sie unabhängige Kulturelemente, losgelöst aus der Kontinuität der Vergangenheit und ihrer Traditionen. Im Bereich der Wirtschaft wie auch der Kultur suchte man Befriedigung von Wünschen und Trieben mit unbegrenzten Zielen.

Heute strebt man – und dies ist der entscheidende Wandel in der Vorstellung von Rechten, vor allem des Rechts auf Glück – Befriedigung privater Wünsche und Beseitigung erkannter Ungleichheit nicht mehr individuell über den Markt an, sondern auf politischem Wege über die Gruppe, über den öffentlichen Haushalt. Der Liberalismus rechtfertigte das von der *polis* losgelöste individuelle Streben. Klassische politische Theorie und ihre moderne Neuformulierung von Rousseau suchten den Primat der *polis* zu legitimieren. Das moderne Bestreben geht dahin, einige Individuen auf Kosten anderer zu begünstigen und über den öffentlichen Haushalt alle besserzustellen.

Das Problem ist, daß der öffentliche Haushalt im zwanzigsten Jahrhundert keine Gemeinschaft, sondern eine Austragungsstätte darstellt, die (außer Verhandeln) keine normativen Regeln kennt, mit denen sich das Gemeinwohl bestimmen und widerstreitende Forderungen auf der Grundlage des Rechts klären ließen. Es stellt sich also erneut die Frage nach der politischen Philosophie des öffentlichen Haushalts.

Jede Untersuchung philosophischer Grundsätze hat mit Fragestellungen zu beginnen, die dem Substantiellen gelten, und deshalb haben wir auch Forderungen – Fragen nach Entschädigung und Gerechtigkeit – gegen die bestehende Verteilung von Privilegien und Rechten aufzugreifen und zu bewerten. Das Wesen der pluralistischen Gesellschaft vorausgesetzt, haben wir, im größeren methodologischen Rahmen, die Unterschiede zwischen Menschen hinzunehmen und der Frage nachzugehen, welche Unterschiede für das normative Funktionieren des öffentlichen Haushalts von Bedeutung und legitim sind.

Dieser Matrix ökonomischer und philosophischer Fragen möchte ich vier Fragen entnehmen, die nach meiner Ansicht geklärt werden müssen:

1. Welches sind die relevanten Einheiten des öffentlichen Haushalts und wie ist zwischen ihnen ein Gleichgewicht von Rechten herzustellen?
2. Welche Spannungen herrschen zwischen Freiheit und Gleichheit, da die Menschen den einen oder den anderen dieser unvereinbaren Werte zu verwirklichen suchen?

3. Wie ist im Wettstreit sozialer Forderungen und wirtschaftlicher Leistungsmöglichkeiten ein Gleichgewicht zwischen Unparteilichkeit und Effizienz herzustellen?
4. Welches sind im wirtschaftlichen Güterverkehr wie auch auf dem Felde der Moral die Dimensionen des »öffentlichen« und des »privaten« Bereichs?

Diese vier Themen bilden eine Tagesordnung, deren Erledigung eine Philosophie für den öffentlichen Haushalt der modernen liberalen Gesellschaft mit sich bringen würde. Ich kann Lösungen nicht zu erzwingen trachten. Ich kann vielmehr versuchen, mit Hilfe des Prinzips relevanter Unterschiede die Fragestellungen deutlicher herauszuarbeiten.

Die Einheiten der Gesellschaft

Für Aristoteles gilt die *polis* als primäre Einheit der Gesellschaft, für die katholische Gesellschaftstheorie die Familie, für den klassischen Liberalismus die pluralistische Interessengruppe. Jede Einheit hat auf ihre Weise Anspruch auf Priorität oder Gültigkeit erhoben, und jede hat die Ansprüche der anderen bekämpft.

In der westlichen Gesellschaft hatte in den letzten 200 Jahren das Individuum den ersten Rang inne. Laut Jeremy Bentham »ist die Gemeinschaft eine fiktive *Körperschaft,* die sich aus Einzelpersonen zusammensetzt, von denen man annimmt, daß sie sozusagen ihre *Mitglieder* bilden. Was ist also das Interesse der Gemeinschaft? – Es ist die Summe der Interessen der einzelnen Mitglieder, aus denen sie sich zusammensetzt.«[30]

Dieser nominalistische Utilitarismus läßt jedoch die Realität der notwendigerweise außerhalb des Individuums befindlichen Strukturen außer acht. Eine Universität ist eine ständig wechselnde Zusammensetzung von Menschen, und doch hat ihr Dasein eine über ihre jeweiligen Mitglieder hinausweisende symbolische Bedeutung. Dies gilt um so mehr für ein *Volk,* sei es eine religiös-kulturelle Gruppe wie die Juden oder eine national-kulturelle Gruppe wie die Iren und Hunderte ähnlicher Art in der Welt. Ohne solch korporative, ihrem Kern nach nicht-rationale Loyalität, ohne freiwillig entgegengebrachtes oder bekräftigtes Vertrauen, verwandelt sich das Interessenspiel in einen Krieg jeder gegen jeden, in einen mitunter gewalttätigen, mitunter gewaltlosen Kampf.

Doch die Forderungen der Gemeinschaft werden, wenn sie totalen Charakter annehmen, zu einer noch größeren Monstrosität; sie führen zur Konformität ideologischer Anschauungen oder zur Unterwerfung unter einen schwerfälligen bürokratischen Moloch. Die

Idee des Individualismus *ist* zweifellos eine Errungenschaft menschlichen Bewußtseins. Nach Isaiah Berlin (der darin Condorcet folgte) war die Idee der Freiheit als individueller Rechtsanspruch

»in den Rechtskonzeptionen der Römer und Griechen nicht vorhanden; und dies scheint gleichermaßen für die jüdische, die chinesische und alle anderen bisher bekanntgewordenen alten Kulturen zu gelten. Der beherrschende Einfluß dieses Ideals scheint selbst in der jüngsten Geschichte des Westens eher eine Ausnahme als die Regel gewesen zu sein. Noch ist Freiheit in diesem Sinne häufig der Kampfruf großer Massen der Menschheit gewesen. Der Wunsch, nicht belästigt, allein gelassen zu werden, ist Merkmal von Hochkultur sowohl auf seiten von Individuen als auch von Gemeinschaften. Der Sinn für Privatsphäre, für den Bereich persönlicher Beziehungen als etwas Geheiligtem aus angestammten Recht, beruht auf einem Freiheitsbegriff, der trotz all seiner religiösen Wurzeln in seiner entwickelten Form kaum älter als die Renaissance oder Reformation ist.«[31]

Die Freiheit, nach eigenem Gutdünken zu leben, sieht sich von einer Reihe philosophischer und ökonomischer Rechtfertigungen gestützt. Dieser Wert, sofern er anerkannt wird, schützt vor der Tyrannei der Gemeinschaft (selbst wenn sie durch Mehrheitsbeschluß sanktioniert wird). Vorausgesetzt, die notwendigen institutionellen Sicherungen sind eingebaut, trennt diese Wertvorstellung politische von sozialen Institutionen und verhindert das Aufgehen politischer Kräfte in einer einzigen Körperschaft. Bei Respektierung persönlicher Initiative gibt die Wertvorstellung Unternehmern, auf wirtschaftlichem wie intellektuellem Gebiet, freie Hand, Produkte und Institutionen zu erschaffen (von Automobilen bis zu »freien Schulen«), die von Menschen gewünscht und bezahlt werden, sei es privat oder über den öffentlichen Haushalt. Doch gerade dieser in den Vereinigten Staaten geradezu wuchernde Individualismus hat zur Umweltverschmutzung geführt, und er liegt auch der Vernachlässigung sozialer Dienstleistungen und anderer Bedürfnisse der Gemeinschaft zugrunde.

Die liberale Theorie des europäischen Kontinents, von Montesquieu über de Tocqueville bis zu Gierke, kennt eine andere soziale Einheit – die *Gemeinde,* die auf die mittelalterliche Sozialordnung, die Körperschaft (wie etwa die Universität oder eine religiöse Stiftung) und die »Gilden« der Kaufleute und Handwerker (die wir heute Berufsverbände nennen würden) zurückgeht. Diese sich selbst regierenden korporativen Gemeinden innerhalb der Gesamtgesellschaft lebten nach eigenen Vorschriften und verfügten über Machtprivilegien. Als Gebilde zwischen dem unkontrollierten Egoismus des Individuums und der ungeheuren, bedrohlichen Staatsgewalt erschienen diese Berufsverbände und -gemeinschaften jemandem wie Durkheim als notwendige Verankerungen von Bürgermoral in der umfänglichen modernen Gesellschaft.

Die Frage, ob solche vermittelnden Zwischengruppen heutzutage ihren Zweck erfüllen können, ist strittig; die Gruppen haben sich zu immer ungehemmteren Antragstellern entwickelt. Doch in einer pluralistischen Gesellschaft, dies ist klar, hat man die Existenz von Gruppen mit fest umrissenen Forderungen als soziologisches Faktum zu werten, dessen Legitimität man nicht übersehen kann. Umfang und Vielfalt solcher Gruppen ist erstaunlich. Dazu gehören funktionale Wirtschaftsgruppen (Unternehmer, Arbeiter, Erfinder), symbolische Statusgruppen (religiöse, nationale, rassische), sozial benachteiligte Gruppen (Arme, Alte, Körperbehinderte), kulturell sich äußernde Gruppen (Frauen, Jugendliche, Homosexuelle), Gruppen für Bürgerbelange (Bürgerrechtsorganisationen, Konsumenten und Umweltgruppen), Gruppen mit ökonomischen Sonderzielen (Steuerzahlerverbände, Veteranenvereine), Kulturgruppen mit Sonderzielen (Universitäten, wissenschaftliche und akademische Verbände, Kunstvereine), funktional politische Vereinigungen (staatliche Gremien, städtische und kommunale Organisationen) und mindestens 57 weitere Gruppenformen.

Aufgrund der Vielfalt solcher Gruppen erscheint es zweifelhaft, ob heutzutage eine Einzelfrage eine gesamte Gesellschaft zu polarisieren vermöchte. Die besondere Stärke einer modernen demokratischen Ordnung liegt darin, daß sie so viele Interessen in sich *vereinen* kann. Gewiß haben das zahlenmäßige Anwachsen und Konzentration der Interessen im politischen Bereich zu einer Überlastung, Aufsplitterung und oft auch zu politischen Pattsituationen geführt. Dennoch kann man Natur und Charakter unterschiedlicher Gruppeninteressen nicht negieren, denn so ist der Charakter der heutigen demokratischen Ordnung.

Wo stehen wir aber jetzt bei der Suche nach einer normativen Philosophie des öffentlichen Haushalts? Die Antwort, im Detail schwierig darzulegen, kann nur lauten, daß es nicht nur *ein* alles beherrschendes Interesse geben kann, das zu allen Zeiten mit seinen Forderungen Vorrang erhielte – weder das Individuum, sein Eigentum oder seine Rechte; weder der Staat mit seinem Anspruch auf Lenkung und Kontrolle wirtschaftlicher und gesellschaftlicher Aktivitäten oder auf Festlegung von Moral oder privatem Verhalten noch die pluralistischen Gruppen mit ihren Forderungen nach Entschädigung und Schutz. Wir müssen vielmehr jene Regeln, Rechte und Situationen in Betracht ziehen, die sich auf *alle* Personen ungeachtet aller Unterschiede beziehen, und ebenso auch jene Regeln und Forderungen, bei denen sich *relevante* Unterschiede (der Bedürfnisse, Gründe für Entschädigungen und der zu tragenden Lasten) zwischen den Gruppen zeigen – und müssen bei der Allokation entsprechend verfahren. Unterscheidungen können nicht auf formale Art getroffen werden; sie erhalten nur durch die Praxis Sinn und Bedeutung.[32]

Freiheit und Gleichheit

In einer langen tiefschürfenden Erörterung zum Thema Egalitarismus in *Dissent* (Herbst 1973) kommt Michael Walzer zu dem Schluß, daß »Freiheit *und* Gleichheit die beiden Haupttugenden sozialer Institutionen sind, und sie stehen am besten da, wenn sie beisammen stehen.« Doch die liberale Tradition, angefangen mit Kant und den gedankenreichsten Kritikern der Massengesellschaft im 19. Jahrhundert (de Tocqueville und Burckhardt), hat die Frage als die nach Freiheit *versus* Gleichheit gestellt. Ich glaube auch, daß bei der Form der Debatte in den letzten Jahren das Problem im Gegensatz und nicht in der Verbindung liegt.

Der klassische Liberalismus definierte Gleichheit als Gleichheit vor dem Gesetz. Diese Definition beruht auf der Unterscheidung zwischen Herrschaft von Gesetzen und Herrschaft von Menschen. Die Herrschaft von Gesetzen stellt Spielregeln auf, die im allgemeinen für *alle* Spieler gelten; innerhalb dieser Regeln steht es den Menschen frei, eigenen Geschäften nachzugehen, ihre eigene Wahl zu treffen und ihre eigenen Handlungen zu bestimmen. Unter der Herrschaft von Menschen kann ein Regent oder Richter Entscheidungen fällen, die einigen Verpflichtungen oder Entschädigungen auferlegen und anderen nicht. Oft geschieht derartiges aus Gründen von Gerechtigkeit und Billigkeit, doch bleibt ein Element von Willkür und Zwang bestehen.

Der Liberalismus neigte zu ersterem, auch auf die Gefahr einer Ungleichheit hin, denn als alles beherrschender Wert galt ihm Reduktion des Regierungszwanges und Herrschaft des freien Handels. Soziale Intervention neigte und neigt zur Entschädigung im Namen eines anderen Wertes. Kern der liberalen These ist, daß die Menschen sich in ihren Fähigkeiten, Bedürfnissen, Talenten und Neigungen unterscheiden. Folglich müsse man zwischen *gleicher Behandlung* und *Gleichmachen von Menschen* unterscheiden. Das

Bemühen, Menschen gleichzumachen, müsse dazu führen, daß eine Verwaltungsinstanz den Grad an Unterschieden und das Maß an Entschädigungen festlege. Das heißt also, daß man Menschen *ungleich* behandelt. Dieser Logik kann man sich nicht entziehen. Nun wird man aus einer Vielzahl von Gründen Menschen ungleich behandeln müssen. Der wichtigste ist vielleicht der, daß jeder einzelne Wert, sei es nun Freiheit oder Gerechtigkeit, wenn absolut gesetzt und alles andere überschattend, zum Exzeß führen kann. Inhärent unvereinbaren Zielen kann unmöglich ein einzelner Wert Genüge tun, selbst wenn die meisten Menschen das Unvereinbare herbeisehnen. So muß man sich bei dem Bemühen, die Unvereinbarkeiten zu versöhnen, darüber klar werden, was man aufgeben will. Isaiah Berlin hat dies in *Four Essays on Liberty* glänzend zusammengefaßt:

». . . durch eine Verwechslung der Begriffe ist nichts gewonnen. Um krasse Ungleichheit oder verbreitetes Elend zu beheben, bin ich bereit, einen Teil meiner Freiheit oder meine ganze Freiheit zu opfern: ich kann dies willentlich und aus freien Stücken tun, aber es ist Freiheit, die ich der Gerechtigkeit oder Gleichheit oder der Liebe zu meinen Mitmenschen willen aufgebe. Ich sollte mit Recht Schuldgefühle spüren, wenn ich unter manchen Umständen nicht zu diesem Opfer bereit wäre. Aber ein Opfer bedeutet nicht Vermehrung dessen, was geopfert wird, nämlich der Freiheit, wie groß das moralische Bedürfnis danach oder der Ausgleich dafür auch immer sein mag. Alles ist, was es ist: Freiheit ist Freiheit und nicht Gleichheit oder Fairneß oder Gerechtigkeit oder Kultur oder menschliches Glück oder ein ruhiges Gewissen. Wenn die Freiheit meiner selbst, meiner Klasse oder Nation auf Leid und Elend anderer Menschen beruht, dann ist das System, das diesem Vorschub leistet, ungerecht und unmoralisch. Wenn ich aber zur Minderung der Schmach solcher Ungleichheit meine Freiheit beschneide, oder gar verliere und dadurch nicht die persönliche Freiheit anderer konkret vermehre, dann entsteht ein absoluter Verlust an Freiheit. Selbst wenn dies durch einen Gewinn an Gerechtigkeit oder Glück oder Frieden ausgeglichen wird, bleibt der Verlust bestehen, und es handelt sich um eine Wertkonfusion, wenn man sagt, meine ›liberale‹, persönliche Freiheit mag über Bord gehen, denn es vermehrt sich ja eine andere Art von Freiheit (eine ›soziale‹ oder ›ökonomische‹ Freiheit). Dennoch gilt weiterhin, daß die Freiheit einiger zu gewissen Zeiten beschnitten werden muß, um die Freiheit anderer zu sichern. Nach welchem Prinzip sollte dies geschehen? Wenn die Freiheit ein heiliger, unantastbarer Wert ist, dann kann es ein solches Prinzip nicht geben. Manche dieser widerstreitenden Regeln oder Prinzipien müssen, jedenfalls in der Praxis, aufgegeben werden – nicht immer aus Gründen, die klar angegeben, geschweige denn zu Gesetzen oder universalen Maximen verallgemeinert werden können. Immer muß ein praktischer Kompromiß gefunden werden.«[33]

Wie bestimmen wir aber, was wir aufgeben sollen? Was die Gleichheit betrifft, bemühen wir das Prinzip der relevanten Unterschiede. Ziehen wir Verbrechen und Steuern als Beispiele heran. Zwei Menschen begehen die gleiche Straftat. Nach dem Gesetz werden sie arithmetisch gleich behandelt, auch wenn jeden die Strafe unterschiedlich trifft (beide werden z. B. für eine Geschwindigkeitsüberschreitung mit 100 Mark bestraft; doch einer ist Millionär, der andere arm. Oder beiden nimmt man den Führerschein ab, und einer von ihnen kann sich einen Chauffeur leisten, der andere nicht). Doch im Falle der Steuer bezahlen zwei Menschen mit ungleichem Einkommen *nicht* nur nicht den gleichen Steuerbetrag oder den gleichen Anteil am Einkommen, sondern der reichere hat eine mit steigendem Einkommen progressiv wachsende Steuer zu entrichten. Trotzdem halten wir in beiden Fällen das Vorgehen für gerecht.
Wo Individuen die Freiheit genommen oder sie für begangene Straftaten verurteilt werden sollen, neigen wir zur Reduzierung administrativen Ermessensspielraums, um Begünstigung oder Machtmißbrauch zu verhindern. (Wenn Ermessen ins Spiel kommt, etwa bei Strafmilderung im Falle jugendlicher Rechtsbrecher, muß sie gerechtfertigt werden). Die Neigung geht in Richtung *gleiche Behandlung.* Doch im Falle von Steuern, der Verpflichtung, die finanziellen Lasten einer Gesellschaft mit zu tragen, sind wir der Ansicht, wer solche Lasten am ehesten tragen kann, der sollte das auch tun.[34] Diese Menschen werden ungleich behandelt (im formalen Sinne) und wir erkennen, daß es richtig ist, solche Methoden anzuwenden, die dazu *tendieren,* Menschen *gleicher zu machen.* Dennoch gibt es kein alles beherrschendes Prinzip von Gleichheit, in dieser oder jener Form (arithmetisch oder proportional), das unter *allen* Umständen gilt.
In dieser Hinsicht stimmen die klassisch liberale und die klassisch sozialistische Tradition überein. In der sozialistischen Tradition hieß Gleichheit nie »Nivellierung« im Sinne von Gleichheit unter allen Bedingungen und in jeder Hinsicht. Das hat Marx einmal verächtlich »rohen Kommunismus« genannt; er hielt ihn für die niedrigste Stufe menschlicher Gesellschaft. Marx wollte die Ab-

schaffung von *Klassenprivilegien* und *Klassenunterschieden,* d. h. von gesellschaftlich auferlegten und gesellschaftlich erzwungenen *willkürlichen* Unterschieden zwischen Menschen, nach deren Beseitigung die natürlichen Unterschiede bestehen blieben. Doch wenn ein Mensch mehr als ein anderer habe, so sei dies, jedenfalls so lange solche Unterschiede *verdient* würden, eine der Arbeit entsprechende Belohnung. Das ist die Marxsche Definition von Sozialismus.[35]

Die Gleichheitsfrage ist heute die zentrale Frage des öffentlichen Haushalts. Doch es wird nur selten deutlich, worum es bei der Kontroverse geht – um wieviel Gleichheit in welchen Bereichen und dergleichen mehr. Wir haben *Prinzipien* (d. h. Standards) von Gleichheit (arithmetische und proportionale) diskutiert sowie die Abschaffung von willkürlichen (d. h. Klassen-) Unterschieden, so daß lediglich natürliche Differenzen (der Begabungen usw.) bestehenbleiben. Diese Prinzipien haben nur dann einen Sinn, wenn sie auf substantielle Fragen der Gesellschaft angewandt werden, vor allem auf die entscheidende Frage der Beseitigung jener Ungleichheiten, die gesellschaftlich strukturiert sind.

Der Logik folgend, unterscheiden wir drei Dimensionen von Gleichheit: *Gleichheit der Bedingungen, Gleichheit der Mittel* und *Gleichheit der Resultate.*

Gleichheit der Bedingungen bezieht sich, im großen und ganzen, auf Gleichheit öffentlicher Freiheiten. Dazu gehören Gleichheit vor dem Gesetz, Gleichheit der Bewegungsfreiheit auf öffentlichen Plätzen, das Prinzip der Stimmberechtigung jedes einzelnen – kurz, das Bündel von Freiheiten, die wir politische oder Bürgerrechte nennen. Das Leitprinzip ist hier unbestreitbar Gleichbehandlung nach allgemeinem Maßstab. Wo in solchen Fällen einzelne aufgrund öffentlicher Diskriminierung ungleich sind, suchen wir sie gleich zu *machen,* damit sie gleich behandelt werden können. Wir tun dies, damit jeder Mensch seine Rechte als Bürger der politischen Ordnung voll ausüben kann.[36]

Gleichheit der Mittel bedeutet in der liberalen wie auch der sozialistischen Tradition Chancengleichheit – gleicher Zugang zu den Mitteln zur Sicherstellung ungleicher Resultate. Historisch hieß dies Abschaffung der auf Zuschreibung basierenden und reservierten öffentlichen Positionen (z. B. Offizierspositionen der Armee für die Aristokraten-Söhne, infolge von Zunftbeschränkungen ererbte Berufe) sowie die Sicherstellung des freien Zugangs zum Wirtschaftsmarkt und zu den Bildungsmöglichkeiten, die zum Erwerb notwendiger Kompetenz für höhere Positionen dienen.

Die liberalen Gesellschaften des Westens, die individuelle soziale und geographische *Mobilität* zum Wert erhoben haben, definierte sich Gleichheit vorwiegend als Chancengleichheit. Im großen und ganzen blieb dieses Prinzip unangefochten. Als sich herausstellte, daß Chancengleichheit zwar *formales* Faktum ist, daß aber bestimmte Gruppen historisch benachteiligt sind und sich in einer schlechteren Ausgangslage für den »fairen« Wettbewerb um Positionen befinden, da hatte man gute Gründe für Kompensierungsmaßnahmen zur Beseitigung dieser Ungleichheiten. Dennoch lautet das Prinzip weiterhin: Der einzelne muß in seinem Bemühen, zu erreichen, was er entsprechend seinen »natürlichen« Fähigkeiten und individuellen Anstrengungen leisten kann, Gleichbehandlung erfahren. Ergebnisse des Wettbewerbs unter den einzelnen sind unterschiedliche Grade an Status, Einkommen und Autorität.[37] Diese disparaten Ergebnisse werden mit der Begründung gerechtfertigt, daß sie in Freiheit erworben und durch harte Arbeit verdient sind. Das war auch Grundlage der Vorstellung einer »gerechten Meritokratie« sowie, historisch gesehen, Basis des Bemühens, Freiheit *wie auch* Gleichheit zu realisieren. In jüngster Zeit ist jedoch die Anklage zu hören, die disparaten Ergebnisse seien zu gravierend und zu ungleich; die Politik solle mehr Gleichheit von Ergebnissen anstreben – kurzum, die Menschen sollten hinsichtlich Einkommen, Status oder Autorität gleicher *gemacht* werden. Solche Bemühungen können jedoch nur dann Erfolg haben, wenn man anderen Menschen den Zugang zu Positionen oder die Verfügung über ihre Errungenschaften beschneidet (z. B. die Verwendung von Reichtum zum Erwerb weiterer Privilegien). Kurz, das Bemühen um Reduzierung von Disparitäten bedeutet, daß die Freiheit *einiger* eingeschränkt oder geopfert wird, um *andere* ihnen anzugleichen. Es wäre töricht, zu behaupten, man könne einen Wert überhaupt nicht einschränken. Auch würde ich nicht sagen wollen, daß die meisten disparaten Ergebnisse hinsichtlich Status, Einkommen und Autorität gerechterweise zustande gekommen sind. Doch wir sprechen über ein normatives Prinzip – über gerechte Grundsätze eines öffentlichen Haushalts. Das Problem der gegenwärtigen Forderung nach größerer Gleichheit liegt darin, daß eine solche Gleichheit nur durch Verwaltungsakte, durch Ausweitung bürokratischer Macht der Gesellschaft erzielt werden kann. Die simple, alles beherrschende Forderung nach Gleichmachung aller Menschen verkennt das Prinzip relevanter Unterschiede.[38] Demonstrieren wir die Schwierigkeiten mit einer kurzen Erörterung eines mit der Statusfrage zusammenhängenden aktuellen Themas. Ich meine die Frage von Zulassungsquoten bei den Universitäten. In ihrer Forderung nach größerer Gleichheit verlangen einige Verfechter der Gleichmacherei Zulassungsquoten für Studenten von Minoritäten an Universitäten und Berufsschulen und Quoten für Frauen und Schwarze bei akademischen Positionen an Universitäten, Krankenhäusern, Regierungsbehörden und dergleichen. Bei ihren Argumenten übersehen solche Gleichmacher jedoch die relevanten Unterschiede, nämlich Qualifikationen und Kompetenzen, die bei unterschiedlichen Stufen gefordert werden. Die Colleges haben bereits bei Zulassungen andere Kriterien als Noten herangezogen. In den *Ivy-League*-Schulen gibt man Kindern ehemaliger Alumnen den Vorzug, um die Tradition zu bewahren; geographische Quoten gewährleisten eine größere Auswahlbreite; talentierten Sportlern werden besondere Stipendien gewährt, um den Bedarf des Leistungssports zu decken. Doch dabei fallen zwei Dinge ins Auge: erstens halten sich diese Modifikationen noch an einen *gewissen* Benotungsrahmen (nicht jeder wird zugelassen, und akademische Leistung ist, wenn auch im weitesten Sinne, immer noch ein Kontrollprinzip); zweitens werden diese Sonderkriterien beim Aufstieg in höhere Bildungsstätten immer enger gefaßt, und dort liegt das Hauptaugenmerk im wesentlichen auf akademischen Leistungen. Man sollte überdies bedenken, daß Zulassung zu Schulen nur den Eintritt in das System bedeutet und noch keineswegs das Resultat garantiert. Insofern liegt die Zulassung immer noch im Spielraum der Chancengleichheit. Wenn man aus triftigen sozialen Gründen die Zahl von, sagen wir, schwarzen Ärzten und schwarzen Rechtsanwälten vergrößern will, spricht vieles dafür, Studenten von Minoritäten bei der Zulassung zu Schulen in Grenzen zu bevorzugen. (Die größte Schwierigkeit stellt sich erst danach ein: Soll man die Standards während der ganzen Ausbildungszeit entsprechend ändern? In Pennsylvania bestand eine unverhältnismäßig große Zahl von schwarzen Studenten die staatliche Anwaltsprüfung nicht, und als Folge wurde die Forderung nach einem Sonderexamen für Schwarze erhoben.)

Doch bei der Besetzung von akademischen Positionen können solche Modifikationen nicht Platz greifen. Ein Professor, ein Arzt oder ein Verwaltungsbeamter wird auf seine der Stellung entsprechenden Kompetenz geprüft; der Gedanke einer »Gruppenrepräsentanz« hat hier wenig Sinn. Wenn der Sinn für Eignung erhalten werden soll, muß zwangsläufig Kompetenz, nicht Repräsentanz das entscheidende Kriterium sein.[39]

Wenn Diskriminierung (von Geschlecht oder Klasse) Willkür ist, dann auch die Forderung nach Statusgleichheit auf der Basis von Geschlecht oder Klasse; beides muß zurückgewiesen werden.

Wenden wir uns nun einer anderen Frage zu, die nicht mit Status, sondern mit Reichtum und Zugang zum Gesundheitswesen zu tun hat. In den Vereinigten Staaten beruht das Gesundheitswesen überwiegend auf dem Prinzip Honorar gegen Dienstleistung und verschafft somit Menschen mit höherem Einkommen Vorteile, denn sie können bessere Chirurgen und Ärzte, bessere Krankenpflege und dergleichen bezahlen. Man könnte sagen, wenn jemand sein Geld verdient hat, dann hat er auch das Recht, sein Einkommen für etwas auszugeben, was er sich am meisten wünscht. Doch man schreckt vor dem Gedanken zurück, etwas so Fundamentales und Geschätztes wie die Gesundheit solle vorwiegend gemäß der Einkommensstaffelung »rationiert« werden. Und wenn nicht nach Einkommen, nach welchem Kriterium dann? Man könnte sagen, nach dem Kriterium des Verdiensts – für jene also, die es gesellschaftlich am meisten verdienen. In der Sowjetunion gibt es zum Beispiel Spezialkliniken und medizinische Spezialeinrichtungen für hohe Parteifunktionäre; und bis zu einem gewissen Maße gilt dies in den Vereinigten Staaten auch für Armee- und hohe Regierungsbeamte, etwa in Einrichtungen wie dem *Walter Reed*-Krankenhaus in Washington. Wenn sich hier auch ein irgendwie gerechterer Maßstab feststellen läßt – bessere Versorgung für gesellschaftlich wertvolle (oder gesellschaftlich als wertvoll definierte!) Menschen –, bleibt doch ein bohrendes Gefühl von Ungerechtigkeit.

Beim Militärdienst haben wir ein ähnliches Problem: Soll man alle gleich behandeln und einberufen oder sollte man Ausnahmen bei Menschen machen, die der Gesellschaft mit ihren Talenten auf andere Weise dienen könnten? Im amerikanischen Bürgerkrieg konnte man sich noch mit Geld vom Militärdienst freikaufen, indem man persönlich einen Ersatzmann anheuerte und ihn bezahlte. Heute geschieht dies auf kollektiver Basis, indem man den Militärsold erhöht, um auf diese Weise Freiwillige anzulocken.

Ein einziges Prinzip von Gerechtigkeit oder Opfer gibt es nicht. Auffallend ist, daß individualistische und liberale Gesellschaften im Falle des Militärdienstes eher für gleiches Risiko für alle plädieren, während die kommunistischen Länder mit dem Primat der Gesellschaft als alles beherrschendem Wert eher das auf Differenzierung beruhende Prinzip der Ausnahme von der Pflicht zum Militärdienst für Begabte übernehmen.

Im Falle des Gesundheitswesens ist das Problem jedoch klarer. Unser Gefühl für Fairneß, die Vorstellung des gleichen Werts allen Lebens, sagt uns, daß wir dringend einen Weg finden müssen, die Gesundheitsdienste einander anzugleichen und jedermann, unabhängig von Einkommen oder Status, Zugang zu angemessener medizinischer Versorgung zu gewährleisten. Doch sicherlich kann es nicht Sinn der Sache sein, Menschen in ihrer Möglichkeit einzuschränken, Geld für individuelle Versorgung auszugeben (z. B. Privatzimmer, Sonderverpflegung), wie das einige Gewerkschaften in England vorgeschlagen haben (und sogar dafür in den Streik getreten sind), sondern es geht vielmehr darum, die Dienstleistungen für alle zu verbessern.

Wenden wir uns nun dem dritten Ergebnis, der Autorität, zu! Was heißt »gleiche Autorität«, für welche Bereiche soll sie gelten? Das dänische Parlament hat im September 1973, um eine »perfektere Verbindung von Freiheit und Gleichheit« in der Universität zu erreichen, ein Gesetz verabschiedet, das die bestehenden Fakultäten abschafft und festsetzt, daß in allen Disziplinen Entscheidungen über akademische Fragen bis hin zu Examensfragen von gewählten Räten getroffen werden, die sich zu 50 Prozent aus Lehrkräften, 25 Prozent aus Studenten und 25 Prozent aus dem nicht-akademischen Personal (vom Angestellten in der Registratur bis zum Pförtner) zusammensetzen. In einer Reihe von deutschen Universitäten herrscht eine ähnliche Situation (obwohl die Gremien hier vor allem eine aus drei Gruppen bestehende Körperschaft bilden, zusammengesetzt aus ordentlichen Professoren, dem Mittelbau und Studenten). Darüber hinaus wurde (allerdings in Europa häufiger als in den Vereinigten Staaten) in verschiedenen Krankenhäusern, Zeitungsverlagen und Buchverlagen die Forderung nach ähnlichen Mitbestimmungsgremien erhoben. Danach sollen alle Verfahrens- und Grundsatzfragen von konstituierenden Gruppen entschieden werden: bei den Krankenhäusern von Ärzten, Krankenschwestern, Verwaltungspersonal und in einigen Fällen von der »Gemeinschaft«; bei den Zeitungsverlagen von Verlegern, Redakteuren und Journalisten; bei den Buchverlagen von Verlegern, Lektoren und Autoren. Die Forderung wird mit dem Grundsatz »gleiche Mitbestimmung« für alle im Unternehmen Beschäftigten gerechtfertigt. In anderer Verkleidung war dies früher die Forderung in Fabriken nach Gildensozialismus, Betriebsdemokratie oder »Arbeiterkontrolle«.

Es ist hier nicht der Ort, den gesamten Fragenkomplex der »Mitbestimmungsdemokratie« zu behandeln, angefangen von den großen Industrieunternehmen, den Lokalvereinen bis hin zu Krankenhäusern und ähnlichem.[40] Aber um das Prinzip zu verdeutlichen, kann man das einfache Beispiel der Universität heranziehen.

Der Zweck der Universität definiert sich durch ihre Bildungspolitik. Sie muß aufgeschlossen sein für eine geistige Tradition, für die

Wissensstandards und das kulturelle Erbe, das sie vermittelt; sie ist der Gesellschaft Rechenschaft für die Förderung von Begabungen schuldig und trägt Verantwortung für die Studentenschaft, die sich eingeschrieben hat, um Wissen und Kenntnisse zu erwerben. Der Gesellschaft oder auch der Studentenschaft fallen jedoch nicht Recht oder Verantwortung für die Formulierung der Politik zu (z. B. was gelehrt wird, durch wen, Beurteilungsstandards und Leistungskriterien); dies gehört zur Verantwortung jener, die sich die Autorität zu Entscheidungen erworben haben, nämlich der Fakultät oder des Lehrkörpers. Darum können Studenten nicht über ihre eigenen akademischen Grade und die Angehörigen des Mittelbaus nicht über die Ernennung von ordentlichen Professoren »abstimmen«.

Die Bildungspolitik ist jedoch nicht das Ganze einer Universität. Das Studentenleben ist ein eigener Bereich; deshalb sind legitimerweise auch Aufsichtsorgane und ähnliche direkte Kontrollen studentischen Lebens aufgehoben worden. Eine Universität ist in der Forschung tätig, stellt sich in den Dienst der Regierung, von Unternehmen oder Gemeinden; Verantwortung für das Gleichgewicht unter diesen Aktivitäten trägt die Universitätsverwaltung. Bei all dem herrscht ein Arbeitsprinzip, das lautet: den Charakter der verschiedenen Bereiche respektieren und die Privilegien jedes Bereichs auf die diesem Charakter angemessenen Dimensionen beschränken.

Mit der Beachtung dieses Prinzips relevanter Unterschiede haben wir die Grundlage eines allgemeineren Ansatzes zur Beantwortung der Frage nach Gleichheit. Wie wir wissen, bleiben selbst nach Abschaffung willkürlicher Unterschiede wie Klassen- und Geschlechtsprivilegien zwischen den Menschen immer noch Unterschiede in Einkommen, Status und Autorität, Unterschiede aufgrund von Begabungen, Motivationen, Anstrengungen und Leistungen. Die Menschen werden auch Lohn und Macht im Gefolge ihrer Leistungen einzusetzen wünschen. »Die Frage der Gerechtigkeit«, habe ich in einem Aufsatz über Meritokratie und Gleichheit in meinem Buch *Die nachindustrielle Gesellschaft* geschrieben, »wird nur dann aktuell, wenn die Inhaber von Spitzenpositionen ihre Stellung und Autorität dazu mißbrauchen, sich große Vorteile und gesellschaftliche Privilegien zu verschaffen . . .«.

In einem Bereich wie dem Gesundheitswesen können wir zu Recht sagen, daß Zugang zu den Gesundheitsdiensten nicht auf der Grundlage der Einkommensstaffelung festgelegt werden soll. Es entspricht unserem Gefühl für persönliche Würde, daß allen Menschen, ungeachtet ihres Einkommens oder Status, angemessene

Versorgung zuteil wird. Ein relevantes Prinzip, und hier möchte ich Michael Walzers These zustimmen, ist »*die Abschaffung der Macht des Geldes außerhalb seines Bereichs* ... (die Errichtung) einer Gesellschaft, in der Reichtum nicht mehr in soziale Güter verwandelbar ist, zu denen er keine eigentliche Verbindung hat.« Da Geld und, in anderem Ausmaß auch Macht, sich mühelos umwandeln lassen (d. h. sie können ohne weiteres Privilegien wie bessere Krankenversorgung verschaffen), nimmt Walzer an, daß ohne »radikale Umverteilung des Reichtums« Machtmißbrauch schwierig zu verhindern sei. Ich glaube aber, daß eine »radikale Umverteilung des Reichtums« zu den politisch schwierigsten Aufgaben gehört und daß die allseits angestrebten Ziele durch selektive Konsumsteuern und durch Verbesserung der allen zustehenden sozialen Dienstleistungen erreicht werden können.

Wenn mithin Verminderung ungebührlicher, unrechtmäßiger Verfügungsgewalt über Ressourcen als unser Kriterium gilt, würde unser relevantes Prinzip von Freiheit und Gerechtigkeit lauten: Jedem nach seinem Einsatz, jedem nach dem Einfluß und den Privilegien, wie sie jedem Bereich angemessen sind.

Gerechtigkeit und Effizienz

Die Frage von Gleichheit und Freiheit ist die Frage nach den Disparitäten *zwischen Menschen* und nach der Rolle der Regierung bei der Verringerung solcher Disparitäten und bei der Eindämmung ungebührlicher Einflußnahme. Die Frage von Gerechtigkeit und Effizienz betrifft das Problem des Gleichgewichts zwischen der »Wirtschaftlichkeit« der Gesellschaft – Grundsatz der Produktivität oder Bemühen um höhere Erträge bei niedrigeren Kosten – und den sozialen Kriterien nicht-ökonomischer Werte. In anderer Hinsicht handelt es sich auch um die Frage nach dem Gleichgewicht zwischen Gegenwart und Zukunft, also um die Frage, welche Opfer die heutige Generation bringen muß (in der Konsumtion), um künftigen Generationen ein höheres Maß an Kapitalreserven zu sichern. Und umgekehrt die Frage, welchen Anteil an erschöpfbaren Ressourcen die heute Generation auf Kosten späterer Generationen verbrauchen kann.

Mit der Methode der Wirtschaftlichkeit[41] – der exakten Kalkulation monetärer Kosten und Gewinne – ist die Produktion effizient organisiert worden, allerdings verbunden mit zwei einschneidenden sozialen Kosten: im Produktionsbereich Umgang mit Menschen wie mit Dingen sowie Verwendung der Umwelt als »freies Gut« bei entsprechender Rücksichtslosigkeit. In dieser Hinsicht beginnt sich das Gleichgewicht heute langsam von der Methode der Wirtschaftlichkeit weg zu verlagern. Zufriedenheit der Menschen bei der Arbeit – für die sie den größten Teil ihrer Zeit aufbringen und bei der sie ihre Fähigkeiten zu entfalten trachten – gilt als berechtigter Anspruch an die Unternehmen, selbst wenn sie auf Kosten der Effizienz gehen sollte. Auch die Umwelt ist kein freies Gut mehr, insofern Produzenten und Benutzer nunmehr »taxiert« und gezwungen werden, die von ihnen verursachten Verschmutzungen zu beseitigen, auch um den Preis, daß gewisse Kapitalanteile »unproduktiv« werden.

Bei relativ klarer Konfrontation zwischen Forderungen nach Effizienz und Anspruch auf Gerechtigkeit wird erstere hintangestellt, die dafür vorgetragenen Argumente werden, wenn nicht von der ganzen Gesellschaft, so doch von der Gemeinde der Intellektuellen akzeptiert. (Das Denken der heutigen Generation »akademischer Schreiberlinge« wird die Wirtschafts- und Gesellschaftspolitik von morgen beeinflussen.) Doch viele der politischen Fragen einer Gesellschaft sind miteinander konkurrierende Gerechtigkeitsforderungen, und die schwierige Frage lautet, ob es überhaupt ein allgemeines Bewertungsprinzip geben kann. Wie wägen wir zum Beispiel bei der Anlage eines neuen Flughafens die von den Reisenden zurückzulegenden längeren Entfernungen (und die Kosten für Straßen und Bahnen) gegen den Flugzeuglärm bei einem näher an der Stadt gelegenen Standort ab? Wie rechnen wir bei der Planung einer Straßentrasse die sozialen und psychologischen Kosten der Zerreißung bestehender Gemeinden (und wie hoch diese Kosten sein müssen?) gegen die wirtschaftlichen Kosten längerer Umgehungsstraßen auf? Wie bewerten wir, wenn wir uns für Massenverkehrsmittel einsetzen, die Einsparungen an Material und Energie im Vergleich zu längeren Fahrzeiten und abnehmender Mobilität (da man sich ja auf standardisierte Fahrpläne einstellen muß), bei Verzicht auf das eigene Kraftfahrzeug? Wie legen wir »gerechte« Gehaltsunterschiede zwischen hochspezialisierten und angelernten Fachkräften, zwischen Ärzten und Krankenschwestern fest, wenn relativer Arbeitskräftebedarf oder Länge der Ausbildung – also Kriterien des Marktes – nicht mehr ins Gewicht fallen?

In all diesen Fragen bewegen wir uns unweigerlich vom totalen *laisser faire* zu ausgehandelten Entscheidungen hin. Doch nach welchen Prinzipien? Geschieht dies immer, um den Benachteiligten zu helfen? Oder nach dem Kriterium gesellschaftlicher Kosten und Gewinne?

Haben wir eine allgemeine Regel für Gerechtigkeit? In Fragen Sozialfürsorge halten sich die Ökonomen gewöhnlich an eine Spielart der Paretoschen Optimalität: an das Verteilungsprinzip, das besagt, daß für den Fall, daß einige Menschen besser abschneiden, niemand ganz schlecht abschneiden sollte. In jüngerer Zeit hat John Rawls als Ersatz für die Nützlichkeitsprinzipien ein Maximum-Minimum-Kriterium vorgeschlagen, das derzeit gründlichen philosophischen Prüfung unterzogen wird.[42]

Das Maximum-Minimum-Prinzip sichert allen Menschen einen Mindestanteil zu. Rawls glaubt, der einzelne werde diese Regelung freiwillig akzeptieren, da er das Risiko, alles zu verlieren, auf ein Minimum reduzieren wolle; so werde er für »maximale« Übereinstimmung bei »minimalem« Risiko stimmen. Mittels solcher Überlegungen gelangt Rawls zu seinem »Differenzprinzip«, einem auf dem Maximum-Minimum-Kriterium beruhenden Prinzip. In seinen Worten:

»Um soziale und wirtschaftliche Ungleichheiten zu beseitigen, müssen zwei Bedingungen erfüllt werden: a) sie müssen den am wenigsten begünstigten Mitgliedern der Gesellschaft den größtmöglichen Vorteil gewähren (also das Maximum-Minimum-Kriterium von Gerechtigkeit erfüllen) und b) an Stellungen und Ämter gebunden sein, die allen aufgrund ausgewogener Chancengleichheit offen stehen.«

Dies »ursprüngliche« Prinzip der Gerechtigkeit, im Naturzustand freiwillig akzeptiert, könne heute in der Sozialpolitik als Entschädigungsprinzip eingesetzt werden.

Gegen das Maximum-Minimum-Kriterium wurde eine Reihe von Einwänden erhoben. So geht es von der Voraussetzung aus, die Menschen seien »risikofeindlich« und wollten ihre Verlustchancen auf ein Minimum reduzieren. Dies kann für das Leben stimmen, doch kaum für die Güter. Viele Menschen dürften das Risiko des Verlusts eines Fahrrads in Kauf nehmen, um die Chance für den Erwerb eines Auto zu erhalten, selbst wenn das Resultat schließlich darauf hinausläuft, daß sie zu Fuß gehen müssen. Außerdem ist der Begriff »Vorteile« problematisch. Zwar ist richtig, daß wir interpersonelle Nützlichkeiten nicht vergleichen können und daß wir deshalb einen objektiv meßbaren Index wie Reichtum oder Einkommen brauchen; doch viele gesellschaftliche Vorteile sind mit komplexen Verfahren verbunden, die sich einer Meßmethode entziehen.[43]

Am problematischsten aber ist die Bestimmung »am wenigsten begünstigte Mitglieder«. Nimmt man das Einkommen als Kriterium, hieße das, daß jeder, der weniger als das mittlere Einkommen verdient (d. h. die *Hälfte* der Menschen im Lande), benachteiligt ist? Oder gilt das für das untere Fünftel oder Zehntel der Bevölkerung und auf welcher Basis? Und wenn man ein anderes Kriterium (der Notleidende, der Ungelernte, der Mensch aus zerrütteter Familie) heranzieht, was dann?[44]

Dennoch hat dieser Ansatz auch sein Gutes, denn er läuft auf die »Abfindung« der Benachteiligten hinaus. Wenn wir einen Flugplatz näher bei der Stadt anlegen wollten, um Zeit und Reisekosten zu sparen, dann hätten wir jene, die den Lärm zu ertragen hätten, zu fragen, wieviel Geld sie als Preis für den Lärm aufgrund des nähergelegenen Flugplatzes akzeptieren würden. Auf dem Markt würde unter solchen Umständen der Wert ihrer Häuser sinken; das Kriterium gesellschaftlichen Wohls erhöht die Abfindung. Oder wenn in einer Firma oder einem Industriebetrieb überalterte, zunehmend leistungsschwächer werdende Arbeitnehmer beschäftigt sind, würden wir den Arbeitgeber fragen (wie mit den amerikanischen Gewerkschaften der Hafenarbeiter und Schriftsetzer geschehen), wieviel »Abfindung« er für diese Beschäftigten zu zahlen bereit ist, damit sie sich zur Ruhe setzen können.

Krux des Problems ist jedoch nicht der *Grad der Umverteilung* – sagen wir von Einkommen und Reichtum, denn sie sind die wichtigsten und am einfachsten zu messenden Posten –, *sondern das Gleichgewicht zwischen Umverteilung und Wachstum.*

Die Verteilung von Einkommen beeinflußt die Wachstumsrate einer Wirtschaft, wie die Wachstumsrate die Verteilung beeinflußt. Jede größere Einkommenumverteilung läßt unweigerlich die Konsumtionskurve auf Kosten der Investitionen in die Höhe schnellen. Doch das Maximum-Minimum-Prinzip, räumt Rawls ein, ist »zur Festlegung einer gerechten Sparrate untauglich; es beansprucht nur Gültigkeit innerhalb eines Menschenalters.«

Doch das ist genau die entscheidende Frage. Welches ist die richtige Rate des Wirtschaftswachstums einer Gesellschaft? Wie soll dieses Wachstum finanziert werden? Wie sollen die Erträge verteilt werden? Das Rawlsche Maximum-Minimum-Kriterium ist das Gerechtigkeitsprinzip eines »stationären Staates«. Es ist jedoch nicht ausgemacht, daß die Gesellschaft – sei es die amerikanische, die russische oder eine andere heutige Gesellschaft – für den stationären Staat stimmen würde.

In einem stationären Staat sind die Nettoersparnisse per Definition gleich Null. Warum also jetzt auf die Konsumtion verzichten, wenn die späteren Gewinne nicht höher liegen als heute? Doch da die Ressourcen erschöpfbar sind – aufgrund des Gesetzes der Entropie (selbst im Wiederverarbeitungszyklus – *recycling* – verlieren wir einen Teil der ursprünglichen Menge durch Wärme), wenn nicht durch unmittelbaren Verschleiß –, müssen wir entweder Investitionen für die Suche nach neuen Ressourcen aufbringen (oder die vorhandenen kapitalintensiver machen) oder aber die Konsumtion jener erschöpfbaren Ressourcen einschränken, um die vorhandene Menge für unsere Zukunft oder für künftige Generationen zu schonen. Robert M. Solow meint dazu: »Wir kommen aufgrund der Vorsorge *unserer* Vorfahren tatsächlich gut weg. Wenn man in Betracht zieht, wie arm sie waren und wie reich wir sind, dann hätten sie gut und gern weniger sparen und mehr konsumieren können. Zweifelsohne haben sie nie das Ansteigen des Prokopfeinkommens erwartet, das uns so viel reicher gemacht hat, als sie sich je als möglich hätten träumen lassen. Das unterstreicht aber nur die Tatsache, daß die Zukunft eine viel zu wichtige Angelegenheit ist, als daß man sie dem Zufall irrtümlicher Erwartungen oder den Höhen und Tiefen der Protestantischen Ethik überlassen könnte.«

Möchten wir, daß es unseren Kindern – und auch ihren – weniger gut geht als uns selbst? Welches ist die gerechte »Zeitpräferenz« für eine Gesellschaft? Wieviel müssen wir sparen oder auf wieviel Verzicht leisten, damit wir die uns übergebene wirtschaftliche Kapazität weitergeben können? Die Entscheidung des einzelnen zu sparen hängt von seiner Einschätzung künftiger Zinsen ab. Die technische Überlegenheit künftiger Güter gegenüber den gegenwärtigen (Produktivität) würde den Wert seines Besitzbestandes mehr als proportional erhöhen. Dieser Köder hat in den sechziger Jahren die Investoren an den Börsen nach Kapitalgewinnen und nicht nach sofortigen Gewinnausschüttungen suchen lassen. Wachsende Ungewißheit angesichts der Zukunft lähmt solche Erwartungen, und die Investoren trachten dann nach Dividenden oder unmittelbaren Gewinnausschüttungen, statt auf die Zukunft zu warten. Analog ist die Verbrauchsrate erschöpfbarer Ressourcen auch eine Funktion solcher das Gleichgewicht herstellenden Kräfte – nämlich der Zukunftserwartungen in Gegensatz zu unmittelbaren Gewinnen. Leon Walras hat den Prozeß der Gleichgewichtsherstellung als *tâtonnement* bezeichnet, als Suchen auf der Grundlage von Versuch und Irrtum, als Herumtasten wie das eines Blinden nach einem unsichtbaren Ziel.

Doch es ist nicht sicher, ob eine soziale Entscheidung am besten auf der Grundlage der Summe individueller Entscheidungen getroffen werden sollte, vor allem wenn einige wenige Menschen über eine unverhältnismäßig große Menge von Ressourcen verfügen. Dazu noch einmal Solow: »Die reine Theorie erschöpfbarer Ressourcen

[sagt] uns . . . das Gleichgewicht zwischen Gegenwart und Zukunft ist eine delikatere Sache, als man das gemeinhin annimmt . . . und die Wahl einer sozialen Zinsrate ist nachgerade eine politische Entscheidung über die Verteilung [von Einkommen und Reichtum] von künftigen Generationen.«[45]

Wir schulden der Zukunft eine Produktionskapazität. Die Ideologie – und die Erfahrungen – des Sowjetkommunismus wirken so abschreckend aufgrund der unbarmherzigen Ansicht, die heutige Generation sei für die Zukunft zu opfern, so daß sich Rußland während der Stalinzeit einer brutalen Form »ursprünglicher Akkumulation« hingab, die nicht nur zur Aufopferung des Lebensstandards, sondern auch zum Opfer von Millionen von Menschenleben zugunsten der »Produktion« führte. Doch was das Schauspiel der westlichen bürgerlichen Gesellschaft so abstoßend macht, sind Verschwendung und Vergeudung von Ressourcen für unnütze Status- und Herzeigeprodukte (z. B. große, schwere Automobile, extravagante Verpackung von Konsumartikeln) um des Konsums willen.

Der gesellschaftliche Zins der Zukunft muß eine gesellschaftliche Entscheidung, eine Allokationsregel nach dem Gerechtigkeitsprinzip sein, die festlegt, wie sich die Produktivitätskapazität einer Gesellschaft auf der Grundlage der Reduktion gewisser Konsumformen steigern läßt. Dies bringt uns zwangsläufig zu der Frage, die zu den entscheidenden Fragen einer liberalen Gesellschaft gehört –: zur Frage des Gleichgewichts zwischen Öffentlichem und Privatem und der Definition der ihnen angemessenen Bereiche.

Das Öffentliche und das Private

Die liberale Theorie des objektiven Rechts, wie Kant es kodifiziert hat, kennt zwei Postulate: Das Recht hat formal (d. h. prozedural), nicht materiell zu sein, und Recht und Moral sind voneinander unabhängig. Das Verständnis von Recht als in erster Linie prozedural hängt mit dem Entstehen der bürgerlichen Gesellschaft als einem getrennten Bereich zusammen, in dem als Ziel wirtschaftlicher Betätigung die Befriedung individueller Wünsche und nicht das Wohl des Staates galt. Die Auffassung postuliert die grundsätzliche Gleichheit der Wettbewerber und schließt Einmischung aus, weil sie den Gleichheitsgrundsatz verletze. Einschränkungen der Freiheit oder des Besitzes sollten generell und kalkulierbar sein und gleichermaßen für alle gelten. Rechtsgrundlage dieser Konzeption ist formale Rationalität.

Die Unterscheidung von Recht und Moral geht auf zwei Quellen zurück. Eine ist die philosophische Auffassung vom *autonomen* Willen des Menschen, vom Menschen als selbstbestimmendes, nicht als heteronomes oder von Außenfaktoren wie Natur oder Brauch diktiertes Wesen. (Kant meinte: »Kein Mensch kann mich dazu zwingen, nach seiner Façon selig zu werden.«) Zweite Quelle sind die historischen Erfahrungen der Religionskriege im 17. Jahrhundert, die zu der Auffassung führten, keine Gruppe dürfe ihre privaten Glaubensauffassungen anderen über den weltlichen Arm des Staates aufzwingen. Man könne zwar Straftaten, aber nicht Sünde verfolgen, Rechte durchsetzen, aber nicht Rechtschaffenheit.

Die liberale Theorie hat die Unterscheidung zwischen öffentlichem Bürger und privatem Individuum – die Rousseau so beschäftigt hatte – übernommen und noch verstärkt. Nach dieser Theorie soll das Individuum nicht vom allgemeinen Willen des Staates verschlungen, andererseits aber der Staat auch nicht in die atomistische Welt privater Interessen aufgelöst werden. Sie suchte, so schwierig das auch war, die Trennung der relevanten Bereiche aufrechtzuerhalten.

In jeder Gesellschaft werden Prinzipien zugunsten von Interessen vernachlässigt, und das geschah auch mit der liberalen Theorie der Freiheit. Um die Jahrhundertwende setzte der Oberste Gerichtshof der Vereinigten Staaten unter Berufung auf individuelle Freiheit ein Gesetz, das die Arbeitszeit in gefährlichen Berufen beschränkte, mit der Begründung außer Kraft: ». . . Beim Beruf des Bäckers . . . liegt kein vernünftiger Grund vor, sich in die Freiheit der Person und das Recht des freien Arbeitsvertrages einzumischen . . . Es handelt sich um erwachsene und intelligente Menschen . . . Sie sind in keinerlei Hinsicht Schutzbefohlene des Staates« (vgl. *Lochner v. New York,* 1905). Zur gleichen Zeit wurde das moralische Verhalten des einzelnen in erheblichem Maße gegängelt, angefangen vom sonntäglichen Arbeitsverbot bis hin zum Verbot des Alkoholverkaufs; offenbar waren es doch keine »erwachsenen und intelligente« Menschen.

Es herrschte demnach eine Doppelnorm: Die Konservativen wollten einerseits wirtschaftliche Freizügigkeit, andererseits Moralvorschriften. Heute stehen wir vor einem merkwürdigen Umschwung und vor einer anderen Doppelnorm. Die heutigen Liberalen möchten wirtschaftliche Einschränkung und moralische Freiheit. Sie fordern aktive Staatsintervention in Wirtschaftsfragen, verurteilen jedoch mit dem Hinweis auf die Privatsphäre jede Einmischung in Fragen der persönlichen Moral.

Haben wir irgendwelche allgemeinen Regeln, die wir anwenden

können? Oder soll jede gesellschaftliche Gruppe ihre eigenen Interessen durchsetzen? Welches sind die entscheidenden Bereiche des Öffentlichen und Privaten in der Volkswirtschaft, welches die entscheidenden Bereiche der Moralität?

Während der großen Modeströmung für Wirtschaftsplanung in den dreißiger Jahren plädierte man dafür, die Regierung solle alle Industrien verstaatlichen, um »Produktion für den Gebrauch statt Produktion für den Profit« zu gewährleisten. Lewis Mumford hat (in *Technics and Civilization*) vorgeschlagen, Biologen, Moralisten und Menschen mit kultiviertem Geschmack sollten »einen normalen Konsumstandard« festlegen, und Güter sollten »normiert, gewichtet und gemessen« und allen Mitgliedern der Gemeinschaft zur Verfügung gestellt werden; er nannte dies »elementaren Kommunismus«. Wir sollten uns vor solchen Simplifizierungen hüten. Die Arbeitsleistung verstaatlichter Industrien war fast in jedem Land nicht nennenswert besser als die privater oder gemischter Unternehmen; wie Michael Polanyi einmal sagte, spüren die Arbeiter in England heute ebensowenig, daß sie die britische Eisenbahngesellschaft besitzen, wie sie spüren, daß ihnen die britische Marine gehört. Nach einer Bemerkung von Walter Lippmann in den dreißiger Jahren ist »die Schwierigkeit der Produktionsplanung zur Erfüllung vieler Alternativen der Felsen, an dem die ganze Konzeption zerschellt«.[46] Auf signifikante Varianten von Wünschen, Geschmacksrichtungen und Vorlieben kann nur der Markt flexibel genug reagieren. Das widerspricht jedoch nicht der Aussage, daß *gewisse* gesellschaftliche Entscheidungsmechanismen vonnöten sind, um angemessene soziale Dienstleistungen für alle bereitstellen und ein gesellschaftliches Minimum festsetzen zu können, das den Menschen ausreichend Güter zukommen läßt, damit sie das Gefühl eigener Würde haben.

Wenn wir heutzutage etwas Neues beobachten können, dann die Abwendung von alten Vorstellungen eines zentralisierten öffentlichen Besitztums mit seiner bürokratischen Überlastung, die frühere Befürworter kaum in Rechnung gestellt haben. Der Akzent liegt, wie Alice Rivlin es formulierte, nicht auf *öffentlicher Vorsorge,* sondern auf *öffentlicher Finanzierung* der Versorgung. Nach der älteren Konzeption bestand die primäre Aufgabe der Regierung in der Bereitstellung »öffentlicher Güter« – von Wohnungen, Krankenhäusern und anderen Dienstleistungen. Heute soll sie Normen festlegen und für Ressourcen sorgen; die Empfänger könnten sich selbst Wohnungen kaufen und selbst für ihre Gesundheitsfürsorge zahlen.

Manche Liberale und Vertreter der Neuen Linken haben die

Tugenden der Dezentralisierung und des Wettbewerbs wiederentdeckt. Ohne Wettbewerb ist man der Gnade des indifferenten, privaten Monopols oder der Schlamperei bürokratischer Behörden ausgeliefert. Ohne Gewaltenteilung ist man (z. B. im Falle einer Anstellung) von der Gnade einer einzelnen Macht, der des Privatunternehmens oder des Staates, abhängig. Doch ohne öffentliche Mechanismen für den Zahlungsverkehr und das Festlegen von Normen kann man solch wirksame Macht nicht zur Erreichung sozialer Ziele einsetzen. Deshalb ist ein Gleichgewicht von privaten und öffentlichen Bereichen vonnöten – der öffentlichen Sorge für private Bedürfnisse –, das Freiheit und Gerechtigkeit fördert.

Was ist Moralität? Sollte es keine rechtlichen Einschränkungen geben? Soll alles – Pornographie, Obszönität und Inzest – erlaubt sein? In seinem Essay *On Liberation* hat John Stuart Mill bemerkt, daß eine Neigung bestehe, die »Grenzen dessen, was man Moralpolitik nennen könnte, so weit auszudehnen, bis sie die ganz unbestreitbar legitime Freiheit des Individuums schmälert.« Dieser Art »Moralkontrolle« müsse man sich mit allen Mitteln widersetzen. Doch die großen historischen Religionen des Westens eint ein Urteil über die Natur des Menschen: Wo kein Zwang herrsche, wo bloße Erfahrung Prüfstein des Erlaubten sei, da führe der Impuls, alles zu erforschen, alle Erregungen auszukosten, selbst wenn sie aus ästhetischen Gründen mit Sanktionen belegt sind, zu Ausschweifung, Wollust, Entwürdigung anderer und Mord. Und die Lehre, welche die Religionen allesamt daraus zogen, lautete, die Gemeinschaft müsse ein Gefühl dafür bewahren, was *schändlich*, unanständig sei, sonst verliere sie jeden Sinn für moralische Normen.

Was ist schändlich? Eine genaue Grenze zu ziehen ist unmöglich. Für manche ist es Nacktheit, für andere Homosexualität, wieder für andere die Pornographie. Und selbst die Vorstellung von »Gemeinschaftsnormen« dürfte nur wenig hilfreich sein, da auch die Gemeinschaft häufig geteilter Ansicht ist. Wir *können* aber eine andere Unterscheidung zwischen *Öffentlichem* und dem *Privatem* treffen, und zwischen ihnen eine Mauer errichten. So kann durchaus ein Verbot öffentlicher Zurschaustellung von Pornographie, Obszönität und der die menschliche Persönlichkeit entwürdigenden Laszivitäten erlassen werden, doch was Erwachsene hinter der Mauer in Übereinstimmung tun wollen, ist ihre eigene Sache.

Wohin führt uns dies? Zu öffentlichen Tugenden und privaten Lastern, ein Tribut, in einem anderen Sinne des Wortes, den Heuchelei der Doppelnatur des Menschen zollt. Das ist gewiß ein problematisches Verfahren, wenn auch vielleicht das einzige, daß der »Moralkontrolle« einer Frau Grundys und dem »Liebeskörper« eines Norman Brown Grenzen setzt.

Diese vier Fragestellungen laufen in ihren soziophilosophischen Konsequenzen auf Ablehnung des bürgerlichen Hedonismus mit seinem utilitaristischen Akzent auf ökonomischen Triebregungen hinaus, gleichzeitig aber auch auf Bewahrung des politischen Liberalismus mit seiner Rücksichtnahme auf individuelle Unterschiede und Freiheit. Als historisches Phänomen war der Liberalismus an die bürgerliche Gesellschaft gebunden. Man nahm an, Freiheit im Wirtschaftsbereich sei notwendige Vorbedingung für Freiheit in allen anderen Bereichen. (Wie der alte Spruch verhieß: »Freie Märkte schaffen freie Menschen.«) Aber der wirtschaftliche Liberalismus verwandelte sich in einer korporativen Struktur zum Wirtschaftsoligopol und auf seiner Jagd nach Befriedigung privater Wünsche zu einem auf gesellschaftliche Bedürfnisse zerstörerisch wirkenden Hedonismus. Doch beide Bereiche lassen sich voneinander trennen. Wir können auf die Jagd nach Befriedigung bürgerlicher Wünsche verzichten, da sie keine moralische Grundlage für die Gesellschaft abgibt, und auf der Notwendigkeit öffentlicher Güter bestehen. Dennoch brauchen wir den politischen Liberalismus, um dem Individuum Schutz vor der Ausübung von Zwang und im angemessenen Rahmen Gratifikationen für seine Anstrengungen und Verdienste bieten zu können. Schiedsrichter über beide Bereiche kann nicht der Markt sein – der als Mechanismus, nicht als Gerechtigkeitsprinzip gesehen werden muß –, sondern muß der öffentliche Haushalt sein.

Neue Bestärkung des Liberalismus

Argumente für den öffentlichen Haushalt beruhen im Kern auf dem Bedürfnis nach Neuformulierung des in einer Gesellschaft als legitim zu Geltenden (begründete Werte). Legitimität prägt die Kontinuität von Institutionen und die Bereitwilligkeit von Individuen zu entsprechenden Reaktionen. Hinter der Idee des öffentlichen Haushalts steht folglich ein Bemühen im Bereich der politischen Ordnung um ein soziales Bindemittel der Gesellschaft.
Die zentrale Stellung des öffentlichen Haushalts bedeutet nicht zwangsläufig Expansion der Wirtschafts- und Verwaltungssektoren der Regierung. Es handelt sich hier, um es mit Aristoteles zu sagen, »mehr um Sorge für gute Daseinsbedingungen der Menschen als

um' gute Bedingungen für Hab und Gut«. Dabei geht es um Anerkennung des Unterschieds von Zielen und Mitteln und um Wiedereinführung gesellschaftlicher Ziele, also um eben jene »guten Daseinsbedingungen«, die öffentliche Politik anzustreben hat. Es geht um die zentrale Bedeutung bewußter Entscheidungen, die bei der Ausarbeitung von Richtlinien der Gesellschaft öffentlich erörtert und philosophisch gerechtfertigt werden sollten. Wo die bürgerliche Gesellschaft Wirtschaft und politische Ordnung trennte, vereint der öffentliche Haushalt beide Bereiche, nicht zum Zwecke der Machtverschmelzung, sondern der notwendigen Koordination von Auswirkungen. Der öffentliche Haushalt erfordert neue sozio-ökonomische Menschenrechte, die für unsere Zeit die gesellschaftlichen Bedürfnisse neu definieren, die eine politische Ordnung zu befriedigen hat. Er stellt ein öffentliches Budget auf (Wieviel wollen wir ausgeben und für wen?), als Mechanismus, mit dessen Hilfe die Gesellschaft »die guten Daseinsbedingungen von Menschen« herbeizuführen sucht.

Doch es gilt, eine Einschränkung zu machen, denn kein einzelnes Recht hat »mit Recht Vorrang« (um Locke zu zitieren) vor anderen. Sowohl die klassisch katholische als auch die kommunistische Lehre suchen Recht und Sittlichkeit miteinander zu verschmelzen und halten an einem einzigen alles beherrschenden Prinzip fest (wobei sie allerdings höchst unterschiedlicher Meinung sind, worin es besteht), dem sich alle Mitglieder der Gemeinschaft beugen müßten. Der traditionelle Katholizismus und der heutige Kommunismus, sich in Besitz der Wahrheit wähnend, halten alle außerhalb des Glaubens Stehenden für Opfer von Irrtum und Häresie, die man zu bekämpfen habe.

Der Liberalismus verwirft diese Lehre, weil sie nicht die Gemeinsamkeiten der Menschen hervorhebt, sondern ihre Verschiedenartigkeit, als Individuen wie als Gruppen. In einer homogenen Gesellschaft kann man es als Verpflichtung ansehen, allgemeine Auffassungen zu respektieren; doch in einer pluralistischen Gesellschaft, die sich aus verschiedenen Gruppen zusammensetzt und unterschiedliche Glaubensvorstellungen besitzt, ist es nicht tragbar, ein Ensemble von Glaubensvorstellungen als allein selig machend hinzustellen. Isaiah Berlin meint dazu:

»Die Auffassung, auf normative Fragen müsse es endgültige, objektive Antworten geben, die Wahrheit könne bewiesen oder unmittelbar intuitiv erfaßt werden; es sei im Prinzip möglich, ein harmonisches Modell aufzudecken, in dem alle Werte versöhnt seien, und wir müßten uns auf dieses umfassende Ziel hinbewegen;

wir könnten ein gewisses zentrales Prinzip, das diese Einsicht präge, aufhellen, ein Prinzip, das, sobald erst entdeckt, unser Leben regieren werde – dieser alte, fast universelle Glaube, auf dem ein Großteil des traditionellen Denkens und Handelns und der philosophischen Lehren beruht, scheint mir keine Gültigkeit zu besitzen und zuweilen zu Absurditäten in der Theorie und zu barbarischen Konsequenzen in der Praxis geführt zu haben (und noch zu führen).«[47]

Der Liberalismus akzeptiert die Spannung zwischen Öffentlichem und Privatem und die Doppelrolle von Person und Staatsbürger, Individuum und Gruppe. Die Frage ist nur, wie man gemeinsame Ziele erarbeiten und dennoch individuelle Mittel zur Erreichung anwenden und wie man individuelle (und Gruppen-)Bedürfnisse bestimmen und welche gemeinsamen Mittel man zu ihrer Befriedigung einsetzen kann. Können diese Aufgaben in einer Gesellschaft gelöst werden, in der nur »Interessen« herrschen?
»Die öffentliche Philosophie«, schreibt Walter Lippmann, »zielt ab auf Zügelung unserer Triebregungen und Leidenschaften durch die Vernunft einer zweiten, einer zivilisierten und folglich erworbenen Natur. Sie kann daher nicht populär sein, denn sie will gerade jenen Wünschen und Meinungen widerstehen und sie kontrollieren, die am populärsten sind.«
Nach klassischer Vorstellung kann, wie wir sagten, eine öffentliche Philosophie nur in einer kleinen Republik erarbeitet werden, da mit Montesquieus Worten »in einer kleinen Republik das öffentliche Wohl stärker empfunden und besser erkannt wird und jedem Bürger näher steht.« Andererseits sind einige Pessimisten heute der Auffassung, die Verschwendung von Ressourcen und Menschen könne nur durch den eisernen Griff einer zentralisierten Regierung gezügelt werden.
Als die Gründerväter die erstgenannte Ansicht erörterten, schrieb Madison eine feinsinnige Widerlegung der klassischen Auffassung, indem er sie auf den Kopf stellte: In jeder Demokratie bestehe, räumte Madison ein, die große Gefahr, daß »eine leidenschaftliche Mehrheit ... ihrer Herrschsucht oder ihrem Interesse sowohl das öffentliche Wohl als auch die Rechte anderer Bürger opfern (könnte). Das große Ziel, dem unsere Untersuchungen gewidmet sind, heißt daher, sowohl das öffentliche Wohl als auch die privaten Rechte gegen die von einer solchen Gruppierung ausgehenden Gefahren schützen und zugleich Geist und Form einer Volksregierung bewahren.« Während eine bescheidene, unmittelbare Demokratie nach klassischem Muster »kein Heilmittel für das Unheil von

Gruppierungen bieten kann, eröffnet die repräsentative Republik eine bessere Aussicht und verspricht das Heilmittel, nach dem wir suchen.« Je größer der Umfang, desto größer die »Vielfalt der Parteien und Interessen« und folglich desto geringer auch die Wahrscheinlichkeit, daß eine »Mehrheit des Ganzen gemeinsame Motive findet, um die Rechte anderer Bürger zu beseitigen; sollte doch ein solches gemeinsames Motiv vorhanden sein, dann wird es schwieriger für alle, die es verspüren, sich ihrer eigenen Stärke zu vergewissern und im Gleichklang miteinander vorzugehen . . .«[48]

Aus diesem Vorschlag ergaben – und ergeben – sich zwei logische Schlußfolgerungen: erstens, alle Interessen müssen einbezogen werden, zweitens, über alle Fragen muß verhandelt werden.

Doch bei solcher Verschiedenheit dürfte Verhandlung allein nicht genügen, und die Interessenvielfalt kann zur Aufsplitterung führen. Aus lebendigen Erfahrungen bei der Schaffung einer repräsentativen, nationalen Republik heraus schmiedeten die Vereinigten Staaten ein zweites Instrument, den Obersten Gerichtshof, der Zentrum der Legitimität sein und mit seinen Urteilen die allgemeinen Regeln und gerechten Verteilungen einer heterogenen Gesellschaft neu definieren sollte. Mit der Akzeptierung seiner Zuständigkeit als normativer Schiedsinstanz durch die gesamte politische Ordnung kommt dem amerikanischen Obersten Gerichtshof eine einmalige Bedeutung zu.

In der liberalen Philosophie, dem Rahmen der Republik, galt das Privateigentum als »absolutes Recht«, neben der Sicherheit der Person und der Freiheit des Individuums das dritte der für die Bürgergesellschaft notwendigen Rechte. Doch während des letzten Jahrhunderts hat der Gerichtshof dieses Recht neu definiert und ausdrücklich betont, die *Nutzung* des Eigentums sei nicht absolut, da rücksichtslose Verwendung gravierende Gefahren für Nachbarn und die Gesellschaft mit sich bringen könnte und daß trotz legaler Rechte auf Gebrauch und Freude am Eigentum dennoch keine absoluten, die allgemeinen gesellschaftlichen Zielsetzungen beeinträchtigenden Rechte bestünden. Auch hier, wie in der amerikanischen Verfassung und im Staatsgrundgesetz (*Bill of Rights*), taucht das Wort »Gleichheit« nicht auf. Es erscheint lediglich im Vierzehnten Zusatzartikel, der »gleichen Rechtsschutz« zusichert, und im Fünfzehnten Zusatzartikel, wo es im Zusammenhang mit der Rasse, Hautfarbe und früherer Sklaverei gebraucht wird. Doch heute ist Gleichheit, in der Erziehung, bei Wahlen und ähnlichem, zu einer zentralen Frage der öffentlichen Philosophie geworden.

Die Mechanismen des Kompromisses und des Rechtsspruchs bestehen also noch. Die Frage ist nur, ob es einen gemeinsamen

Willen gibt. Auch hier erkennen wir eine Vorbedingung –: das Bedürfnis nach einer Bindung an etwas Transzendentales, das die einzelnen hinreichend motiviert, falls notwendig auch die eigenen Interessen zu opfern.

In der Vergangenheit wurde ein Volk durch einen Herrscher, eine Lehre oder ein Schicksal geeint – und in historisch bedeutenden Zeitläuften eines Volkes oder einer Nation durch eine Verschmelzung der drei Elemente. Eine charismatische Gestalt verschafft einem Volk das psychologische Bindemittel der Identifikation und befriedigt das Bedürfnis nach Unterordnung und Ehrfurcht. Eine Lehre bietet dem Volk ein Ensemble von Erklärungen und Rechtfertigungen seines Standortes in der Welt. Ein Schicksal verleiht Kraft und Selbstvertrauen, wenn nicht Selbsterhöhung, die das psychologische Band der Loyalität verstärkt.

In den Vereinigten Staaten vermittelte ein Schicksalsgefühl der entstehenden Republik Sinn und Ziel – die von Jefferson zum Ausdruck gebrachte Vorstellung, auf diesem jungfräulichen Kontinent werde sich Gottes Plan erfüllen. Auf einem jungfräulichen Kontinent konnten die Menschen frei, geradezu verschwenderisch, ihre persönlichen Ziele verfolgen und ihre großen Leistungen preisen. Seine Doktrin war geprägt durch einen Protestantismus, der Nüchternheit, Arbeit und Standhaftigkeit gegenüber den Versuchungen des Fleisches forderte. In den Vereinigten Staaten war Vertrauen auf den »großen Mann« insgesamt gedämpfter, wortkarger als in anderen Gesellschaften, obwohl auffallen muß, daß die meisten Präsidenten der amerikanischen Geschichte ihrem Beruf nach Generäle waren, die sich im Kriege ausgezeichnet hatten.

Auf dem Höhepunkt der imperialen Republik wichen das stille Gefühl der Schicksalhaftigkeit und die strenge Auffassung vom persönlichen Verhalten einem virulenten »Amerikanismus«, einem Sendungsbewußtsein, das die Amerikaner nach Übersee trieb, einem materialistischen Hedonismus, der den Ansporn zur Arbeit lieferte. Heute ist dieses Sendungsbewußtsein erschüttert, der Amerikanismus ausgehöhlt, allein der Hedonismus ist geblieben, eine dürftige Voraussetzung für nationale Einheit und Willensbildung.

Doch aus Versuch und Fehlschlag – und es hat wahrlich Fehlschläge gegeben – erwächst etwas Positives: die Möglichkeit einer selbstbewußten inneren Reife (was die Stoiker tragisches Lebensgefühl nannten), die auf charismatische Führer, doktrinäre Ideologien und Sendungsbewußtsein verzichtet und sich selbst und die liberale Gesellschaft auf der einzigen Grundlage zum Überleben neu zu definieren sucht. Diese Grundlage muß durch Verbindung dreier Maßnahmen gelegt werden: Vergewisserung der Vergangenheit, denn nur wenn wir uns des Erbes der Vergangenheit bewußt sind, erkennen wir die Pflichten gegenüber unseren Nachkommen; Erkennen der Grenzen von Ressourcen und der Priorität individueller und gesellschaftlicher *Bedürfnisse* vor unbegrenzten Triebregungen und Wünschen; und die Einigung über einen Begriff von Gerechtigkeit, der allen Menschen das Gefühl vermittelt, fair behandelt und in der Gesellschaft geborgen zu sein, und der eine Situation befördert, in der die Menschen innerhalb der entscheidenden Bereiche gleicher *werden,* so daß sie auch gleich *behandelt* werden können.

Das wäre eine Art Gesellschaftsvertrag, freilich ein Gesellschaftsvertrag, der, wenngleich in der wandelbaren Gegenwart neu ausgehandelt, die Vergangenheit nicht ignoriert, nicht ignorieren kann. Die Hybris des klassischen Liberalismus und sozialistischer Utopien ist anzunehmen, in jeder neuen Generation könnten die Menschen neu beginnen, die Vergangenheit abtun und die Institutionen neu entwerfen. Die Menschen können sich selbst und die Gesellschaft zwar in Grenzen umgestalten, doch dazu ist es notwendig, daß das Wissen um Recht mit dem Wissen um seine Grenzen einhergeht. Im Grunde ist dies die älteste, beständigste Wahrheit über die menschliche Kondition – wenn sie allzu menschlich bleiben soll.

Anmerkungen

1 Den Begriff »öffentlicher Haushalt« verwendeten für gewöhnlich deutsche und österreichische Wirtschaftssoziologen in den zwanziger Jahren bei ihrer Beschäftigung mit Problemen der Staatsfinanzen. Der bekannte österreichische Ökonom Friedrich von Wieser schrieb in einem erstmals 1924 veröffentlichten klassischen Aufsatz: »Es ist üblich, von öffentlicher Wirtschaft als dem Staatshaushalt oder, wie in anderen Fällen, vom Landeshaushalt oder Stadthaushalt oder allgemein vom öffentlichen Haushalt zu sprechen . . . die Staatswirtschaft besteht im wesentlichen aus allgemeinen Ausgaben; als solche hat sie jedenfalls einige Ähnlichkeit mit dem Privathaushalt, und so gesehen ist der heute geläufige Begriff öffentlicher Haushalt nicht unangemessen.« Friedrich von Wieser, »The Theory of Public Economy«, in *Classics in the Theory of Public Finance,* hrsg. v. Richard A. Musgrave und Alan T. Peacock, St. Martin's Press, New York 1964. Der Begriff öffentlicher Haushalt dient Richard A. Musgrave auch in seinem Standardwerk *The Theory of Public Finance,* McGraw-Hill, New York 1959, als strukturierendes Element; dt. Ausg.: *Finanztheorie,* Tübingen 1966.

2 Richard Musgrave meint dazu: »Die Nationalökonomen haben der Entwicklung von solchen Theorien viel Aufmerksamkeit gewidmet, welche die Probleme der privaten Haushalte, der Unternehmen, der Genossenschaften, der Gewerkschaften und anderer Entscheidungseinheiten der Wirtschaft erklären. Wenn auch nicht alle Fragen geklärt sind, so können wir uns immerhin adäquater Rahmenbedingungen rühmen, innerhalb deren die genannten Probleme zu untersuchen sind. Den gelegentlichen Versuchen, eine entsprechende Theorie des öffentlichen Sektors aufzustellen, war ein derartiger Erfolg nicht beschieden.« (A.a.O., S. 4.)

Seit Veröffentlichung seiner Arbeit sind eine Reihe von Untersuchungen zum Thema »Finanzpolitik« angestellt worden; die bemerkenswertesten sind: Aaron Wildavsky, *The Politics of the Budgetary Process,* Little, Brown, Boston 1964, und William Niskanen, *Bureaucracy and Representative Government,* Aldine, Chicago 1971. Diese Untersuchungen haben sich in der Hauptsache mit der »internen« Politik der Budgetaufstellung befaßt, wobei das Schwergewicht eher auf dem Verhalten bürokratischer Instanzen lag; und es wurde nicht versucht, die Fragen zu den umfassenderen Problemen der Wirtschafts- und Gesellschaftspolitik oder zu den Auswirkungen auf gesellschaftliche Gruppen in Verbindung zu setzen.

Der wohl ehrgeizigste Versuch, eine »Soziologie der Finanzpolitik« zu entwickeln, ist James O'Connors Buch *The Fiscal Crisis of the State,* St. Martin's Press, New York 1973; dt. Ausg.: *Die Finanzkrise des Staates,* Frankfurt am Main 1974. O'Connor schreibt von einem marxistischen Standpunkt aus. »Das Volumen und die Zusammensetzung der Regierungsausgaben und die Verteilung der Steuerlast werden nicht durch die Gesetze des Marktes determiniert, sondern sie spiegeln vielmehr die sozialen und ökonomischen Konflikte zwischen Klassen und Gruppen wider und werden durch diese strukturell bestimmt.« (Deutsche Ausgabe, a.a.O., S. 10.) Es handelt sich hier erstaunlicherweise um einen der seltenen marxistischen Versuche, die entscheidende Rolle der Staatsfinanzen bei der Neuformung gesellschaftlicher Strukturen anzugehen. Wie aus der Erörterung seiner Thesen weiter unten hervorgehen wird, habe ich ernsthafte Einwände gegenüber seinen Überlegungen. Dennoch habe ich großen Nutzen aus seiner Untersuchung gezogen und auch aus der von ihm vorgeschlagenen Literatur, vor allem von Goldscheid und Schumpeter.

3 Eine Erläuterung dieser These findet sich bei M. I. Finley, *The Ancient Economy,* Chatto und Windus, London 1973. Professor Finley schreibt: »[Alfred] Marshalls Buchtitel [*Principles of Economics*] kann nicht ins Griechische und Lateinische übersetzt werden. Das gleiche gilt für Grundbegriffe wie Arbeitskraft, Produktion, Kapital, Investition, Einkommen, Zirkulation, Nachfrage, Unternehmer, Nutzen, die zumindest nicht in der zur Wirtschaftsanalyse erforderlichen abstrakten Form übersetzbar sind. Wenn ich dies betone, so will ich damit nicht sagen, daß die Altvorderen wie Moliers M. Jourdain waren, der Prosa sprach, ohne es selbst zu wissen, sondern ich will damit verdeutlichen, daß ihnen der Begriff ›Volkswirtschaft‹ tatsächlich abging und daß ihnen *a fortiori* die Begriffselemente fehlten, die zusammengenommen das konstituieren, was wir ›die Wirtschaft‹ nennen. Natürlich haben sie Ackerbau, Handel, Handwerksarbeiten und Bergbau betrieben, haben Steuern erhoben, Münzen geprägt, Geld hinterlegt und geliehen, Profite gemacht und bei ihren Unternehmungen Fehl-

schläge erlitten. Auch haben sie diese Tätigkeiten in ihren Gesprächen und in ihren Schriften erörtert. Sie haben jedoch diese besonderen Tätigkeiten begrifflich nicht zu einer Einheit zusammengefaßt, zu einem in [Talcott Parsons] Worten ›differenzierten Subsystem der Gesellschaft‹. So hat auch Aristoteles, der den Plan verfolgte, die verschiedenen Wissenszweige in ein System zu bringen, keine *Volkswirtschaftslehre* geschrieben.« (S. 21).

4 Diese wirtschaftliche Freiheit war jedoch, vor allem nach der Reform der Armengesetze 1834 in England, auch eine Form des Zwangs. Besonders nach dem Experiment von Speenhamland und nach der Einstellung der von Pfarreien gewährten Hilfe waren die Menschen gezwungen, zur Arbeit zu gehen, wenn sie nicht verhungern wollten. Englische Geistliche wie T. R. Malthus oder William Townsend waren der Auffassung, daß ohne die Geißel des Hungers die Menschen müßig und faul blieben und keine persönliche Verantwortung tragen würden. Dagegen sahen Konservative wie Burke die Gesellschaft vom Standpunkt des »Haushalts« aus und waren der Auffassung, das Land sei für die Versorgung seiner Armen verantwortlich.

5 Wie Volkswirtschaftler den Begriff verwenden, gehen öffentliche Güter und Dienstleistungen weder auf psychologische Präferenzen von Individuen noch auf ideologische Forderungen von Gruppen, sondern vielmehr auf den technischen Charakter der Produktion zurück. Die Güter und Dienstleistungen lassen sich auch nicht nach individuellen Präferenzen unterteilen, oder entstehen auch nicht, wenn äußere Bedingungen öffentliche Maßnahmen erfordern.

6 Natürlich verläuft kein Prozeß so abrupt, und der Soziologe bringt den Historiker mit dieser etwas willkürlichen Trichotomie unweigerlich in Wut. In den Vereinigten Staaten wurden im frühen 19. Jahrhundert umfangreiche Regierungsmaßnahmen zur Erschließung von Wasserwegen und öffentlichen Ländereien eingeleitet und Kredite für den Eisenbahnbau gewährt. Die Maßnahmen Theodore Roosevelts zur Zerschlagung von Trusts im ersten Jahrzehnt des 20. Jahrhunderts waren eine bedeutsame Intervention in die Wirtschaft. Ich setze jedoch den Wandel in den dreißiger Jahren an, da es sich dabei weitgehend um ein bewußtes Vorgehen der Regierung handelte, die *Lenkung* der Wirtschaft in die Hand zu nehmen; und man kann die heftige Ablehnung der Politik des *New Deal* und Franklin D. Roosevelts in Kreisen der Großunternehmer als Index für die Bedeutung dieses Wandels ansehen.

7 Man sollte hier jedoch anmerken, daß sich der Wandel in der Konzeption von Steuern – und allgemein des Staatshaushalts – von Einnahmen und Zahlungen für Regierungskosten zu einem fiskalischen Instrument zur Wirtschaftslenkung und für Umverteilungsmaßnahmen nur allmählich und ohne Plan vollzog und zu Beginn auch nicht Gegenstand einer bewußten, öffentlichen politischen Diskussion war.

8 Der von W. F. Stolper und R. A. Musgrave übersetzte Essay erschien in *International Economic Papers,* Nr. 4 (Macmillan, New York 1954), S. 5–38. (Dt.: »Die Krise des Steuerstaates«, in *Zeitfragen aus dem Gebiete der Soziologie,* Graz und Leipzig 1918.) Die Herausgeber der englischen Ausgabe gaben in einer einleitenden Anmerkung folgenden wichtigen Hinweis: »*Die Krise des Steuerstaates* war eine der am wenigsten zugänglichen Schriften aus der Reihe der bedeutenderen sozio-ökonomischen Ar-

beiten Schumpeters und die einzige, die noch ins Englische übersetzt werden mußte. Sie verbindet eine historische Analyse von Ursprung und Natur des modernen demokratischen Staates mit einer Soziologie der Besteuerung, skizziert eine Theorie der Steuerkapazität und schlägt Maßnahmen zur Verhinderung der durch Realisierung liquider Guthaben hervorgerufenen Nachkriegsinflation vor, Krisenmanagementmaßnahmen also, die eine auffallende Ähnlichkeit zu den Währungsreformen in zurückliegenden Jahrzehnten aufweisen.«

9 Schumpeter fügt hinzu: »Deshalb sind die fiskalischen Forderungen auch das erste Lebenszeichen des modernen Staates. Deshalb hat die ›Steuer‹ auch so viel mit dem ›Staat‹ zu tun, daß der Ausdruck ›Steuerstaat‹ bereits als Pleonasmus aufgefaßt werden könnte. Und deshalb ist auch die Finanzsoziologie für die Theorie des Staates so ergiebig.« (S. 9).

Es ist kein Zufall, daß der moderne Steuerstaat zuerst in Mitteleuropa entstand, wo die patrimonialen Haushalte der Fürsten und Monarchen sich in den öffentlichen Haushalt verwandelten, wo daher auch die Bürokratie zuerst in Erscheinung trat und wo der Staat, ganz im Unterschied zu anglo-amerikanischen Erfahrungen, die führende Rolle beim Aufbau einer Industriegesellschaft übernahm.

10 Ibid., S. 19. Schumpeter schreibt auch: »Steuern halfen nicht nur dabei, den Staat zu schaffen, sie halfen auch dabei, ihn zu formen. Das Steuersystem war das Organ, mit dessen Entwicklung sich auch andere Organe entfalteten. Mit der Steuergesetzgebung drang der Staat in die Privatwirtschaft ein und gewann zunehmend Macht über sie. Steuern tragen Geld und Kalkulationsgeist selbst in Winkel hinein, in denen sie bislang nicht vorhanden waren, und sie werden so in jenem Organismus, der sie hervorgebracht hat, zu einem formativen Faktor. Art und Höhe der Steuern werden durch die Sozialstruktur bestimmt, doch sobald Steuern einmal bestehen, werden sie gewissermaßen zu einem Hebel, nach dem gesellschaftliche Kräfte greifen können, um die Struktur zu verändern.«

11 Rudolf Goldscheid, »A Sociological Approach to Public Finance«, in Musgrave und Peacock, op. cit., S. 204 u. 208.

12 Marx beschäftigte sich in der brillianten Schrift *Der 18ᵉ Brumaire des Louis Napoleon* mit dem Problem des Staates. Er stand hier vor der Frage, wie in einer Gesellschaft, die von der bürgerlichen Klasse beherrscht ist, ein »Abenteurer« auftauchen kann, um die staatliche Macht zu übernehmen und im Namen der bürgerlichen Ordnung eine Klasse gegen die andere auszuspielen. Marx unterschied zwischen politischer und ökonomischer Macht, und er stellt fest, daß Louis Napoleon zwar in der Lage war, die politische Macht der Mittelklassen zu brechen, daß er aber ihre »materielle« (d. h. ökonomische) Macht nicht ins Wanken brachte.

13 Zur Diskussion der sozialistischen Wirtschaftspolitik während der Depression vgl. Adolf Sturmthal, *The Tragedy of European Labor,* Columbia University Press, New York 1943, Kapitel 4 bis 10.

Doch Goldscheid schreibt bereits 1925 in seinem damals ignorierten Essay: »Es ist ... nicht nur absurd, sondern auch merkwürdig, daß fast alle führenden marxistischen Theoretiker von Marx bis zur Gegenwart, die doch sonst auf die bürgerliche Wirtschafts- und Finanztheorie verächtlich herabsehen, dennoch mit ihr völlig in dem einen Punkt übereinstimmen, daß Steuerreform und Reform der öffentlichen Finanzen im großen und ganzen nichts an der bestehenden Gesellschaftsordnung ändern könnten und daß Finanzpolitik nur wenig oder gar nichts zur Lösung der sozialen Frage beitragen kann.« (S. 209).

14 James O'Connor, *The Fiscal Crisis of the State,* St. Martin's Press, New York 1973, S. 6; dt. Ausg.: *Die Finanzkrise des Staates,* Frankfurt am Main 1974, S. 15. Hervorhebungen im Original.

15 Man vergißt, daß der Kampf für diese Rechte erst vor kurzem einsetzte. Politische Rechte, vor allem das allgemeine Wahlrecht, wurden für Männer und Frauen gleichermaßen erst vor etwa 50 Jahren erkämpft. In mehreren europäischen Ländern (in Belgien, Österreich und Deutschland) waren mehrere Generalstreiks der Arbeiterklasse notwendig, um das Wahlrecht durchzusetzen. Im Süden Amerikas haben Schwarze erst vor weniger als eineinhalb Jahrzehnten Wahlrechtsschutz erhalten. Zu den Bürgerrechten gehören die traditionellen Rechte der freien Meinungsäußerung und Versammlungsfreiheit, ferner auch das Recht auf freien Zugang zu allen öffentlichen Plätzen, das Recht auf ungehindertes Reisen usw. In vielen Ländern sind gerade die letzteren Rechte noch eingeschränkt. Über soziale Rechte – auf ökonomische Sicherheit, soziale Dienstleistungen, Zugang zu Bildungsmöglichkeiten und dergleichen – wird noch verhandelt.

16 In den Jahren von 1945 bis 1970 sind die Gesamtausgaben der Regierung der Vereinigten Staaten von 12,8 Prozent des Bruttosozialprodukts auf 22,4 Prozent gestiegen; die der Bundesstaaten und Kommunen von 5,9 Prozent auf 11,9 Prozent; zusammengenommen machten die Regierungsausgaben 34,3 Prozent des Bruttosozialprodukts aus, was sich 1974 auf die Gesamtsumme von 1,4 Billionen Dollar belief.

Seit 1950 sind die Ausgaben des Bundes für die sogenannten Sozialfürsorgeleistungen« von 14 Milliarden Dollar auf 180 Milliarden Dollar gestiegen oder, anders gesagt, von weniger als einem Fünftel des Bundeshaushalts auf mehr als die Hälfte. (Von diesem Zuwachs entfallen 70 Prozent auf drei große Bereiche: höhere Ausgaben für soziale Sicherheit, d. h. für Altersrenten; höhere Ausgaben für Veteranen, Behinderte und Benachteiligte, d. h. Blinde und Alte; und Krankenversorgung für Arme sowie für alte Leute.) Wenn man die Sozialausgaben von Bundesstaat und kommunalen Selbstverwaltungen hinzufügt, dann ergibt sich, daß die Regierung 1975 mehr als eine Viertel Billion Dollar für Sozialprogramme ausgab.

In den letzten 25 Jahren hat sich bei den Regierungsausgaben eine beträchtliche Verlagerung von Verteidigungsausgaben zu Ausgaben für Sozialleistungen vollzogen. In den Jahren von 1950 bis 1960 stiegen die Gesamtausgaben der Regierung um 81 Milliarden Dollar, wovon 29 Milliarden Dollar oder rund 36 Prozent auf Ausgaben für Verteidigung und internationale Beziehungen entfielen. In den Jahren von 1960 bis 1970 stiegen die Regierungsausgaben um 218,1 Milliarden Dollar, von denen jedoch nur 33,4 Milliarden oder etwa 15 Prozent auf Verteidigung oder internationale Beziehungen entfielen, während die Ausgaben für nationale Sozialprogramme um 184,7 Milliarden anwuchsen. (Die Zahl der verschiedenen Programme des Bundes für soziale Zwecke ist von etwa 200 zu Anfang der sechziger Jahre auf mehr als 1000 im Jahre 1975 angestiegen.) Die nachfolgende Tabelle gibt das Bild in großen Zügen wieder. (Ich habe fünfjährige Intervalle gewählt, dazwischen jedoch ausgewählte Jahre angeführt, um den starken Anstieg in den späten sechziger Jahren für den

Vietnamkrieg und in den siebziger Jahren für Sozialleistungen kenntlich zu machen.)

Hauptkategorien von Regierungsausgaben
(in Milliarden fester Dollarnotierung von 1975)

Haushalts-jahr	Zahlungen an Einzel-personen	Vertei-digungs-ausgaben	Nicht mit Verteidigung zusammenhän-gende Maßnah-men der Bun-desregierung	Bundesstaat-liche und kommunale Maßnahmen
1955	33	112	60	76
1960	51	105	68	91
1965	66	110	92	112
1967	84	136	103	128
1968	93	151	109	134
1969	103	145	96	142
1970	110	130	97	144
1972	143	108	104	152
1974	164	91	96	164
1975	180	87	98	165

Diese Zahlen wurden der Aufschlüsselung der Regierungseinnahmen und Ausgaben nach Hauptfunktionen (*Statistical Abstract of the U.S.: 1974*, S. 246 ff.) entnommen. Die Tabelle der Hauptkategorien von Regierungsausgaben stammt aus der Abteilung für Finanzanalysen des amerikanischen Finanzministeriums und wurde einem Memorandum von Daniel P. Moynihan vom Juni 1975 über »Die Lebensqualität von Personen und Gemeinden in den Vereinigten Staaten« für die *Commission on Critical Choices for Americans* entnommen.

17 Eine umfassende Diskussion dieser Frage findet sich bei William J. Baumol, »Macroeconomics of Unbalanced Growth: The Anatomy ot the Urban Crisis«, in *American Economic Review,* Nr. 62 (März 1972).
Die gesamte Frage wird noch von der Tatsache unterstrichen, daß heute von jeweils 100 Personen der Arbeitnehmerschaft 65 in Dienstleistungsberufen arbeiten (einschließlich Verkehrswesen und öffentlichen Einrichtungen, wie auch freie Berufe, Geschäftswesen und humanitäre Dienste) und daß bis zum Jahre 1980 etwa 70 von jeweils 100 Personen in den Dienstleistungsberufen tätig sein werden. Allgemeine Angaben über diese Makrotrends finden sich in meinem Buch *Die nachindustrielle Gesellschaft,* Frankfurt 1975, Kapitel 2.

18 Wichtige geistige Ahnherren dieser These sind Max Weber mit seiner Konzeption von *Legitimation* (oder dem Erklärungsversuch, warum Menschen einem Sozialsystem Zustimmung oder Ablehnung entgegenbringen) und Schumpeter mit seiner Konzeption von Finanzsoziologie und seinen Einsichten in die sozialen Spannungen, die auftreten, wenn eine demokratische politische Ordnung Forderungen zu stellen beginnt, die nicht mehr von der Produktionskapazität der Gesellschaft erfüllt werden können.

19 Die für das Symposium der Vereinten Nationen über Bevölkerung, Res-

sourcen und Umwelt 1973 in Stockholm erarbeiteten Überblicksstudien lassen erkennen, daß die *physikalischen* Größen von Mineralien, Energie, Wasser und Land, bezogen auf einen Weltmaßstab, ausreichend *sind,* um die gegenwärtigen Wachstumsraten für die nächsten zwei und auch mehr Jahrzehnte beibehalten zu können. Und eine detaillierte Bestandsaufnahme über die zur Verfügung stehenden wichtigsten Rohstoffreserven liefert uns einen »klaren Beweis, . . . daß die Zukunft nicht durch Vorhandensein oder Nichtvorhandensein wichtiger Materialien begrenzt wird . . .«. Zu den UN-Untersuchungen siehe Roger Revelle, »Will the Earth's Land and Water Recources Be Sufficient for Future Populations?« und D. B. Brooks und P. W. Andrews, »World Population and Mineral Resources: Counterintensive or Not?«, in *UN Symposium on Population, Resources, and Environment,* Stockholm 1973. Zur Bestandsaufnahme der verfügbaren Ressourcen siehe William D. Nordhaus, »Resources as a Constraint on Growth«, in *Proceedings of the American Economic Association,* 64 (Mai 1972).
Das wirkliche ökonomische Problem – und Hemmnis für wirtschaftliches Wachstum – werden die steigenden Gewinnungskosten solcher Mineralien oder die Zahlung von »Monopol«-Preisen, zum Beispiel der Ölpreise, an Produzentenkartelle bilden. Die Rate des Wirtschaftswachstums wird weitgehend von den steigenden Kosten dieser Primärprodukte abhängen.

20 Vgl. Felix G. Rohatyn, »A New R.F.C. Is Proposed for Business«, *New York Times* vom 1. Dezember 1974, Abschn. 3, S. 1 u. 12. Felix G. Rohatyn, Partner von *Lazard Frères,* schreibt, in den letzten zehn Jahren sei die Schuldwertrate privater Unternehmen unter dem Druck der Inflation und dem Zusammenbruch der Anteilskapitalmärkte von 25 auf 40 Prozent gestiegen. Die New Yorker Wertpapierbörse schätzte, die Konzerne benötigten für das nächste Jahrzehnt etwa 50 Milliarden Dollar jährlich an neuem Anteilskapital, doch im Jahre 1974 waren nur fünf Milliarden Dollar aufzutreiben. Da die Banken selbst überfordert seien, bestehe die einzige Lösung, so Rohatyn, in einer Regierungsgesellschaft, vergleichbar der während der Depression ins Leben gerufenen *Reconstruction Finance Corporation* (RFC), die das notwendige Geld beschaffen sollte. Rohatyn schreckt auch nicht vor den Implikationen seines Vorschlags zurück: »Man kann nicht bestreiten, daß solch eine Organisation . . . als erster Schritt in Richtung auf eine staatliche Wirtschaftsplanung aufgefaßt werden kann. Doch die Zeit für eine öffentliche Diskussion über diese Angelegenheit dürfte gekommen sein . . . Was viele staatliche Planung nennen werden, dürfte für die Durchschnittsfamilie nicht mehr als besonnenes Haushalten sein . . . Viele halten eine langfristige Wirtschaftsplanung auf Bundesebene für eine Notwendigkeit . . . Die RFC könnte für diese Art des Vorgehens eines der Schlüsselinstrumente abgeben. Durch Einschießen von Anteilskapital in größeren Mengen in Bereiche, wo es benötigt wird, könnte sie eine entscheidende Neustrukturierung zugunsten öffentlicher Zwecke ermöglichen.«

21 Herman Kahn hat als »Gesetz« deklariert, daß in jeder Gesellschaft, sobald sich das Prokopfeinkommen einer Gesellschaft der 4000-Dollar-Grenze zu nähern beginnt, gleichzeitig der Lebensstandard der oberen Mittelschicht fällt: Man findet keine Gepäckträger auf Bahnhöfen (wie auf dem Hauptbahnhof Tokyo), keine Laufburschen, die Bücher wieder in der Bibliothek abgeben (wie in der *New York Public Library*), keine Schuhputzer in

Schuhreparaturwerkstätten oder auch nicht mehr als eine wöchentliche Müllabfuhr wie in Cambridge, Massachusetts.

22 Noch 1940 waren in den Vereinigten Staaten 26 Prozent der Bevölkerung selbstständig; als kleine Geschäftsleute, unabhängige Handwerker oder in freien Berufen konnten die Menschen ihre Preise erhöhen, um so der Inflation zu begegnen. Doch heute beziehen 85 Prozent der Arbeitnehmer Löhne oder Gehälter und sind von Einkommen abhängig, die nur stufenweise steigen können. Ein großer Teil der gewerkschaftlich ausgehandelten Löhne ist an einen »Index« gebunden, d. h. wird automatisch an die steigenden Lebenskosten angeglichen; die meisten Gehaltsempfänger, vor allem die freiberuflichen der Mittelschicht, besitzen diesen Schutz nicht, und so ist die Kluft größer.

23 Vgl. Anthony Downs und Joseph Monsen, »Public Goods and Private Status«, in *The Public Interest,* 23 (Frühjahr 1971), S. 64-77; und Mancur Olson, *The Logic of Collective Action,* Harvard University Press, Cambridge 1965.

24 Innerhalb des Rahmens einer politischen Theorie kann das Problem nicht nur im Sinne von Konsens, sondern muß auch im Sinne von Legitimität betrachtet werden, ein Begriff, der an die grundlegenden Vorstellungen der Werte einer Gesellschaft rührt.

Jürgen Habermas, der führende marxistische Gelehrte von heute, lokalisiert das »Legitimationsproblem« in erster Linie im Konflikt zwischen einem auf privaten, individuellen Motiven begründeten Kapitalismus und einem unausweichlich zu einer staatskapitalistischen Gesellschaft führenden Kapitalismus, in dem das Individuum nicht auf individueller Grundlage motiviert oder entlohnt werden kann. Wenn ich auch den Ausgangspunkt der These für richtig halte, stört mich dennoch an der Art, wie Habermas sie formuliert, daß in seiner Sprache Systeme »verdinglicht« werden; d. h. die Systeme schaffen oder erzwingen ein Verhalten, manipulieren Menschen und die Widerstandskräfte individueller Gesellschaften oder der Charakter von Volk und Tradition verschwinden unter dem monolithischen Gewicht des Begriffs »System«.

Sich mit der Frage konkurrierender gesellschaftlicher Forderungen befassend, die das politische System stark belasten, schreibt Habermas: ». . . (es) müßte erklärt werden, warum in spätkapitlistischen Gesellschaften die formale Demokratie überhaupt beibehalten wird. Sie könnte, wenn man nur die Funktionsbedingungen des administrativen Systems vor Augen hat, ebensogut ersetzt werden durch die Variante eines konservativ-autoritären Wohlfahrtsstaates, der die politische Beteiligung der Bürger auf ein risikoloses Maß reduziert, oder durch die Variante eines faschistisch-autoritären Staates, der die Bevölkerung auf einem relativ hohen Niveau der Dauermobilisierung bei der Stange hält . . .«

Habermas erklärt, daß solche Lösungen heute weniger möglich sind, »weil das soziokulturelle System Ansprüche erzeugt, die in autoritär verfaßten Systemen nicht befriedigt werden können«. Und er fährt fort: »Diese Überlegung stützt meine These, daß nur ein starres soziokulturelles System, das nicht für Bedürfnisse des administrativen beliebig funktionalisiert werden kann, eine Zuspitzung der Legitimationsnöte zur Legitimationskrise erklären könnte. Eine Legitimationskrise kann nur dann vorausgesagt werden, wenn systematisch Erwartungen erzeugt werden, die, sei es mit der disponiblen Wertmasse oder überhaupt mit systemkonformen Entschädigungen, nicht erfüllt werden können. Ihr muß also eine Motivationskrise zugrunde liegen, d. h. eine Diskrepanz zwischen dem Bedarf an Motiven, die der Staat, das Ausbildungs- und das Beschäftigungssystem anmelden, einerseits und dem Motivationsangebot von seiten des soziokulturellen Systems andererseits.«

Und er folgert daraus: »Wenn zwischen den normativen Strukturen, die heute noch imperative Kraft haben, und dem politisch-ökonomischen System keine funktional hinreichende Übereinstimmung besteht, könnten Motivationskrisen immer noch durch Entkoppelung des kulturellen Systems vermieden werden. ›Entkoppelung‹ soll heißen, daß die Kultur Gegenstand des privaten Genusses oder des professionellen Interesses bleibt . . .«

Ich glaube nicht, daß die »formale Demokratie« in Ländern wie Schweden, England und den Vereinigten Staaten »ebenso gut« ersetzt werden könnte. Die Stärke der Demokratie rührt von einer autonomen Tradition der Freiheit, nicht von den »Bedürfnissen« des kapitalistischen Systems her. Paradoxerweise sind die einzigen Gesellschaften, die in der Lage sind, eine Dauermobilisierung der Bevölkerung aufrechtzuerhalten, nicht die »spätkapitalistischen [d. h. hochentwickelten] Gesellschaften«, sondern die revolutionären Gesellschaften, die gleichzeitig autoritär sind.

Weiterhin meine ich, daß es kein einheitliches politisch-ökonomisches System gibt, da die politische Ordnung sowohl Regulator der Wirtschaft ist als auch größerer Austragungsort für Rechtsansprüche. Obwohl ich dem Gedanken beipflichten würde, daß die in den Wirtschafts- und Produktionssystemen geforderten Motivationen und die in der Kultur angestrebten Lebensstile auseinanderfallen, so glaube ich doch nicht, daß die Kultur »entkoppelt« werden (von wem denn?) und als Austragungsort weiterbestehen kann, auf dem die Menschen ihre Impulse, seien es sexuelle oder andere, harmlos ausagieren könnten. Wie bereits im ersten Kapitel dargelegt, wird der Kapitalismus gerade im kulturellen Bereich untergraben, wird seine »Hegemonie« praktisch hier zerschlagen. Daher bin ich wesentlich skeptischer als Habermas hinsichtlich der Fähigkeit der kapitalistischen Gesellschaft, langfristig als Moral- und Entlohnungssystem ihrer Bürger bestehen zu können. Und doch dürfte Legitimität ihre Grundlage in den Werten des Liberalismus besitzen, *sofern* er sich vom bürgerlichen Hedonismus lösen kann. Diese Kernfrage schneide ich im folgenden Abschnitt dieses Kapitels an.

Die These von Habermas findet sich in *Legitimationsprobleme im Spätkapitalismus,* Frankfurt am Main 1973; die hier zitierten Textstellen stehen auf S. 105 u. 125.

25 Bei der Erörterung des Nationalstils stütze ich mich auf einige Absätze aus einem meiner früheren Essays mit dem Titel »The Disposessed – 1962«, in *The Radical Right,* Doubleday, Garden City, N. Y. 1963, S. 14 f. Zum Thema »unausgesprochener Konsens« vgl. Luis Hartz, *The Liberal Tradition in America,* Harcourt, Brace and World, New York 1955, Teil 1.; und zur charakteristischen Art des amerikanischen Kompromisses siehe den Aufsatz von W. W. Rostow, »The National Style«, in *The American Style,* Hrg. Elting E. Morison, Harper, New York 1958.

26 Leo Strauss, *Natural Right and History,* University of Chicago Press, Chicago 1953, S. 131.

27 Adam Smith, *The Wealth of Nations,* Modern Library, New York 1937, S. 651. (Zur Erörterung der »großen Gesellschaft« vgl. auch die Seiten 681 und 647.) Dt. Ausg.: *Untersuchung über die Natur und die Ursachen des National-Reichthums,* Wien 1814, S. 50 f.; zum Thema »große Gesellschaft« S. 191 f.

28 Merkwürdigerweise ist dies auch die These von Locke. Einschränkungen der Erwerbssucht seien auch im Naturzustand erforderlich gewesen, da er ein Zustand des Mangels gewesen sei. Sie könnten in einer Bürgergesellschaft gefahrlos aufgehoben werden, denn sie sei ein Staat des Überflusses. Daraus wurde dann die Rechtfertigung der »bürgerlichen« Erwerbssucht, der Vermehrung von »Wünschen«.

Die utopisch sozialistischen Lehren von Fourier und Saint-Simon lagen jedoch in einer Theorie der menschlichen Natur begründet. Fourier war der Ansicht, daß die Menschen sich nach Temperament und Begierden beträchtlich unterscheiden (ähnlich der Jungschen Einteilung in psychologische Typen) und daß genossenschaftliche Gemeinschaften widerstreitende und komplementäre Temperamente aufheben und Harmonie erzeugen würden. Saint-Simon glaubte, die Menschen unterscheiden sich nach Begabungen und Befähigungen und in einer sozialistischen Gesellschaft würden sich die Berufssparten in »Kammern« organisieren, die solche unterschiedlichen Befähigungen in rationaler Funktionsteilung gruppierten. Vgl. auch meinen Aufsatz »Socialism« in *International Encyclopedia of the Social Sciences,* Macmillan, New York 1968; und meinen Aufsatz »Charles Fourier: Prophet of Eupsychia« in *The American Scholar,* 38 (Winter 1968-1969).

29 Der Wandel von politischer Ökonomie zur Volkswirtschaft vollzog sich sozusagen nicht mit Adam Smith, sondern mit Ricardo. Nach Ricardo gibt es natürliche, von den Ressourcen gesetzte Grenzen der Kapitalakkumulation. Deshalb sei Gegenstand der Nationalökonomie nicht Mittel zur Akkumulation von Reichtum, wie bei Adam Smith, sondern Allokation im Rahmen begrenzter Mittel, oder die Verteilung: »Die Gesetze, welche die Verteilung von Erzeugnissen der Industrie unter den zu ihrer Bildung beitragenden Klassen bestimmen.«

Für Ricardo war wirtschaftliches Wachstum durch die Knappheit der Ressourcen (vor allem von Land) begrenzt; da die Unternehmer angesichts abnehmender Erträge die Ausnutzung von Ressourcen zu erhöhen suchten, werde mit dem je Arbeiter investierten steigenden Kapital die Profitrate unvermeidlich eine fallende Tendenz zeigen. Marx übernahm von Ricardo die Vorstellung vom tendenziellen Fall der Profitrate, stellte sie jedoch nicht in Beziehung zur Frage der begrenzten Ertragsfähigkeit von Ressourcen, sondern zur schmaler werdenden Basis an Arbeitskraft und zur Steigerung von Mehrwert. Was die Notwendigkeit steigender Erträge (die eine sozialistische Gesellschaft anzuregen hätte) anstelle abnehmenden Nutzwertes der Natur betrifft, so hat Marx einen ungeprüften Glauben an die Macht der Technologie vertreten.

30 Jeremy Bentham, *An Introduction to the Principles of Morals and Legislation,* hrsg. v. J. H. Burns und H. L. Hart, University of London, Athlone Press, London 1970, S. 12.

31 Isaiah Berlin, *Four Essays on Liberty,* Oxford University Press, London 1969, S. 129.

32 Ungerechtigkeit entsteht, so Aristoteles, wenn Gleiche ungleich behandelt, und auch wenn Ungleiche gleich behandelt werden. Solche Aussagen sind jedoch formal und abstrakt. Morris Ginsberg meint dazu: »Die Feststellung, daß Gleiche gleich und Ungleiche ungleich behandelt werden sollten, wirft kein Licht auf die Frage, was durch oder für Gleiche und Ungleiche getan werden müßte.« Vgl. *On Justice in Society*, Penguin, Baltimore 1954, S. 7. Doch bei Aristoteles findet sich noch eine andere Unterscheidung, die anwendbar ist, nämlich die Unterscheidung zwischen »arithmetischer Gleichheit«, die sich auf alle bezieht, und »proportionaler Gleichheit«, die auf unterschiedlichen Verdiensten beruht. Diese Unterscheidung ziehe ich als Ausgangspunkt für das Prinzip der »relevanten Unterschiede« als Gerechtigkeitsmaßstab heran.

33 Isaiah Berlin, op. cit., S. 125 f.

34 Gerade dieses Prinzip sollten wir auf die Frage anwenden, wie die Lasten der Inflation zu tragen sind.

35 Die Hinweise auf den »rohen Kommunismus« finden sich in *Zur Kritik der Nationalökonomie – Ökonomisch-Philosophische Manuskripte*, Cotta Verlag, Stuttgart 1962, S. 591. Zur Erörterung über Gleichheit und natürliche Unterschiede siehe in *Kritik des Gothaer Programms,* Werke, Bd. 19, S. 20 f. Hier schreibt Marx: »Dies *gleiche* Recht . . . erkennt keine Klassenunterschiede an, weil jeder nur Arbeiter ist wie der andere; aber es erkennt stillschweigend die ungleiche individuelle Begabung und daher Leistungsfähigkeit der Arbeiter als natürliche Privilegien an. *Es ist daher ein Recht der Ungleichheit,* seinem Inhalt nach, *wie alles Recht.*« So wird unter dem Sozialismus jeder gemäß seiner Arbeitsleistung bezahlt, und solche Bezahlungen fallen unterschiedlich aus. Unter dem Kommunismus, dem »höheren Stadium« der Gesellschaft, erhält jedermann, sobald erst Überfluß herrscht, »gemäß seinem Bedürfnis«.

36 Man sollte hier anmerken, daß öffentliche Freiheiten der modernen Demokratie zeitlich vorausgingen und logisch wie philosophisch von der Demokratie unabhängig sind. Kurz, Freiheit ist, *wie* jemand regiert; Demokratie, *wer* regiert. Eine Demokratie kann mit Zustimmung der Mehrheit Freiheit unterdrücken und Tyrannei einführen. Öffentliche Freiheiten haben bereits in aristokratischen Gesellschaften bestanden und geblüht: z. B. in England das weitverbreitete Gewohnheitsrecht und gesetzmäßige Rechte, die vor dem allgemeinen Wahlrecht bestanden; das Bestehen öffentlicher Freiheiten, wie zum Beispiel der akademischen Freiheit, im Wilhelminischen Deutschland. Die *Ausdehnung* der öffentlichen Freiheiten vollzog sich in den modernen Demokratien im großen und ganzen erst vor nicht allzu langer Zeit aufgrund des Drucks von bislang ausgeschlossenen Gruppen (z. B. Arbeiter, Schwarze, Frauen).

37 Ich möchte hier noch einmal betonen, daß ich als Ergebnisse Einkommen, Status und *Autorität* betrachte, und so unterscheide ich normativ zwischen *Autorität* und *Macht.* Autorität ist auf Können und Bildung usw. beruhende Kompetenz; sie ist eine funktionale Komponente einer institutionellen Position. Macht ist die Fähigkeit zu befehlen, explizit oder implizit abgesichert durch Gewalt. In einer Gesellschaft kann Macht rechtmäßig von einer Regierung ausgeübt werden, um Sicherheit und Ordnung zu gewährleisten; *innerhalb* der Gesellschaft versucht man jedoch Macht (Zwang) zu verringern und Autorität zu erweitern. Wenn es den Menschen bei der Beseiti-

gung von Mißständen an Autorität gebricht, suchen sie Zuflucht bei der Macht.

38 Zu den eher skurrilen Aspekten dieser These gehört die Forderung, eine Gesellschaft solle auch auf »kultureller Gleichheit« bestehen. In seinem Buch *More Equality* (Pantheon, New York 1968) schreibt Herbert Gans: »eine kulturell gleiche Gesellschaft würde . . . alle Formen des Ausdrucks und Handelns als gleich an Wert, Status und moralischem Gehalt behandeln . . . (da) sie unterschiedliche ästhetische Normen von Menschen in unterschiedlichen sozio-ökonomischen und bildungsmäßigen Verhältnissen zum Ausdruck bringen.«
Dieser Relativismus führt jedoch zu heilloser Konfusion von Präferenzen und Urteilen. Jede Person oder Gruppe hat das Recht auf eigene Präferenzen in der Malerei, Dichtung, Kunst, etc. Es wäre jedoch lächerlich anzunehmen, daß *jeder* ästhetische Ausdruck allen anderen Äußerungsformen an »Wert« *gleichkommt*. Soll man, wenn öffentliche Gelder ausgeteilt werden, jeden unterstützen, aufgrund der Annahme, daß sich alle künstlerischen Produktionen an Wert gleichen? Eine der wirklichen Schwierigkeiten der staatlichen Kunstpolitik besteht heute darin, daß wegen des Drucks »populistischer« Gruppen im Kongreß für die Vergabe von Mitteln nach dem Gießkannenverfahren Kunstzentren kaum beachtet werden, während Krähwinkel seinen Teil abbekommt. In solchen Fällen wird Leistung der Gleichheit aufgeopfert.

39 Aristoteles macht folgende interessante Beobachtung: »Denn es entstehen Unruhen nicht bloß um der Ungleichheit des Besitzes, sondern auch der Ehrenrechte *(timé)* willen, nur ist in beiden Fällen der Hergang ein gerade entgegengesetzter. Der große Haufe nämlich erregt sich aus Anlaß der Ungleichheit des Besitzes, die Gebildeten dagegen aus Anlaß der gleichen Zugänglichkeit der Ehren für alle . . .«. *Politik,* hrsg. v. N. Tsouyopoulos u. E. Grassi, München 1965, S. 55.

40 Zur Frage der Arbeiterkontrolle in der Industrie vlg. meinen Aufsatz »Work, Alienation and Social Control«, in *Dissent* (Sommer 1959), im Frühjahr 1974 in der Jubliläumsausgabe zum zwanzigsten Gründungstag erneut abgedruckt.
Man kann auch beobachten, daß es häufig nur wenig Gründe gibt, um eine Autoren- oder Journalistengruppe davon abzuhalten, ihre eigenen Verlage und Zeitungen als »Kollektive« zu gründen und sie nach den Prinzipien der gleichen Autorität zu führen. Wie jedoch die »Underground«-Zeitungen in Berkeley, Boston und New Jork gezeigt haben, gibt das Schicksal solcher Unternehmen nur zu wenig Hoffnung Anlaß. Das soziologische Gesetz der »Fraktionsbildung und Aufsplitterung« hat fast alle dieser Unternehmen zugrunde gehen lassen, denn kein »Systemdruck« kann so groß sein wie die extreme Spannung, die sich aufgrund der Borniertheit radikal aktivistischer Schwätzer ansammelt, und kein Unternehmen neigt stärker zur Aufsplitterung als das unabhängige Kollektivunternehmen.

41 Ich ziehe vor den Begriff »Methode der Wirtschaftlichkeit« dem Begriff »Marktwirtschaft« vor. Der Markt ist nämlich nur ein Aspekt der Wirtschaftlichkeit. Während der Markt nach Maßgabe von Preisen und Gewinnen Unternehmen finanzelle Disziplin auferlegt, gehört zur Industriegesellschaft auch die Rationalisierung von Arbeit, resultierend aus technisch-wissenschaftlicher Mentalität, wie sie ein Frederick W. Taylor so exemplarisch

verkörpert. In dieser Hinsicht ist die Methode der Wirtschaftlichkeit und ihre Tendenz, Menschen zu Dingen zu reduzieren, für die Industriewirtschaft der Sowjetunion ebenso charakteristisch wie für die kapitalistische Marktwirtschaft. Zu diesem Thema vergleiche Kapitel IV in meinem Buch *Die nachindustrielle Gesellschaft,* a.a.O., S. 248 ff.

42 Vgl. John Rawls, »Some Reasons for Maximin Criterion«, *American Economic Review,* 64 (Mai 1974), S. 141-146.

Rawls behauptet zunächst, daß »Ungerechtigkeit existiert, weil grundlegende Vereinbarungen zu spät getroffen werden.« Da die Individuen über ihre gesellschaftliche Stellung und ihre relative Stärke Bescheid wüßten, verzerrten sich die Verhandlungen im Sozialsystem. Doch was, wenn sie, hinter einem »Schleier des Unwissens«, in den »Naturzustand« zurückversetzt würden und nichts voneinander wüßten (ob der Nachbar schwächer oder stärker, begabter oder weniger begabt ist)? Welche allgemeinen Regeln müßten dann aufgestellt werden, um jedem einzelnen Gewähr zu bieten, daß er, auf einer Mindestbasis, gut abschneiden wird, in Übereinstimmung mit dem Wohlergehen aller anderen? Dies ist das Fundament der Maximum-Minimum-Regel.

43 Hier ein eindrucksvolles Beispiel zur gegenwärtigen Wohnungspolitik der amerikanischen Regierung! In einer angenehmen Wohnlage am Flußufer sind 25 Prozent der regulären Wohneinheiten für Familien der niedrigen Einkommensstufen reserviert, die für eine vergleichbare Wohnung viel weniger Miete zahlen, als Mieter höherer Einkommensstufen zu zahlen haben. Die Wohngegend ist extrem teuer, die Subventionen sind entsprechend hoch. Für die hier benötigten Mittel hätte die Regierung anderswo mehr Wohnungen als die jetzt vorhandenen Einheiten errichten können. Außerdem, wenn die am Flußufer gelegenen Wohneinheiten allesamt von Mietern mit höherem Einkommen belegt wären, könnten die aus diesen Wohneinheiten eingehenden Steuern zur Finanzierung weiterer kommunaler Dienstleistungen verwandt werden. Es entsteht folglich ein doppelter »Verlust«. Die Regierung hat da Angelegenheit der Sozialpolitik, entschieden, daß es ein größerer »Gewinn« sei, gemischte Wohnungsbauprojekte zu unterstützen, als nach Einkommensgruppen zu trennen, selbst auf Kosten weiterer Wohnungen. Wie entscheidet man also, wo der »Gewinn« am größten ist? Was ist Gerechtigkeit? Und was Effizienz bei der Allokation?

44 Ich lasse hier die kritische Frage der Umverteilung von Reichtum zwischen reichen und armen Nationen beiseite. Wenn man erkennt, wie schwierig es ist, normative Regeln innerhalb einer politischen Ordnung aufzustellen, die allgemein gültige Gesetze und Mechanismen besitzt, soziale Entscheidungen durchzusetzen, um wieviel schwieriger muß es dann sein, sich mit den Beziehungen zwischen den Nationen zu befassen, wo ein gemeinsamer Gesetzesrahmen fehlt!

45 Robert M. Solow, »The Economics of Resources or the Resources of Economics«, in *American Economic Review,* 64 (Mai 1974), S. 1–14; vgl. auch seine Schrift »What We to the Future«, in *Nebraska Journal of Economics and Business* (Winter 1974).

46 Walter Lippmann, *The Good Society,* Little Brown, Boston 1947; Erstausgabe 1937, S. 97. Lippmann betont: ». . . Wenn sich Herr Mumford ein gesichertes Mindesteinkommen vorstellt, das man uneingeschränkt ausgeben könnte, dann weiß Herr Mumford damit noch keineswegs, ob die

Konsumenten den gleichen ausgezeichneten Geschmack wie Herr Mumford besitzen und ob sie in Geschäfte gehen werden, um Dinge zu verlangen, von denen Herr Mumford glaubt, sie sollten sie kaufen. Wenn die Konsumenten nicht kaufen möchten, was er wünscht, dann werden seine Planer feststellen müssen, daß bei manchen Waren Knappheit eintritt, bei anderen ein Überangebot herrscht.«

47 Isaiah Berlin, op. cit., S. IV ff.
48 Diese Fragen werden von Robert A. Dahl und Edward R. Tufte in *Size and Democracy,* Stanford University Press, Stanford, Kalifornien 1973, überzeugend untersucht. Die Zitate stammen von den Seiten 7, 10 und 11.

Namen- und Sachregister

347

fischer alternativ

Hans Ekkehard Bahr
Reimer Gronemeyer (Hg.)
Anders leben – überleben
(Im Taschenbuchmagazin
„Brennpunkte")
Originalausgabe
Bd. 4002

Die tägliche Revolution
(Im Taschenbuchmagazin
„Brennpunkte")
Originalausgabe
Bd. 4005

Lewis Mumford
Mythos der Maschine
Kultur, Technik und Macht
Bd. 4001

Helmut Swoboda
Der Kampf gegen die Zukunft
Ein Report über die Wider-
stände gegen das Verändern
Originalausgabe
Bd. 4004

Bio-Energie
Unerschöpfliche Quelle aus
lebenden Systemen
Ein Handbuch zur Gewin-
nung von Energie aus leben-
den Systemen
(Im Taschenbuchmagazin
„Brennpunkte")
Bd. 4014
(September)

Carl Amery, P. C. Mayer-
Tasch, Klaus Meyer-Abich (Hg.)
Energiepolitik ohne Basis
Vom bürgerlichen Ungehor-
sam zu einer neuen
Energiepolitik
Originalausgabe
4007

Hartmut Bossel
Bürgerinitiativen entwerfen
die Zukunft
Neue Leitbilder – Neue
Werte – 30 Szenarien
Originalausgabe
Bd. 4010

Christine Föppl
Die Vollbeschäftigungsformel
Wirksame Rezepte gegen
die Arbeitslosigkeit
Originalausgabe
Bd. 4009

Horst von Gizycki/
Hubert Habicht (Hg.)
Oasen der Freiheit
Von der Schwierigkeit der
Selbstbestimmung
Bd. 4012

Herbert Gruhl
Ein Planet wird geplündert
Die Schreckensbilanz
unserer Politik
Bd. 4006

Massenmedien spontan
Die Zuschauer machen ihr
Programm (Im Taschen-
buchmagazin „Brennpunkte")
Originalausgabe
Bd. 4011

Frances Moore-Lappe
Die Öko-Diät
Wie man mit
weniger Fleisch
gut ißt und die
Natur schont
Deutsche
Erstausgabe
Bd. 4013
(August)

fischer alternativ

Magazin Brennpunkte

Kontroverse und Kommunikation
in Wirtschaft und Gesellschaft

Das Magazin im Taschenbuchformat erscheint
viermal jährlich

FISCHER
TASCHENBÜCHER

Gesellschaft und Politik in der Bundesrepublik

Karl Heinz Balon/
Joseph Dehler/
Bernhard Schön (Hg.)
Arbeitslose: Abgeschoben,
diffamiert, verwaltet
Arbeitsbuch für eine alter-
native Praxis. Originalausgabe
Band 4204 (Dezember '78)

Brauns/Jaeggi/Kisker/
Zerdick/Zimmermann
Die SPD in der Krise
Die deutsche Sozialdemo-
kratie seit 1945
Originalausgabe Band 6518

Hendrik Bussiek
Bericht zur Lage der Jugend
Originalausgabe Band 2019

Bernt Engelmann
Wir Untertanen
Ein deutsches Anti-
Geschichtsbuch Band 1680
Einig gegen Recht und Freiheit
Deutsches Anti-
Geschichtsbuch 2. Teil
Band 1838

O wie oben
Wie man es schafft, ganz
O zu sein. Band 1454

Jürgen Roth
Armut in der Bundesrepublik
Über psychische und
materielle Verelendung
Band 1427

Wolf Wagner
Verelendungstheorie – die
hilflose Kapitalismuskritik
Band 6531

Ernst Klee
Gefahrenzone Betrieb
Verschleiß und Erkran-
kung am Arbeitsplatz
Originalausgabe Band 1933

Psychiatrie-Report
Originalausgabe Band 2026

Tilmann Moser
Jugendkriminalität und
Gesellschaftsstruktur
Zum Verhältnis von sozio-
logischen, psychologischen
und psychoanalytischen
Theorien des Verbrechens
Band 6158

Hermann Giesecke/
Arno Klönne/Dieter Otten (Hg.)
Gesellschaft und Politik in
der Bundesrepublik
Eine Sozialkunde
Originalausgabe
Band 6271

Urs Jaeggi
Kapital und Arbeit in der
Bundesrepublik
Elemente einer gesamt-
gesellschaftlichen Analyse
Band 6510

**Fischer
Taschenbücher**

Informationen zur Zeit

**Fischer
Taschenbücher**